NOUVELLE
GÉOGRAPHIE MODERNE

DES

CINQ PARTIES DU MONDE

PAR

C. DE VARIGNY

AMÉRIQUE

PARIS

E. GIRARD ET A. BOITTE, ÉDITEURS

42, RUE DE L'ÉCHIQUIER, 42

LA SALLE DE L'INDÉPENDANCE, A PHILADELPHIE.

NOUVELLE

GÉOGRAPHIE MODERNE

DES

CINQ PARTIES DU MONDE

AMÉRIQUE

GÉOGRAPHIE MODERNE

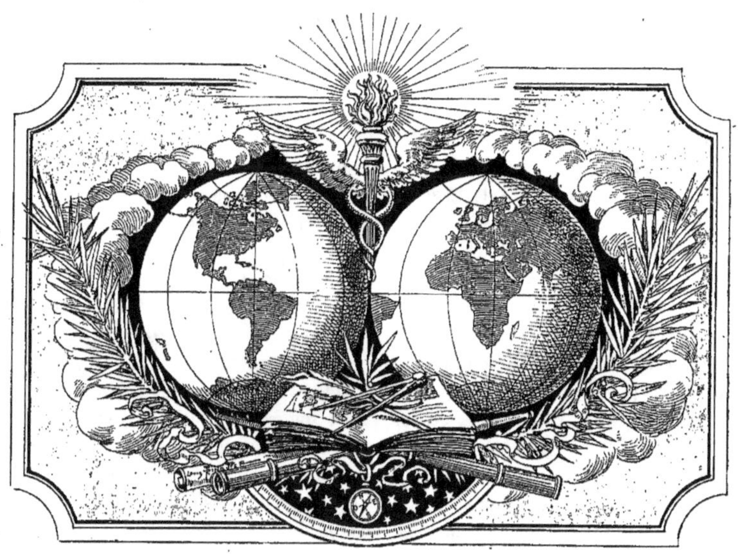

AMÉRIQUE

APERÇU GÉNÉRAL

A l'ouest de l'Europe et à l'est de l'Asie s'étend le Nouveau-Monde, la grande île américaine qui, du cap septentrional du Prince de Galles, au cap méridional de Horn, mesure 18,000 kilomètres de longueur. Sa superficie totale est de 41,700,000 kilomètres carrés, à peu près égale à celle de l'Asie, quadruple de celle de l'Europe, supérieure à celle de l'Europe et de l'Afrique réunies.

L'Amérique affecte la forme d'une double péninsule triangulaire, l'une à l'autre reliées par un isthme; ces deux péninsules ont leurs bases au nord, leurs pointes s'allongent vers le sud. L'Amérique du Nord, plus large, plus échancrée, recouvre une plus grande surface; l'Amérique du Sud est plus compacte, plus massive, moins articulée; toutes deux ont leur base inclinée de l'ouest à l'est; la même orientation se retrouve dans la pointe effilée par laquelle l'Amérique du Nord se rattache à l'Amérique du Sud; par contre, cette dernière s'infléchit légèrement vers l'ouest.

La mer enveloppe l'Amérique de toutes parts; mais, l'hiver, les glaces relient le Nouveau-Monde à l'Asie; entre les deux continents ces glaces jettent un pont au travers du détroit de Béring, large de 55 kilomètres, coupé au milieu par l'île Diomède et à peine profond de 100 mètres. Du cap oriental d'Asie, par un temps clair, on entrevoit la côte américaine. L'étroite fissure de Béring disjoint les deux mondes que séparent ailleurs des mers vastes et profondes. Ce sont : au nord, la mer Glaciale Arctique, à l'est l'océan Atlantique, à l'ouest l'océan Pacifique; ces deux derniers se rencontrent et se heurtent à la pointe méridionale extrême du continent, au cap de Horn, où vient mourir dans un dernier effort, dans un renflement suprème, la grande Cordillère qui, de l'océan Glacial arctique aux mers antarctiques, déroule, sous des noms différents et sur près de 4,000 lieues de longueur, sa puissante ossature, ses cimes étincelantes, ses volcans gigantesques, ses arêtes dentelées.

C'est le passage redoutable et redouté des marins, le large détroit par lequel s'abordent et se heurtent les deux plus vastes mers du monde : l'océan Atlantique dont la superficie dépasse cent millions de kilomètres carrés, l'océan Pacifique qui en recouvre cent soixante-treize millions. A cette pointe extrême, entre ce cap sourcilleux et le pôle figé, il semble que l'Atlantique et le Pacifique se livrent un éternel combat, luttant de tout l'effort de leurs flots soulevés et de leurs vents déchaînés. Plus vaste et plus profond, le Pacifique est aussi le plus puissant. Il défend cette porte qui donne accès chez lui; il refoule au large son rival qui s'acharne; il entasse, comme d'infranchissables obstacles, ses vagues monstrueuses, espacées d'une lieue, murs mouvants qui se dressent en masses liquides devant le navigateur audacieux. Du Pacifique à l'Atlantique, le passage est, sinon facile, du moins de courte durée; les vents et le courant permettent aux navires à voiles de doubler le cap en quelques jours, parfois en quelques heures, mais de l'Atlantique dans le Pacifique il n'en est pas de même et des semaines peuvent s'écouler avant qu'ils forcent l'entrée. Par le détroit de Magellan, situé plus au nord, les navires à vapeur tournent l'obstacle, en attendant le jour où le percement de l'isthme de Panama ouvrira aux navires européens l'accès du Grand Océan.

Si l'on observe sur une mappemonde les courbes sinueuses qu'inscrit sur l'Atlantique le continent américain, on est tout d'abord frappé de l'étrange adaptation qu'offrent les angles saillants et les angles rentrants de l'Europe et de l'Afrique avec les siens. Rapprochez par la pensée la masse compacte du Groënland et les terres de Baffin, elles se soudent; les îles Britanniques comblent le creux que forment la presqu'île du Labrador et la pointe du Groënland; le golfe de Gascogne répond à la saillie de Terre-Neuve et de la Nouvelle-Écosse; l'Espagne s'emboîte dans l'angle rentrant de Philadelphie, et l'énorme protubérance africaine de la Sénégambie comble le vaste espace vide du golfe du Mexique et de la mer des Antilles. Plus bas, la puissante saillie que dessine dans l'Amérique du Sud le cap Saint-Roque, correspond à la large échancrure du golfe de Guinée, de même que la courbe méridionale de l'Afrique s'adapte à la ligne infléchie dans l'ouest du continent sud-américain.

Il semble que la grande vallée sinueuse de l'Atlantique ait brusquement disjoint deux
mondes qui se complétaient l'un et l'autre et, tout en submergeant leurs terres basses,
respecté les contours de leur ossature.

L'Amérique se divise en trois parties distinctes. L'Amérique du Nord, plus longue
et plus large, s'étend du 70e degré de latitude nord au golfe de Campèche ; sa plus
grande largeur est du détroit de Davis à la presqu'île d'Alaska, près de 5,000 kilomètres. De la Vera-Cruz à Téhuantépec elle n'en mesure que 300. Ici commence
l'Amérique centrale, la région isthmique qui relie les deux péninsules et comporte
2,300 kilomètres de longueur. Du golfe de Téhuantépec à celui de Darien elle va
constamment en s'amincissant, mesurant de 80 à 100 kilomètres du Nicaragua au Rio
San-Juan, 48 à l'étranglement de San-Blas, 43 à la baie de Cupica.

Plus compacte et plus ramassée que l'Amérique du Nord, mais de moindre
superficie, l'Amérique du Sud offre les formes lourdes et massives du continent africain dont elle n'est séparée, au cap São Roque, pointe avancée du Brésil, que par
2,945 kilomètres de mer. Elle s'étend du 12e au 56e degré de latitude sud, mesurant
dans sa plus grande largeur, du cap São Roque dans l'Atlantique, à la pointe Pariña
dans le Pacifique, 5,000 kilomètres. De Rio-Janeiro à Mejillones elle n'en a plus
que 2,300, 1,250 de Buenos-Ayres à Valparaiso, 350 au détroit de Magellan. Comme
l'Afrique elle se termine en pointe, mais plus effilée et se rapprochant beaucoup plus
du cercle polaire.

L'Amérique du Nord, plus articulée, plus capricieusement découpée par l'océan
Atlantique, est, par lui, creusée de dépressions profondes dont quelques-unes sont assez
vastes pour mériter le nom de mers : telles, au nord, les baies ou mers de Baffin et d'Hudson ; telles, au sud, la mer des Antilles et celle du Mexique qui n'en est que le prolongement. Tout au long de cette côte septentrionale, les golfes, les estuaires, les baies, les
ports, les anses se succèdent ; l'estuaire du Saint-Laurent forme une mer intérieure ;
Boston, Providence, New Haven, New York, Norfolk, Charleston, Savannah, s'éche-
lonnent du nord au sud ; la baie de la Floride, les bouches du Mississipi, les ports de la
Nouvelle-Orléans et de Galveston, de Vera-Cruz et de Campèche se déroulent dans le
golfe du Mexique. Sur l'océan Pacifique, les côtes, plus rigides, sont aussi moins échancrées. De la presqu'île d'Alaska à Vancouver, de Vancouver à San-Francisco, sur un
développement de côtes de 3,400 kilomètres, on rencontre à peine deux ou trois ports ;
de San-Francisco à Panama, sur un parcours de 5,250 kilomètres, on n'en trouve guère
plus, et si le golfe de la Californie, long de 1,000 kilomètres, a quelques ports sûrs, ils
sont encore peu fréquentés.

Les grands fleuves de l'Amérique du Sud, le Magdalena et l'Orénoque, l'Amazone et
le San-Francisco, le Parana et le Rio de la Plata, compensent par le volume et la profondeur de leurs eaux, par leurs larges estuaires, par leurs immenses bassins, la rigidité
des côtes et leurs difficiles abords. Il n'en est pas de même sur le Pacifique où la longue
chaîne des Andes, serrant de près la côte, rejette les eaux à l'est et ne s'entr'ouvre qu'à
de rares intervalles. Le cap Horn franchi, il faut remonter jusqu'à Valdivia pour ren-

contrèr un abri, jusqu'à Valparaiso pour trouver un port peu sûr; Guayaquil, au golfe encombré d'îles et de bancs de sable, n'est guère accessible qu'aux navires de tonnage moyen, ceux de fort tirage doivent mouiller à l'île Puna ou attendre le flot.

Le trait caractéristique de ce vaste continent dont nous n'indiquons ici que les grandes lignes et que nous étudierons plus loin et plus en détail, consiste dans l'immense arête montagneuse coupée de brusques dépressions, de plaines et de hauts plateaux, qui, du nord au sud, le sillonne dans toute sa longueur. Selon les pays qu'elle traverse son nom change, et aussi sa nature, son aspect, son altitude. Dans l'Amérique du Nord, on l'appelle les *Rocky mountains*, les montagnes Rocheuses; au Mexique, la *Sierra Madre*, dans l'Amérique du Sud la *Cordillera de los Andes;* ce dernier nom a long-temps prévalu et le système entier est le plus souvent désigné sous le nom de *Cordillère*.

Ses premiers soulèvements apparaissent sous le cercle polaire. Orientée de l'est à l'ouest, sa longue chaîne semble se relier au système montagneux de l'Asie, à ce nœud central que nous avons décrit dans notre premier volume et d'où rayonnent les branches secondaires qui, dans l'est et dans l'ouest, au nord et au sud, en Europe et en Asie, déroulent leurs interminables renflements. Au nord de ce massif central, les prolongements des monts Thian-Chan et du soulèvement de l'Altaï s'affaissent dans la mer Glaciale, coupés par la passe étroite et peu profonde du détroit de Béring, au delà duquel ils se relèvent de nouveau, rejoignant les monts d'Alaska. Tel qu'un fleuve issu d'une source abondante et renforcé par un affluent puissant, le système de l'Alaska se rattacherait, en outre, par sa presqu'île, que continuent au large les îles Aléoutiennes reliées elles-mêmes par les Kouriles au continent asiatique, à la longue traînée de terres volcaniques qui s'étendent au nord du Japon. Ici se trouvent les hautes cimes volcaniques du Tillman, 5,034 mètres, du Wrangell 5,334, du Saint-Elie 5,638, et, plus au nord, à la racine de la péninsule, celle de l'Iliamna, 3,676 mètres.

Au sud des monts d'Alaska commence le système des *Rocky mountains;* il mesure 2,500 kilomètres de longueur et atteint au mont Hooker son point culminant, 5,086 mè-tres. Parallèlement aux montagnes Rocheuses et, au nord, se reliant à elles par une série de hauts plateaux, se déroulent les montagnes côtières, le *Coast Range*, de moin-dre altitude, mais d'égale longueur. Elles serrent de près le rivage et prolongent leurs contreforts dans la presqu'île de Californie. Au plateau du Colorado s'interrompt le système des montagnes Rocheuses auquel se substitue celui de la sierra Madre. La longue chaîne serpente à travers le Mexique, soulevant les sommets volcaniques de Colima, 3,960 mètres, du Popocatepetl, 5,400 mètres, du plateau d'Anahuac, 3,000. Au sud du Yucatan, sa hauteur décroît; la région Isthmique commence, les sommets s'abaissent, l'arête dorsale s'amincit. Entre le lac de Nicaragua et l'océan Pacifique, l'altitude du col tombe à 46 mètres. Sur l'étroite chaussée de l'isthme de Darien, le col de la Culebra entre le Rio Obispo et le Rio Grande mesure 87 mètres.

L'isthme dépassé, la chaîne se relève et sur 7,200 kilomètres déroule ses majes-tueux sommets. Dans l'est, elle se relie par des plateaux sous-marins à la courbe régulière des petites îles qui, de la Trinité, par la Martinique, la Guadeloupe, les

Barbades et Porto-Rico, se rattachent aux grandes Antilles. Sous le nom de Cordillère des Andes, la chaîne longe le littoral du Pacifique. Si elle est inférieure, comme altitude, au massif de l'Himalaya, elle lui est supérieure par sa longueur totale, par ses formes rigides, sans brèches ni dépressions. Dans le Vénézuéla et la Colombie ses cimes atteignent déjà 5,000 mètres, puis la chaîne se dédouble dans l'Équateur, enserrant entre ses hautes murailles la merveilleuse vallée de Quito, étonnante avenue que surplombent le Pastos, 4,100 mètres, le Pichincha 4,855, le Cotopaxi 5,755, le Chimborazo 6,530, puis le Cayambé, l'Antisana, le Tunguragua, géants aux cônes fumants ou neigeux.

Au-dessous du Pérou, la double chaîne s'évase; l'un de ses rameaux longe le littoral, l'autre s'infléchit dans l'est; entre eux se dresse l'énorme plateau du *Desaguadero* que Pentland a surnommé le « Tibet du Nouveau-Monde ». C'est le plateau Bolivien, la haute vallée dont la superficie n'est que de peu inférieure à celle de la France, et dont l'altitude moyenne est de 4,000 mètres. A l'une de ses extrémités la ville de Potosi, riche en mines d'argent, s'élève au-dessus des nuages, par 4,061 mètres; elle est, après Calamarca située à 4,161, la plus haute cité du monde. A l'autre extrémité du plateau se trouve Cuzco, qui fut la capitale de cet étrange royaume des Incas, né dans une île du lac Titicaca vingt-cinq fois grand comme le Léman; Pizarre, dans sa marche brutale, écrasa cette civilisation dont il ne reste que des débris. Ici la chaîne des Andes se déploie dans toute son ampleur, atteignant une épaisseur de 800 kilomètres, soulevant le sommet neigeux de l'Illimani, 6,455 mètres, puis ceux du Sorata 6,448, du Paranicota 6,710, du Sahama 6,810.

Plus au sud apparaissent les Andes Chiliennes. La double chaîne se contracte: Moins larges que les Andes de la Bolivie, celles du Chili se profilent en une longue arête centrale que borde à l'ouest une chaîne côtière parallèle. Par le travers de Valparaiso elles atteignent leur maximum d'altitude; l'Acongagua, le géant des Andes, dresse à 7,150 mètres sa cime porphyrique. C'est le plus haut sommet de l'immense chaîne dont, plus bas, l'altitude décroît. Dans la triste et froide Patagonie, le Corcovado ne dépasse pas 3,500 mètres; dans la Terre de Feu, le pic de Captana est inférieur à 2,500; et le cap Horn ne mesure que 955 mètres.

Conquis et colonisé par l'Europe, le continent américain ne fut abordé par Christophe Colomb que le 1ᵉʳ août 1498. En 1492 et en 1493, il découvrit les îles de San-Salvador, de Cuba, qu'il prit pour la Cipango de Marco-Polo, l'île riche en or, en perles et en épices, d'Hispanola, aujourd'hui Saint-Domingue; il releva les côtes d'une multitude d'autres et leur donna le nom d'*Indes Occidentales*, convaincu qu'elles faisaient partie de l'Inde qu'il cherchait à atteindre par l'ouest, ne soupçonnant pas qu'un continent de 4,500 lieues de longueur lui barrait la route, et que, par delà cette barrière, entre l'Inde et lui, se déroulait l'immense Pacifique. Mais ce ne fut que le 1ᵉʳ août 1498, qu'il releva les côtes de l'Amérique et l'embouchure de l'Orénoque; cette fois, il ne douta plus que l'Inde ne s'ouvrît sous ses yeux; un continent seul pouvait alimenter un fleuve aussi majestueux: « ce fleuve, écrivait-il venait de l'Eden, du Paradis terrestre dont les quatre rivières se confondaient dans son lit », et, surpris d'avoir franchi en deux mois l'espace qui sépare l'Europe de l'Inde il ajoute : « Suivant Aristote le monde est petit, et la mer de médiocre étendue; Sénèque dit d'ailleurs qu'Aristote tenait ses informations d'Alexandre le Grand lui-même ».

Quand il mourut, le 20 mars 1506, il laissait un monde, mais non celui qu'il avait rêvé, à l'Espagne. Il était pauvre : « Je ne touche rien, écrivait-il à son fils Diégo, du revenu qui m'est dû et je vis d'emprunts. J'ai peu profité de vingt années de labeurs et de périls, puisque je n'ai pas en Espagne un toit qui m'appartienne. Je n'ai d'autre refuge qu'une hôtellerie et encore ne suis-je pas toujours en mesure de payer mon écot. » Puis il ajoute : « J'ai servi Leurs Majestés avec autant de zèle et de soin que s'il se fût agi de gagner le Paradis; si j'ai manqué en quelque chose, c'est que mon savoir et mon pouvoir avaient des bornes. » Avant lui mourait Isabelle, sa protectrice; elle le précédait dans la tombe; ni elle ni lui ne devaient être témoins des excès odieux qui allaient, sous le nom de civilisation, ensanglanter le Nouveau-Monde.

Sur la route tracée par Colomb s'engagent les hardis aventuriers de l'Espagne : Juan Dias de Solis découvre le Rio de la Plata en 1509, Ponce de Léon débarque sur les côtes de Floride en 1512. En 1513 Balboa, des hauteurs de Panama, prend possession de l'océan Pacifique au nom de la couronne espagnole. De 1513 à 1514 on relève les côtes de Rio-de-Janeiro, de Campêche et du Yucatan. En deux ans, Cortès prend le Mexique, comme plus tard, en 1526, Pizarre prendra le Pérou.

Mais, dans cet immense continent dont la découverte et la conquête devaient immortaliser leurs noms, ces grands aventuriers, ces hardis navigateurs du xvie siècle, ne voyaient qu'un obstacle à franchir, une barrière qui les séparait des mers ensoleillées, des îles verdoyantes et parfumées de l'Inde, terres de l'or et des épices, des fruits merveilleux, des produits étranges et inconnus. Successivement ils venaient au nord, au centre, au sud, se heurter contre ce continent sans fin qui, du pôle arctique au pôle antarctique, semblait leur barrer la voie. Une légende indienne, avidement accueillie par eux, affirmait que, sous des forêts impénétrables, un fleuve au cours lent et paresseux conduisait, en quelques jours de navigation, à un autre océan. Ce fleuve était le Chagres, cet océan était le Pacifique. La légende n'était vraie qu'en partie, mais ils y croyaient, fouillant fiévreusement le Honduras, le Guatémala, la Nouvelle-Grenade, ne soupçonnant pas qu'au fond de ce golfe de la mer des Antilles 64 kilomètres seulement les séparaient de la grande mer qu'ils cherchaient et que Balboa entrevit le premier.

Hantés de leur chimère, ils s'entêtaient, remontant en pirogues le cours des grands fleuves, croyant voir dans chaque estuaire l'entrée du détroit qu'ils rêvaient, la route des Indes. Du Saint-Laurent au Mississipi, de l'Amazone au Rio de la Plata, ils s'obstinaient à forcer l'obstacle, dédaigneux de leur conquête, de ce continent dont ils ignoraient encore l'étendue, sur lequel ils promenaient insolemment leur cupidité féroce, leur soif inassouvie de l'or, leur bravoure castillane devant laquelle, subjugués, les Indiens se courbaient. Semblables aux premiers mineurs californiens, qui, obsédés de l'idée fixe d'une montagne d'or massif, s'attardaient à peine à ramasser les pépites qui brillaient sous leurs pas, ils rêvaient de terres nouvelles et d'autres cieux, l'imagination enflammée par les récits fabuleux de la mystérieuse Cathay.

Après les Espagnols : les Français et les Anglais. En 1554, Cartier, envoyé par François Ier, reconnaît les terres de l'Amérique septentrionale, découvre les îles de la Madeleine, explore le golfe et le fleuve du Saint-Laurent. En 1542, Drake, dans son voyage autour du monde, avait vainement cherché sur la côte ouest de l'Amérique, une communication entre les deux océans; il avait découvert, sans en deviner l'importance, la Californie, dont il avait pris possession au nom de l'Angleterre.

Ici, toutefois, l'Espagnol fut le conquérant et longtemps le maître incontesté. Quand Fernand Cortès et Pizarre, Almagro et Pinçon envahirent le Mexique et le Pérou, le Brésil et le Chili, ces rudes aventuriers, soldats de fortune et grands capitaines, avides d'or et de pouvoir, ivres d'orgueil patriotique et de fanatisme religieux, incarnaient en eux le sombre et tyrannique génie de leur race et de leur temps. Ils étaient bien les descendants de ces Ibères, ennemis implacables de l'Arabe qui jamais ne les soumit, de l'infidèle qui jamais ne les convertit, contre lequel ils luttèrent sans relâche et qu'ils rejetèrent en Afrique; ils étaient les représentants de cette race espagnole qui, un moment, faillit être maîtresse du monde et l'eût été, si la bravoure suffisait pour le conquérir et le génie politique pour le conserver.

Certes, on eût été ébloui à moins que ne le furent ces faméliques héros quand leurs hardis coups de main leur livrèrent successivement des provinces plus grandes que des royaumes, des rançons à payer un empire. En vingt ans ils eurent tout pris, du Mexique à la Patagonie : 15,000 milles de côtes; dans l'Amérique du Sud : un continent de 1,300 lieues en longueur, de 1,000 de largeur. Sous leurs yeux, familiarisés avec la caillouteuse et dure terre d'Espagne, aux rivières rares et sèches, se déroulaient les riches et fertiles vallées de Mexico, de Quito, de Bogota, de la Paz, d'Ayacucho, des fleuves comme l'Orénoque, la Plata, les Amazones, la Magdalena, des forêts séculaires où le soleil et les pluies des tropiques faisaient croître et s'épanouir une flore incomparable, une faune vigoureuse entre toutes. Sur ce sol merveilleux, pour eux que de surprises! Passer en une journée des terres chaudes du littoral aux zones tempérées ; rencontrer, ici, des climats où, de trois mois en trois mois, ailleurs de six mois en six mois la sécheresse et la pluie alternent régulièrement, d'autres enfin où il ne pleut jamais et où le fracas du tonnerre est inconnu.

Puis, une population dense qui, se resserrant, les eût étouffés, et qui, frappée de terreur, s'inclinait devant le blanc ainsi que devant un Dieu, apportant à ses pieds, pour détourner sa colère, l'or que le blanc aimait, les pierres précieuses qu'il convoitait, dépouillant ses temples, se dépouillant lui-même pour l'enrichir, travaillant pour lui ses mines dont l'Espagne et le Portugal tiraient en trois siècles 28 milliards et demi de francs, sans compter ce que l'on avait pris à l'Indien : de quoi charger des galions et faire de l'indigente Espagne le pays le plus riche du monde. Après avoir accepté, le conquérant demandait, puis il prenait, et, pour aller plus vite, pour prendre davantage, il pillait et tuait, provoquant d'effroyables révoltes, les noyant dans le sang, ne

doutant ni de lui ni de son droit, insouciant de l'avenir, brave comme un reître, beso-
gneux comme un mendiant, prodigue comme un parvenu, orgueilleux et fanatique
ainsi que tout bon Castillan catholique, ami de Dieu, ennemi de l'hérétique.

Qu'importaient à un Pizarre, gardeur de pourceaux et grand capitaine, la civilisation et l'antiquité des Incas, successeurs des Aymaras ; à Fernand Cortès la civilisation
des Aztèques, fondateurs de Mexico, et Montézuma, trahi par la fortune et grandi par
l'adversité ? Qu'importaient les ruines accumulées, l'incendie dévorant les souvenirs du
passé, nettoyant et balayant le sol sur lequel l'Espagne va s'établir, qu'elle va coloniser, peupler, exploiter jusqu'au jour où elle le perdra, où un vent de colère et de
tempêtes soufflant d'une extrémité à l'autre de son immense empire lui ravira sa conquête et, de ses royales provinces, dépendances de la couronne de Castille et d'Aragon,
fera des Républiques libres !

Bien différent du sort de l'Asie fut celui de l'Amérique. L'Atlantique était trop
large pour que, d'Europe, on pût entendre les cris des victimes. L'Angleterre a pu
pressurer l'Inde anglaise, lui faire suer son or ; mais Warren Hastings lui-même a
reculé devant l'effroyable hécatombe, et, l'eût-il commandée, ses soldats s'y fussent
refusés. Pour quelques centaines de millions qu'il vola, l'Inde entière faillit se soulever et force fut à ceux-là mêmes qu'il payait à Londres pour ne rien voir et ne rien
entendre, de le destituer et de le mettre en jugement. Il acheta ses juges comme il
achetait ses surveillants, il fit mine de rendre gorge et garda son butin ; mais, lui parti,
l'Inde respira.

L'Indien d'Amérique n'en eut pas le temps ; il mourut stoïquement, inhabile à se
défendre. Sur son sol fumant, sur ses cités en ruines, l'Espagne du xve siècle s'établit.
A son intolérant et sombre génie il faut un continent où elle règne seule, où rien
n'éveille ses fanatiques fureurs, où les rares survivants embrassent sa foi et courbent
la tête ; à ce prix, elle les tolérera comme esclaves.

Esclaves, ils le furent et le restèrent longtemps ; et comme le travail servile répugne
aux mains de leurs maîtres faites pour manier l'épée et porter la croix, de hardis navigateurs iront sur toutes les mers recruter des travailleurs pour les colonies naissantes.
Il en faut pour la catholique Espagne et aussi pour la protestante Angleterre ; pour Cuba
la perle des Antilles ; pour Porto-Rico qui en absorbe 200,000 ; pour le Pérou où
800,000 Indiens travaillent, courbés sous le fouet ; pour toute l'Amérique centrale où
le nègre remplace l'autochtone qui succombe à la tâche et où le métis va pulluler. Il en
faut pour la grande république des États-Unis, où cinq millions d'Africains défrichent
les plantations du sud, récoltent le coton et le café, roulent la canne à sucre.

Et il en sera ainsi pendant trois siècles et demi, jusqu'au 2 avril 1865, où, dans
Richmond occupée par le général Grant, l'esclave sera déclaré citoyen libre de
l'Amérique du Nord ; jusqu'au 13 mai 1888, où Isabel *La Rédemptrice* héritière alors
du trône du Brésil, proclamera l'affranchissement des derniers esclaves de l'Amérique
du Sud.

Dans le Nouveau-Monde comme dans l'ancien apparaissent le mélange des races, les
couches humaines superposées. Au-dessous du colon d'aujourd'hui nous retrouvons le

nègre esclave, les Peaux-Rouges, l'Indien autochtone, l'Inca, l'Aztèque, le Chichimèque, puis leurs ancêtres, *Los Antiguos*, dont les légendes perdues nous révéleraient, avant eux, d'autres agglomérations ignorées; mélange d'Indiens, d'Asiatiques, de Malais, de Hollandais, d'Anglais, d'Espagnols, de Français, d'Italiens, de Portugais, d'Allemands; vaste creuset où sont venues se fondre et se confondre des populations diverses d'origine et de couleur, pour former un monde nouveau, conservant toutefois l'ineffaçable empreinte des races conquérantes et supérieures : de la France au Canada et dans la Louisiane, de l'Angleterre dans l'Amérique du Nord, de l'Espagne depuis le Rio Grande jusque au cap Horn; cette dernière empreinte fut de beaucoup la plus profonde et aussi la plus étendue.

Entre les mains de l'Europe, qui l'a découvert, il y a près de quatre cents ans, qu'est devenu ce continent? Quatre siècles sont peu de chose dans la vie de l'humanité, mais ici les événements ont marché vite ; ni longs efforts pour arracher une population autochtone à sa barbarie native, ni lents tâtonnements pour lui faire franchir les étapes successives dans la voie du progrès, mais une colonisation comme le monde n'en avait pas encore vu; un continent civilisé déversant sur un continent nouveau le surplus de sa population; tous deux marchant du même pas, vers le même but, par les mêmes moyens; l'Europe transplantée en Amérique avec ses traditions, ses idées, ses croyances et ses moyens d'action, l'une à l'autre reliées par la vapeur et l'électricité à travers l'océan soumis.

L'étude à laquelle nous allons nous livrer répondra à cette question. Cette étude se divisera en trois parties : la première sera consacrée à l'Amérique septentrionale, la seconde à l'Amérique centrale, la troisième à l'Amérique méridionale.

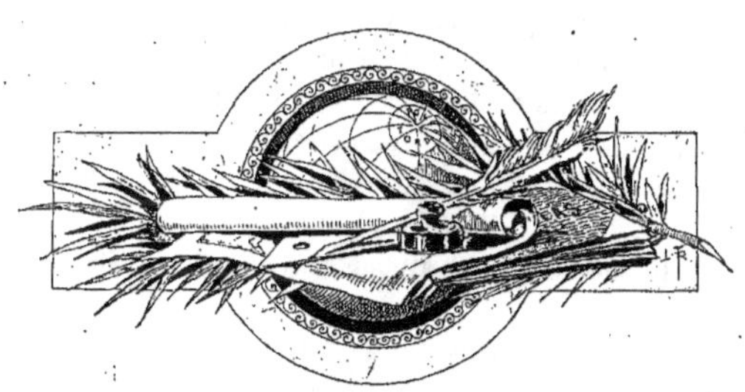

Les rochers et les cascades de la Villamette, dans la Colombie.

I. — L'AMÉRIQUE SEPTENTRIONALE.

Sur une superficie de près de 20 millions de kilomètres carrés, superficie double de celle de l'Europe, l'Amérique septentrionale ne contient encore que 82 millions d'habitants, soit une densité d'un peu plus de 4 habitants par kilomètre carré, alors que la densité moyenne de l'Europe est de 35, et de 19 pour l'Asie. Cette moyenne, de beaucoup inférieure à celle du vieux monde, n'est pas pour surprendre si l'on tient compte des vastes espaces inhabités des terres polaires américaines de l'Alaska, du nord-ouest du Canada où la densité descend à 0,1 ; à 0,2 dans le Nevada ; à 0,7 dans l'Orégon et le Colorado ; à 1,7 en Floride ; à 2,1 en Californie, alors qu'elle remonte à 83 dans le Massachussets, 86 dans le Rhode-Island, et atteint son maximum, 98, dans le district de Columbia.

L'étude de la répartition des races européennes sur ce territoire deux fois grand comme l'Europe, nous montre la race anglo-saxonne dominante dans la grande République des États-Unis et au Canada, sauf dans la province de Québec, et la race espagnole prépondérante au Mexique ; la race française, plus nombreuse dans la province de Québec, est fortement cantonnée dans les États de la Nouvelle-Angleterre où elle se relie à son centre canadien dont l'étonnante fécondité dément les assertions relatives à l'affaiblissement de sa vitalité. « Par un hasard étrange, écrit M. H. Boland dans les intéressantes notices jointes au remarquable atlas de *Géographie moderne* de

M. F. Schrader, l'émigration canadienne-française aux États-Unis s'est principalement portée vers les États de la Nouvelle-Angleterre d'où sortirent, au siècle dernier, les hordes armées qui anéantirent la puissance française au Canada ; elle y a pris une importance numérique telle, que les autres éléments de la population doivent compter avec elle et que déjà elle a pu se faire représenter dans la plupart des législatures et faire conférer aux siens d'importantes charges publiques. Si ce mouvement se continue, on pourrait presque supputer l'heure où la Nouvelle-Angleterre, francisée, se rejoindra avec la province de Québec pour former une agglomération continue de langue française. Par contre, l'ouest, ouvert à la civilisation par les pionniers et les missionnaires français, est devenu complètement allemand par l'immigration des 25 dernières années. Pourtant l'introduction de la culture de la vigne a amené en Californie une immigration française relativement considérable, de sorte que si le chiffre des Français dans l'Amérique du Nord est peu élevé, comparé à d'autres nationalités, il s'étend sur une immense quantité de terrain. » Plus compacte et plus ramassée, la race germanique se groupe au centre des États-Unis et aussi dans le nord-ouest.

Au point de vue de la répartition des sectes religieuses, les calculs ne sauraient être encore qu'approximatifs ; mais l'on peut évaluer qu'à peu de chose près le nombre des catholiques et des protestants s'équilibre, les premiers dominent au Mexique et au Canada ; ils sont nombreux aussi aux États-Unis où toutefois l'élément protestant l'emporte de beaucoup.

L'Amérique septentrionale s'étend de l'océan Polaire Arctique aux frontières du Guatemala et du Honduras britannique auquel confine la presqu'île du Yucatan. Elle se subdivise en : 1° les régions polaires et le territoire de l'Alaska, cédé par la Russie aux États-Unis ; 2° le *Dominion* ou puissance du Canada, comprenant Terre-Neuve et les îles adjacentes ; 3° les États-Unis, 4° le Mexique. Nous l'étudierons dans cet ordre.

I. — RÉGION POLAIRE ARCTIQUE ET TERRITOIRE D'ALASKA.

La région polaire de l'Amérique septentrionale s'étend au nord du Canada, et à l'ouest du Groënland dont la séparent les détroits de Davis, la baie de Baffin et, plus au nord, les détroits de Smith et de Kennedy. Profondément échancrée, coupée de baies, de passes et de canaux, morcelée en terres, en îles, en îlots, cette région apparaît comme un vaste archipel aux formes changeantes, aux contours mobiles constamment modifiés par les saisons. L'hiver, les glaces doublent l'apparente superficie des îles qu'elles soudent les unes aux autres, recouvrant les terres et les mers d'un immense chaos de neiges congelées, de blocs entassés, superposés, offrant l'aspect d'aiguilles, de crêtes aiguës, de larges dalles cubiques, de pyramides et de masses surplombantes. Elles se déroulent comme les toits d'une ville dont elles reproduisent l'inégale surface, les ondulations brusquement abaissées, non moins brusquement relevées. Force est à l'explorateur de contourner les obstacles, de s'orienter dans ce dédale où tour à tour l'horizon s'ouvre et se ferme. Hayes. mit trente et un jours pour remonter de 125 kilomètres au nord, et ces 125 kilomètres à vol d'oiseau représentaient 925 kilomètres de parcours réel.

C'est ici que l'homme livra les plus rudes assauts pour atteindre le pôle, pour s'ouvrir le passage du nord-ouest. Sur cette partie désolée du golfe, sur ces mers redoutables et ces côtes inhospitalières, les explorateurs ont à jamais gravé leurs noms, ceux de Cabot, de Frobisher et de Davis, ceux de Baffin et de John Ross, de Kane, Hall, Hayes, Nares et Markham, de Parry qui découvrit les détroits de Lancaster et de Barrow, et aussi les noms de Franklin et de Mac Clure. La liste en est longue, liste nécrologique qui n'est pas close encore et qui atteste l'infatigable persévérance de l'homme acharné à soulever le voile qui recouvre encore les mystères du pôle.

Lorsque, doublant le cap Farewell, le « *Cap des Adieux* », extrémité méridionale du Groënland, l'explorateur remonte vers le nord, il voit s'ouvrir devant lui le détroit de Davis, long de près de 2,000 kilomètres, mesurant 900 kilomètres dans sa plus grande largeur, 300 dans sa partie la plus resserrée, où le coupe le cercle polaire. Sur sa droite s'allongent les côtes frangées du Groënland, sur sa gauche se creusent les échancrures de la terre de Baffin, en face, s'étend la baie de Baffin. Au cap York finit la baie ou mer de Baffin, au cap Parry commence le détroit de Smith ; l'espace se rétrécit, le Groënland dessine dans l'ouest la protubérance d'Inglefield, dans l'est apparaît la terre d'Ellesmere ; entre les deux, le chenal ne mesure plus que 80 kilomètres, puis, de nouveau s'ouvre une large baie que domine, dans l'ouest, le glacier de Humboldt. Au delà et perpendiculairement au détroit de Smith, se profile celui de Kennedy, que continue au nord celui de Robeson. Ces détroits se succèdent comme une rue coupée de places, aboutissant en une ligne parfaitement droite à la mer Polaire ou *Paléocrystique*.

Long de 200 kilomètres, d'une largeur moyenne de 50, le détroit de Kennedy aboutit à Discovery Bay et à la baie de Lady Franklin, au nord de laquelle le détroit de Robeson achève de séparer l'archipel polaire américain du Groënland. A l'ouest se dresse *Grant Land*, la terre de Grant, la plus septentrionale que l'on connaisse encore. Elle forme l'extrémité d'une île allongée, parallèle au Groënland, et dont la partie médiane est désignée du nom de terre de Grinnell, tandis que sa partie méridionale porte ceux de terre d'Ellesmere et de terre de Lincoln. Sa longueur totale, du nord au sud, est d'environ 750 kilomètres, sa largeur moyenne de 200.

Entre la terre de Grant et celle de Grinnell règne une chaîne de montagnes, dite des *United States*. Orientée du sud-ouest au nord-est, elle déroule une longue muraille unie d'une éblouissante blancheur et d'une altitude moyenne de 1,100 mètres. Greely, qui la visita, y releva un massif de 1,370 mètres, le « mont Arthur », et un autre, « le Difficult », de 1,354.

Le contraste est grand entre la description qu'il fait de la terre glacée de Grant, au nord des montagnes, et celle de la terre de Grinnell sur le versant sud. Bien que située entre le 81° et le 82° degré de latitude, la terre de Grinnell renferme d'abondants pâturages où paissent les bœufs musqués. Greely y a relevé une longue bande de terre mesurant environ 250 kilomètres sur près de 70 de largeur, libre de glaces et de neiges, sillonnée de ruisseaux et de cascades, recouverte d'herbes et de fleurs. Il attribue ce phénomène au peu de neige qui tombe dans cette région et à la muraille verticale des roches sur laquelle la neige glisse sans séjourner.

Bien que plus méridionale, la terre d'Ellesmere est moins connue. Les roches escarpées qui se dressent au long de ses côtes en rendent l'accès difficile. Tout ce que l'on en sait, c'est que le sol montueux s'y déploie en terrasses formant les gradins d'un gigantesque escalier. Kane a compté plus de 40 de ces gradins sur les flancs d'une montagne.

Située plus au sud, la terre de Baffin est la plus grande île de l'Archipel Polaire; on évalue sa superficie à près de 700,000 kilomètres carrés. Le détroit de Davis et la mer de Baffin la séparent du Groënland dans l'est, de même que le détroit de Lancaster la sépare de l'île de North-Devon au nord; les détroits de Fury et d'Hékla, plus bas celui de Fox l'isolent du continent dans l'ouest et celui de Hudson la borde au sud.

Il est peu de terres aussi inhospitalières, il en est peu d'aussi difficile accès. Une chaîne aiguë, dentelée, dépassant parfois 2,000 mètres, enserre la côte orientale, projetant au large des promontoires abrupts, coupée de précipices profonds; sur ces hautes falaises déferle une mer sans cesse agitée par les renversements de marées, par le flux et le reflux qui s'attardent dans les fissures profondes et l'un à l'autre se heurtent. Plus dangereux encore que ces renversements de marée, que les glaces flottantes et les banquises que les courants entraînent et qui tournoient au long des côtes, sont les épais brouillards qui se dégagent, ainsi que des colonnes de fumée, des eaux libres encerclées de glaces; ces brouillards enveloppent le navigateur d'un épais rideau qui ferme l'horizon tout en laissant entrevoir le ciel clair au-dessus de lui et en laissant deviner la présence des banquises près de lui. Quand le vent s'élève et dissipe le voile gris qui plane à la surface de la mer, il souffle d'ordinaire avec tant de force que le marin n'a fait qu'échanger un péril contre un autre. Telle est la violence du vent sur ces côtes que, dans l'intérieur des terres, il y a souvent danger à s'aventurer dans les vallées qui aboutissent aux fiords et que balaient d'irrésistibles courants d'air chassant devant eux la poussière de neige, les glaces émiettées et les cailloux.

Les Esquimaux bravent ces obstacles; sur des routes connues d'eux seuls, guidés par des *cairns*, amas de pierres qui leur indiquent la voie, ils voyagent d'une côte à l'autre, ou gagnent, au sud, les rives du Nettiling, grand lac poissonneux. Il se rattache, dit-on, au golfe de Cumberland, et occupe le fond d'un bassin lacustre parsemé, dit Boas, d'autres lacs plus petits dans lesquels on a retrouvé des ossements d'animaux marins. Au sud du Nettiling se trouve un autre grand lac, l'Amadjuak, qu'une étroite langue de terre sépare du détroit de Hudson.

Boas a constaté sur les côtes l'existence d'abondantes sources d'eau chaude. On y a relevé également des gisements miniers et de la houille. « Les gisements de graphite, reconnus en maints endroits, écrit M. E. Reclus, n'ont jamais été utilisés, et des industriels de Philadelphie, qui avaient entrepris de détacher d'un rocher des lames de mica d'une grandeur et d'une pureté extraordinaires, n'ont pu donner suite à leur spéculation. La stéatite, si précieuse pour les indigènes qui en taillent leurs lampes, est rare; de même les dépôts de bois flottés qui avaient une valeur inappréciable avant que les Européens ne vinssent changer profondément les mœurs et les conditions industrielles. Alors les habitants devaient entreprendre de grands voyages pour se procurer le bois indispensable qu'ils ramassaient sur les bords de l'île Tudjakdjuak à l'entrée du détroit de Hudson; ils s'occupaient aussi à sculpter et à assembler sur place ces bois flottés pour en fabriquer des barques et des traîneaux qu'ils vendaient à leurs visiteurs. Les bois et autres débris rejetés sur les plages ont permis de reconnaître sur les côtes de Baffin's land, comme plus au nord dans la terre de Grinnell, les soulèvements successifs du sol. Ce phénomène d'exhaussement, visible sur tout le littoral maritime, se révèle aussi par les « marmites de géants », que l'on rencontre à diverses hauteurs et dans lesquelles on trouve encore les pierres qui les ont creusées. »

Au nord-ouest de la terre de Baffin et séparées d'elle par les détroits de Lancaster et de Barrow et le golfe de Boothia, s'étendent les îles de Tudjan ou North-Devon, celle de North-Somerset et la terre ou l'île du Prince-de-Galles. Si les montagnes qui les bordent sont moins élevées que celles de la terre de Baffin et n'excèdent pas 700 mètres, elles présentent les mêmes caractères que celles qui hérissent les côtes de Baffin. Dans le nord-ouest, les îles de Parry dessinent leur singulier relief d'angles régulièrement alternés. Entre ces îles, les seuils des détroits sont élevés, la mer, d'une extraordinaire transparence, permet à l'œil de plonger à une grande profondeur; l'atmosphère n'est pas moins pure. Le lieutenant Schwatka insiste, dans son compte rendu à la Société de géographie, sur ce fait que les deux grandes propriétés de ces régions polaires sont la transparence et la pureté étonnantes de l'air, puis l'incroyable répercussion des sons; ces deux propriétés augmentent avec l'intensité du froid. C'est ainsi qu'une colline, distante de 30 à 40 kilomètres, se dessine avec des contours aussi nets, aussi tranchés que le ferait dans nos régions tempérées, un monticule situé à 4 kilomètres. Condensées par le froid extérieur en une colonne épaisse, la chaude haleine et la transpiration d'un troupeau de rennes permettaient de suivre le mouvement de ces animaux à une distance de 25 à 30 kilomètres. On eût cru voir un chemin de fer marchant à toute vapeur. La même observation s'applique aux chiens attelés à un traîneau. Le sillage de vapeur qu'ils dégagent permet aux traîneaux qui suivent de guider leur marche sur la leur; mais il y a plus : le lieutenant Schwatka a constaté que le glissement des semelles des traîneaux, sur un sol inégal et raboteux, s'entendait très distinctement à 20 kilomètres de distance.

La température moyenne annuelle oscille entre — 13 et — 18°. En hiver entre — 29 et — 35°; en été entre 1 et 5° au-dessus de zéro. Nares a relevé des froids de — 52°; Mac Clure — 53°,9 à Mercy Bay; Greely — 53°,5 dans le canal de Robeson; Kane — 54°,2. Pour résister à de pareilles températures, force est à l'Européen d'adopter le régime et les coutumes des Esquimaux, de consommer, comme eux, la plus grande quantité possible d'aliments, mais surtout de matières graisseuses et huileuses. Du reste, la nécessité fait, avec le temps, surmonter le dégoût que ces substances inspirent aux blancs. Toutes les espèces sébacées remplissent d'ailleurs le but : l'huile des baleines, des phoques et des morses aussi bien que le suif des rennes, que l'huile des saumons ou que la graisse des volatiles de l'été.

Du compte rendu de l'expédition Schwatka, il résulte que le 3 janvier 1880 le thermomètre descendit à 57 degrés. Les voyageurs, et notamment MM. Gilder et Klutschak, s'accordent à dire qu'une fois qu'on a pu supporter un froid de 40 degrés, on supportera tout aussi bien 20 ou 25 degrés de plus, sans trop même s'en apercevoir, à la condition toutefois qu'il ne fasse pas de vent. Le vent et la tempête, en effet, modifient les conditions atmosphériques, et c'est pis encore si le vent est accompagné d'une tourmente de neige; 36 degrés de froid avec du vent, dit M. Gilder, soumettent l'organisme humain à une plus rude épreuve que — 56 degrés sans vent.

La faune et la flore de cette région polaire sont pauvres. La végétation n'a que quelques semaines pour naître, vivre et disparaître. Les animaux ne font que de courtes apparitions et repassent les détroits aussitôt que la glace le leur permet pour regagner le sud. L'ours blanc et le ptarmigan (*lagopus rupestris*) sont les seuls hôtes permanents; les cétacés, pourchassés par les pêcheurs, ont quitté les eaux froides de la mer de Baffin que peuplent seuls encore les phoques et les morues.

Rares aussi sont les habitants de ces terres désolées : quelques milliers tout au plus sur une superficie de près de deux millions de kilomètres carrés. M. Klutschak leur attribue une origine finnoise ou mongolo-chinoise, à cause de l'obliquité de leurs yeux. Ils ont été toutefois assez modifiés par leur contact avec les Peaux-Rouges de la Colombie anglaise et des États-Unis pour être souvent confondus avec eux. Eux-mêmes se désignent du nom d'*Innuïts*, par opposition aux blancs qu'ils appellent *Kablounas;* ils ont, selon M. Klutschak, les qualités particulières aux Esquimaux : une certaine bonhomie et de la sécurité dans les rapports; ils gardent encore leurs institutions patriarcales, mais aussi la vendetta de famille à famille et de clan à clan.

De traditions, ils n'en ont guère. Leurs légendes font mention d'une race disparue, les *Tornit,* sorciers redoutables, hommes aux extrémités d'animaux, que leurs pères auraient exterminés, le sol n'étant pas assez productif pour les deux races. Leur religion est primitive et simple; ils croient à un être supérieur mais n'en taillent aucune image, non plus qu'ils ne lui rendent aucun culte. Chez eux, l'instinct de solidarité est très développé. Le produit d'une pêche heureuse est partagé entre tous les membres de la communauté et la meilleure part revient de droit aux veuves et aux malades. Les hommes seuls chassent et pêchent, mais il incombe à la femme de rapporter le gibier et le poisson; c'est elle aussi qui transporte les fardeaux et construit les huttes.

Leur industrie est limitée; elle se borne à sculpter le bois et à préparer les peaux de phoques, art dans lequel ils excellent. Leurs vêtements, leurs instruments de chasse et de pêche sont curieusement travaillés et parfaitement entendus; tous les navigateurs s'accordent à le reconnaître et aussi à vanter leur merveilleuse mémoire, leur facilité à dresser des plans et des cartes, leurs aptitudes à tirer parti d'un crayon et d'une feuille de papier. Leur connaissance des localités, leurs dons d'observation et leur mémoire tenace font d'eux des pêcheurs remarquables : ils savent l'influence qu'exercent sur les phoques le vent, la neige, le brouillard; ils connaissent les localités que ces animaux fréquentent selon les saisons; mais toute leur habileté ne les empêche pas parfois de souffrir cruellement de la faim. Ils n'hésitent pas alors à franchir, dans un superstitieux silence, sur des glaces en dérive, les bras de mer qui séparent les îles, et à chercher, sur une autre terre, la nourriture qu'ils ne trouvent plus sur la leur.

Ils n'ont ni villes ni villages; leurs campements de nomades se déplacent facilement et leurs *iglous* sont vite construits avec des blocs de neige taillés en parallélipipèdes allongés, coupés à l'équerre et habilement ajustés pour former une ligne en spirale continue jusqu'à la clef de voûte du toit. Avec la glace qu'ils ont toujours sous la main ils construisent une hutte aussi solide que chaude, composée de plusieurs compartiments séparés. On peut y faire la cuisine pour plusieurs familles sans craindre que la chaleur fasse fondre les murs et crouler l'habitation.

A défaut de villages et de sites fréquentés, les sites historiques ne font pas défaut sur ces côtes. A Winter Harbour, Parry hiverna en 1819; c'est là que se rencontrèrent Mac Clure et Kellett. A Point Victory Mac Clintock retrouva la trace du passage de sir John Franklin; au long de la baie de l'Erebus s'élèvent les tertres funéraires des victimes de l'expédition; dans le détroit de Fury et d'Hékla, Parry dut abandonner ses navires, et le pigeon voyageur lâché par John Ross dans le détroit de Barrow venait, 120 heures plus tard et après un trajet de mille lieues, aborder en Écosse.

LE TERRITOIRE D'ALASKA.

Le 30 mars 1867, le gouvernement Russe cédait au gouvernement des États-Unis, moyennant une indemnité de 36 millions de francs, le territoire d'Alaska, ou l'Amérique Russe. Ce territoire mesurait 45,000 lieues carrées, de fait il n'avait d'autres limites au nord que celles que les neiges et le froid assignaient à l'activité humaine. Peu d'années auparavant, en 1858, la Russie avait arraché à la Chine le cours inférieur du fleuve Amour et de ses affluents. Maîtresse de cette riche région, elle n'avait plus que faire de ses possessions américaines dont M. Seward, secrétaire d'État de la grande république, négocia l'acquisition, soucieux avant tout d'opposer, à cette extrémité nord-ouest du continent, une barrière à l'extension du Canada et à ne laisser à l'Angleterre qu'une étroite façade sur le Pacifique.

Son idée était juste et l'affaire était bonne, mais on ne le comprit pas d'abord aux États-Unis. « Les négociations relatives à cette cession de territoire, écrit M. Whymper, préoccupaient vivement l'opinion publique. Les Américains étaient peu favorables à cet agrandissement nouveau et beaucoup n'en voyaient pas l'avantage. Aussi souleva-t-elle des critiques amères et une opposition acharnée. On accusa M. Seward

Barra

LES RIVES DU SAGUENAY.

d'entrainer le gouvernement dans une désastreuse spéculation ; on désignait ironiquement du nom de *Walrus-Sea*, plage des phoques, le territoire annexé. Chaque matin les journaux de New-York publiaient des annonces railleuses offrant d'immenses avantages à ceux qui seraient tentés d'aller exploiter une colonie déserte, des îles inexplorées, une terre semée de volcans sur une mer semée de banquises. Aujourd'hui l'expérience a fait justice de ces préventions et l'esprit d'entreprise des Américains a mis en lumière les ressources de l'Alaska. »

Borné au nord par l'océan Glacial ; à l'ouest par le détroit de Béring, la mer de Béring et l'océan Pacifique ; au sud et à l'est par la Colombie Britannique et l'ancien territoire de la Compagnie d'Hudson, la province d'Alaska, devenue territoire des États-Unis, occupe une superficie à peu près triple de celle de la France ; on l'évalue à 1,500,000 kilomètres carrés. Par le détroit de Béring, sur lequel l'hiver jette un pont de glace, elle se relie à l'Asie ; au sud, la longue traînée des îles Aléoutiennes décrivant en une courbe régulière un arc de cercle de 1,500 kilomètres forme un vaste brise-lames à la mer de Béring et, dans l'ouest, remonte vers la Sibérie.

Jusqu'au xviiie siècle on ignorait qu'à cette extrémité de l'Asie l'Amérique fût si proche. Deux Cosaques, chasseurs des rives de la Kolyma, avaient, franchissant le détroit, passé d'un continent dans l'autre ; avant eux les Tchouktches d'Asie trafiquaient avec les Esquimaux d'Amérique à Kinging, qui, sur la pointe extrême d'Amérique, fait face au cap oriental de l'Asie ; mais ces allées et venues de peuplades à demi sauvages n'éveillaient pas l'attention. Pierre le Grand, le premier, en ouït parler ; rien de ce qui se passait dans l'Empire ne le laissait indifférent ; il conçut le projet d'une exploration de ces terres lointaines ; ce projet, que la mort interrompit fut repris plus tard par Catherine et confié par elle au marin Danois Vitus Béring. Dans un premier voyage il explora les côtes du Kamtchatka, le détroit et la mer qui portent son nom. Dans un second, 1741, il visita la côte américaine, releva le mont Saint-Elias, prit possession de la contrée, mais, après avoir vu son équipage décimé par le froid et le scorbut, il succomba lui-même dans l'île du Commandeur.

Des observations faites il résultait que cette région était riche en fourrures et pelleteries. Une compagnie russe se forma pour exploiter cette source de richesses ; habilement dirigée par un intrépide voyageur sibérien, Baranoff, elle élargit, non sans peine, le cercle de ses opérations, et, poussant toujours plus avant dans l'intérieur des terres ses hardis chasseurs, elle vint enfin se heurter aux avant-postes de la Compagnie anglaise de la baie d'Hudson qui, de l'est cheminait vers l'ouest. Deux traités conclus en 1824 et 1825 assignèrent leurs limites aux deux compagnies.

Depuis, des explorations, au premier rang desquelles figurent celles de Whymper et de A.-L. Pinart, de Dell, de Schwatka, d'Everett et de Mercier, de Ray et de Stoney, ont éclairé bien des points demeurés obscurs, si elles ne permettent pas encore de dresser une carte définitive de cette région. La configuration du littoral, sauf au nordest et au nord-ouest a été déterminée ; au-dessus du détroit de Dixon qui sépare l'île du Prince-de-Galles de l'archipel de la Reine-Charlotte, la côte profondément échancrée, coupée de fiords, de passes et de détroits, s'émiette en îles et en îlots au nombre de près de onze cents. Ils forment un inextricable labyrinthe que, l'hiver, les glaces recouvrent et relient à la terre ferme. Au nord, la côte, plus régulière, détache, au large, de longues et massives presqu'îles. La plus remarquable est la presqu'île ou Corne d'Alaska, orientée de l'ouest à l'est, et que prolongent les 150 îles Aléoutiennes dont la courbe régulière et symétrique rappelle celle des îles Kouriles.

Elles se divisent en plusieurs groupes : celui du *Commandeur* où Béring mourut en 1741 ; les *Iles Proches*, ainsi nommées parce qu'elles sont voisines de la côte du Kamchatka ; les *Iles aux Rats ;* le groupe d'*Anaréanoff*, nom du marin russe qui l'explora ; les îles des *Quatre Montagnes ;* les îles des *Renards* dont font partie les deux grandes îles d'Ounimak et d'Oulanaska ; la première fut dépeuplée par des éruptions volcaniques, la seconde renferme le principal établissement de l'archipel des Aléoutes.

Sur ces îles, de formation volcanique, au relief montueux, sillonnées de vallées herbeuses, la population est très clairsemée. Elle a conservé le type des Esquimaux, modifié par le type russe ; on la dit indolente, sensuelle et paisible, bien que cruelle dans ses vengeances. Les Aléoutes vivent, sans trop de labeur, des produits de leur chasse et de leur pêche ; leurs côtes, très poissonneuses, fournissent en abondance des saumons et des harengs. L'hiver, ils se creusent des tanières sous terre ; l'été, ils reparaissent à la surface du sol et s'y construisent des huttes.

C'est à la racine même de la longue presqu'île d'Alaska que commencent les monts d'Alaska et que le Lapérouse s'élève à 3,400 mètres. Orientée de l'est à l'ouest la chaîne soulève successivement les cimes du Crillon, 5,000 mètres, et du Fairweather. De ces montagnes descendent d'énormes fleuves de glaces ; ils surplombent le littoral, au long duquel ils projettent dans la mer leurs blancs promontoires. De tous ces glaciers le plus vaste serait le Muir dont Wright estime le débit à la masse énorme de 3,954,000 mètres cubes de glace par jour. Ce glacier prodigieux attire chaque année un certain nombre de touristes de l'Orégon, de la Californie, du Canada et des États-Unis. Étant donnée la facilité avec laquelle les Américains se déplacent, l'attrait qu'exercent sur eux les sites étranges et curieux, le temps est peu éloigné où l'Alaska, riche en beautés naturelles, en gibier et en poissons, en excursions alpestres infiniment variées, deviendra une station estivale très fréquentée.

Au sud du Crillon et du Fairweather, le mont Saint-Élie, la plus haute des cimes de l'Amérique du Nord, fait partie de la même chaîne littorale. Il mesure, selon MM. Topham et Williams, 5,638 mètres d'altitude et se détache en relief puissant, en pyramide aiguë au-dessus des monts qui l'entourent. Son vaste glacier, auquel on a donné le nom de l'explorateur Tyndall, mesure dix kilomètres de largeur dans son cours supérieur ; l'un de ses bras morts vient aboutir près de la baie de Yakutat, recouvrant une superficie de près de 200 kilomètres carrés. Sur cette arête volcanique, les feux souterrains ne sont pas encore éteints ; le Tillman fume encore et, dans la « Montagne des Esprits » on entend mugir les voix que redoutent les indigènes. Peu connues dans leur parcours, les Alpes d'Alaska, qui pénètrent plus avant dans l'intérieur des terres, se relient, au sud, par une série de contreforts, aux montagnes

Rocheuses dont elles semblent n'être que le prolongement septentrional. Leur altitude, très inférieure à celle de la chaîne du littoral, n'excède pas, croit-on, 3,000 mètres.

Moins connu que l'Alaska méridional, celui du nord n'a ni chaînes de montagnes, ni glaciers comparables à ceux du sud; il est sillonné par des cours d'eau intermittents, tels que le Colville, le Meade, le Nunatok, le Kovak qui se déversent dans l'océan Glacial et la baie de Kotzebue; mais, à côté de ces fleuves secondaires, l'Alaska possède l'un des grands fleuves du monde, le Yukon, plus grand que le Danube, deux fois grand comme le Rhin et dont le cours mesure 3,500 kilomètres. Selon Ivan Petroff, son débit serait supérieur à celui du Mississippi, et son bassin qui s'étend dans le Canada comprendrait une superficie double de celle de la France.

Le Yukon est l'artère nord-ouest de l'Amérique; issu du col de Perrier, à l'est du mont Lapérouse, il devient navigable à 3,000 kilomètres au-dessus de son embouchure. Orienté du sud au nord, puis du sud-est au nord-ouest, il reçoit de nombreux affluents : le Hotàlinqua venu de la Colombie britannique, le Big Salmon River et le Pelly, le Stewart et le Porcupine, la Tanana, le Koyukuk, et se déverse dans la mer de Béring par un delta de cinq bouches. Whymper a remonté une partie de son cours et séjourné au fort Yukon, situé à la jonction du fleuve et de son affluent le Porcupine. Le récit qu'il fait de son séjour donne une idée des rigueurs du climat et des difficultés de l'existence dans ces régions peu connues.

« La journée la plus froide fut en décembre. Le 26 novembre, le thermomètre qui, les jours précédents, accusait la température relativement assez douce de 16 degrés au-dessous de zéro, tomba brusquement à 27, puis il continua à baisser sans interruption jusqu'au 5 décembre où il descendit à 49; mais le temps était magnifique, sans un souffle de vent, sans un flocon de neige; aussi souffrions-nous beaucoup moins que nous ne l'avions fait par une température de — 20.... Les deux semaines de notre résidence au fort Yukon nous mirent à même d'apprécier combien est rude la vie que mènent ici, pendant des années, les colons européens. De l'élan bouilli à déjeuner, de l'élan bouilli à dîner et encore à souper, voilà le fond du régime alimentaire; le poste est tellement inaccessible que l'on y apporte fort peu de provisions. Toutes les denrées du dehors doivent, avant d'arriver ici, passer par chacun des postes qui se succèdent entre l'Amérique russe et la factorerie d'York dans la baie d'Hudson. Elles sont transportées d'un fort à l'autre par les employés de la compagnie; ceux de l'Yukon vont chercher leurs approvisionnements à la maison La Pierre, petit établissement situé non loin des sources de la Porcupine, à une distance d'environ 200 lieues. Il faut vingt jours pour remonter la rivière et six pour la descendre. La station la plus proche est le fort Mac-Pherson qui s'élève à dix lieues au-dessus du confluent de la rivière Peel et du Mackensie. On ne trouve plus ensuite de poste jusqu'au fort Simpson, distant de 500 lieues du fort Yukon. »

La flore est pauvre dans l'Alaska septentrional où l'on ne rencontre que des mousses, des lichens et quelques rares arbustes nains dans les parties abritées. Les *Toundras* s'étendent à perte de vue, plaines marécageuses, bossuées de gibbosités argileuses, sur le sommet desquelles le voyageur chemine, sautant de l'une à l'autre, au risque de s'embourber jusqu'à la ceinture s'il vient à glisser dans leurs dépressions. Au sud seulement commencent les forêts de conifères et de cèdre jaune, *cupressus nutkatensis*, mais ces forêts septentrionales sont aussi difficiles d'accès que les forêts vierges des zones tropicales. Sous leur sombre ramure le sol marécageux se dérobe, des fondrières se creusent et l'on a peine à se dégager du redoutable lacis des racines; les fleurs n'ont ni couleur ni parfum, les baies sont sans saveur.

La faune est variée. Sur les rives de l'océan Polaire se trouve l'ours blanc; le noir et le brun sont communs dans le sud et les Esquimaux suivent les sentiers qu'ils tracent dans les forêts, assurés d'éviter ainsi les marécages; le renne existe mais à l'état sauvage; l'orignal et le caribou ont, en partie, disparu, le bœuf musqué, entièrement. Les eaux sont très peuplées, les saumons abondent et aussi le *Candle fish*, « le poisson chandelle », l'*Houlakan*, si gras qu'on s'en sert comme d'une bougie. Quant aux baleines, très nombreuses autrefois dans la mer de Béring, elles ont remonté au nord, cherchant un abri derrière la ceinture de glaces que les baleiniers ne sauraient franchir.

Le dépeuplement des eaux a eu pour conséquences le dépeuplement des côtes. La baleine était aussi nécessaire à l'Esquimau que le renne au Lapon; en la perdant il a perdu le plus clair de sa subsistance, la chair et l'huile qui lui étaient indispensables. aussi les côtes sont-elles désertes, et les débris de huttes attestent la décroissance de la race, chez laquelle les infanticides sont fréquents dans les trop fréquentes périodes de famine. Doux et paisibles d'ailleurs, les Esquimaux Innuits sont rarement en guerre ou même en querelles. En fait de propriété ils ne semblent attacher d'importance qu'à celle de leurs bateaux et engins de pêche.

Dans le bassin du Yukon habitent les *Ingalit* ou les « Incompréhensibles », ainsi nommés par les Esquimaux qui ne comprennent pas leur langue; ils sont de même origine que les Indiens du Canada et des États-Unis. Plus nombreux, les *Kinaï* campent à l'est de la Corne d'Alaska. Ceux de l'Alaska méridional, dénommés *Thlinkit*, ne représentent plus aujourd'hui qu'une population de 8 à 9,000 âmes; très industrieux, ils excellent dans la construction des canots qu'ils manient avec une rare adresse et dans celle de leurs habitations qu'ils décorent avec goût; ils tissent leurs couvertures et leurs étoffes et montrent de remarquables aptitudes artistiques. Toutes ces tribus réunies ne dépassent pas le chiffre de 35,000; on croit que ce chiffre fut plus considérable autrefois, mais, sur ce point, on en est encore réduit à des hypothèses.

Entre les mains des États-Unis, le territoire de l'Alaska semble appelé à prendre un rapide essor. Si, au premier abord, la population s'est montrée peu favorable à la cession faite par la Russie, ce mécontentement ne s'est trahi par aucun acte d'hostilité et n'a été que de courte durée. Les Américains ont apporté dans l'Alaska leurs qualités d'initiative, leur esprit d'entreprise, leur génie commercial, leur habileté à tirer tout le parti possible des ressources d'un pays neuf. Celles de l'Alaska ne sont pas encore complètement connues; on sait toutefois que l'ambre se trouve sur le littoral de la mer de Béring, que les bancs de morues hantent les côtes, que des gisements de houille existent dans l'île d'Ounga, que les saumons abondent dans le golfe de Cook, Juneau City, ou Harrisburg, à l'est du cap Spence, exploite des mines d'or dont le rendement annuel dépasse 2,500,000 francs.

La pêche et les fourrures constituent toutefois encore les principaux produits de l'Alaska. Une exploitation trop hâtive faillit tarir ces sources de richesse; la race du phoque à fourrure fut sur le point de disparaître en 1868 dans les îles Pribilor, mais les mesures prises par la compagnie américaine, fermière de l'archipel, prévinrent une destruction totale et repeuplèrent ces îlots où l'on compte déjà plus de 5 millions de phoques dont 150,000 sont abattus chaque année. Les mœurs de ces animaux offrent des particularités curieuses décrites par W. H. Elliott et que relate M. E. Reclus : « Quand les phoques abordent dans les îles, les mâles choisissent d'abord un lieu favorable pour y parquer leur future famille, puis la lutte s'engage entre eux pour la conquête des femelles, qui assistent paisiblement au combat et suivent le vainqueur. Les mâles évincés, condamnés au célibat et désignés, en effet, sous le nom de *célibataires*, vont s'établir à distance, parfois à plusieurs kilomètres du campement des groupes familiaux : ils y forment d'autres colonies, avec quartiers, places et rues strictement délimités par les pasteurs de cet immense troupeau. Les assommeurs employés par la Compagnie trouvent facilement les victimes qu'ils poussent dans les abattoirs. Les femelles et les jeunes sont toujours épargnés et l'usage des armes à feu est prohibé, afin que les détonations n'effrayent pas les timides animaux. A l'exception des gardiens que les phoques sont accoutumés à voir et qui passent toujours sur les mêmes sentiers, personne n'approche des *rookeries* ou « perchoirs » sur lesquelles les familles se pressent par milliers. De la multitude immense s'élève un murmure continu, comme celui d'une cataracte lointaine et composé des cris divers que poussent les mâles, mugissement, gazouillement, sifflement, renâclement, et du bêlement des femelles et des petits. Il naît environ un million de phoques chaque année; dès qu'ils sont assez forts pour nager et se nourrir en pleine mer, toute la colonie reprend le large pour aller hiverner au sud des îles Aléoutiennes. On évalue à trois millions de tonnes la quantité de poissons que mangent annuellement les phoques de Pribilor. » Dans cette singulière colonie on estime à 3,500,000 les groupes de famille et à 1,500,000 le nombre des phoques célibataires.

Les lions de mer hantent surtout les parages de l'île Saint-Pierre. Doux et timides, faciles à capturer, leur chair est préférable à celle du phoque, mais leur fourrure est peu appréciée. Celle de la loutre est plus recherchée ; elle varie de prix selon la taille et la qualité, de 300 francs jusqu'à 2,000 et plus. Les loutres abondaient autrefois dans le voisinage de l'île Pribilor, mais les hauts prix obtenus provoquèrent une extermination systématique. On en tua jusqu'à 5,000 par an. Baranov, gouverneur russe de l'Alaska, rapporta 15,000 peaux de loutre, d'une valeur de plus de 5 millions. Tel fut le massacre que l'on en fit que, dans le golfe de Cook, on en capture à peine une dizaine par année. Les loutres ont émigré vers les côtes des îles de Saanach. C'est là que les chasseurs les traquent, avec d'infinies précautions, s'abstenant, même par les plus grands froids, d'allumer du feu pour se réchauffer ou cuire leurs aliments, de révéler par un indice quelconque leur présence à ces animaux craintifs. Les mesures prises depuis l'annexion de l'Alaska et l'interdiction de la chasse en certaines saisons ont d'ailleurs déjà donné des résultats favorables, le nombre des loutres s'accroit annuellement et l'on exporte déjà de 6 à 7,000 peaux à l'année.

Les agglomérations humaines n'existent encore qu'à l'état embryonnaire dans ce territoire de l'Alaska dont la superficie triple de celle de la France ne renferme pas la population d'une de nos villes de troisième ordre. Les centres qu'indiquent les cartes au long des côtes sont des établissements de pêcheurs, des postes commerciaux et, dans l'intérieur des terres, des stations d'entrepôts de fourrures et de denrées. De même que la colonisation romaine procédait en Europe par des camps de légions, par des forts militaires situés aux points stratégiques importants, et dont beaucoup sont devenus de grandes villes, de même la colonisation américaine procède par des forts commerciaux établis aux points de jonction des grandes voies fluviales ou des routes de terre; ces forts primitifs, étapes de la civilisation, premiers jalons qui relièrent l'Atlantique au Pacifique, sont devenus, aux États-Unis, et en moins d'un siècle, des cités populeuses.

Il en sera de même dans l'Alaska; déjà la population commence à se grouper autour des stations bien situées, comme celle de Mercier ou de la Tanana, d'Ikogmut sur le coude du Yukon, d'Alexandrovsk, centre d'expéditions des peaux de rats musqués. La plus grande *ville* des îles Aléoutiennes, Ounalaska, compte une centaine de cabanes; Belkovskiy, colonie de pêcheurs norvégiens établis sur la côte méridionale de la péninsule, exploite les bancs de morue. Juneau ou Harrisburg, dont nous avons parlé plus haut, semble appelée à se peupler plus rapidement. Outre ses mines d'or, Harrisburg possède d'importantes pêcheries de saumons. Plus au sud, Sitka, dans l'île de Baranov, n'a pas répondu aux espérances conçues. Nous nous souvenons de l'époque où Sitka semblait appelée à devenir l'un des grands ports de commerce de cette région; ses mines d'or, de charbon, de cuivre faisaient concevoir des espérances que l'avenir a démenties : aujourd'hui ces mines sont délaissées, la population de la ville naissante est réduite à quelques centaines d'habitants, mais Sitka, reliée à San-Francisco par une ligne de bateaux à vapeur, ne tardera pas à devenir un centre important; son port est vaste et sûr et la région forestière qui l'entoure fournit d'excellents bois de construction.

Au sud de Sitka et du détroit de Dixon commence la Colombie britannique, rattachée depuis le 20 janvier 1871 à la confédération ou puissance du Canada.

Les rives du Saint-Laurent.

II· — LE CANADA.

En 1867, l'Angleterre donnait, à son immense territoire américain, le nom officiel de *Dominion* ou *Puissance*, du Canada. Ce nom était heureusement choisi ; il réservait l'avenir. Par sa superficie, de 8,822,583 kilomètres carrés, le Canada l'emporte sur les plus grands États ; seules la Russie, la Chine et les États-Unis occupent un plus vaste espace ; par sa population 4,500,000 habitants, il serait au rang des plus petits États d'Europe ; dans l'Amérique, encore peu peuplée, il vient au quatrième, après les États-Unis, le Brésil et le Mexique.

Ce fut la nouvelle France d'Amérique, l'empire colonial que François Ier et Henri IV créèrent, que Coligny, Richelieu, Colbert s'efforcèrent de constituer, que Louis XV sacrifia, et que le traité de Paris du 10 février 1763 céda, en même temps que les Indes, à l'Angleterre, enrichie de nos dépouilles. Le même trait de plume chassait la France de l'Asie et de l'Amérique, ne lui laissant dans ces deux continents que des parcelles de territoire. « Le roi de France, portait l'article 2 de ce traité néfaste, renonce à toutes les prétentions qu'il a formées ou pu former autrefois sur la Nouvelle-Écosse ou Acadie, en toutes ses parties et la garantit tout entière, avec toutes ses dépendances, au roi de la Grande-Bretagne. De plus S. M. très chrétienne cède et garantit à S. M. Britannique, en toute propriété, le Canada avec toutes ses dépendances ainsi que l'île du Cap-

Breton et toutes les autres îles dans le golfe et dans le fleuve Saint-Laurent, sans restriction et sans qu'il soit possible de revenir, sous aucun prétexte, contre cette cession et garantie, ni de troubler la Grande-Bretagne dans les susdites possessions. »

Ainsi s'écroulait l'œuvre de Cartier et de Champlain, de La Salle et de Frontenac, de Montcalm et de tant de vaillants soldats et marins. L'attention, en cette triste année 1763, se portait ailleurs : sur Frédéric II avec qui sympathisait Voltaire. « Tous les chasseurs, écrivait-il de son ton railleur à M. de Cideville, s'assemblent pour faire une Saint-Hubert à ses dépens, Français, Suédois, Russes, se mêlent aux Autrichiens ; quand on a tant d'ennemis, et tant d'efforts à soutenir, on ne peut succomber qu'avec gloire. C'est une nouveauté dans l'histoire que les plus grandes puissances de l'Europe aient été obligées de se liguer contre un marquis de Brandebourg. » Et il ajoutait dans une autre lettre à M. de Moncrit : « On plaint ce pauvre genre humain qui s'égorge, dans notre continent, à propos de *quelques arpents de glace au Canada.* » Le caprice d'une femme livrait à l'Angleterre ces arpents de glace arrosés de sang français, cette colonie, fidèle entre toutes.

A ceux qui, s'autorisant des revers subis par la France, nient son génie colonisateur et lui opposent victorieusement l'exemple de l'Angleterre, l'histoire est là pour montrer que la conquête n'est pas la colonisation et que partout où la France a passé elle a laissé des traces profondes que le temps lui-même a respectées. En Amérique, la Louisiane et le Canada attestent encore leurs sympathies françaises et conservent l'empreinte ineffaçable de notre race. Que reste-t-il aux États-Unis des traditions anglaises et des souvenirs de la mère patrie ; et, si demain l'Empire des Indes s'écroulait, que resterait-il de deux siècles de domination anglaise dans le cœur et dans les traditions des Hindous? New-York est cosmopolite, Boston américaine, Chicago se germanise, mais la Nouvelle-Orléans est encore française. Cherchez aux États-Unis une ville anglaise ; il n'y en a pas.

Si la colonisation consiste uniquement dans l'exploitation du sol par les immigrants et au profit de la métropole, certes, l'Angleterre est la première puissance colonisatrice du monde ; mais une pareille œuvre est condamnée à disparaître le jour où, la force faisant défaut, les exploités se séparent ou s'insurgent. Toute conquête qui n'aboutit pas à une fusion ou à une substitution absolue ne peut être que temporaire. Le Portugal et l'Espagne, au xviᵉ et au xviiᵉ siècle, ont su coloniser ; l'un et l'autre, malgré des cruautés justement flétries par l'histoire, ont porté la civilisation aux populations indigènes dont ils occupaient le territoire ; l'un et l'autre ont laissé en Amérique l'empreinte profonde de leur religion, de leurs mœurs et de leurs lois. Plus douce et plus humaine, plus sympathique aux races vaincues, la France a su se faire aimer d'elles, et l'on retrouve encore, parmi les tribus indiennes de l'Amérique septentrionale, le souvenir affectueux de notre colonisation. Aujourd'hui, après plus d'un siècle de domination étrangère, malgré un courant d'immigration dans lequel l'Angleterre figure pour 50 pour 100 et la France pour 7 pour 100 seulement, en dépit des intérêts politiques et commerciaux et d'une administration souvent habile et généreuse, deux millions de

TYPES CANADIENS.

Canadiens issus de ces 63,000 colons abandonnés par nous sur cette terre lointaine, forment une nationalité puissante et vivace. Fidèles aux traditions du passé, ils ont su conserver intactes, au milieu de vicissitudes nombreuses, la religion, la langue et les mœurs que nous leur avons transmises. Le temps, qui efface tout et qui emporte tout, n'a pu affaiblir, dans le Canada, le culte désintéressé que sa population a voué au souvenir de la France.

L'océan dessine, au nord, les frontières du Canada qu'il sépare des terres polaires, qu'il échancre profondément par la baie d'Hudson, mer intérieure que le canal de Fox relie à l'océan Arctique par le détroit du Fury et de l'Hékla, par le golfe de Boothia et celui de Barrow, en face duquel le détroit de Lancastre rejoint la mer de Baffin. Découpée en golfes, baies et promontoires, la côte nord fait face à la terre polaire du Roi-Guillaume, à la terre Victoria, à celle de Banks et, par delà l'estuaire du Mackenzie, vient aboutir à la pointe Démarcation où commence l'Alaska. La frontière qui sépare le Canada de l'Alaska consiste en une ligne géométrique, courant de la mer Glaciale au mont Saint-Élie et suivant le 141e degré de longitude ouest du méridien de Greenwich. Cette limite arbitraire et conventionnelle, adoptée en 1825, et qui ne tient aucun compte de l'orographie, pourra subsister tant que ces régions seront aussi peu peuplées et aussi peu connues qu'aujourd'hui, mais des modifications ultérieures sont inévitables.

A l'est, le Canada est limitrophe de l'Alaska, qui le sépare de la mer depuis le mont Saint-Élie jusqu'au détroit de Dixon, au sud duquel il s'étend en façade sur l'océan Pacifique jusqu'au détroit de Juan de Fuca; à cent kilomètres plus au nord, commence la frontière américaine. Ainsi que celle de l'Alaska septentrional, elle consiste en une ligne conventionnelle empruntée au 49e degré de latitude nord et aboutissant, dans l'est, au lac des Bois. Ici la frontière cesse d'être rigide; elle suit les contours de la région des lacs, du lac Supérieur et du lac Huron, de l'Erié et de l'Ontario dont les bassins séparent le Dominion et les États-Unis. Empruntant le cours du Saint-Laurent, elle rejoint le lac Champlain, coupe les affluents du Saint-Jean, descend, par le Saint-François, le lac Schoodik et la rivière Sainte-Croix jusqu'à l'Atlantique qui, dans l'est, borne le Canada, depuis la baie de Fundy au sud jusqu'au cap Chüdleigh au nord. D'importants groupes d'îles complètent ce colossal ensemble; ce sont, dans l'Atlantique : les îles du golfe Saint-Laurent et du Prince-Édouard, Terre-Neuve et ses dépendances; dans le Pacifique : l'archipel de la Reine-Charlotte et l'île Vancouver.

Beaucoup plus froid, à latitudes égales, que l'Europe qu'il égale presque en superficie, le Canada est redevable de cette frigidité à l'absence d'un relief montagneux et septentrional qui l'abrite contre les neiges et les glaces du pôle. Les Laurentides, dont le système montueux se développe depuis l'estuaire du Mackenzie jusqu'au nord de Québec, soit sur plus de 5,000 kilomètres, ne constituent pas une barrière, mais une succession de plateaux et de massifs soulevés en un apparent désordre, d'une faible élévation relative et d'une orientation encore indéterminée. Si, dans le Labrador canadien, quelques-uns des sommets des Laurentides atteignent 1,000 et 1,200 mètres, près du lac Supérieur la chaîne n'excède pas 650, et dans le nord-ouest elle se relie par de longs et bas plissements de sol au système bien autrement accentué des montagnes Rocheuses.

Formées de roches anciennes, de granits et de gneiss, les Laurentides, semées de lacs et de marais, sont essentiellement humides et froides; le sol en est généralement stérile, sauf dans les vallées où les cours d'eau déposent leurs alluvions. Entre les massifs disjoints, largement espacés et par-dessus les plateaux bas et arrondis, les vents froids du pôle circulent sans obstacle; les gelées précoces s'y prolongent tard. Par contre, le sous-sol en paraît riche et de fertiles terres d'alluvions accumulées dans les bassins lacustres promettent pour l'avenir d'abondantes moissons et un champ lucratif d'exploitation aux immigrants.

Entre la longue et capricieuse courbe des Laurentides à l'est et l'épaisse arête des montagnes Rocheuses dans l'ouest, s'étendent les vastes prairies du Nord-Ouest, sol plus fécond, plus moderne, et que bordent au nord d'interminables forêts. Ce fut une partie du territoire de la Compagnie d'Hudson annexé au Canada le 1er juillet 1870 et dans le vaste périmètre duquel l'Angleterre a découpé deux États et cinq provinces grands comme des royaumes, à savoir : les États de la Colombie britannique et du Manitoba, les provinces d'Assiniboïa, d'Alberta, de Saskatchewan, d'Athabaska et de Keewatin. Cette région se divise en trois zones distinctes : le désert, la prairie et la forêt. Le désert occupe près de 15 millions d'hectares; c'est une immense plaine giboyeuse, recouverte d'une herbe fine à laquelle le sol sablonneux conserve, même l'hiver, une singulière force nutritive, à tel point, dit M. Taché dans son *Esquisse du Nord-Ouest,* que quelques jours en ces singuliers pâturages suffisent pour remettre en état des chevaux épuisés par le travail. La zone des prairies, susceptible de culture, et d'une superficie au moins égale, déroule, au printemps, son immense tapis diapré de fleurs. Bien autrement étendue, la région des forêts recouvre plus de 125 millions d'hectares, dont près d'un quart peut être avantageusement utilisé par l'agriculture. M. Taché estime à près de 50 millions d'hectares, — l'étendue de la France, — la zone du nord-ouest susceptible de culture dans un avenir plus ou moins rapproché, et il ajoute : « Si l'on réfléchit que ces 50 millions d'hectares cultivables sont adossés à près de 85 millions d'hectares de forêts, qu'ils avoisinent en outre 15 millions de terres impropres à la culture mais éminemment favorables à l'élevage en grand du bétail, qu'ils ont devant eux une superficie égale à près de six fois la France, 300 millions d'hectares, de territoires de chasse, où des facilités de communication parviendront peut-être à créer une certaine activité industrielle par la découverte et l'exploitation des divers minerais que recèlent les roches primordiales du terrain Laurentien, on ne trouvera pas exagérée la fixation du chiffre de population que peut faire vivre la région du nord-ouest Britannique à 50 millions d'habitants à peu près. Ajoutez à cela les 100 millions d'hectares des deux Canadas et des provinces maritimes, les immenses étendues, encore inexplorées pour la plupart, de la terre de Rupert et du Labrador, et l'on arrivera aisément au chiffre de 100 millions d'êtres humains pour la population future de l'Amérique Anglaise du nord. Si notre race maintient, vis-à-vis de ses rivaux anglo-saxons, les proportions numériques d'aujourd'hui, c'est une nation néo-française de 40 millions d'âmes qui prospérera un jour au nord des grands lacs et du 49ᵉ parallèle, si même, d'ici là, la loi mystérieuse qui préside aux migrations des peuples, ne déplace point l'équilibre au profit de la race la plus féconde et la plus septentrionale. »

La longue arète des montagnes Rocheuses, à laquelle se rattache au nord la chaîne de l'Alaska orientée du nord-ouest au sud-est, commence au-dessous de la frontière de l'Alaska. Elle court du nord au sud, parallèlement au littoral du Pacifique qu'elle longe à une distance moyenne de 600 kilomètres dans la Colombie Britannique qu'elle sépare de la région des plaines. Plus au sud, elle se continue dans les États-Unis, à travers le Montana, le Wyoming et le Colorado, mesurant près de 4,000 kilomètres dans son développement total. La partie septentrionale est encore peu connue et ne semble être qu'une ligne secondaire de partage des eaux, traversée comme elle l'est par des rivières qui se déversent, les unes dans l'océan Glacial, les autres dans l'océan Pacifique. Ce n'est qu'au sud de la rivière de la Paix que la chaîne se dessine et se précise, que ses sommets atteignent 4,875 mètres au mont Brown, 5,180 au mont Hooker. Le chemin de fer du Pacifique franchit cette chaîne par une altitude de 1,614 mètres, et la chaîne parallèle des Selkirk, plus à l'ouest, par une altitude de 1,314. Moins élevées que les Rocheuses, les Selkirk sont plus pittoresques ; couvertes d'épaisses et hautes forêts elles rappellent par leur verte parure, par leurs vallées, leurs torrents, leurs glaciers et leurs accidents de terrain les Alpes d'Europe.

Ce vaste périmètre, dont nous venons d'esquisser les limites et le relief, est semé de lacs innombrables, de cours d'eaux et de rivières. Nous les décrirons en étudiant ses zones diverses. Telle qu'elle apparaît sur la carte, la puissance du Canada se partage en quatre zones distinctes. Ce sont, en commençant par le littoral du Pacifique : 1º la Colombie Britannique à laquelle se rattachent l'île Vancouver et l'archipel de la Reine-Charlotte ; 2º le territoire du Nord-Ouest, bassin de la mer Glaciale, de l'Hudson et du Winnipeg ; 3º le territoire du Nord-Est, comprenant le Canada proprement dit : les provinces d'Ontario et de Québec, et le Labrador ; enfin, 4º les provinces maritimes de l'Atlantique : le Nouveau-Brunswick, la Nouvelle-Écosse et Terre-Neuve à laquelle nous rattacherons les îles de Saint-Pierre et Miquelon.

I. — COLOMBIE BRITANNIQUE. — ILE VANCOUVER. — ARCHIPEL DE LA REINE-CHARLOTTE.

La Colombie Britannique, plus vaste que la France, occupe une superficie de près de 900,000 kilomètres carrés. Elle a pour limites : au nord le 60ᵉ degré de latitude, au sud le 49ᵉ qui sépare la puissance du Canada des États-Unis ; à l'ouest, du 60ᵉ degré au 55ᵉ, elle confine à l'étroite bande de terre de l'Alaska méridionale qui l'isole de l'océan Pacifique ; du 55ᵉ degré au 49ᵉ elle longe cet océan sur près de 800 kilomètres de ongueur, du détroit de Dixon à celui de Juan de Fuca. Dans l'est la chaîne des montagnes Rocheuses et le 120ᵉ degré de longitude ouest du méridien de Greenwich la séparent des territoires du Nord-Ouest. Elle se divise en deux parties : la terre ferme, puis l'île de Vancouver et l'archipel de la Reine-Charlotte. Dans la partie septentrionale de la Colombie, le climat est froid, l'hiver long et rigoureux, l'été court, mais chaud; le thermomètre descend parfois jusqu'au-dessous de 30 degrés et monte à + 31°. Dans l'île Vancouver, que baignent les eaux tièdes du grand courant japonais, du Kuro-Sivo, les étés sont plus chauds que ceux de Monterey, situé 13 degrés plus au sud.

Le relief du sol est élevé, il atteint en moyenne près de 1,000 mètres au-dessus du niveau de l'océan et cette altitude contribue à l'âpreté du climat. Les vents du nord que n'arrête pas la chaîne naissante des montagnes Rocheuses balayent ce haut plateau incliné vers la mer, qu'arrosent les pluies froides, que les neiges recouvrent et que les brouillards envahissent d'octobre à mai. Le trait caractéristique de l'orographie du sol consiste dans le parallélisme de la double chaîne des montagnes Rocheuses et des montagnes côtières désignées sous le nom de *Cascade Range*. Elles enserrent un plateau onduleux large de près de 200 kilomètres. Cette chaîne des Cascades se déroule au long de la côte, formant, comme son nom l'indique, une série de gradins étagés depuis la plage jusqu'au plateau. Plus au sud, elle borde le littoral des États-Unis, où elle prend le nom de *Coast Range*, montagnes de la Côte ; plus bas encore elle forme, sous le nom de *sierra de la Gigantea*, l'arête dorsale de la longue presqu'île de la Basse-Californie.

Assez élevée aux États-Unis où quelques-uns de ses sommets dépassent 3,000 mètres, la chaîne des Cascades n'excède point, dans la Colombie Britannique, l'altitude de 2,000 mètres. Elle alimente de nombreux fleuves côtiers qui se déversent dans les fiords colombiens ainsi que dans le bassin du Fraser ; sur ses longues pentes douces elle se recouvre de vastes forêts. Dans l'est, les montagnes Rocheuses bordent le plateau central qu'elles surplombent, de même que la chaîne des Cascades surplombe le littoral. Trouée de passes encaissées et profondes, — M. Blakiston n'en a pas relevé moins de huit entre le 49ᵉ et de 54ᵉ degrés de latitude, — la partie des montagnes Rocheuses qui forme à l'est la frontière de la Colombie Britannique est plus disjointe encore au nord où elle ouvre de nombreux seuils d'accès aux trappeurs et chasseurs de fourrures. Le plateau qu'elle borde est semé de lacs larges et profonds, sillonné de rivières côtières et de nombreux cours d'eau. Ceux du nord de la Colombie se déversent dans la rivière de la Paix, affluent indirect du Mackenzie; ceux du littoral, tels que la Narsa, la Skeena, le Salmon, l'Homathco, s'épanchent dans les fiords; ceux du sud alimentent la Columbia et le Fraser.

Ainsi que dans la péninsule Scandinave, nombre de rivières de la Colombie ne sont que des chapelets de lacs s'égouttant les uns dans les autres; lacs et rivières forment un vaste réseau aquatique dont les lignes s'entre-croisent, plus minces là où les rivières relient les lacs, plus larges et plus profondes là où les lacs s'étalent dans les brusques fissures du sol : tels le Trembleur, le Tacla, le François, le Stewart dont le

Nakosla porte les eaux au Fraser; tels le Quesnelle, le Chilco, le Shuswap qui s'y déversent directement; tels enfin le Kootenay, l'Okanagan, l'Arrow, affluents de la Columbia.

Le Fraser est le grand fleuve de la Colombie Britannique. Les mineurs de 1858 le désignaient du nom de *Crazy River* ou rivière Folle, que lui avait valu l'impression produite sur eux par les *Cañons* ou défilés larges de cinquante mètres environ, dans lesquels le Fraser, courant avec une vitesse de 32 kilomètres à l'heure, précipite l'énorme masse d'eau qu'il a recueillie dans son parcours. Issu des montagnes Rocheuses, le Fraser descend du col de la Tête-Jaune; orienté de l'est à l'ouest, dans son cours supérieur, il se redresse brusquement au sud, après avoir reçu les eaux de la rivière de l'Ours. Plus bas, grossi par le Willow, le Néchaco, le Quesnelle, il devient navigable à Yala et se heurte à la base du mont Baker, haut de 3,300 mètres, et qui le rejette vers l'ouest. Dans son cours dévié, il ramasse le Harrison et le Pitt, passe à New-Westminster et débouche dans le détroit de Géorgie, après un cours de 1,300 kilomètres.

Inconnu il y a un demi-siècle, le Fraser a déjà, comme le Sacramento, le San-Joaquin et tant d'autres fleuves ou rivières de la Californie, son histoire et ses légendes. « C'est, écrivent le vicomte Milton et le Dr Cheadle, sur les rives du Fraser inférieur que l'or a été découvert dans la Colombie sous la forme d'une fine poussière. Les mineurs de la Californie ont remonté le cours du fleuve, fouillant son lit sur un parcours de 600 kilomètres, trouvant des gisements de plus en plus riches, explorant les affluents riches en pépites et en quartz aurifère. Ils continuent leurs explorations. Il s'en faut que toutes les veines de quartz aient été découvertes et l'on en est encore à conjecturer leur situation probable. Il se peut qu'une grande partie de ces richesses ait été entraînée par les eaux des torrents, mais évidemment des sommes énormes sont encore enfouies dans les entrailles des rochers. Pendant quatre ans, la production de William's Creek a suffi à plus de 16,000 mineurs; et cependant William's Creek n'est qu'un ravin étroit, exploité sur trois ou quatre kilomètres de longueur et à l'aide de procédés primitifs. Privés, au début, du secours de la vapeur et de la plupart des outils nécessaires, les mineurs ont dû se borner à égratigner le sol au hasard. Parmi les nombreux exemples de richesses que procurent ces fouilles, on peut citer le *claim* Cuningham qui a fourni en moyenne 10,000 francs par jour pendant toute une saison, et le *claim* Dillon, la somme énorme de 200 livres d'or en un jour. Un espace de trente mètres du *claim* Cameron a produit 600,000 francs. » M. George Dawson estime à 281 millions la valeur de l'or extrait des sables de la Colombie, de 1858 à 1888.

Aujourd'hui, l'exploitation des mines a changé de caractère. On ne rencontre plus guère d'orpailleurs et, comme en Californie, ce sont des compagnies disposant d'importants capitaux qui détiennent et travaillent les gisements de quartz et de schistes aurifères. Toutefois la production de l'or a beaucoup décru; nombre de mineurs ont regagné la Californie dont le climat est plus doux; mais si la production de l'or est moins abondante, par contre l'exploitation des mines de houille est devenue plus lucrative. En 1888 la Colombie Britannique produisait déjà 490,000 tonnes, dont 345,000 s'expédiaient en Californie.

Au bassin du Fraser succède au sud celui de la Columbia, dont la Colombie Britannique ne possède que le cours supérieur. Issue de deux lacs : Upper et Lower Columbia, situés au nord du 50ᵉ degré, la Columbia décrit une courbe analogue à celle du Fraser. Orientée à l'ouest, elle se redresse au sud et s'unit au Kootenay; après un cours de 800 kilomètres elle franchit la frontière et poursuit sa course à travers les États-Unis de l'ouest, où nous la retrouverons.

Incliné du nord-est au sud-ouest, le haut plateau de la Colombie Britannique offre, au long des côtes, l'aspect fragmenté du littoral norvégien, coupé de fiords, hérissé de falaises. Ici, les fiords plus étroits sont aussi plus réguliers, ils s'enfoncent dans les terres, ainsi que de longues rues droites perpendiculaires à la mer et bordées de falaises formant muraille. Celui de Jervis affecte la forme d'un corridor sinueux long de 80 kilomètres, large de 5, profond, à l'entrée, de 360 mètres, encaissé entre deux hautes masses rocheuses de près de 1,000 mètres. Dans cette sombre et interminable allée se déversent en cascades des centaines de torrents; l'été, les eaux mugissantes et le fracas du tonnerre, l'hiver les avalanches retentissantes répercutent, au long des parois, leurs échos sonores qui indéfiniment se prolongent. Sur la côte, fragmentée en îles et îlots, un courant violent règne dans les passes étroites, entraînant dans sa vitesse qui atteint jusqu'à 18 kilomètres à l'heure les bâtiments qui s'y engagent. Entre la grande île Vancouver et la côte, le détroit se resserre au point de ne plus mesurer, aux Étroits de Seymour, que 3 kilomètres de largeur.

Dans la Colombie du sud, la mieux connue, Dawson estime que les forêts couvrent les deux tiers de la superficie. Ces forêts sont riches en essences résineuses; la plus appréciée est le pin jaune, *Abies Douglasii*, qui abonde, aussi bien sur la terre ferme que dans l'île Vancouver; le tremble, l'érable, le peuplier y atteignent de grandes proportions. On retrouve ici les mêmes espèces d'animaux à fourrures que dans l'Alaska, et aussi l'ours noir, le puma, sorte de panthère, les cerfs et les loups. Les eaux poissonneuses nourrissent la morue noire, plus délicate que la blanche, d'innombrables saumons, et le *boulakan*, poisson-chandelle, dont nous avons parlé plus haut.

Tout ce vaste territoire est peu peuplé; comme partout où les Peaux-Rouges se trouvent en contact avec la civilisation, leur nombre décroît. La population indigène diversement évaluée entre 30 et 40,000 se divise en Indiens de la terre ferme et Indiens du littoral; en chasseurs et pêcheurs. Ils ont mêmes coutumes et mêmes mœurs, mais leurs idiomes diffèrent et aussi leurs aptitudes et leurs traits physiques. Entre les Indiens Peaux-Rouges et les tribus de la côte, l'opposition est assez tranchée pour permettre de distinguer à première vue l'indigène autochtone de l'Asiatique venu de l'ouest. La plus avancée de ces tribus paraît être celle des Haïdas; pêcheurs habiles, ils excellent dans l'art de construire, de décorer et de manœuvrer leurs canots, mais ces hommes qui vivent sur la mer et de la mer ignorent complètement la natation. A côté d'eux, les Nootkas, au type asiatique plus marqué, habitent surtout l'île Vancouver; plus en rapport avec la civilisation, ils sont aussi plus dégradés et plus misérables.

La population blanche domine et dépasse 100,000 âmes. Attirée au début par la découverte de l'or, elle a été retenue, depuis, par l'exploitation des ressources naturelles du pays, par le commerce lucratif avec le dehors, par l'exportation du poisson qui dépasse 25 millions à l'année, par la construction du chemin de fer transcontinental. Cette population se groupe autour des mines d'or et de houille, au long de la côte et dans l'île Vancouver où Victoria compte déjà plus de 20,000 habitants. « Victoria, écrit le vicomte Milton, est admirablement située sur les bords d'une baie rocheuse, sorte de conque creusée dans le promontoire que forme la mer en pénétrant dans le hâvre Esquimalt. L'emplacement en fut choisi par sir James Douglas, gouverneur des terri-toires de la Compagnie de la baie d'Hudson à l'ouest des montagnes Rocheuses. C'était en 1844. Quatorze ans plus tard, quand la nouvelle de l'existence de l'or sur les bords du Fraser provoqua l'immigration de la Californie, Victoria ne possédait alors que le fort et deux maisons habitées par les employés de la Compagnie. En quelques semaines, trente mille mineurs campaient autour de Victoria. Au milieu de ce ramassis d'aven-turiers, réfractaires à toute loi, le gouverneur Douglas sut, avec les faibles moyens d'action dont il disposait, maintenir l'ordre et une sécurité relative. » Aujourd'hui, Victoria a grand air; elle possède de beaux magasins, de vastes entrepôts, et son port semblerait appelé à être, après celui de San-Francisco, le plus important de cette côte septentrionale, n'était celui de la ville de Vancouver, point terminal de la grande voie ferrée de l'est.

Vancouver surgit du sol, comme par enchantement, en 1886, sur le golfe, dans une épaisse ceinture de forêts qu'on abattit et que l'on défricha. Dans son vaste périmètre cent mille habitants vivraient à l'aise. Dès le début ce fut une grande ville, éclairée au gaz et à la lumière électrique; ses monuments, ses églises, ses banques, ses larges avenues, sa population croissante attestent la foi robuste de ses habitants dans l'avenir de leur cité. Déjà, elle l'emporte sur Victoria par le mouvement de son port, par les facilités qu'elle offre à la navigation, par ses lignes de bateaux à vapeur qui la rattachent à l'Orégon et à la Californie, au Japon et à la Chine, au continent australien.

Une voie ferrée relie Victoria à Nanaimo, situé à 120 kilomètres dans le nord-ouest de l'île et dont les mines de houille renferment un excellent charbon. Nanaimo ne compte pas encore 4,000 habitants. Sur la terre ferme, et de l'autre côté du détroit qui sépare l'île Vancouver du continent, s'élève New-Westminster, plus peuplée, à l'em-bouchure du Fraser, et au-dessus de Vancouver. Au long du fleuve, en remontant dans l'intérieur des terres, apparaissent les petites villes naissantes d'Agassiz, de Hope, Yale, Lytton, port Essington, Hazleton sur la Skeena, Glenora au point de départ de la navigation fluviale et à 200 kilomètres de l'estuaire du Fraser.

Le groupe des îles Charlottes, un moment envahi par le remous des chercheurs d'or, et promptement abandonné par eux, se peuple plus lentement. On y a trouvé de l'or, mais en trop faible quantité pour motiver une exploitation régulière; le gibier y est rare, la pêche seule est fructueuse, aussi les colons se groupent-ils sur le littoral où commencent à surgir des usines d'huile de poisson, des pêcheries et quelques fabriques de conserves.

II. — TERRITOIRE DU NORD-OUEST. — BASSINS DU MACKENZIE,
DU WINNIPEG ET DE L'HUDSON.

Sibérie américaine, l'immense territoire du Nord-Ouest mesure en largeur 2,500 kilomètres de l'est à l'ouest, de la presqu'île de Melville à la frontière de l'Alaska, 1,800 de la baie d'Hudson aux montagnes Rocheuses, 2,600 en longueur de l'estuaire de Mackenzie à la frontière des États-Unis. La Puissance du Canada l'acquit de la Compagnie de la baie d'Hudson, le 1er juillet 1870, moyennant la somme de 7,500,000 francs, soit un peu moins d'un franc par kilomètre carré, sa superficie totale comprenant 7,900,000 kilomètres carrés, quinze fois l'étendue de la France et près des quatre cinquièmes de celle de l'Europe. Habité par quelques milliers de sauvages, ce territoire, semé de petits forts établis à grande distance les uns des autres et occupés par quelques employés de la Compagnie d'Hudson, ne fut, pendant près de deux siècles, qu'un gigantesque terrain de chasse. Les trappeurs errants dans ces vastes solitudes où seuls ils pouvaient s'orienter, s'y ravitaillaient aux forts où ils échangeaient leurs pelleteries et leurs fourrures contre de la poudre, des balles, des vivres et des couvertures.

Avant eux, ce territoire avait été visité par des Canadiens français, hommes intrépides, durs à la fatigue; ce sont eux qui, parcourant en tous sens ces grands espaces, ont découvert les lacs et les rivières, exploré les uns et remonté le cours des autres, déterminé l'orographie et l'hydrographie du pays, donné à tant de localités les noms français que l'on est étonné de retrouver à pareille distance de la mère patrie, enseignant notre langue aux Indiens, prenant, comme Lacouture, en 1663, possession de la baie d'Hudson, au nom du roi de France, comme Jean Bourdon, en 1656, du Grand Nord, au nom de Louis XIV.

Aujourd'hui, ce territoire fait partie de la Puissance du Canada. Au nord, il a pour limites les terres polaires, à l'ouest l'Alaska et la Colombie Britannique, au sud la ligne du 49e degré qui le sépare des États-Unis, du Montana et du Dakota; à l'est il confine au canal de Fox, à la baie d'Hudson, au Manitoba. Comme la Sibérie asiatique, cette Sibérie américaine est le pays des terres plates, au relief indistinct, sans hauteurs qui le dominent, sauf à l'ouest la chaîne des Rocheuses et au sud les Laurentides; c'est le pays des grands fleuves solitaires aux pentes indécises et aussi des lacs douteux débordant en tous sens, s'épanchant indifféremment vers les quatre points cardinaux. Nulle région n'en possède autant; du lac Supérieur aux mers Polaires ils forment une ligne continue dont les eaux se déversent dans les deux bassins du nord et de l'Hudson. On cherche en vain les lignes de faîte, on ne rencontre que de faibles hauteurs de terres, *Heights of land*, comme on les désigne, et dont la saillie la plus prononcée sépare le lac Méthy, tributaire de la baie d'Hudson, du Clearwater, affluent de l'océan Polaire. Cette saillie de 520 mètres, forme le point culminant entre les montagnes Rocheuses et la baie d'Hudson.

VUE D'OTTAWA.

Le climat est bien autrement excessif dans cette région boréale qui s'étend au nord du 60e degré qu'il ne l'est dans la zone correspondante en Europe. La neige recouvre le sol pendant sept mois, le thermomètre tombe parfois à 50 degrés pour remonter à 30, par des latitudes qui correspondent à celles des Iles Britanniques et de la Scandinavie. Plus au nord, la végétation cesse, la mousse et les lichens qui recouvrent les blocs erratiques disparaissent sous l'épais linceul de glaces qui s'étend jusqu'au pôle.

Le Mackenzie est le grand fleuve de cette extrémité occidentale de l'Amérique. Découvert par les Canadiens, visité en 1789 par l'Écossais Mackenzie dont il porte le nom, il déroule sur 4,400 kilomètres de longueur son cours puissant; on évalue à 1,150,000 kilomètres carrés la superficie de son bassin. Issu du haut massif des montagnes Rocheuses, entre le mont Brewer, 5,300 mètres, et le mont Hooker, 5,200, il apparaît d'abord sous le nom d'Athabaska, et sous la forme d'un torrent rapide fuyant au nord-est et successivement grossi par la Miette, le Baptiste, le Mac-Lead, la Pembina. Ce ne sont pas ses seuls affluents; des lacs, dont celui que l'on désigne sous le nom de *Petit lac des Esclaves* est le plus vaste, se déversent dans son lit; lui-même traverse le lac auquel il donne son nom. Il est encore à 3,100 kilomètres de son embouchure et déjà il n'est plus qu'à 180 mètres au-dessus du niveau de la mer. Poursuivant sa route à travers une région pierreuse de plus de deux millions d'hectares il reçoit la rivière de la Paix, longue de 1,800 kilomètres; elle lui apporte les eaux de la Colombie par la puissante trouée qu'elle s'est ouverte à travers les montagnes Rocheuses, dans un site d'une incomparable grandeur. A son confluent avec la rivière de la Paix, l'Athabaska, remontant vers le *Grand lac des Esclaves,* prend le nom de rivière des Esclaves. Cinquante fois large comme le lac Léman, le grand lac des Esclaves reçoit aussi la rivière aux Foins, la rivière aux Bœufs et les eaux de nombreux lacs dont il est le déversoir.

A sa sortie du lac, le fleuve, sous le nom de Mackenzie, réunit dans son vaste lit toute cette masse liquide qui vient encore grossir la rivière aux Liards, ou Peupliers. Large de quatre à cinq kilomètres, il coule paresseusement sur un sol sans pente; çà et là coupé de rapides, toujours orienté vers le nord-ouest, il rejoint et côtoie le grand lac des Ours, plus vaste encore que celui des Esclaves, et au delà duquel s'ouvre le delta où le fleuve confondant ses eaux avec celles du Peel, issu comme lui des montagnes Rocheuses, se déverse dans l'océan Polaire. Les autres tributaires de cette mer n'ont ni l'importance, ni l'étendue du Mackenzie. La rivière du Cuivre, ainsi nommée des gisements de ce métal découverts dans son bassin, ne mesure que 600 kilomètres de longueur; elle fut visitée et relevée en 1772 par Hearne. La rivière du grand Poisson, d'environ 1,000 kilomètres de longueur, sillonne une région triste et sombre, des plaines nues, semées de roches, dépourvues d'arbres. Les rapides se succèdent au long de son cours; Beck en compta 83.

Une distance d'environ 750 kilomètres sépare l'une de l'autre, les embouchures respectives de ces trois grands tributaires de l'océan Arctique. Situées sous la zone polaire, ces embouchures ne sont accessibles aux navires que durant un court espace de temps. Pendant deux mois de l'année elles sont plongées dans une nuit profonde, pendant sept ou huit la neige et les glaces couvrent le sol et la température moyenne de l'hiver y descend à —25, avec des minima de —45 à —52. M. Thomas Simpson rapporte que par les températures extrêmes de —40 et au-dessous, la respiration humaine, qui s'élève dans l'air en un jet blanc très dense, produit un petit crépitement dû à la condention brusque de la vapeur en glaçons d'une ténuité extrême. La neige tombe très rarement par ces grands froids, et M. Petitot relate ne l'avoir jamais vue poudroyer avec une température inférieure à —28. « L'Indien du Nord, écrit M. E. Reclus, a une étonnante richesse de termes pour caractériser les diverses variétés de neige, gelée et poudrante, adhérente et grenue, étoilée, prismatique et rhomboïde, folle ou régulière, même « neige de France ». Chacune se produit en des conditions particulières de température, de vapeur et de vent; d'ordinaire elle se forme très près de la surface terrestre, dans la couche inférieure des brouillards; au-dessus le ciel est pur et l'on voit briller le soleil et les étoiles. Les Indiens divisent l'année en seize parties ayant toutes pour dénomination des termes relatifs à la neige ou à la gelée, aux ténèbres de l'hiver et à la lumière de l'été, mais ils évitent de prononcer le nom du soleil ; on le désigne respectueusement par une périphrase louangeuse, le mot bref pourrait l'offenser. »

La ligne du cercle polaire arctique passe au-dessous de la presqu'île de Melville, à l'est et au-dessus du grand lac de l'Ours. Au sud de cette ligne, les courants atmosphériques de l'océan et le fleuve aérien du sud-ouest relèvent la température. Dans le bassin de la rivière de la Paix, la chaleur, malgré les gelées tardives ou précoces, est déjà suffisante pour faire germer et mûrir les céréales. Une zone intermédiaire d'un millier de kilomètres d'épaisseur s'étend entre le cercle polaire et cette région déjà habitable pour l'homme. Dans cette zone intermédiaire, toute de plaines et de plateaux couverts de mousses et de lichens, on ne rencontre d'autre végétation que des arbustes rampants et des ronces chargées de baies dont se nourrissent l'homme et l'ours; l'herbe courte, les lichens et les mousses alimentent de nombreuses espèces animales: ours bruns, bœufs musqués, renards, lièvres polaires. Ces espèces ne sont pas moins nombreuses dans la zone plus méridionale que la lisière des forêts sépare de ces landes moussues. Là, se sont réfugiés les bisons des bois si nombreux autrefois dans les forêts des États-Unis, les originaux, *alce americanus*, les caribous, *rangifer caribou*, les ouapitis, *cervus canadensis*.

S'il est un pays au monde que son climat, ses solitudes immenses, sa population clairsemée et les conditions d'existence de cette population semblent condamner à demeurer en dehors des influences et des caprices de la mode européenne, c'est bien, semble-t-il, cette région du nord-ouest de l'Amérique, et cependant il en est peu qui en relèvent plus directement et où le contre-coup des vanités mondaines se fasse plus sensiblement sentir. Les caprices de la mode décident du prix des fourrures, et les fourrures sont l'unique ressource de la zone polaire. C'est ainsi que la demande des peaux de castors pour la fabrication des chapeaux a failli faire disparaître la race des castors, qui s'accroît depuis que la soie a été substituée à leur poil. Il en fut de même pour le renard noir, remplacé aujourd'hui par des pelleteries plus communes auxquelles on donne un noir durable. L'hermine respire depuis que la mode la néglige ; par contre, la loutre se fait rare et aussi le lynx et le carcajou. Les rats musqués abondent et l'exportation se chiffre par 2,500,000 peaux.

Les rares habitants de cette région se divisent en Esquimaux, Algonquins et Tinneh. Les premiers, au nombre d'environ deux mille, sont de même race que les Innuits du Groenland et de l'Alaska. Ils méprisent les Indiens et se cantonnent dans l'extrême nord occidental, depuis la frontière de l'Alaska jusqu'à l'estuaire de la rivière du Cuivre. Les Indiens habitent de préférence la région des steppes, la zone intermédiaire. Ils se subdivisent en plusieurs tribus, dont la plus connue est celle des *Loucheux* ainsi nommés à cause de leurs yeux obliques et méfiants. Trappeurs et chasseurs, ils errent de l'Alaska aux rives du Mackenzie, trafiquant avec les facteurs auxquels ils vendent leurs pelleteries et leurs fourrures, et dont les forts jalonnent le pays. Ces forts, seules résidences fixes que l'on trouve dans cette région, n'ont de militaire que le nom ; ils consistent en un enclos palissadé, renfermant des magasins de vivres et des entrepôts de fourrures ; ils ont pour habitants, outre le facteur en chef, quelques métis indiens. Autour de quelques-uns de ces forts, se groupent déjà des huttes et des cabanes, un embryon de ville appelé à grandir et s'étendre, tels : le poste de la Biche, le fort Murray, l'ancien fort Chippewayan, le fort Dunvegan, autour desquels se sont fondées des missions et s'établissent les nomades.

Au sud-est et à l'est de cette région du grand nord, s'ouvrent les bassins du Winnipeg et de l'Hudson, découpés en territoires que séparent des frontières géométriques. Ces territoires sont au nombre de cinq : l'Athabasca et l'Alberta, limitrophes à la Colombie britannique ; le Saskatchewan qui confine à l'est au lac Winnipeg ; l'Assiniboïa situé sur la frontière des États-Unis, au nord du Montana et du Dakota ; le Keewatin que borde la mer d'Hudson ; puis le Manitoba, récemment érigé en province. De l'est à l'ouest ils mesurent 2,000 kilomètres, 1,300 du nord au sud ; leur superficie dépasse 2,000,000 de kilomètres carrés et leur population 160,000 habitants, dont les deux tiers appartiennent à la province de Manitoba.

Inclinée du nord-ouest au sud-est, cette vaste région, qui commence aux montagnes Rocheuses pour finir à la mer d'Hudson et aux confins de la province d'Ontario, affecte la forme d'un gigantesque escalier dont le gradin supérieur serait formé par la base des montagnes Rocheuses et atteindrait 1,000 mètres d'altitude. A ce premier plateau large d'environ 700 kilomètres succède un second de 500 mètres d'altitude moyenne et d'environ 400 kilomètres de largeur, puis un troisième, de moindre hauteur, incliné en longues pentes vers les États-Unis et le bassin du Missouri.

Le Saskatchewan, « la Rivière rapide » est le grand cours d'eau de cette région. Ses deux branches maîtresses, le Saskatchewan du nord et celui du sud, sont alimentées, la première par les torrents descendus du versant oriental des Rocheuses et par les lacs du nord-ouest, la seconde par la Bow River et les gaves des vallées méridionales de la chaîne des Rocheuses. Au sud du lac Chandelle et au centre du territoire de Saskatchewan, les deux branches se réunissent, la rivière décrit une courbe du sud-ouest au nord-ouest, puis reprend sa direction première, glissant sur un plan fortement incliné jusqu'au lac Winnipeg, auquel elle apporte plus de la moitié des eaux qui l'alimentent. Le reste lui est fourni par de nombreux affluents, dont le plus important, après le Saskatchewan, est la rivière Rouge du nord, issue des États-Unis, du Minnesota. Comparé à ces grands cours d'eaux, le qu'Appelle, ainsi désigné par les Indiens qui attribuent aux appels d'un *manitou* invisible, le bruit singulier de ses eaux, n'est qu'un mince ruisseau. Il en est de même de l'Assiniboine qui donne son nom à l'un des territoires, et aussi de la Seine qui traverse des terres habitées par des Franco-Canadiens.

La grande plaine qui s'étend autour du lac Winnipeg, est, dans toutes les directions, semée de lacs au nombre de plusieurs milliers ; ils se multiplient entre le bassin du Winnipeg et celui du lac Supérieur, où ils forment un inextricable labyrinthe de nappes d'eau, d'îles et d'îlots. Un seuil de 36 mètres sépare l'une de l'autre ces deux régions lacustres ; plusieurs de ces lacs sont de vaste étendue, tels celui de la Pluie, celui des Bois qui mesure plus de 600 kilomètres de circonférence, le lac Seul d'où s'échappe la Rivière anglaise, principal affluent du fleuve Winnipeg. Elle n'est, au début, qu'une succession de lacs se déversant l'un dans l'autre, apportant au Winnipeg le tribut de leurs eaux qu'il entraîne dans son cours rapide et dont la masse liquide est double de celle que débite le Rhin.

Le lac Winnipeg dans lequel s'épanchent ces rivières, recouvre une superficie de 22,000 kilomètres carrés ; du sud au nord il mesure 400 kilomètres et sa circonférence est de plus de 1,400. Situé à 200 mètres d'altitude au-dessus de la mer d'Hudson, le lac Winnipeg y déverse l'énorme masse liquide de ses eaux affluentes par le fleuve Nelson, autrefois nommé Bourbon, et dont le cours mesure 650 kilomètres de longueur. Semé de rapides et de chutes le Nelson n'est accessible qu'aux légers canots canadiens que les pagayeurs transportent à bras au long des passages difficiles. Au nord du Nelson, le Churchill ou « la Rivière aux Anglais », décrit un cours parallèle. Il porte à la mer d'Hudson, les eaux lointaines du lac de la Biche que lui amène la branche maîtresse de la rivière des Castors, ainsi que celles des lacs nombreux qui remplissent les cavités de son bassin et dont le Reindeer est le plus important.

Au-dessus du Churchill, plusieurs fleuves côtiers se succèdent, du sud au nord, se déversant dans l'Hudson et alimentés par les innombrables nappes d'eau de cette région ; ce sont la Savern, la Weenisk, l'Albany, l'Orignal ou Moose-River. Le plus considérable, le Dubaunt, traverse le lac de ce nom et s'épanche dans le fiord de Chesterfield, longue et large fissure sinueuse qui s'enfonce jusqu'à 400 kilomètres dans les terres.

Mer intérieure, la baie de l'Hudson échancre profondément la région septentrionale de l'Amérique. Un détroit, celui d'Hudson, de 900 kilomètres de longueur et d'une largeur de près de 200, relie la baie à l'océan Atlantique ; par le canal de Fox et le détroit du Fury et de l'Hécla elle est en communication avec l'océan Polaire. Méditerranée aux ondes froides et aux plages solitaires, la mer d'Hudson recouvre une superficie d'environ 1,300,000 kilomètres carrés, un peu moins de la moitié de la Méditer-

ranée européenne dont la superficie est de 2,885,522 kilomètres carrés. Elle affecte
une forme ovale creusée de larges indentations dont la plus remarquable est la Baie de
James, vaste nappe d'eau trouble et de médiocre épaisseur, qui forme son extrémité
méridionale; ses côtes, hautes et rocheuses, s'abaissent au sud-ouest; sa profondeur,
remarquablement uniforme, est de 130 mètres en moyenne et n'atteint 180 que dans le
voisinage du détroit d'Hudson; par le plus ou le moins d'élévation des falaises on peut
apprécier le plus ou moins d'épaisseur de la couche liquide qu'elles bordent; elles
s'élèvent ou s'abaissent selon que cette épaisseur croît ou décroît.

Bien que, par la Baie de James, son extrémité méridionale, la mer d'Hudson confine
au Canada proprement dit, aux importantes provinces d'Ontario et de Québec, ces provinces en sont séparées en réalité par un faîte de partage rarement franchi; l'une et
l'autre tournent le dos à l'Hudson et font face au sud : la province d'Ontario aux
grands lacs intérieurs, celle de Québec au Saint-Laurent. Entourée de toutes parts de
pays à peine explorés, la mer d'Hudson reste en dehors du mouvement commercial du
Canada; elle appartient au territoire du nord-ouest, au grand nord dont elle subit le
climat, dont elle reçoit les eaux, dont le sol s'incline vers elle et dont elle reflète le
relief indécis, car, si par l'étendue de son bassin elle mérite le nom de mer, le peu de
profondeur de ce bassin, les bancs de sable ou de vase qui bordent son littoral en font
une immense baie lacustre que les brouillards et les glaces ne laissent accessible que
deux mois sur douze aux voiliers, quatre mois aux navires à vapeur. « Tout autour de
la Baie de James qui termine au sud la baie d'Hudson, écrit M. Bell, la contrée est
plate, sans profondeur et boueuse, grâce au flux et au reflux sur un fond couvert de
dépôts; aussi les poissons y sont-ils rares. De Moose-Factory à Rupert's-House on
touche souvent le fond avec la rame à plusieurs kilomètres du bord. L'immense masse
qu'amènent tant de rivières abondantes repousse l'eau de mer dans la direction du
nord, si bien que les flots de la cuve méridionale de la baie de James ne sont pas
salés, mais saumâtres, voire presque doux pendant des kilomètres aux embouchures
des grands fleuves. » On peut juger par là du peu de ressources qu'offre la baie de
James pour les communications et le commerce du Canada, comparées à celles que lui
assurent les grands bassins de l'Hudson, du lac Supérieur, de l'Ontario, et l'artère
fluviale du Saint-Laurent.

Semée de rivières et de lacs, de marais et de prairies, cette contrée de transition
entre le grand nord et les plaines herbeuses des États-Unis renferme cependant de
vastes espaces propres à l'agriculture. Dans le Saskatchewan et l'Assiniboine, dans le
Manitoba surtout, les céréales prospèrent, mais l'élevage paraît devoir être la principale richesse de ce pays qui nourrissait autrefois des millions de bisons aujour-
d'hui décimés par les chasseurs. Les tribus indiennes en vivaient, elles n'ont plus
que la pêche, abondante d'ailleurs dans les lacs et les cours d'eau riches en saumons,
truites, carpes, esturgeons, brochets et surtout en « poisson blanc », *Coregonus albus*.
Ces tribus indiennes, autrefois nombreuses et puissantes, erraient librement des rives
du Missouri au lac des Esclaves, des montagnes Rocheuses à la région des grands lacs.
L'immigration les a rejetées plus au nord et plus à l'ouest, les a refoulées dans les

contrées arides et froides du nord-ouest. La plupart de celles qui occupaient la région des prairies, aux États-Unis, dépossédées de leurs territoires de chasse, ont dû, ou franchir la frontière et émigrer au Canada, ou se résoudre à vivre parquées dans les réserves indiennes; l'Indien libre s'y résigne rarement, il y meurt comme le fauve en captivité. Tels les Mohicans et les Hurons éteints, les Sioux et les Pieds-Noirs, les Cris et les Arrapahoas qui disparaissent.

Le Manitoba est la plus peuplée des provinces découpées dans cette vaste contrée. En 1889 il renfermait 130,000 habitants en grande majorité Anglais, Écossais et Irlandais. L'élément français y était représenté par 16,000 habitants de race pure et de métis, les Indiens par le chiffre de 5,000. On évaluait à 7,000,000 d'hectolitres et à 50,000,000 de francs la valeur de la récolte des céréales. Il s'en faut que les territoires à l'ouest et au nord de Manitoba soient aussi peuplés et aussi riches. La culture est rare, la population très clairsemée et les centres, peu nombreux, consistent en quelques cabanes groupées autour des forts ou des missions, comme dans le grand nord. Les plus importants, ou pour mieux dire ceux qui semblent appelés à le devenir, sont Edmonton à l'est des montagnes Rocheuses, sur la route du Mackenzie. Il faut parcourir 300 kilomètres dans l'est pour trouver un autre bourg, Battleford autour duquel les métis Indiens commandés par Louis Riel tinrent en échec, en 1885, les troupes du Canada. Prince-Albert, capitale du Saskatchewan, est une ville d'avenir; située près de la jonction des deux branches maîtresses du Saskatchewan, cette capitale de province ne compte encore guère plus de 1,000 habitants. Calgary, ville principale de la province d'Alberta en possède 2,500, mais elle est déjà plus au sud et dans un pays où l'élevage prend chaque année plus d'importance.

Regina, chef-lieu de l'Assiniboïa et le centre législatif des territoires non encore érigés en province, n'a que 2,000 habitants. Un avenir plus éloigné justifiera peut-être les prétentions de ses résidents qui voient en Regina la future reine des prairies. Brandon, qui ne compte encore que douze années d'existence possède 5,000 habitants. A mesure que l'on se rapproche de l'est, les chiffres de population s'élèvent. Ils atteignent leur maximum à Winnipeg, capitale du Manitoba. En 1870 elle ne comptait que 200 habitants, 8,000 en 1880, 25,000 en 1889.

III. — TERRITOIRE DU NORD-EST. — CANADA ET LABRADOR.

Le Canada proprement dit, qui donne son nom au *Dominion* ou Puissance du Canada, se compose des deux grandes provinces d'Ontario et de Québec que l'on désignait officiellement haut et bas Canada, appellation qui subsiste encore. Le Canada n'est donc plus qu'une partie de l'immense tout, mais il en est la tête et le cœur, le siège de l'administration; par ses grandes villes il en est le foyer intellectuel, par ses ports et son fleuve le centre commercial. Il se déroule en une longue zone semi-circulaire de l'Atlantique à l'est au Manitoba à l'ouest, du versant de la mer d'Hudson au nord, à la frontière des États-Unis au sud, sur une superficie de 1,330,000 kilomètres carrés, dont 780,000 pour la province de Québec et 550,000 pour celle d'Ontario ; cette superficie est peuplée de 3,300,000 habitants.

Nulle part autant qu'ici la race française n'atteste sa vitalité puissante. Sur les 1,359,000 habitants de la province de Québec, 1,100,000 sont descendus des 65,000 Français abandonnés sur cette terre lointaine en 1759 ; on en compte, en outre, 103,000 dans l'Ontario, 56,000 dans le Nouveau Brunswick, 42,000 dans la Nouvelle-Écosse, 30,000 dans les autres provinces, et plusieurs centaines de mille émigrés aux États-Unis constituent dans le nord de la grande République des groupements importants.

Découvert, en 1506, par un marin de Honfleur, Jean Denis, visité par le Florentin Verrazano, sur l'ordre de François Ier, en 1527, parcouru et étudié, de 1536 à 1541, par Jacques Cartier qui fut le promoteur de la colonisation française, le Canada, connu sous le nom de Nouvelle-France, dut à Champlain, fondateur de Québec en 1608, son rapide essor. Nous avons dit plus haut comment la France perdit cette belle colonie que le traité de Paris céda à l'Angleterre. « En cinquante ans, écrit M. Rameau, de 1710 à 1760, la colonie avait pris une si forte assiette et un tel accroissement, que si elle eût été isolée de tout établissement européen rival, elle était parfaitement en état de vivre et de se développer par elle-même, la France l'eût-elle abandonnée. Ce n'est donc ni par défaut de vitalité, ni par incapacité ou insuffisance quelconque de la part des colons que ce pays a été perdu. Il n'a cédé qu'à la force infiniment supérieure des Anglais ; ce n'est pas la colonie qui a succombé, c'est la domination de la France ; et la preuve, c'est que la colonie française lui a survécu. »

Plus accidenté que montagneux, le Canada est sillonné par la chaîne basse des Laurentides qui, du nord du lac Supérieur à l'océan Polaire déroulent leur long plissement, sinueux, bas et fréquemment interrompu, série de massifs en désordre, reliés les uns aux autres par de faibles saillies. Parallèles au cours du Saint-Laurent, au sud, les Laurentides le longent à une distance de 50 kilomètres, elle s'en rapprochent au nord de Québec où elles dessinent au long du fleuve la base du cap Tourmente, d'une altitude de 580 mètres. Au long de la rive méridionale une autre saillie, la chaîne Notre-Dame, se rattache aux montagnes Vertes sur le territoire des États-Unis.

Entre ces deux chaînes bordières coule le Saint-Laurent, la grande artère fluviale du Canada, déversoir des grands lacs, navigable, y compris ces lacs, sur un parcours de 2,700 kilomètres. Il ne l'était primitivement que jusqu'à Québec pour les grands navires, jusqu'à Montréal pour les bâtiments de 500 à 600 tonneaux, mais au delà, le rapide de Sault-Saint-Louis barrait son cours. Entre Montréal et Kingston on comptait 66 kilomètres de rapides, 40 du lac Ontario au lac Érié où la chute du Niagara dressait sa formidable barrière, et enfin le Sault-Sainte-Marie qui fermait l'entrée du lac Supérieur. « Tous ces obstacles, écrit M. Taché, tous ces empêchements formidables élevés par la nature ont disparu. Vous pouvez partir d'un port de l'océan avec un navire de 200 tonnes et vous rendre au fond du grand lac sans transbordement. Le Sault-Saint-Louis, près de Montréal, est évité par le canal Lachine long de 15 à

16 kilomètres ; les rapides des Cèdres, du Coteau, du Long-Sault, des Galops et quelques autres par les canaux de Beauharnais, de Cornwall, de Williamsburgh ; la chute du Niagara et les rapides qui l'accompagnent, par le canal Welland, long de 43 kilomètres ; le Sault-Sainte-Marie, par un autre canal, celui-ci très court, construit par les Américains. Le Canada s'enorgueillit avec raison de sa grande route fluviale dont la canalisation lui a coûté près de 70 millions de francs. »

La province de Québec est limitrophe au Saint-Laurent, celle d'Ontario aux grands lacs dont le Saint-Laurent porte les eaux à l'Atlantique et dont la rivière canadienne, la Kaministiquia semble prolonger le cours dans l'ouest et relier, par des portages, le bassin du lac Supérieur à celui du lac Winnipeg. Cette région des grands lacs est l'une des plus curieuses et des plus pittoresques de l'Amérique ; elle renferme les plus vastes bassins d'eau douce de la terre : le lac Supérieur, le lac Michigan, le lac Huron, l'Érié et l'Ontario. Sauf le lac Michigan qu'entourent les États de l'Union américaine, tous les autres confinent au Canada et aux États-Unis. Le lac Supérieur est le plus étendu et le plus profond, mesurant 500 kilomètres de l'est à l'ouest, 260 dans sa plus grande largeur du nord au sud et recouvrant une superficie de 83,630 kilomètres carrés, 144 fois celle du lac Léman en Europe. Plus profond que l'Hudson, il forme une véritable mer ; il en a l'étendue, les tempêtes redoutables, les plages et les falaises. Par le Sault-Sainte-Marie et la baie de Georgia il se relie au lac Huron, d'une moindre superficie, 45,000 kilomètres, d'une moindre profondeur moyenne, 100 mètres ; une longue chaîne d'îles, les Manitoulines, décrivant au nord une courbe gracieuse, enserre la baie de Géorgie dont elle fait un bassin distinct découpé de golfes profonds et de fiords.

Le détroit de Mackinaw relie le lac Huron au lac Michigan, faisant des trois lacs une nappe d'eau de même niveau, 177 mètres au-dessus de la mer. Après le lac Supérieur, le lac Michigan est le plus vaste ; sa superficie est de 61,900 kilomètres carrés, sa profondeur moyenne de 120 mètres. Sur aucun point il ne confine au Canada ; il n'en est pas de même du lac Érié et du lac Ontario plus à l'est. De moindres dimensions, 25,000 et 19,820 kilomètres carrés de superficie, ils ne le cèdent en rien en beauté à leurs rivaux plus étendus, et la chute du Niagara ou *Niakaré*, « Grand bruit « en langue iroquoise, par laquelle l'Érié déverse ses eaux dans le lac Ontario est l'un des plus étonnants spectacles qu'il soit donné à l'homme de contempler. Affluent de l'Érié, le Niagara n'a que 60 kilomètres de longueur, mais, dans ce parcours, la différence de niveau n'est pas moindre de 101 mètres et l'immense fleuve franchit d'un seul bond la moitié de cette hauteur, déployant sur deux kilomètres de largeur la masse énorme de ses eaux qui s'écroulent avec un bruit de tonnerre et dont l'embrun pulvérisé flotte au-dessus de la cataracte en longs nuages blancs que le vent effrange, ou en radieux arcs-en-ciel.

Par sa forme allongée, par ses contours réguliers, par ses rives riantes et boisées, le lac Ontario forme la transition entre les grands bassins lacustres de l'ouest et le bassin du Saint-Laurent qu'alimente son courant de sortie. Ce courant se dessine à l'extrémité orientale du lac que des îles nombreuses découpent en canaux. On en compte plus de deux mille entre lesquelles l'eau glisse en méandres capricieux sous

VUE DE QUÉBEC.

des arches de verdure disposées, semble-t-il, pour le plaisir des yeux. Acquises par de
riches particuliers, semées de jolies villas, de parcs et de jardins dessinés avec art, on
a peine à croire que si peu d'années se soient écoulées depuis le temps où les pirogues
indiennes troublaient seules le silence de ces verdoyantes solitudes.

A sa sortie du lac Ontario, le Saint-Laurent fuit vers l'est entre ses rives encaissées ;
au lac Saint-Louis, l'Ottawa le rejoint et ce puissant tributaire lui apporte les eaux du
versant méridional de l'Hudson ; plus bas, le Sorel ou Richelieu, moitié canal moitié
fleuve, issu de l'État de New-York, déverse dans le Saint-Laurent les eaux des lacs
George et Champlain. Plus bas encore le Saint-Maurice, le Batiscan, le Jacques-
Cartier, la Chaudière viennent grossir le cours du grand fleuve, large de 1,200 mètres
au-dessous de Québec, et dont les rives s'évasent, convertissant le Saint-Laurent en
bras de mer dans lequel se déverse le Saguenay aux eaux profondes, au cours
encaissé, sombre et triste, que les Indiens appellent le *Fleuve de la mort*.

Le Saint-Laurent s'épanche dans l'Atlantique par un estuaire mesurant 180 kilomètres à l'entrée et parsemé d'îles, dont la plus étendue, Anticosti, longue de
200 kilomètres, sépare son embouchure en deux larges bras de mer. Le golfe du Saint-
Laurent, que ferme au nord-est l'île de Terre-Neuve, au sud-est la Nouvelle-Écosse,
s'ouvre, décrivant au sud une courbe régulière, remontant au nord en une côte rigide
vers le détroit de Belle-Isle par lequel passent les eaux froides du courant polaire et
les fragments de banquises qu'il charrie. Les glaces et les brouillards rendent difficile la
navigation de ce golfe situé cependant sous la même latitude que la France centrale
mais balayé par les vents du pôle.

Essentiellement forestier, le bassin du Saint-Laurent est, au commencement de
chaque automne, envahi par une armée de bûcherons qui, au nombre de 25 ou 30,000,
s'enfoncent dans les forêts où ils passent l'hiver, abattant les arbres, préparant ces
gigantesques radeaux que les eaux charrient au printemps. Sur le sol déboisé par eux,
apparaît l'agriculteur, qui achève leur œuvre en incendiant les taillis. La forêt recule de
plus en plus et, si étendue que soit la région forestière, on commence à se préoccuper de
cette destruction systématique des hautes futaies canadiennes. Les animaux sauvages
y abondaient autrefois, ils les désertent aujourd'hui ; les Indiens eux-mêmes disparaissent et l'on en compte tout au plus 20,000 dans les provinces de Québec et d'Ontario :
Algonquins, Hurons et Iroquois, subdivisés eux-mêmes en diverses tribus suivant les
localités qu'ils habitaient, et souvent en guerre entre eux.

C'est autour des grands lacs et sur les rives du Saint-Laurent que se groupe la
population canadienne, que s'élèvent les grands centres. En deçà et au delà on ne
rencontre que des villes d'attente. L'extrémité ouest de la province d'Ontario est peu
peuplée et les villes naissantes de Fort-William et de Fort-Arthur sur le lac Supérieur
datent leur prospérité de la construction du chemin de fer transcontinental. La
première n'était qu'un poste de la Compagnie d'Hudson, la seconde un débarcadère
sur le lac. Aujourd'hui, grandes et peuplées, elles entretiennent un commerce actif
avec les villes américaines du Wisconsin, du Michigan, de l'Illinois qui leur font face
de l'autre côté des lacs : Port-Arthur aspire à être le Chicago du Canada. A l'extrémité

orientale du lac Supérieur, le village Sault-Sainte-Marie, autrefois situé au bord des rapides, aujourd'hui près du canal américain, se métamorphose et devient la ville du Sault. Sur le lac Huron s'ouvre le port de Owen-Sound, l'un des plus sûrs de la région lacustre. Par Toronto, plus au sud, il se relie au lac Ontario.

Peuplée de 172,000 habitants, Toronto est la grande ville de la province d'Ontario, la « cité reine de l'ouest ». Moins bien située cependant que Montréal, n'ayant pas comme Montréal l'avantage de communiquer directement avec la mer et avec les grandes lignes du trafic intérieur, Toronto n'en aspire pas moins à détrôner sa rivale de l'est; sa population s'accroît rapidement, son commerce dépasse déjà 125 millions à l'année et le mouvement de son port emploie près de 5,000 navires jaugeant un million de tonnes. Au sud de Toronto, London, située entre le lac Huron et le lac Érié, est une réduction minuscule de la grande capitale dont elle porte le nom, dont ses édifices, ses rues et ses squares reproduisent l'aspect.

Entre London et Toronto s'élève Hamilton, la seconde ville de la province par le chiffre de sa population, 44,300. Elle est heureusement bâtie près de l'extrémité occidentale du lac Ontario ; à l'autre extrémité, mais à la fois sur le lac et sur le Saint-Laurent, Kingston est l'escale naturelle de la navigation commerciale entre Montréal et Toronto. Ottawa est plus à l'est ; peuplée de 44,000 habitants, elle serre de près Hamilton qu'elle semble appelée à dépasser. Ce fut longtemps un village de scieries de bois, mais les prétentions à la suprématie politique des grandes villes du Canada firent la fortune d'Ottawa, qui leur dut d'être choisie par le cabinet de Londres, comme capitale de la Puissance du Canada. Ce choix était motivé par le désir de ne froisser aucune des localités qui se disputaient cet honneur, mais surtout par des raisons stratégiques. Ottawa, mieux que Montréal et Québec, est à l'abri d'un coup de main en cas de guerre avec les États-Unis. Trois voies-ferrées relient Ottawa à Montréal, la plus grande ville du Canada.

Montréal renferme aujourd'hui 210,000 habitants ; elle n'en comptait que 600 il y a un siècle. « Tête de ligne de la navigation transatlantique sur le Saint-Laurent, écrit M. H. de Lamothe, l'ambitieuse cité aspire à supplanter New-York et à devenir l'entrepôt de tous les produits du Far West... Le gouvernement canadien a entrepris d'élargir les canaux de manière à en permettre le passage à des navires de 1,000 tonnes. Ce grand travail une fois terminé, l'immense bassin des grands lacs et les centres populeux qui naissent et grandissent sur leurs rives, Duluth, Milwaukee, Chicago, Détroit, seront les tributaires de Montréal, devenu leur entrepôt et leur port d'embarquement naturel, au moins pendant la belle saison, car malheureusement pour les hautes visées de la ville canadienne, le Saint-Laurent reste fermé à toute navigation pendant cinq à six longs mois d'hiver. » A Montréal, nous retrouvons l'antagonisme des deux races qui se disputent la prépondérance. Ici les Franco-Canadiens l'ont enfin conquise. En 1851 ils ne représentaient encore que 451 sur 1,000, 482 en 1861, 530 en 1871, 559 en 1881, 611 en 1887 et ces progrès étaient dus au taux de la natalité qui, en 1888 atteignait 54,68 0/0 alors qu'il n'était que de 30,48 pour les Irlandais, de 25,16 pour les Anglais.

Port de mer unique au monde et que 1,800 kilomètres séparent du vaste portail par lequel le golfe du Saint-Laurent s'ouvre sur l'Atlantique, Montréal voit aborder au ras de ses quais les plus puissants transatlantiques, des navires de 5,000 tonnes et d'un tirant de 9 mètres. 6,000 bâtiments de mer, de lacs et de fleuve fréquentent annuellement son port dont le mouvement des échanges se chiffre par plus de 350 millions. Les usines et les fabriques qui l'entourent font de cette grande ville le centre industriel le plus actif de la Puissance du Canada, de même que ses constructions massives, ses quais monumentaux, son parc de la Montagne sur le Mont-Royal, son fleuve large de trois kilomètres et le pont prodigieux qui le traverse font d'elle l'une des plus étonnantes cités du Nouveau-Monde.

De Montréal à Québec, sur plus de 200 kilomètres de longueur, la route semble une interminable rue coupée de villages, de gros bourgs et de petites villes. Les concessions se succèdent, profondes mais étroites, aboutissant toutes à la route et au fleuve. Québec, peuplée de 65,000 habitants, domine le cours du Saint-Laurent à son dernier étranglement où il ne mesure plus que 1,200 mètres de largeur. « Bâti sur une montagne aux pentes abruptes, écrit M. Eug. Réveillaud, Québec tire de cette circonstance et de l'antiquité relative de plusieurs de ses quartiers un air d'originalité qui manque à la plupart des villes américaines. Rues étroites bordées de trottoirs en planches, souvent interrompues par des escaliers ; enseignes se balançant au bout d'une tringle en fer comme dans nos petites villes de Normandie; maisons basses et presque toutes construites en bois, ce qui explique la fréquence des incendies qui ont souvent dévoré les quartiers les plus populeux, tout contribue à donner à Québec une physionomie particulièrement rare en Amérique, où les villes, alignées au cordeau et coupées à angle droit, semblent toutes taillées sur le même damier... Le port de Québec est resté jusqu'à ce jour le grand débouché de l'exploitation forestière du Canada. C'est là que viennent se rassembler les milliers de trains de bois que la confédération canadienne tire de ses immenses forêts vierges et qui constituent l'une de ses principales sources de revenus. Le Canada exporte, chaque année, pour plus de 30 millions des produits de ses forêts, et le port de Québec entre à lui seul dans ce mouvement pour une part de près de moitié. » Ici, surtout, le visiteur retrouve la France, mais une autre France que celle qui s'étend de l'autre côté de l'Atlantique, la France du vieux temps, celle du xviiie siècle, dont Québec garde l'empreinte. Il n'est pas jusqu'à l'idiome et à l'accent particulier qui ne rappellent cette époque.

En aval de Québec le fleuve s'élargit; sur ses rives les villages se succèdent, presque exclusivement peuplés de Canadiens français. Ils donnent à cette région l'aspect d'un pays aussi fertile que populeux, mais il n'en est pas tout à fait ainsi; derrière ce rideau de bourgs et de fermes qui bordent les deux rives du Saint-Laurent, se dressent, au sud, les pentes abruptes des Laurentides, au nord s'étendent des milliers de lacs. Il n'en est pas moins vrai qu'aucun fleuve ne peut disputer au Saint-Laurent l'honneur d'être la plus grandiose et la plus belle avenue fluviale du Nouveau-Monde, elle laisse au visiteur une impression que rien n'efface. L'Amérique a de plus grands fleuves, mais ni les eaux boueuses du Mississipi, ni l'immensité mélancolique de l'Amazone ne peuvent rivaliser avec les eaux bleues et profondes, les collines boisées, l'imposante majesté du Saint-Laurent.

Entre le détroit de Belle-Isle qui donne accès au golfe Saint-Laurent, et le détroit d'Hudson au nord, le Labrador s'étend en une longue bande de terre sur l'Atlantique. Située sous la même latitude que la Grande-Bretagne, cette province du Canada, qui confine au sud à celle de Québec, n'est guère habitée, et n'est guère habitable que dans sa partie méridionale. « Dans le nord et dans l'est, écrivait un missionnaire cité par M. Vivien de Saint-Martin, un ciel toujours brumeux, un sol improductif, des tempêtes fréquentes, un hiver de neuf mois et un froid polaire, telle est l'image de cette terre déshéritée. L'eau-de-vie y gèle, la glace des rivières a jusqu'à 2^m,50 d'épaisseur. Le sol n'offre que des campagnes désertes, des rocs escarpés, de profonds ravins, des vallées où ne pénètre pas le soleil et où la neige semble ne fondre jamais. » Au sud et à l'ouest il n'en est pas de même ; le climat n'est pas plus rigoureux qu'à Québec, la pêche est abondante, le sous-sol est riche en minerais, et la population seule fait encore défaut pour mettre en valeur les ressources de cette région.

Situé au centre même du pays, le plateau Labradorien, semé de lacs et de blocs erratiques, donne l'idée d'une infinie désolation. De ce plateau d'une altitude de 600 à 700 mètres, découlent rivières et torrents alimentés par les neiges, et dont les eaux se déversent de lac en lac. Le Labrador arctique n'est encore connu que par les récits des chasseurs et des agents de la Compagnie d'Hudson. Peu difficiles, d'ordinaire, en fait de climat, ces derniers s'accordent à représenter celui du Labrador septentrional comme l'un des plus rudes. Mais ici les animaux à fourrures abondent : le renard argenté, le renard noir et le blanc, la martre zibeline, la loutre, le castor et l'ours. Sur la côte, la pêche est fructueuse et chaque été une armée de pêcheurs envahit le littoral, recueillant en une courte saison jusqu'à 25 millions de francs de produits.

On évalue à 5 ou 6,000 le nombre des Indiens, et au même chiffre celui des blancs du Labrador dont la superficie est double de celle de la France. Ces derniers, en grande majorité Franco-Canadiens, sont presque tous établis sur la rive du golfe Saint-Laurent. Leur nombre s'accroît rapidement par l'immigration des Canadiens de la côte sud et des Acadiens ; la solution de continuité entre le Canada et le Labrador s'efface et bientôt les deux provinces se relieront l'une à l'autre. Pointe aux Esquimaux, seul centre un peu important du Labrador méridional, atteste par l'essor qu'il prend, ce que l'on peut attendre de cette région tenue longtemps pour déshéritée et dont le patient labeur de l'homme commence à mettre en valeur les richesses.

VUE DE MONTRÉAL.

IV. — PROVINCES MARITIMES: NOUVEAU-BRUNSWICK. — NOUVELLE-ÉCOSSE. — ILE DU PRINCE-ÉDOUARD. — TERRE-NEUVE. — SAINT-PIERRE ET MIQUELON.

Prolongement au nord de l'État du Maine, le plus septentrional des États-Unis, et séparées par le vaste estuaire de Saint-Laurent de la province de Québec, les provinces du Nouveau-Brunswick et de la Nouvelle-Écosse, ainsi que l'île du Prince-Édouard, ne font pas géographiquement partie de la Puissance du Canada. La politique et la force en ont décidé autrement et l'ancienne Acadie est demeurée terre britannique.

Sous ce nom d'*Acadie* ou de *La Cadie* qui apparaît pour la première fois en 1598, on comprit, tout d'abord, l'ensemble du pays qui borde le golfe Saint-Laurent : le Nouveau-Brunswick, la Nouvelle-Écosse et l'île du Prince-Édouard, plus tard, la Nouvelle-Écosse seule. Cette terre obscure et peu connue de l'Acadie, occupée et colonisée par la France, fut le théâtre de luttes acharnées entre les colons français et les gentilshommes écossais; Jacques 1er, ne sachant comment récompenser le dévouement de ces derniers à sa cause, leur avait, sans aucun droit, concédé l'Acadie, sous la seule condition de substituer à ce nom celui de *Nova Scotia*. Ils échouèrent dans leur tentative pour en prendre possession, et Charles 1er dut, en 1632, par le traité de Saint-Germain, abandonner toute prétention sur cette terre que l'Angleterre n'avait jamais occupée. Malgré ce désistement, les hostilités reprirent sous Cromwell, puis sous la reine Anne; le traité d'Utrecht y mit fin en abandonnant à l'Angleterre cette colonie qui complétait au nord son vaste domaine colonial de l'Amérique et le nom d'Acadie disparut de l'histoire.

D'inégale superficie et inégalement peuplées, les provinces qui la composaient et qui portent aujourd'hui les noms de Nouveau-Brunswick, Nouvelle-Écosse et île du Prince-Édouard, occupent ensemble une superficie de 136,670 kilomètres carrés, et renferment une population de près d'un million d'habitants. Le plus étendu, le Nouveau-Brunswick, d'une superficie de 70,762 kilomètres carrés, possède 363,000 habitants, moins cependant que la Nouvelle-Écosse, d'une superficie inférieure, 56,280 kilomètres carrés, mais peuplée de 442,000 habitants. Le littoral du Nouveau-Brunswick, qui comporte un développement de côtes d'environ 800 kilomètres, est généralement plat. Le relief du sol ne s'accentue que dans l'intérieur des terres, tout en restant peu élevé en moyenne. Nulle hauteur n'atteint mille mètres; la montagne Chauve, *Bald Mountain*, ne dépasse pas 750 et la montagne Bleue est inférieure à 500.

Du Saint-Laurent au nord à la baie de Fundy au sud, le Nouveau-Brunswick mesure environ 400 kilomètres, et 250 en moyenne de l'est à l'ouest, où il confine à l'État du Maine. Au nord il est borné par le cours du Saint-Laurent, au sud par la baie de Fundy, à l'est par le golfe Saint-Laurent dont les eaux l'échancrent profondément, découpant au nord la baie des Chaleurs, plus bas celle de Miramichi, creusant au sud

le détroit de Northumberland qui sépare le Nouveau-Brunsvick de l'île du Prince-
Édouard. Large et paisible, la baie des Chaleurs étend ses eaux calmes jusqu'à 150 kilo-
mètres dans l'intérieur des terres; les Indiens l'appelaient le lac des Poissons, et ses
ports, nombreux et sûrs, sont peuplés de pêcheurs, descendants des Acadiens français.
Au fond de cette baie se déverse le Ristigouche, l'une des principales rivières du
Nouveau-Brunswick, mesurant 225 kilomètres de longueur. Plus important, le Saint-
Jean, issu des États-Unis et dont le bassin inférieur appartient seul au Nouveau-Brunswick, s'épanche, après un cours de 725 kilomètres, dans la baie de Fundy. Il forme la
belle cataracte des Grandes-Chutes, en aval de laquelle il devient navigable pour les
embarcations et, sur les 150 derniers kilomètres de son cours, accessible à des
bâtiments de faible tonnage.

Large de 40 à 60 kilomètres, longue de 200 jusqu'au cap Chignecto qui la divise en
deux bras étroits, la baie de Fundy, autrefois *Baie Française*, échancre profondément
le Nouveau-Brunswick dont elle a détaché la Nouvelle-Écosse qu'un mince pédoncule
retient seul à la terre ferme. Le flux et le reflux, dans leurs puissantes oscillations,
déterminent, dans la baie de Fundy, des écarts de niveau de 12 à 20 mètres; ils
affouillent les côtes, évident le fond de la large cuvette où la sonde, par plus de
100 mètres de profondeur, ne rencontre que la roche sans parcelles de sable. Les flots
minent l'isthme de Chignecto, comme pour s'ouvrir par delà un passage dans le golfe
du Saint-Laurent, plus calme et plus paisible et dont les marées n'excèdent pas
3 mètres.

Région forestière et lacustre, le Nouveau-Brunswick a vu l'incendie dévaster ses
forêts où dominent les essences résineuses, et les mousses envahir ses lacs et ses
clairières. Le « grand feu de Miramichi » détruisit, en 1825, plus d'un million
d'hectares de forêts; un autre incendie, en 1870, à la suite d'une longue sécheresse,
anéantit de grands bois dans la région septentrionale. Un explorateur, Youle Hind,
attribue à ces incendies fréquents le voile épais qui recouvrait, à certaines époques,
ces terres alors inconnues, et qui s'étendait jusqu'aux côtes de la Nouvelle-Angleterre
dans ce que les premiers colons appelèrent « les jours sombres ».

Les races primitives ont laissé peu de traces sur ce sol : quelques armes et outils
de pierre. Elles ignoraient l'art du potier, dont les débris, plus durables et plus
inaltérables que les métaux eux-mêmes, ont permis de reconstituer la civilisation des
Étrusques et de tant d'autres races autochtones. Celles-ci ont dû être peu nombreuses
d'ailleurs; ni la nature du sol ni le climat ne se prêtaient à de grandes agglomérations
humaines. On estimait, au xviie siècle, à 10,000 environ le chiffre total des indigènes
de l'Acadie; ils n'étaient plus que 3,400 en 1881. Les colons Acadiens qui occupent
leur place, croissent, par contre, en nombre, et la population double, en moyenne, en
27 années.

Le climat est excessif, comme celui du Canada; il oscille entre les extrêmes de — 31
et + 36. L'automne est la plus belle saison; dans l'air calme et pur les forêts
s'estompent en relief vigoureux, offrant à l'œil le merveilleux spectacle de leurs
teintes infiniment variées, de leurs massifs d'un jaune d'or, d'un vert sombre ou d'un

rouge éclatant. Dans les clairières poussent le. blé, l'avoine, le maïs et l'orge, mais les bras font défaut à l'agriculture et la production du pays est loin encore d'être ce qu'elle sera un jour.

Saint-John est la seule grande ville du Nouveau-Brunswick. Située dans la baie de Fundy, elle est le port principal et la métropole commerciale de la province dont Fredericton est la capitale politique et administrative. Saint-John, avec ses faubourgs de Carleton et de Portland, renferme une population de plus de 50,000 âmes, tandis que Fredericton n'en compte pas 7,000. Le mouvement commercial du port de Saint-John ne laisse pas que d'avoir une certaine importance ; il se chiffre par un total d'environ 11,000 bâtiments de cabotage et de long cours. Monkton, située sur l'isthme qui relie la Nouvelle-Écosse au Nouveau-Brunswick, renferme plus de 10,000 habitants ; Chatham n'en compte que 6,000.

La Nouvelle-Écosse, ou *Nova Scotia*, se compose de la grande presqu'île rattachée au Nouveau-Brunswick par l'isthme bas et sablonneux de Beauséjour, et de l'île du Cap-Breton, dont la sépare le détroit de Canso. Plus longue que large, orientée du sud-ouest au nord-est, elle mesure près de 450 kilomètres de longueur, 600 environ avec l'île du Cap-Breton qui la continue au nord-ouest. Sa largeur moyenne est d'environ 75 kilomètres et sa superficie totale de 55,000 kilomètres carrés, dont 11,000 pour l'île du Cap-Breton. Le développement des côtes est considérable et ces côtes, elles-mêmes, frangées et articulées, sont merveilleusement appropriées à une population de pêcheurs, aussi les villes sont-elles surtout des ports, et son commerce est-il essentiellement maritime.

Le relief du sol est accidenté, mais nulle part il n'est franchement montagneux. Ni les monts du nord, ni les monts du sud, ni les montagnes Bleues ne soulèvent de hauts sommets. Ce sol est très-arrosé ; la mer, qui l'enveloppe presque entièrement, amène des brouillards, des pluies et des neiges. Les lacs y sont nombreux, et aussi les rivières, courtes et de large débit ; les principales sont la rivière du Saumon ou *Cobequid*, l'Avon, le Cornwallis, la Shubmacadie, le Gaspereau dont Longfellow a immortalisé les rives dans son beau poème d'*Évangeline ;* puis l'Annapolis, le Tousquet,, la Midway ; les plus longs de ces cours d'eau ne dépassent pas 150 kilomètres, mais presque tous sont navigables dans leur cours inférieur et leurs larges estuaires témoignent de leur puissant débit. Ici, comme au Nouveau-Brunswick, comme au Canada, comme dans le Maine, le Vermont et les États septentrionaux de l'Union Américaine, l'automne est la belle saison, celle où la nature revêt un aspect magique. L'hiver est long à la Nouvelle-Écosse : de novembre à mars la neige recouvre le sol et la débâcle des glaces retarde l'apparition de l'été.

Le sol est fertile et se prête aux cultures européennes, mais les forêts en couvrent la plus grande partie ; les côtes sont poissonneuses, aussi la population de près de 500,000 habitants s'adonne-t-elle de préférence aux deux grandes industries de la pêche et de l'exploitation des bois. La Nouvelle-Écosse est renommée pour ses chantiers de constructions navales, pour ses pêcheries d'une production annuelle et moyenne de 25 à 30 millions. Elle l'est également pour ses richesses minérales ; la houille abonde, aussi bien dans la Nouvelle-Écosse que dans l'île du Cap-Breton ; on évalue à près de 4 milliards de tonnes la capacité des bassins houillers dont on extrait actuellement plus de 1,600,000 tonnes à l'année. Cette région n'est pas moins riche en minerais de fer que d'importantes usines travaillent à Londonderry ; en cuivre, plomb, étain et aussi en argent et en or dont on extrait environ 2 millions à l'année.

Les Écossais sont les plus nombreux dans ce pays qui porte leur nom ; après eux viennent les Anglais, les Irlandais, les Français ou Acadiens et les Allemands. Haliburton écrivait à ce sujet : « Tandis que les Allemands tendent à se fondre dans la masse de la population, les Acadiens se groupent autant que possible, conservant leur religion, leur langue et leurs coutumes particulières. Ils ne se marient presque jamais avec leurs voisins protestants. Entre eux ils parlent le français, mais il s'y est mêlé quelques mots dérivés de l'idiome des indigènes ou empruntés à l'anglais. Les hommes cependant savent en général l'anglais, mais peu de femmes et d'enfants le comprennent. Jamais non plus ils ne quittent leurs villages. » Vraies quand elles furent écrites, ajoute M. Vivien de Saint-Martin, ces lignes sont plus vraies encore aujourd'hui. Les Acadiens sont plus français que jamais, même dans la Nouvelle-Écosse où ils ne forment pas de groupes aussi compacts que dans le Nouveau-Brunswick et où ils sont beaucoup plus éloignés du Canada qui est le boulevard de la race française en Amérique.

Halifax, capitale de la Nouvelle-Écosse, possède plus de 40,000 habitants. Ville administrative, port de commerce et port militaire, elle est la plus importante station navale que l'Angleterre possède dans le Nouveau-Monde. Située sur un fiord dont les bras s'enfoncent dans les terres, elle possède un port aussi vaste que sûr et l'un des mieux outillés qui soient. Défendue par une puissante forteresse dont les feux se croisent avec ceux de l'avant-port, Halifax renferme d'importants arsenaux et l'Angleterre y entretient une forte garnison. Le mouvement maritime commercial du port d'Halifax se chiffre par un total de 8,500 navires. Truro, dans la baie de Fundy, compte 6,000 habitants ; Yarmouth, plus importante, est située à l'extrémité méridionale de la province. Picton, 6,000 habitants, est le principal port d'exportation de la houille, de même que Sydney est la ville importante de l'île du Cap Breton ; la « noire Sydney », comme on l'a surnommée, s'enrichit par l'exploitation des houilles.

Peuplée de 109,000 habitants, l'île du Prince-Édouard acquiert chaque jour une plus grande importance agricole. Son sol fertile produit des céréales et l'île est renommée pour ses vergers et aussi pour ses bancs d'huîtres et ses excellents chevaux. Charlotte-Town, sa capitale, renferme 13,000 habitants ; son mouvement maritime s'accroît, son port est bon et le commerce d'exportation actif.

LA VILLE D'HALIFAX.

V. — TERRE-NEUVE. — ILES SAINT-PIERRE ET MIQUELON.

De toutes les terres américaines, la plus anciennement connue, la grande île de Terre-Neuve, est celle dont le nom indiquerait qu'elle est la plus récemment décou-verte. Cependant au xe siècle, Eric le Rouge ou l'un de ses descendants y aborda, et, bien avant Colomb, les Portugais la visitèrent. Jean Cabot la retrouva en 1497, et pour prix de cette découverte reçut d'Henry VII dix livres sterlings, 250 francs. Il signala l'abondance du poisson sur ses côtes qu'envahirent les hardis pêcheurs de France, d'Espagne, de Portugal et d'Angleterre. Cette dernière puissance en prit possession en 1583 ; la France la lui disputa et conquit Terre-Neuve que le traité d'Utrecht, en 1713, rendit à la Grande-Bretagne, mais en maintenant à la France le droit de pêche sur une partie du littoral.

Située en face de l'embouchure du Saint-Laurent, dont elle convertit l'estuaire en un lac immense que deux issues font communiquer avec l'Océan, l'île de Terre-Neuve affecte la forme d'un triangle dont le développement de côtes mesure près de 1,600 kilomètres. Coupées d'anses et de havres, ces côtes se hérissent de falaises dénudées sur lesquelles déferle la houle de l'Atlantique, sur lesquelles se brisent avec fureur les vagues fouettées par les tempêtes équinoxiales. L'épais brouillard qui enveloppe Terre-Neuve s'étend au large des côtes et les paquebots rapides qui relient l'Europe au Nouveau-Monde redoublent de précautions dans ces parages redoutés. Le sifflement de la vapeur, le mugissement des sirènes signalent leur passage sur cette mer embrumée où les abordages sont toujours à craindre. Quand, dans les rares beaux jours d'été, le pâle soleil dissipe le brouillard, Terre-Neuve apparaît, mélan-colique et sévère, grande et belle dans sa tristesse, dessinant au long de ses côtes des anses et des baies qu'encadrent de hautes parois rocheuses.

Le climat est en harmonie avec la terre et le ciel. D'octobre en avril la neige recouvre le sol ; les banquises de la mer de Baffin se heurtent aux côtes septentrionales, s'y brisent et jusqu'en juin les enserrent d'une ceinture de glaces flottantes qui en défend l'approche. Dans l'intérieur des terres, longtemps inexplorées et, jusqu'en 1861 peu connues, si la nature est pittoresque, le pays est de difficile accès. Des prairies tremblantes que gonflent des mousses spongieuses, d'inextricables fourrés, des marais au fond des vallées et partout des nuées de moustiques retardent la marche du voya-geur. Mais le gibier abonde dans les halliers touffus ; le poisson pullule au long des plages et, sur les bancs, les crustacés grouillent dans le sable où, à marée basse, un équipage de canot en ramasse, à la main, plusieurs centaines en une heure.

La pêche est la grande industrie de Terre-Neuve et des îles adjacentes françaises de Saint-Pierre et de Miquelon. Ces pêcheries qui rapportent annuellement de 15 à 20 millions au commerce français, emploient de 8 à 10,000 matelots, et constituent une pépinière d'excellents marins pour nos flottes de guerre. La grande pêche de la

morue se fait sur les bancs. On désigne de ce nom une succession de hauts plateaux
sous-marins situés au sud de Terre-Neuve, orientés vers l'ouest et que recouvre une
épaisseur d'eau variant de 30 à 100 mètres. C'est, en grande partie, au *Gulf-Stream*
qu'il faut attribuer la formation de ces bancs. « On sait, écrit l'amiral Cloué, que ce
fleuve d'eau chaude qui remonte l'Atlantique septentrional en suivant à peu près un
arc de grand cercle, tourne à l'est en arrivant aux bancs de Terre-Neuve ; c'est là qu'il
rencontre le courant froid qui descend de la mer de Baffin, le long des côtes du
Labrador et de Terre-Neuve. Le changement de direction du *Gulf-Stream* n'est pas
la seule conséquence du choc de ces deux masses d'eau : le courant qui arrive du nord
entraîne pendant une bonne partie de l'année un très grand nombre de ces immenses
montagnes de glace, *icebergs*, arrachées à la zone arctique ; au contact des eaux
chaudes du *Gulf-Stream*, ces montagnes de glaces se fondent et opèrent ainsi depuis
plus de cinq mille ans, le dépôt des pierres et de toutes les matières solides qu'elles
renferment et charrient depuis qu'elles ont quitté les continents polaires. En même
temps le *Gulf-Stream* apporte aux eaux tropicales son tribut d'innombrables animaux
marins que la mort saisit au contact des eaux froides, dont les coquilles et les débris
s'amoncellent sans cesse, et finissent, avec l'aide des siècles, par combler les abîmes
de la mer. »

Ces bancs relient Terre-Neuve à Saint-Pierre par une série de hauteurs sous-
marines dont les dénominations varient : Grand Banc, Banc Vert, Banc de Saint-Pierre ;
puis dans la direction de la Nouvelle-Écosse : Banc de Misaine, d'Artimon, le Banque-
reau, Banc de l'île de Sable et du Canseau. Sur ces hauts-fonds, la morue se réunit, se
déplaçant sans cause apparente, affluant, tantôt sur l'un tantôt sur l'autre de ces bancs,
sans que les pêcheurs indécis puissent expliquer ces étranges caprices qui rendent la
pêche fructueuse dans certains parages, improductive dans d'autres.

Mais la pêche de la morue n'est possible qu'à la condition, pour le pêcheur, de se
procurer de la *boitte*. On désigne de ce nom trois sortes de poissons de passage
destinés à amorcer les lignes ; ce sont, suivant la saison : le hareng, le capelan et
l'encornet. Ils se succèdent, au long des côtes de Terre-Neuve, à intervalles réguliers ;
le hareng au printemps, le capelan en juin, l'encornet en août. Nous avons eu
l'occasion de parler du hareng à propos des pêcheries de l'Europe septentrionale.
Le capelan, poisson mou qui fraye sur le rivage et que la mer rejette sur les grèves,
est aisé à recueillir ; son passage est court, de six semaines environ. L'encornet rappelle
la seiche et sa voracité en fait une proie facile ; au mois d'août toute la population de
Saint-Pierre, y compris les femmes et les enfants, se livre à la pêche de l'encornet.

Approvisionnée de *boitte*, la flottille des bancs appareille, et se met en pêche. Alors
commence pour les matelots une vie de rude labeur et d'incessants dangers ; tous les
jours, du navire ancré sur les bancs, se détachent les chaloupes, montés par 7 ou
8 hommes, chargées des lignes de fond, ou *palangres*, amorcées, mesurant plusieurs
kilomètres d'étendue ; il faut les tendre, puis les relever. Un navire de 300 tonneaux
arme d'ordinaire deux chaloupes et ne met pas moins de 10,000 hameçons dehors ; il
peut prendre en moyenne de 1,000 à 1,500 morues par jour, si l'emplacement est

favorable ; une bonne journée de pêche produit près de 2,000 francs, et une saison peut rapporter 1,000 francs à un matelot bancquier.

Mais les déconvenues sont fréquentes ; fréquents aussi les accidents causés le plus souvent par l'ivresse. Il faut avoir vu les pêcheurs à l'œuvre pour se rendre compte de leur fatigue et de leurs peines. Ils vivent dans une humidité constante, dorment peu, affrontent de redoutables périls, et demandent à l'eau-de-vie l'insensibilité physique et l'insouciance morale dont ils ont besoin pour ne pas faiblir dans l'accomplissement de leur tâche. Le capitaine ne peut s'y opposer ; l'armateur fournit l'eau-de-vie, il sait qu'il ne perdra rien à s'en montrer libéral. « Un soir, le temps a mauvaise apparence, le vent fraîchit, la mer est grosse, écrit un témoin oculaire. On hésite à partir et cependant, si la pêche est bonne, une marée perdue ne se retrouve pas. L'intérêt l'emporte ; pour se donner du cœur à l'ouvrage, on boit un bon coup et l'on part. La chaloupe s'éloigne, couverte à chaque instant par la lame ; la nuit se fait et l'on met à l'eau les palangres. C'est une rude soirée et l'on boit en conséquence. Le vent redouble ; mais qui pense au danger? A quoi bon diminuer de voilure! Puis une rafale arrive ; l'embarcation se couche, s'emplit, chavire et tout est dit. »

Un vieux proverbe de Terre-Neuve affirme qu'un acre de mer vaut mille acres de terre. Il dit vrai ; l'île vit de la mer qui assure la subsistance de ses 161,000 habitants; l'agriculture y est encore à l'état rudimentaire et l'industrie n'y est qu'à ses débuts. Toutefois le sous-sol paraît riche en houille et en fer, et une compagnie américaine exploite les minerais de cuivre, mais les pêcheries restent et resteront longtemps la grande ressource de l'île ; on estime à 150 millions de morues représentant 75 millions de francs, la production annuelle des pêcheries terre-neuviennes, à 31 millions la valeur des échanges à l'importation, à 25 millions celle à l'exportation des ports. Saint-John's, qu'il ne faut pas confondre avec Saint-John, capitale du Nouveau-Brunswick, est la ville la plus importante de l'île. Peuplée de 35,000 habitants, elle est située à l'extrémité d'une fissure ; les *Narrows* ou étroits, défilé d'environ 600 mètres de longueur sur 200 de largeur, donnent accès à son port aux eaux paisibles, mais qu'empoisonne l'odeur nauséabonde du poisson. Au long des côtes s'ouvrent des havres nombreux : Harbour Grace, la seconde ville de l'île, puis Carbonear, Hearts Content, Catalina, Bonavista, Greenspond ; au sud : Placentia, Burin, Burgao, la Poile, Port-aux-Basques, petits ports de pêcheurs dont la population n'excède pas 1,000 habitants.

Débris de notre empire colonial d'Amérique, les îles de Saint-Pierre et de Miquelon, situées à 30 kilomètres environ au sud de Terre-Neuve, sont tout ce que nous ont laissé le traité d'Utrecht qui nous enleva l'Acadie et Terre-Neuve en 1713 et le Traité de Paris qui, en 1763, nous dépouilla du Canada et de ses dépendances. Saint-Pierre n'est qu'un îlot mesurant sept kilomètres et demi dans sa plus grande largeur, et d'une superficie de 2,600 hectares. La côte en est bordée de falaises, l'intérieur hérissé de montagnes. Miquelon est plus étendue et renferme 18,000 hectares. Le sol y est aride comme à Saint-Pierre, le climat âpre, le brouillard épais et le vent froid.

M. le comte A. de Gobineau a décrit en quelques lignes l'aspect de Saint-Pierre.
« Quand, écrit-il, on a traversé la rade et mis le pied sur cette terre si peu enga-
geante, les premières impressions vont se fortifiant de plus en plus. On ne voit
que pierres, terre mouvante, tourbes et marécages. Dans quelques lieux, on se prend
les jambes dans ce qu'on appelle la forêt. C'est un fouillis de petits sapins de l'espèce
la plus humble puisqu'ils ne dépassent guère deux pieds à deux pieds et demi de
haut. Nous étions en été ; l'hiver est plus déplorable encore. Le brouillard de plus en
plus épais et constant ne se dissipe pour ainsi dire plus. Des banquises se forment
qui interceptent l'entrée et la sortie de l'île en accumulant de toutes parts des glaces
énormes. La neige couvre la terre à une grande épaisseur, et comme l'humidité
domine encore la rigueur du froid, on est toujours au milieu des horreurs d'un dégel
qui s'arrête à chaque instant pour recommencer aussitôt. »

Saint-Pierre n'a d'autre population permanente que quelques fonctionnaires et
quelques centaines de marins nés dans l'île. L'île ne produisant presque rien, Saint-
Pierre n'aurait aucune importance n'était la flotte des pêcheurs dont l'arrivée, au
printemps, amène sur la côte des milliers de matelots et dans le port plus de 2,000 bâtiments. C'est leur point de ravitaillement avant le départ pour les bancs. Miquelon,
moins aride que Saint-Pierre, est loin toutefois d'offrir des abris sûrs et l'on ne voit sur
ses côtes que carcasses échouées et épaves de navires, aussi l'a-t-on surnommée le
« cimetière des bâtiments ». La vie y est triste, l'hiver interminable et le froid rigoureux,
comme à Saint-Pierre. La population réunie des deux îles n'excède guère 6,000 habitants. On estime de 12 à 15 millions de francs la valeur des produits de pêche.

Si, laissant de côté l'île de Terre-Neuve, qui a, jusqu'à ce jour, refusé de faire partie
de la Puissance du Canada, et les îles françaises de Saint-Pierre et de Miquelon, nous
examinons ce que sont devenus aujourd'hui, au point de vue de la production, ces
quelques arpents de neige dont parlait Voltaire, nous constaterons qu'ils ont rendu,
en 1888, 33 millions de boisseaux de céréales, 1 milliard 500 millions de pieds cubes de
bois. En 1889, les pêcheries canadiennes ont produit 90 millions de francs et les mines
85 millions dont 26 millions pour la houille. A l'importation, le commerce du Canada
dépassait, en 1889, 575 millions et à l'exportation 450 millions. A l'exportation,
l'Angleterre tient le premier rang, les États-Unis le second ; à l'importation, les
États-Unis prennent le premier rang, l'Angleterre le second, puis viennent l'Allemagne
et la France. Le Canada importe surtout des laines et tissus de laine, le fer, l'acier, la
houille ; les principaux articles d'exportations sont le bois, les céréales, poissons, bétail,
fromage. Les deux provinces de Québec et d'Ontario figurent aux premiers rangs
dans ce mouvement d'échanges, mais les chiffres afférents à la Nouvelle-Écosse, au
Nouveau-Brunswick et au Manitoba croissent chaque année.

Montréal est le port le plus important de la Puissance du Canada. Le mouvement
des échanges y dépassait, en 1889, le chiffre de 340 millions de francs pour l'importation et l'exportation ; Toronto venait ensuite avec 110 millions, puis Halifax avec 55
et Québec avec 45 millions. A l'entrée et à la sortie le mouvement maritime des ports
canadiens dépassait 28,000 bâtiments de mer, jaugeant 9,296,000 tonnes. La navigation

fluviale mesure 2,700 milles de développement ; les voies ferrées 13,325 milles ; la ligne du Pacifique, de Montréal à Vancouver, a 2,906 milles de longueur.

Le pays est en grand progrès ; son centre de gravité se trouve à l'est, sur l'Atlantique, mais ici, comme nous le verrons aux États-Unis, ce centre de gravité tend à se déplacer, à se porter vers l'ouest, dont les terres longtemps inconnues et tenues pour inhabitables, se révèlent sous un tout autre aspect. La construction de la grande voie transcontinentale a appelé l'attention sur les ressources du Far-West, sur ses prairies, ses mines et ses forêts. Les Canadiens s'ébranlent vers l'ouest, qu'ils colonisent rapidement. En terminant cette étude d'un pays resté si français, il est triste d'avoir à constater le rang infime qu'occupe la France dans le mouvement des échanges avec son ancienne colonie. C'est à peine si nous participons pour 1/80e au commerce du Canada et pour 1/500e au mouvement de ses ports.

Chutes de Montmorency.

Les rives du lac Champlain, à Port-Henry.

III. — LES ÉTATS-UNIS D'AMÉRIQUE.

Ainsi que l'Amérique du Sud, ainsi que le continent africain et l'Inde, l'Amérique du Nord affecte sur la carte la forme d'un triangle, à large base septentrionale et dont la pointe s'effile vers le sud. La Puissance du Canada forme la base septentrionale, le Mexique et l'Amérique centrale, la pointe méridionale. Entre eux, au centre du continent, la grande république des États-Unis d'Amérique s'étend de l'océan Atlantique aux plages du Pacifique, et non compris le territoire de l'Alaska que nous avons décrit plus haut, du 70e au 127e degré de longitude ouest, du 49e au 26e degré de latitude nord.

Sa superficie est de 9,912,273 kilomètres carrés, inférieure seulement à celle de la Sibérie et de la Chine, 17 fois supérieure à celle de la France. Elle ne confine qu'à deux États : au nord à l'Amérique anglaise, au sud au Mexique. A l'est, comme à l'ouest elle n'a d'autres limites que les deux océans.

Son appellation officielle est : « États-Unis de l'Amérique du Nord » ; on la désigne d'ordinaire, et plus brièvement, du nom d'*États-Unis ;* bien que ce titre figure aussi dans la nomenclature d'un certain nombre d'autres États de l'Amérique centrale et méridionale, l'usage a prévalu de le réserver au plus vaste et au plus puissant du double continent.

La frontière septentrionale des États-Unis s'étend, du détroit de Juan de Fuca à l'ouest, à la baie de Fundy à l'est. Sur 2,100 kilomètres cette frontière dessine une ligne droite et rigide empruntée au 49e degré de latitude nord et aboutissant au lac des Bois, où cesse le tracé arbitraire auquel se substitue un tracé orographique sinueux, contournant au nord le lac Supérieur et le lac Huron, s'inclinant au sud vers le lac Érié, remontant au long du lac Ontario et longeant le Saint-Laurent jusqu'à Cornwall. Au delà et sur 300 kilomètres de longueur, la frontière est supposée suivre le 49e degré de latitude, mais par suite d'une erreur de calcul dont les États-Unis ont bénéficié, le tracé s'est trouvé reporté un peu trop au nord. A cette ligne arbitraire succède la ligne de faîte qui sépare les affluents du Saint-Laurent des cours d'eau de la Nouvelle-Angleterre se déversant directement dans l'Atlantique. Puis la frontière s'infléchit vers le sud, coupant les affluents occidentaux du Saint-John's-River, côtoyant sa cataracte, rejoignant le grand lac et, par la rivière Sainte-Croix, aboutissant à l'Atlantique à 4,500 kilomètres en ligne directe de son point de départ.

Entre le Mexique et les États-Unis, la frontière, mesurant un développement total de 3,000 kilomètres, emprunte le cours du Rio Grande del Norte qu'elle remonte, depuis son embouchure dans le golfe du Mexique jusqu'au défilé del Paso, sur près de 1,800 kilomètres de longueur. Au delà, elle se continue en une série de lignes géométriques arbitraires, coupant le plateau de la sierra Madre, se repliant à angle droit, courant obliquement vers le Rio Colorado, avec lui remontant brusquement au nord, puis, par une autre ligne rigide tracée à travers les montagnes, les ravins et les déserts, rejoignant, sur le Pacifique, l'embouchure du Rio Tia Juana, au sud de la ville de San-Diégo.

Solidement adossés aux deux océans, les États-Unis possèdent un énorme développement de côtes; il dépasse 18,000 kilomètres, dont plus de 15,000 sur l'Atlantique et le golfe du Mexique, 3,000 sur l'océan Pacifique. Du New-Brunswick au détroit de la Floride, la longue côte orientale se déroule, creusée d'anses et de baies aux eaux profondes, semée de caps et de promontoires, fortement échancrée du golfe du Maine au cap Hatteras, offrant au sud des lignes moins souples et des ports moins nombreux, semée de flèches élevées par le ressac des vagues, bordée d'un long cordon sablonneux que prolongent au sud les côtes de la presqu'île de Floride.

Ces côtes s'infléchissent, vers les Bahamas et les grandes Antilles et, lentement, leur superficie s'accroît, leurs plages s'évasent, les polypiers constructeurs modifiant incessamment leurs contours, édifiant, jusqu'à quinze kilomètres au large, une ceinture de récifs ou de *cayes* qu'ils relient à la terre ferme et, en avant de laquelle, travailleurs infatigables, ils construisent une seconde ligne de défense contre l'océan. Cette pointe de la Floride sépare la côte de l'Atlantique de celle du golfe du Mexique qui s'enfonce dans l'ouest, affectant la forme d'un vaste fer à cheval. Les lignes en sont simples, faiblement échancrées; des îles étroites et longues abritent une plage basse, souvent marécageuse, semée de lagunes parallèles au rivage et donnant accès dans des anses bien abritées mais peu profondes. De longues flèches sablonneuses masquent l'embouchure de la plupart des rivières qui se déversent dans le golfe du Mexique.

Peu articulée, la côte des États-Unis sur l'océan Pacifique se déroule en une courbe massive de 1,500 kilomètres de longueur depuis le détroit de Juan de Fuca jusqu'à la brusque fissure du Golden-Gate, seuil d'accès de la vaste baie de San-Francisco. Battus par les vents du large, envahis par les brouillards, les pics abrupts qui en gardent l'entrée offrent un aspect étrange et désolé. Pas d'arbres, pas de végétation; sur leurs flancs déchiquetés rampent des lambeaux de nuages qui se déchirent à leurs crêtes aiguës. Un chenal profond, d'un mille de largeur, et de cinq de longueur, débouche sur la baie dont l'œil n'aperçoit pas l'extrémité, véritable mer intérieure bordée de plaines fertiles que dominent dans un vaporeux lointain de hautes montagnes d'un seul jet : Tamalpaïs, le Monte del Diavolo et Mount-Hamilton.

Au sud de San-Francisco le littoral se prolonge, rigide, dominé par la chaîne côtière, n'offrant que des anses espacées. Au-dessus du cap Argello, la côte s'infléchit au sud-est, abritée derrière une ceinture d'îles, et va rejoindre, par-delà San-Diégo, la frontière du Mexique et la longue presqu'île de la Basse-Californie, qui, sur l'océan Pacifique, fait pendant à celle de la Floride dans l'océan Atlantique.

Au premier coup d'œil le système orographique des États-Unis apparaît simple et net : au centre une vaste dépression formée par le bassin du Mississippi et de ses affluents, à l'est le rebord oriental des monts *Apalaches* ou Alleghanys parallèles à l'océan Atlantique, à l'ouest le triple rebord occidental des montagnes Rocheuses et des monts Wahsatch, puis des monts des Cascades et de la sierra Nevada et enfin de la chaîne côtière, *Mountain Range*, qui serre de près le littoral du Pacifique. L'axe central qui, lentement se déplace, inclinant toujours plus à l'ouest, se rapprochant du centre géométrique, se trouve actuellement à Saint-Louis, au cœur même de la dépression hydrographique, à égale distance de la frontière du Canada au nord, et du golfe du Mexique au sud, mais plus rapproché du système des Apalaches que de celui des montagnes Rocheuses.

Les Apalaches, que l'on désigne à tort du nom d'Alleghanys, lequel ne s'applique qu'à l'une des chaînes du système, se déroulent, de l'État du Maine à celui de l'Alabama, sur une longueur de près de 2,000 kilomètres. Orientés du nord-est au sud-ouest, parallèlement à la côte, ils s'en rapprochent au nord, dans le New-Hampshire, où ils n'en sont éloignés que de 100 kilomètres; ils s'en écartent à leur extrémité méridionale que 500 kilomètres séparent du littoral de la Géorgie. Leur épaisseur varie, atteignant son maximum, 250 kilomètres, dans la partie médiane, dans les Alleghanys proprement dites, où se trouvent également les plus hautes altitudes, n'excédant que de peu 2,000 mètres.

Dans leur longue courbe de 500 lieues du nord-est au sud-ouest, les Apalaches prennent successivement des appellations différentes. Au nord, dans le New-Hampshire, on les désigne du nom de montagnes Blanches, *White Mountains;* dans le Vermont, de celui de *Green Mountains*, montagnes Vertes; dans l'État de New-York elles ont conservé leur nom Indien d'*Adirondaks;* ce n'est qu'en Pensylvanie, et dans la Virginie que prévaut l'appellation d'Alleghanys; plus au sud, dans la Caroline du Nord, on les nomme *Black Mountains*, montagnes Noires.

Du nord au sud, le système des Apalaches est sillonné par une longue fissure ou vallée dont la largeur et le nombre varient. Au nord, cette vallée s'évase et se relie à celle de Saint-Laurent; dans la Pensylvanie elle forme la vallée du Cumberland; en Virginie celles du Shenandoah, dans le Tennessee celle dite du *East Tennessee* ou Tennessee oriental, large de 15 à 50 et même 60 milles. Très boisés autrefois, les monts Apalaches ont, en partie, perdu leur riche couronne de forêts, surtout dans le Maine et aussi dans les États du sud; par contre, ils se sont révélés puissamment riches en minerais de fer dont ils alimentent près de la moitié de la consommation des États-Unis, en charbon dont ils fournissent plus de 30 millions de tonnes à l'année, en pétrole dont l'exportation dépassait 250 millions de francs en 1890, en sel, en plomb, en zinc, en graphite, et aussi en minerais d'or et d'argent.

Entre le système des Apalaches à l'est et les montagnes Rocheuses à l'ouest s'étend la dépression du bassin du Mississippi et de ses affluents. Elle se creuse en un immense sillon, depuis les plages glacées de l'océan Arctique jusqu'aux eaux tièdes du golfe du Mexique. Ce fut autrefois le lit d'une grande mer dont le Mississippi, que Cavalier de la Salle nomma le Colbert, que les Indiens appelaient Missi-Sepe ou *Grande Eau,* n'occupe que la partie méridionale. Par sa longueur, de plus de 5,000 kilomètres, par le nombre et l'étendue de ses affluents, dont plusieurs surpassent les plus grands fleuves d'Europe, par la superficie de son bassin, mesurant 3,213,582 kilomètres carrés, près de la moitié des États-Unis, et plus de six fois celle de la France, par l'étendue de son réseau fluvial, de 40,000 kilomètres, qui pénètre jusqu'au cœur même du continent, il constitue l'un des fleuves les plus importants, les plus utiles à l'homme, la grande artère commerciale de l'Amérique du Nord.

C'est dans la région septentrionale du Minnesota, région lacustre et boisée, à l'issue du lac Itasca qu'enserrent de noires forêts de sapins, qu'apparaît le mince filet d'eau qui sera le puissant Mississippi. Il coule d'un lac à l'autre, formant une succession de rapides, accroissant son volume, glissant au travers des prairies humides semées d'iris et de joncs, çà et là navigable. Aux chutes de Saint-Anthony se termine son cours supérieur et commence son cours moyen. Au pied de ces chutes de 23 mètres de hauteur s'élèvent, sur sa rive droite Saint-Anthony, sur sa rive gauche Minneapolis, dont ses cataractes alimentent les usines, toutes deux points de départ de la navigation fluviale qui, par Saint-Louis, aboutit à 4,140 kilomètres dans le sud au grand port de la Nouvelle-Orléans. En aval de Saint-Anthony, ses affluents se multiplient : à droite, le Minnesota, le Red Cedar, l'Iowa, le Skunk, la rivière des Moines; à gauche : la Sainte-Croix, le Chippewa, le Wisconsin, le Rock River puis l'Illinois.

Plus bas apparaît le gigantesque Missouri, que ses eaux troubles ont fait surnommer « le Grand Bourbeux », *Pakitanoui* en indien, Mud River en anglais. De sa source à son confluent avec le Mississippi, il ne mesure pas moins de 4,800 kilomètres de longueur. Issu du versant oriental des montagnes Rocheuses dont l'autre versant donne naissance au Columbia, le Missouri formé par le Gallatin, le Madison et le Jefferson, se dégage des montagnes Rocheuses par une porte ou trouée de près de 10 kilomètres de longueur. Il coule étroit et profond, ramassé sur lui-même, étranglé entre les parois hautes et lisses, franchissant par une série de bonds successifs et d'une hauteur totale de plus de 100 mètres, les obstacles que la nature entasse sur son parcours ; il en sort victorieux et déjà navigable à 4,000 kilomètres en amont de sa jonction avec le Mississippi. Orienté vers l'est, il ramasse sur son parcours le Milk River, le Dacotah, le Big Sioux, le Yellow Stone River ; puis le Big Shyenne, le Good River, le White River, le Niobrara et la Nébraska ou rivière Platte, le Kansas et l'Osage, et rejoint le Mississippi au-dessus de Saint-Louis.

Souillé par son affluent dont les eaux bourbeuses ternissent sa limpidité et désormais limoneux, le fleuve poursuit sa course vers le sud, creusant son sillon au travers de la vaste dépression que la mer recouvrait autrefois et que recouvre aujourd'hui la prairie, océan d'herbes sans limites apparentes, déroulant dans l'ouest un vert tapis diapré, l'été, des plus riches couleurs. A 200 kilomètres en aval de Saint-Louis, l'Ohio le rejoint.

L'Ohiopek-Hanne, *la belle Rivière*, comme la désignent les Indiens, et dont le nom a été abrégé en celui d'Ohio, est formé, à Pittsburg, par la jonction de deux cours d'eau considérables : l'Alleghany et la Monongahela, ses deux branches maîtresses, issues toutes deux des monts Alleghanys, la première de ceux de Pensylvanie, la seconde de ceux de Virginie. La longueur de l'Ohio, de Pittsburg à Cairo où il se déverse dans le Mississippi, est de 1,570 kilomètres, elle dépasse 2,100 si l'on ajoute à son cours celui de l'Alleghany. Son bassin, de 530,000 kilomètres carrés, est égal en superficie à notre France, son réseau navigable mesure 8,000 kilomètres. L'Ohio apporte au Mississippi les eaux de ses nombreux affluents : du Beaver et du Shenango, du Muskingum et du Hocking, du Kanawha et du Miami, du Wabash, du Kentucky, du Green River, du Tennessee. Par lui-même et par ses tributaires il draine jusqu'aux grands lacs la terre classique des Indiens, la plaine sans fin où erraient autrefois les troupeaux de bisons, que recouvrent aujourd'hui de riches moissons et que l'on appelle le grenier d'abondance des États-Unis. Cette terre mérite son nom : il en est peu d'aussi riches et d'aussi fertiles.

Au confluent du Mississippi et de l'Ohio commence la grande plaine d'alluvions de la basse vallée fluviale, plaine aux eaux traînantes et aux lacs dormants dont l'extrémité méridionale est exposée sans défense aux grandes marées équinoxiales, dont la partie septentrionale est défendue par des levées et protégée par la bordure rocheuse des terrains tertiaires. Ces levées et cette bordure constituent le relief le plus accentué de ce sol plat ; entre elles coule le grand fleuve, large de 1,500 à 2,000 mètres, au long duquel se succèdent les plantations, se déroule la zone verdoyante de culture que bornent à l'horizon d'interminables forêts. Il semble que le delta s'annonce, que la grande plaine submersible en marque le seuil, il n'en est rien ; ce n'est que 1,200 kilomètres plus bas que ce delta commence, au confluent du fleuve et de la Rivière Rouge. Entre l'Ohio et la Rivière Rouge d'autres affluents se déversent grossissant encore la masse des eaux du Mississippi : le Yazoo et le Big Black à l'est, le Saint-Francis, le

White River, l'Arkansas et enfin à l'ouest, la Rivière Rouge, déversoir des nombreux bayous de la Louisiane.

A la Nouvelle-Orléans, le fleuve n'est plus qu'à 135 kilomètres de la mer vers laquelle il s'avance en ligne droite au travers d'une presqu'île étroite et marécageuse, mais sans se bifurquer. Son vrai delta se trouve dans la mer même, au contact de laquelle le Mississippi ouvre ses quatre passes évasées comme les griffes d'une patte d'oiseau : passe à l'Outre, passe du nord-est, du sud et du sud-ouest, d'une largeur moyenne de 400 kilomètres, d'une profondeur moyenne de 12 mètres. Ces passes, que bordent d'étroites levées de boue sur lesquelles les vagues déferlent par les grands vents, s'allongent jusqu'à 100 kilomètres en mer et chaque année les dépôts du fleuve les poussent plus avant.

De même que le Nil a créé et façonné l'Égypte, le Mississippi a créé la Louisiane. Le sol sur lequel s'élève la grande ville de la Nouvelle-Orléans est formé d'alluvions détachées des terrains rocheux de hauts plateaux situés à 3,500 kilomètres plus au nord et que les eaux ont charriées dans la plaine. MM. Humphreys et Abbot n'évaluent pas à moins de 80 mètres de longueur moyenne par année l'extension du delta et à moins de 6 mètres cubes par seconde la quantité de boue apportée par les eaux.

Six fois vaste comme la France, le bassin du Mississippi comporte une infinie variété de climats et de produits naturels. Dans son cours supérieur le fleuve sillonne une région forestière et marécageuse, semée de petits lacs, et qui comprend presque tout le Minnesota, le nord du Wisconsin, l'est du Dakota. Plus au sud les forêts s'éclaircissent, les lacs cessent, le sol se nivelle. Ici commence la région des prairies, l'épaisse couche d'humus que recouvrent les exubérantes graminées et dont les bosquets de bois et les lisières d'arbres rompent l'aspect monotone. C'est le grenier d'abondance des États-Unis, la terre de culture, celle des grandes fermes et des grandes exploitations agricoles. Dans cet immense espace ont été découpés les États de l'Indiana, de l'Illinois, de l'Iowa, du Missouri, Arkansas, Tennessee et Kentucky occidentaux, du sud du Michigan et du Wisconsin, et aussi du Nebraska oriental, du Kansas et du territoire indien, à l'ouest desquels le sol se relève en hauts plateaux arides. Au sud, enfin, apparaît la région semi-tropicale de la Louisiane et du Mississippi, de la côte du Texas et de l'Alabama, de la marécageuse Floride.

Ce que devait être cette région avant la période Dévonienne, Dana nous l'indique. L'océan la recouvrait et les hautes terres du Missouri, de l'Arkansas et du Texas émergeaient seules à la surface des eaux. Plus tard se dessina la grande plaine qui prolongeait au sud le système des monts Apalaches, plaine boisée partout où l'assèchement des eaux permettait l'extension des forêts ; sur les grands lacs surgissaient des îles flottantes semblables à celles que l'on voit errer sur les lacs tropicaux de l'Asie. A l'est de ce bassin se dressaient, encore à l'état embryonnaire, les montagnes Vertes, à l'ouest les montagnes Rocheuses. Le Mississippi acheva de créer la plaine, exhaussant son niveau par ses alluvions, drainant les lacs et les marais, charriant les eaux à la mer qu'il refoulait toujours plus au sud.

Aujourd'hui, cette région est l'une des plus riches et des plus fertiles du monde. Dans la haute vallée du fleuve on trouve le cuivre et le plomb; la houille abonde dans les trois bassins du Michigan, de l'Illinois et du Missouri. Ce dernier est le plus vaste; sa superficie dépasse 84,000 milles carrés, mais l'épaisseur de ses gisements est moindre que dans l'Illinois où elle atteint 38 pieds et dont la production dépasse 10 millions de tonnes. Mais ces trois bassins réunis sont bien inférieurs encore comme rendement à celui de la Pensylvanie d'où l'on extrait 50 millions de tonnes, près de la moitié de la production totale des États-Unis. Les gisements de fer sont nombreux dans le bassin du Mississippi, et l'Illinois occupe le troisième rang parmi les États de l'Union pour la production du fer en barres. Quant à la richesse agricole de cette région, nous y reviendrons et la préciserons dans notre étude des divers États de l'Union.

A l'ouest du bassin du Mississippi, le sol se relève en longues pentes douces. Aux prairies semées de bois succède une région mamelonnée, sans arbres, offrant l'aspect onduleux de l'océan. Non plus que sur l'Océan on n'y rencontre de points de repère; le voyageur se guide d'après sa boussole et, comme en mer, y relève à l'aide du sextant, sa position. Cette région s'élève graduellement vers le haut plateau qu'enserrent les montagnes Rocheuses et qui forme le rebord occidental de l'immense dépression du bassin, une zone intermédiaire entre la région des prairies et la région des montagnes. Au nord, dans le Dakota, on la désigne du nom de Plateau du Missouri; dans le Nebraska de celui de Great Sand Hills, collines de sable; dans le Texas et le Nouveau-Mexique de *Llano Estacado,* ou plaine jalonnée.

Au nord comme au sud, les traits caractéristiques sont les mêmes, avec les modifications que comporte une latitude plus froide ou plus chaude. Dans le *Llano Estacado,* ou plaine jalonnée, ainsi nommée par les Mexicains à cause des jalons plantés de distance en distance pour guider le voyageur et lui indiquer les sources rares et les maigres puits espacés, le sol se déroule en un gigantesque plateau de 1,000 à 1,500 mètres d'altitude, accidenté au nord, uni et plat au sud. L'herbe abonde sur ce plateau sans eau, presque sans pluie. A l'ouest, il s'incline par pentes abruptes vers la vallée du Pecos, affluent du Rio Grande, au nord vers la rivière Canadienne. Aucun cours d'eau ne le sillonne, mais des rivières baignent sa vaste base et de ses pentes jaillissent de nombreuses sources, affluents du Texas et de la rivière Canadienne.

Sur ces longues pentes solitaires, à l'herbe épaisse et savoureuse, se sont réfugiés les bisons, pourchassés et traqués par les Indiens, chassés par les blancs et bientôt appelés à disparaître des grandes plaines du nord qu'ils peuplaient en nombre prodigieux. De 1881 à 1884, en trois ans, on n'en a pas abattu moins de 5,500,000 dans la région septentrionale du Manitoba. « Le bison, écrit M. Lanier, se distingue du bœuf, avec lequel il a été longtemps confondu, par la forme de son front, la longueur de sa taille et de son poil, la largeur de ses sabots et sa face renfrognée qui lui donne un aspect farouche. Il a plusieurs points de ressemblance avec le bœuf domestique et, quand il est pris en bas âge, il se laisse facilement apprivoiser. Jadis les bisons d'Amérique

formaient des troupeaux interminables, composés de milliers et même de millions
d'individus; des voyageurs dignes de foi affirment avoir vu des colonnes de ces animaux arrêter des convois et défiler sans interruption pendant des heures entières.
Lewis et Clarke racontent que leur bateau fut arrêté sur le haut Missouri par une véritable digue de bisons mesurant un mille d'épaisseur. Mais cette race, si l'on n'y met
ordre, est condamnée à disparaître, comme l'élan et le caribou qui ont émigré vers le
nord, comme le cerf qui est devenu très rare, comme l'ours, le loup et la panthère
rejetés dans les forêts de l'est et désormais peu redoutés des colons. Le bison, jadis roi
de la prairie, maître du territoire qui s'étendait du 30° au 64° degré de latitude nord,
est confiné aujourd'hui, au midi, dans quelques territoires du Texas, du Colorado
et du Kansas, et, au nord, dans une partie du Montana et des districts avoisinants. »

Bien autrement vaste et complexe que le système des monts Apalaches qui lui fait
face dans l'est du continent, celui des montagnes Rocheuses, ou de la Cordillère,
se déroule à l'ouest, coupé par de brusques dépressions et de larges plateaux, traversant l'Amérique du Nord dans toute sa longueur, depuis l'Alaska jusqu'à l'Amérique
Centrale où, sous d'autres noms il va se relier par les bas plissements de sol de la
région isthmique à la grande Cordillère des Andes et prolonger jusqu'au cap de Horn la
puissante arête rocheuse qui, du nord au sud, ainsi qu'une longue épine dorsale,
divise le double continent. Une distance de 2,500 kilomètres, à vol d'oiseau, sépare le
système des Apalaches de celui des montagnes Rocheuses; dans ce vaste espace se
creuse la large dépression du bassin du Mississippi que borde le renflement en longues
pentes de la région des prairies que nous venons de décrire.

Tout autre est l'aspect de la région montagneuse de l'ouest, tout autres son
épaisseur, son altitude et aussi sa structure. Descendue du nord, la longue chaîne se
bifurque à son entrée dans les États-Unis. La chaîne maîtresse, celle des montagnes
Rocheuses proprement dites et des Wahsatch, s'incline vers l'est en un vaste soulèvement, enfermant dans ses ramifications puissantes les hauts plateaux du Wyoming et
de l'Utah, la *Mesa Negra* ou Table noire du Colorado, les plateaux du Loup et de Saint-
Augustin, et, sur la frontière mexicaine, celui de la Sierra Madre. Dans l'ouest, et parallèlement à l'océan Pacifique, une autre chaîne, serrant de près la côte, descend à travers les États maritimes de Washington, de l'Orégon et de la Californie, sous les noms de
Cascade Range, de Sierra Nevada et de Coast Range. Entre cette double chaîne côtière et
les montagnes Rocheuses, s'étendent la grande plaine du Columbia River, les plateaux
de l'Idaho et du Nevada que sillonnent les chaînes secondaires des montagnes Bleues,
du Humboldt Range, des monts Shoshone et, au sud-est, de la Mesa Negra. L'épaisseur
de cette région montagneuse de l'ouest varie entre 800 kilomètres au nord, 1,500 au
centre et 1,000 au sud, depuis le versant oriental des montagnes Rocheuses jusqu'à
l'océan Pacifique. Nous examinerons successivement : les montagnes Rocheuses dans
leur développement à travers le Montana, l'Idaho, le Wyoming, le Colorado et le Nouveau-
Mexique; la région des plateaux que sillonnent le Colorado et ses tributaires; le grand

bassin central compris entre les montagnes Rocheuses et les monts du Pacifique, et enfin ces derniers.

Les montagnes Rocheuses ne forment pas une chaîne continue, mais plutôt une série de massifs détachés, ligne de faîte entre les eaux du Missouri et celles de la Columbia. A son entrée sur le territoire des États-Unis, cette série de massifs s'infléchit de trois degrés vers l'est, décrivant une longue courbe dont les sommets neigeux n'excèdent pas 2,500 mètres d'altitude. Dans le Wyoming apparaît une large bifurcation; à l'est s'allongent les monts du Big Horn, ceux de Laramie, plus à l'est encore et isolés du système général, les Black Hills; au sud des monts de Laramie, dans le Colorado, se dessine un puissant renflement de 350 kilomètres d'épaisseur, duquel surgissent le Long Pike 4,350 mètres, le mont Harvard 4,364, le Blanca 4,409. En face, dans l'ouest, par delà les hauts plateaux qui relient les deux zones montagneuses, se déroulent le *Teton Range* et, plus au sud, les monts Wahsatch qui surplombent les plaines de l'Utah et le Grand Lac Salé. Au point de départ de cette bifurcation, que domine le pic Frémont, de 4,139 mètres d'altitude, et dans l'angle nord-ouest de l'État de Wyoming, se trouve le Parc national du Yellowstone dont nous aurons l'occasion de parler dans notre étude des États de l'ouest.

Plusieurs passes traversent ces massifs détachés des montagnes Rocheuses: celle de Cheyenne, au sud des monts Laramie, par 2,287 mètres d'altitude, celle du Sud par 2,284, celle d'Evans que le chemin de fer du Pacifique franchit à la station de Sherman, par 2,569 mètres. Au sud de cette passe s'ouvre la région connue sous le nom de *Park Mountains* à cause de ses beautés naturelles et de ses magnifiques massifs de verdure, et aussi sous celui de *Snowy Range* ou chaîne neigeuse que lui ont fait donner ses hauts sommets recouverts de neiges. Au-dessous de cette région des Parcs, la chaîne s'effile; au large renflement qui déborde sur l'État de Colorado, succède une longue ligne mince, le *Spanish Range*, la chaîne Espagnole, qui fuit au sud, traversant le Nouveau-Mexique, soulevant ses sommets à plus de 4,000 mètres, puis s'abaissant successivement en décrivant une courbe au sud-est, sous les noms de Sierra de Santa-Fé, de Montagnes de l'or, de Sierra d'Albuquerque, de Manzana, del Caballo, de Hueco, où elle ne dépasse pas 2,000 mètres, et venant enfin mourir en pentes inclinées de 1,200 à 700 mètres dans le Llano Estacado, dans la grande plaine jalonnée dont nous avons parlé plus haut.

A l'ouest, au sud des monts Wahsatch et parallèlement à la chaîne Espagnole, se succèdent des sierras moins élevées, mais rendues plus difficiles d'accès par les Indiens Apaches et Navajos qui les habitent; ce sont celles de San-Juan, del Nacimiento, de Zuni, des monts Mogolloro. Elles vont se confondre et se perdre dans le plateau de la Sierra Madre qui longe la frontière des États-Unis et du Mexique.

La région des plateaux que sillonnent le Colorado et ses tributaires est des plus curieuses au point de vue orographique. A l'est, au nord et au nord-ouest elle est bornée par de hauts massifs montagneux. Elle-même constitue un vaste plateau rocheux que coupent d'énormes falaises, que sillonnent des *cañons* ou étroites passes encaissées, d'une profondeur de centaines et de milliers de pieds, dans lesquelles courent les eaux. Partout se déroule un pays aride, un sol de roc, des falaises de roc, des tables, des terrasses, des escaliers de roc, des rocs découpés en formes fantastiques, dessinant ici des tours, là des dômes, des aiguilles, puis des précipices aux parois de rocs, au fond desquels mugit un torrent : partout des rocs, blancs, gris, rouges, bruns, mais aucun lichen, aucune mousse ne les recouvrent ; ils se détachent, lisses, polis, sur une surface rocheuse dont nulle végétation n'atténue le rayonnement.

Par contre, dans les cañons où l'eau circule et où les murs de rochers sont assez espacés pour laisser pénétrer l'air et la lumière, apparaît un autre paysage qu'a pittoresquement et très exactement décrit M. F. Moreau. « Le Peach Spring's Cañon, écrit-il, est une longue vallée encaissée entre deux murailles de grès rouge. Les points de comparaison manquent pour en apprécier la hauteur. Elles ont, paraît-il, 700 à 800 mètres, et les taches sombres qui apparaissent là-haut dans la roche, comme des nids de passereaux aux creux d'un mur, sont des excavations énormes dans lesquelles tiendrait sans peine une maison à quatre étages. Les couches du terrain, distinctes les unes des autres, donnent à ces parois l'aspect d'un escalier de géants. C'est là le caractère original de tous les paysages de la contrée. Devant nous, barrant le Cañon, une pyramide se dresse régulièrement étagée. Sous les rayons du soleil qui décline, ces montagnes nues passent par les nuances les plus féeriques de carmin et d'or. Au fond de la vallée, des plantes grasses nombreuses, cactus aux formes bizarres, croissent comme dans une serre chaude au rayonnement de chaleur que leur renvoient les rochers... Les montagnes qui dominent cette vallée solitaire dont le fleuve tient toute la largeur atteignent 2,000 mètres ; elles surmontent les rives abruptes d'édifices singuliers. On pourrait croire qu'en ces lieux les Titans ont cherché à escalader le ciel, et que ces gradins gigantesques sont les ruines de leurs travaux, les derniers vestiges de leur audacieuse tentative. En parcourant ces profondeurs mystérieuses qui eussent dignement servi de vestibule à l'Enfer du Dante, on se sent saisi d'admiration pour l'homme qui a osé le premier leur arracher leur secret. C'est au major Powell qu'en revient toute la gloire ; son voyage n'est qu'une série de péripéties émouvantes et terribles. Tantôt, cheminant avec ses compagnons sur la crête des escarpements, il lui fallait supporter toutes les angoisses de la soif : Les flots, roulant à des milliers de pieds au-dessous d'eux, aiguisaient leur supplice. Les malheureux devenaient fous et voulaient se précipiter dans le vide. Tantôt ils suivaient le fond du précipice. Alors les eaux tant désirées entraînaient l'esquif vers des cataractes inconnues, au milieu de l'obscurité des gorges. Maintes fois jetés au milieu du remous, les hardis voyageurs faillirent y trouver la mort. »

Trois branches maîtresses, toutes trois issues du cœur même des montagnes Rocheuses : le Yampah, la Green River ou Rivière Verte et le Grand River, forment le fleuve de cette région, le Rio Colorado, qui se déverse au fond du golfe de Californie, après un parcours de près de 2,000 kilomètres. Il traverse les territoires de l'Utah, du Colorado et du Nouveau-Mexique, ramassant dans son cours sinueux le Colorado-Chiquito ou petit Colorado, le Rio Virgen et le Rio Gila, roulant des eaux abondantes, mais navigable seulement à partir de son confluent avec le Rio Virgen, à 650 kilomètres de son embouchure. Jusque-là il coule presque constamment dans les profonds cañons dont les hautes murailles le surplombent parfois de plus de mille mètres. C'est dans un de ces cañons, le Stillwater, que s'effectue, à 1,300 pieds de profondeur, la jonction du Grand River et de la Rivière Verte ; c'est aussi à Marble Cañon, dans un précipice de 3,800 pieds, que le Colorado et le Chiquito se réunissent et s'engagent dans une faille plus profonde encore et de 7,000 pieds au-dessous du niveau du plateau, dans laquelle le Colorado précipite ses flots rouges colorés par la formation géologique ferrugineuse de son bassin. Ce fleuve étrange semble fuir la lumière du soleil et il est peu de sites aussi grandioses mais aussi effrayants que ceux au travers desquels il creuse son ténébreux sillon.

Cette région si bizarrement conformée du plateau du Colorado, dépourvue d'eau bien que sillonnée par un grand fleuve et ses affluents, n'offre à sa surface aucune végétation, quelle que soit la richesse de ses vallées. Sur le sol dénudé du plateau les reptiles rampent, les lézards glissent silencieusement au long des rocs, les tarentules se balancent sur leurs hautes pattes et les fourmis rouges courent affairées. Parfois on aperçoit un lapin qui détale, des loups à la recherche d'une proie, mais jamais on n'y entend le chant d'un oiseau, on n'y respire le parfum d'une fleur.

Le grand bassin central de l'ouest s'étend entre les monts Wahsatch à l'est et la Sierra Nevada à l'ouest sur 800 kilomètres de largeur. Du nord au sud ses limites sont moins précises, mais plus distantes encore ; on évalue sa superficie à 720,000 kilomètres carrés. Il forme la ligne de partage des eaux entre le bassin du Colorado au sud et celui du Colombia au nord. Vu à vol d'oiseau, il offre l'aspect singulier d'une région sans écoulement, divisée en une multitude de petits bassins ou de vallées ayant chacune ses lacs, ses sources, ses cours d'eau dont le surplus s'évapore à la surface ou s'écoule dans des fissures. Le sol se déroule, étonnamment uniforme, il ne dépases presque nulle part le niveau du Grand Lac Salé. Ce dut être autrefois une vaste mer d'eau douce dont les eaux se sont lentement évaporées et chargées de sel, dont les élévations représentent des îles et dont les terrasses étagées indiquent l'assèchement graduel.

Les chaînes de hautes collines qui sillonnent ce bassin sont orientées au nord-est et au nord-ouest ; elles sont de structure simple, et distribuées assez régulièrement ; leur altitude varie de 1,500 à 3,000 mètres. Entre ces chaînes s'ouvrent de larges vallées, qu'arrosent au printemps de minces cours d'eau le plus souvent taris l'été. Là où ils persistent, la végétation est exubérante, mais là où ils font défaut, le sol est aride et brûlé.

Le plus grand des lacs de cette région est le Lac Salé ; le choix qu'en firent les Mormons, pour élever sur ses rives leur capitale, l'a rendu célèbre. Sa forme d'un ovale allongé rappelle les contours de la mer Caspienne ; ses eaux d'un bleu intense ressemblent à celles de l'Océan. « Ce lac, écrit M. J. Rémy, est une véritable mer méditerranéenne sans aucune communication avec l'Océan. Il n'a pas moins de cent lieues de

LES RIVES DE L'HUDSON.

pourtour et devait, dans les siècles précédents, occuper une superficie plus étendue...
Au nord-est ses eaux s'étendent si loin, que l'œil, ne distinguant plus les montagnes
qui le bornent, croit qu'elles se prolongent à l'infini comme une vaste mer. La profondeur n'en est pas considérable ; elle ne dépasse pas dix mètres, et, en moyenne, n'est
que de sept à huit pieds. Au milieu du lac, plusieurs îles d'une certaine étendue
s'élèvent jusqu'à 1,000 mètres et plus au-dessus du niveau des eaux. Ces eaux sont si
denses que le corps d'un homme ne peut y sombrer. Pendant notre séjour chez les
Mormons nous allâmes plusieurs fois nous y baigner ; nous nous couchions sur la surface
et pouvions y rester indéfiniment sans le moindre effort et sans mouvement. Il nous
parut qu'on pouvait y dormir sans courir le danger de se noyer. Cette densité extraordinaire de l'eau explique comment les animaux ne peuvent vivre dans le lac. On n'y
voit ni poissons ni mollusques... Le lac n'a pas de marées ; mais, sous le souffle variable
des vents, la surface de l'eau se ride et de petites vagues déposent sur le rivage une
écume floconneuse. Il n'y a pas d'arbres sur ses bords, ni dans aucune des plaines
adjacentes. Il faut monter sur le sommet des montagnes environnantes pour trouver du
bois de chauffage. On ne voit, près de la plage, que quelques plantes à moitié desséchées. »

Loin de s'abaisser, le niveau du lac s'est élevé et sa superficie s'est accrue depuis
un demi-siècle ; ce niveau est supérieur de quatre mètres à ce qu'il était en 1849-1850,
et cette superficie est presque doublée. Si l'évaporation agit puissamment sur ce bassin
vaste et peu profond, l'humidité et les pluies compensent ses pertes ; il résulte des
observations faites que ces dernières causes prédominent depuis que le pays se peuple.

Si le Lac Salé est le plus important de cette région du grand bassin, il s'en faut
qu'il constitue la dépression la plus profonde. A 700 kilomètres dans le sud-ouest, se
creuse la Vallée de la Mort, *Death Valley*, ainsi nommée par les premiers immigrants
dont un grand nombre y périrent de soif. Bien qu'elle soit plus basse que la mer et, en
certains endroits, à 150 pieds au-dessous de son niveau, il n'y existe pas d'eau. Une
double chaîne de montagnes : les Amargoza et les Panamint, de plus de 2,000 mètres
d'altitude, enserrent ce bassin de 75,000 kilomètres carrés et y concentrent les rayons
brûlants du soleil ; sur le sol altéré et sablonneux on n'aperçoit que de rares cacti et des
sauges desséchées. Dans le sud-ouest de la Californie, le Soda-Lake offre les mêmes
traits caractéristiques ; la vallée se creuse jusqu'à 200 pieds au-dessous du niveau de
l'Océan dont elle est éloignée de 100 kilomètres, mais le faîte de partage du Colorado
qui la longe offre peu de relief et à l'époque des crues le fleuve envahit Soda-Lake,
qu'il convertit en un lac dont les eaux s'évaporent rapidement.

A l'ouest du grand bassin dont il forme la lisière occidentale, de même que les
montagnes Rocheuses et leur double ramification des monts Tétons et des monts
Wahsatch en forment le rebord oriental, se déroule le Pacific Range. On désigne
ainsi la longue chaîne côtière, parallèle à l'océan Pacifique, qui, sous les noms de
Cascade-Range, de Sierra Nevada, de Coast Range, s'étend depuis l'Alaska jusqu'à
l'extrémité de la longue péninsule de la Basse-Californie. Dans le territoire de
Washington cette chaîne se bifurque ; sa branche maîtresse s'infléchit à l'est, toujours

orientée du nord au sud ; la branche secondaire serre de plus près la côte et court parallèlement à elle. Entre les deux ramifications se succèdent de larges vallées dont les plus importantes sont celles du Willamette dans l'Orégon, du Sacramento et du San-Joaquin dans la Californie.

La partie septentrionale de cette chaîne doit son nom de Cascade Range autant aux vastes gradins qui la composent qu'aux nombreuses cascades de la Colombia River se frayant un passage au travers de ses gorges étroites. Le relief orographique de cette partie de la chaîne diffère de celui qu'elle affecte plus au sud. Dans la Colombie britannique, dans le Washington et l'Orégon elle apparaît sous la forme d'un large plateau hérissé de cônes volcaniques ; quelques-uns de ces cônes, tels que le mont Sainte-Hélène 3,325 mètres, le mont Baker 3,380 mètres et le mont Rainier 4,392 mètres, dans le Washington, fument encore.

Au sud du profond sillon que la Columbia River creuse à travers le Cascade Range, se dresse le puissant massif du mont Hood que l'on crut longtemps le pic le plus élevé de cette région. Alphonso Wood et le Révérend M. Atkinson, qui en firent l'ascension en 1866, lui donnèrent 5,810 mètres d'altitude. Des calculs plus exacts le ramenèrent à 3,755. Ainsi que la Columbia River, la rivière Klamath coupe le Cascade Range par un large et profond défilé, au sud duquel s'élève, dans une plaine volcanique, le cône solitaire du mont Shasta mesurant 4,400 mètres d'altitude. Il est le point de repère de toute cette région qu'il domine ; son dôme étincelant, son massif énorme qui se détache en relief vigoureux sur la plaine et que son isolement grandit encore en font l'une des plus belles montagnes du Pacific Range. Au mont Shasta finit le Cascade Range et commence la Sierra Nevada.

Du pic de Lassen au nord à la passe du Téjon au sud, la Sierra Nevada mesure 750 kilomètres de longueur, sur une largeur moyenne de 120. Elle s'annonce au loin par la cime rougeâtre du Lassen de 3,220 mètres de hauteur. Au sud ses sommets s'exhaussent encore et aussi les cols, mesurant de 2,000 à 3,000 mètres ; la voie ferrée du Pacifique franchit la muraille de la Sierra Nevada par 2,144 mètres. Au-dessous de cette dépression surgissent les sommets du Dana, du Brewer, du Tyndall, de l'Abbott et le pic du Whitney de 4,570 mètres d'attitude. Au sud du mont Whitney la chaîne s'abaisse formant un long plateau montueux qui se déroule jusqu'au mont Pinos, 2,890 mètres, lequel surplombe les riches campagnes de Los-Angeles. Du mont Pinos rayonnent des chaînes secondaires orientées, au sud comme la Sierra de Santa-Inez qui longe le littoral de Santa-Barbara ; au nord-ouest comme le Coast Range qui projette en vue de San-Francisco, le monte del Diavolo ; au sud-est comme la Sierra de San-Bernardino qui va mourir dans le désert Mohave ; à l'ouest enfin où ses ramifications sous-marines soulèvent, au large, les îles de Santa-Rosa et de Santa-Cruz, de Santa-Barbara et de San-Clemente, de Santa-Catalina et de San-Nicolas, pour ne citer que les plus grandes.

Au cœur même de cette chaîne de la Sierra Nevada et aussi de l'État de Californie, se trouve l'étonnante vallée du Yosemite, célèbre par ses arbres gigantesques qui attirent chaque année des milliers de touristes. La vallée du Yosemite est aujourd'hui, pour les Américains, et même pour nombre d'Anglais, ce qu'est la Suisse pour le touriste européen. « A 6,541 pieds au-dessus du niveau de la mer, écrit M. Th. Kirchoff, nous arrivâmes aux arbres géants. Ces arbres ne forment pas un groupe séparé ; ils sont dispersés, au nombre de 500 environ, dans toute la forêt. On les trouve à partir de 4,800 pieds jusqu'à 8,000 pieds. Ils appartiennent à l'espèce des sapins du nord et ont reçu en botanique le nom de *Sequoia gigantea*. Le nom de *Wellingtonia* leur avait été donné d'abord par les Anglais, mais l'orgueil américain a repoussé cette désignation, et un Indien Cherockee a été préféré au vainqueur de Waterloo. La forêt de Mariposa et la vallée de Yosemite ont été données par le gouvernement des États-Unis à l'État de Californie, qui doit les conserver comme « parc national », et veiller à ce que rien n'endommage leurs beautés naturelles. Une commission spéciale, nommée par la législature californienne, exécute sévèrement cette sage loi. Le premier des arbres géants qui s'offrit à nos regards était un colosse étendu à terre. Au moyen d'une échelle nous grimpâmes sur le tronc et nous nous promenâmes là comme sur une route ; ce tronc est assez large pour qu'une voiture puisse circuler dessus. Quand il était debout, il devait avoir 40 pieds d'épaisseur, 120 de circonférence et sa hauteur devait être de 430, c'est-à dire 30 seulement de moins que la flèche de Strasbourg. On évalue l'âge de ce géant à 3,400 ans. Les plus gros *sequoias* remontent très certainement au delà de Jésus-Christ. Leur jeunesse date à peu près du temps de Moïse ou du temps où Salomon bâtit le temple. »

Le *Coast Range*, ou chaîne côtière, ramification secondaire du système montagneux du Pacifique, longe de près le littoral, depuis la frontière de la Colombie britannique jusqu'à l'extrémité de la péninsule de la Basse-Californie. Elle n'offre pas l'aspect d'une chaîne continue mais d'une série de chaînons espacés, sans lien entre eux, souvent juxtaposés. Leur altitude varie ; dans l'Orégon septentrional elle oscille entre 1,000 et 1,200 mètres, puis se relève à 2,000 mètres jusqu'à la profonde fissure par laquelle le *Golden Gate* donne accès dans la baie de San-Francisco ; au sud du *Golden Gate* la hauteur moyenne redescend à 1,000 mètres, pour diminuer encore et mourir en longs plissements dans le sol aride et sablonneux de la péninsule de la Basse-Californie.

Les fleuves des États-Unis s'épanchent par trois versants dans trois mers distinctes : à l'ouest dans l'océan Pacifique, au sud dans le golfe du Mexique, à l'est dans l'Atlantique. Au premier de ces versants appartiennent la Columbia ou Orégon, le San-Francisco que forment le Sacramento et le San-Joaquin et le Grand-Colorado, dont nous avons déjà parlé. Dans le golfe du Mexique se déversent, outre le Mississippi et ses affluents dont nous avons, plus haut, décrit le cours, l'Appalachicola, le Mobile, la Trinidad, la Sabine, le Brazos, et le Rio Grande del Norte. L'Atlantique reçoit les eaux du Penobscot, du Kennebec, du Merrimac, du Connecticut, de l'Hudson, du Delaware, de la Susquehannah, du Patapsco, du Potomac, du James, du Roanoke, du Savannah et du Saint-John.

La Columbia, que l'on désigne aussi du nom d'Orégon, est l'un des grands fleuves du continent américain. Son bassin, que les montagnes Rocheuses séparent de celui du Missouri à l'est et du Saskatchewan au nord, mesure 800,000 kilomètres carrés, une fois et demie la superficie de la France, et appartient, pour la plus grande partie, au territoire des États-Unis ; la Colombie britannique n'en possède qu'une portion relativement restreinte.

Deux branches maîtresses forment ce grand cours d'eau : le Snake River, de beaucoup la plus considérable, et la Columbia qui, bien que de moindre importance, donne son nom au fleuve. Cette dernière est issue d'un lac des montagnes Rocheuses; le Snake River ou Lewis Fork descendu du parc National de Yellowstone, de la « terre des merveilles », ne rejoint la Columbia qu'à 500 kilomètres de son embouchure. En amont de sa jonction avec son puissant affluent, et dans son cours supérieur, la Columbia, orientée au nord-ouest, traverse des gorges profondes et des lacs que dominent les monts Selkirk. Remontant au nord jusqu'au 52e degré, près du mont Hooker, elle s'infléchit brusquement au sud; elle s'évase formant les deux lacs de la Flèche, reçoit les eaux du Kootenay et, franchissant la frontière, pénètre dans l'État de Washington, à son confluent avec le Clarke's Ford. Plus bas, elle rallie le Spokane, l'Okinakane, descendu, lui aussi, de la Colombie britannique, le Yakima et enfin son grand affluent, le Snake's River. Sa largeur dépasse alors 1,000 mètres.

Orienté vers l'ouest, le fleuve forme la frontière du Washington et de l'Orégon ; de nombreux affluents viennent encore grossir le volume de ses eaux : le Wallawalla, l'Umatilla, le John Day River et la rivière des Chutes ; les noms indiens et français prédominent encore dans cette région primitivement explorée par des Canadiens. Ce sont eux qui ont appelé *Chutes* les rapides et tourbillons dont le lit du fleuve est semé, de même que, plus bas, le nom de *Dalles* est resté au défilé que les eaux franchissent sur des roches plates, celui de Cascade Range à la chaîne de montagnes au travers de laquelle la Columbia s'est creusé un prodigieux couloir de 150 kilomètres de longueur que surplombent en certains endroits des parois rocheuses de 1,000 mètres d'élévation. En aval des Cascades, le fleuve reçoit son dernier grand affluent, la Williamette ; déjà la marée se fait sentir, elle remonte jusqu'à 200 kilomètres au-dessus de son embouchure le cours du fleuve dont le lit s'élargit. A 25 kilomètres de l'océan Pacifique s'ouvre l'estuaire de la Columbia; à la rencontre des eaux du fleuve et de celles de l'océan, cet estuaire mesure 11 kilomètres; un sourd grondement l'annonce au loin et, de près, le monstrueux mascaret offre un spectacle aussi grandiose qu'effrayant. Le fleuve se heurte avec violence aux masses énormes que la mer lui oppose et tel est le remous des vagues que ce n'est pas sans appréhensions que les marins s'engagent dans l'une des deux passes praticables que la barre laisse accessibles aux navires.

A 1,000 kilomètres au sud de l'embouchure de la Columbia, s'ouvre la baie de San-Francisco dans laquelle se déversent les eaux réunies du Sacramento et du San-Joaquin. Les premiers colons espagnols donnèrent au double fleuve le nom de San-Francisco, auquel s'est substitué celui de Sacramento dont le San-Joaquin n'est que le principal affluent. Le bassin du Sacramento occupe le cœur même de l'État de la Californie, dont le Sacramento draine le nord et le San-Joaquin le sud. Les deux cours d'eau se rencontrent au centre même du bassin, formant, avec leurs affluents, un réseau hydrographique comparable aux mailles d'une toile d'araignée. La plupart des cours d'eau qu'alimentent la Sierra Nevada et le Coast Range sont orientés vers l'ouest et n'était la barrière que leur oppose la chaîne côtière, ils s'épancheraient directement dans l'Océan. Rejetés vers le centre du bassin, ils n'ont d'autre issue que le Sacramento et le San-Joaquin dont ils accroissent le volume et l'importance. Par le Pitt River, le Feather River, le Yuba, l'American River et nombre de torrents, le Sacramento, descendu du pic de Shasta, du 40ᵉ degré de latitude nord, concentre dans son lit, navigable sur une grande partie de son cours, les eaux de la Sierra Nevada. Il arrose une riche et fertile région de vallées et de plaines. Moins abondant, le San-Joaquin, venu du sud, ramasse dans son cours la Mariposa, la Merced, le Tuolumne, le Stanislaus ; outre qu'il traverse des régions plus chaudes et plus plates, le San-Joaquin laisse une partie de ses eaux dans des marécages et des lacs dont le plus étendu est le lac Tulare, d'une superficie de 1,750 kilomètres carrés. Au centre même du bassin fluvial le San-Joaquin rejoint le Sacramento qui, par les baies de Suisun et de San-Pablo, va se déverser dans la mer intérieure de San-Francisco que le *Golden Gate* met en communication avec l'Océan.

L'immense bassin du Mississippi et du Missouri, que nous avons décrit plus haut, constitue la grande artère fluviale qui, drainant le centre des États-Unis, déverse leurs eaux dans le golfe du Mexique. En dehors de ce bassin principal, se trouvent quelques fleuves, inférieurs en portée et en volume, mais qui complètent l'hydrographie de cette région. Le plus considérable est le Rio Grande del Norte qui sur 1,250 kilomètres de parcours forme la frontière entre les États-Unis et le Mexique.

Par son cours de 2,500 kilomètres, trois fois la longueur de la Seine et deux fois celle du Rhin, le Rio Grande est un grand fleuve, mais par le régime de ses eaux, par la rapidité de son cours, par son peu de profondeur il mérite son appellation espagnole de *Rio Bravo del Norte*, « grand torrent du nord ». Il n'est ni un fleuve commercial, ni une voie de communication, mais il s'adapte merveilleusement à son rôle de fleuve frontière et son large et puissant sillon forme une excellente ligne de démarcation.

Son cours supérieur appartient aux États-Unis. Ses sources sont voisines de celles du Grand-Colorado dans la Sierra de San-Juan dont les hauts sommets atteignent 4,000 mètres. Longeant la base méridionale des montagnes Rocheuses dont il ramasse les nombreux torrents, le Rio Grande débouche dans la haute plaine du Nouveau-Mexique au-dessous du plateau des Loups, *Mesa de los Lobos*, et au nord d'Albuquerque. Au défilé d'El Paso, où il commence à former la frontière mexicaine, le fleuve, qui est à 1,000 kilomètres de ses sources, a déjà descendu une pente de plus de 2,500 mètres. Il court, torrentueux, entre des défilés et des passes, entre des postes militaires mexicains et américains. A 1,000 kilomètres en aval d'El Paso, le Rio Grande pénètre enfin dans la plaine d'alluvions, au travers de laquelle il trace un long ruban verdoyant qu'un désert large de plusieurs centaines de kilomètres borde à droite et à gauche. La végétation cesse au delà de la portée de pénétration des eaux du fleuve ou de saturation par ses crues. Aussi loin que l'œil peut s'étendre on n'aperçoit qu'une verte oasis, longue et mince, fuyant à l'horizon et dessinant le cours du Rio Grande qu'encadre une interminable plaine aride sillonnée de longs plissements sablonneux.

Les pluies sont rares dans ce bassin du Rio Grande del Norte aussi vaste que la France; non moins rares et maigres les affluents : le Chama, le Puerco et le Pecos, venus des États-Unis, le Rio de los Conchos, le Salado et le Pesquerto descendus du plateau du Mexique. A mesure qu'il avance vers la mer, le fleuve s'appauvrit par les saignées pratiquées sur ses rives; dans son cours inférieur il n'est navigable que sur 500 kilomètres et encore pour de petits vapeurs qui le remontent jusqu'aux rapides de Kingsbury. Entre Brownsville et Matamoros, postes militaires des États-Unis et du Mexique, le Rio Grande del Norte se déverse dans le golfe du Mexique.

A l'est du Rio Grande et au long de la côte, se succèdent les embouchures du Rio Guadalupe, du Colorado et du Bravo, du Trinity et de la Sabine. Par delà le vaste delta du Mississippi, se dessine l'estuaire de l'Alabama, qui mesure 1,400 kilomètres de parcours et qui est navigable sur la moitié de sa longueur. Son bassin draine une superficie de 100,000 kilomètres carrés et l'on évalue le débit de ses eaux à 1,300 mètres cubes par seconde à son embouchure. Au cap San-Blas, près des plages de Floride, l'Appalachicola, formée du Flint River et du Chattahoochee, se déverse dans le golfe du Mexique après un cours de 350 kilomètres au travers de la Géorgie. Dans la Floride, le monstrueux Saint-John, plus large que le Mississippi, est moins un fleuve qu'un chapelet de lacs s'égouttant l'un dans l'autre.

Le versant de l'Atlantique est riche en cours d'eau, en rivières et en fleuves. Ceux de la Georgie et des deux Carolines, issus des monts Alleghanys, affectent un cours parallèle; tels l'Alatamaha, l'Ogochee, le Savannah, le Santee, la Neuse, le Roanoke, le Chowan. Ils traversent une région alternativement sablonneuse, boisée et marécageuse et vont se perdre les uns dans le Pamplico Sound, les autres dans l'Albemarle Sound, vastes estuaires qu'une flèche de sable de plus de 350 kilomètres de longueur sépare de l'Océan et dans lesquels de rares ouvertures donnent un périlleux accès. Dans la courbe qu'elle décrit, cette flèche de sable dessine à l'est un cap redouté des navigateurs, le cap Hatteras, célèbre par les nombreux naufrages dont ses bancs mobiles ont été la cause et les témoins.

Au nord, dans la baie Chesapeake, s'épanche le James River, le fleuve de la Virginie, né dans les Alleghanys de la jonction de deux torrents, le Jackson et le Cowpasture. Grossi d'autres torrents, il coule rapide et impétueux jusqu'à Richmond où de nombreuses îles divisent son cours. En aval de Richmond, le James River devient praticable à la grande navigation; il s'évase en un vaste estuaire de 200 kilomètres et débouche dans la baie Chesapeake par un détroit connu sous le nom de Hampton-Roads. Dans son parcours de 800 kilomètres, de ses sources à son embouchure, le fleuve reçoit les eaux de la Rivanna, issue des montagnes Bleues, et de l'Appomatox, ses principaux affluents.

Outre le James River, quatre autres grands cours d'eau s'épanchent dans le Chesapeake : le York River, le Rappahannock, le Potomac et le Susquehanna. La guerre de Sécéssion a rendu leurs noms célèbres et ces noms reviennent à chaque page de l'histoire de la grande lutte qui, de 1863 à 1865, a ensanglanté les États-Unis et mis fin à l'esclavage. Sur les rives du Potomac surtout, se sont livrés les combats les plus acharnés et les batailles les plus décisives. Issu des Alleghanys, la longue chaîne montagneuse de l'est, le Potomac s'en dégage par une série de défilés grandioses, côtoie Washington que ses eaux alimentent, et s'ouvre, en aval de la capitale des États-Unis, un large estuaire qui n'est qu'une ramification intérieure de la Chesapeake. La Susquehanna, le fleuve de la Pensylvanie, mesure 650 kilomètres de longueur, il est formé par la jonction de la Susquehanna orientale et occidentale et de la Juniata.

Déversoir naturel de ces nombreux cours d'eau, la baie de Chesapeake mesure 287 kilomètres de longueur; sa superficie totale est d'environ 20,000 kilomètres carrés et sa profondeur en rend la navigation praticable aux plus grands navires. Par contre l'accès en est assez difficile à cause des barres qui défendent ses abords. Nulle baie au monde n'est aussi riche que celle-ci en bancs d'huîtres.

A 220 kilomètres au nord de l'entrée de la Chesapeake s'ouvre la baie de Delaware, estuaire du fleuve du même nom. Issu des monts Catskill, dans l'État de New-York qu'il sépare de la Pensylvanie, il sert également de frontière entre la Pensylvanie et le New-Jersey. Semé de rapides dans son cours supérieur, le Delaware franchit les montagnes Bleues par l'imposant défilé du Water-Gap, puis, glissant sur un lit de roches plates et lisses, il s'évase et se creuse en aval de Philadelphie. Accessible aux navires de fort tonnage, il se termine par la large baie du Delaware après un cours de 500 kilomètres et en outre donne son nom à l'un des États de l'Union américaine.

Près de 400 kilomètres séparent l'embouchure du Delaware de celle de l'Hudson et de la baie de New-York. L'Hudson, l'un des fleuves les plus laborieux, les plus sillonnés de navires, les plus importants au point de vue commercial qui existent, ne mesure cependant que 500 kilomètres de longueur et n'est praticable aux grands navires que sur un parcours de 190. Torrentueux dans son cours supérieur, il naît sur les monts Adirondack par 1,200 mètres d'altitude et descend dans sa vallée grossi des eaux du lac Schroon et de la Sacondaga; par une série de rapides il atteint Sandy-Hill où commence son cours moyen et navigable. Accessible aux chalands jusqu'à Sandy-Hill, il l'est aux goélettes jusqu'à Troy situé à 75 kilomètres en aval, et aux grands navires jusqu'à la ville d'Hudson. Par les canaux du Champlain et de l'Érié, il se relie à la région des grands lacs et à celle du Saint-Laurent au nord. Ses principaux affluents sont le Mohawk et le Wallkill.

L'Hudson, qui sépare le New-Jersey de l'État de New-York, forme, à son embouchure, une baie intérieure, la plus sûre et la plus belle du monde. Toutes les flottes de l'univers pourraient s'y réunir et y évoluer à l'aise. Une passe resserrée, les *Narrows* ou les Étroits que bornent d'un côté les plages basses de Long-Island, de l'autre l'île verdoyante de Staten, met en communication la grande baie avec l'Océan. Après la Tamise et le port de Londres, l'Hudson et le port de New-York tiennent le premier rang dans le mouvement de la navigation.

Parallèle à l'Hudson, le Connecticut, descendu de la frontière du Canada, sépare les

États de Vermont et de New-Hampshire, il traverse le Massachussets et le Connecticut auquel il donne son nom et se déverse dans la baie de Long-Island près de Saybrook. L'industrie l'a envahi et ses eaux, autrefois poissonneuses et renommées pour leurs saumons, alimentent aujourd'hui les nombreuses manufactures établies sur leurs rives. Au nord du Connecticut nous ne rencontrons plus que des rivières côtières de courte portée, déversant leurs eaux dans le golfe du Maine.

Sur ces plages de l'est qui font face à l'Europe, et dont nous venons de décrire l'hydrographie, le colon européen prit pied au xvıᵉ siècle. Christophe Colomb avait, le 1ᵉʳ août 1498, découvert le continent et l'embouchure de l'Orénoque. Au nord et au sud, Cabot, Vespuce, Pinzon, Cabral, Solis, Ponce de Léon, Balboa avaient reconnu les côtes; Cortès envahissait le Mexique, Pizarre le Pérou, Magellan doublait la pointe méridionale du continent et Cartier donnait le Canada à la France.

Ce ne fut, toutefois, qu'au commencement du xvııᵉ siècle que les premiers émigrants anglais s'établirent, sans esprit de retour, sur ces côtes encore peu connues. Greffe détachée du robuste tronc britannique, ils prirent racine et firent souche à leur tour, car ils ne partirent pas seuls; leurs femmes, leurs fils et leurs filles les accompagnaient. Lorsqu'en 1620 ils s'embarquèrent sur le *May-Flower*, lorsqu'en 1630, au nombre d'un millier, ils émigrèrent pour chercher, dans la baie de Massachussets, la tolérance religieuse et la liberté politique que leur refusait Charles Iᵉʳ, ce ne fut ni en révoltés vaincus, ni en fanatiques exaspérés, mais en sujets encore loyaux, en Anglais libres que le présent inquiète et qui, doutant de l'avenir, mais non d'eux-mêmes, vont planter leurs tentes sur un sol anglais où l'éloignement assurera leur indépendance. Presque tous appartenaient aux classes, sinon riches, à tout le moins moyennes et aisées. Originaires, pour le plus grand nombre, de Boston et de Dorchester, ils donnèrent à leurs premiers *settlements* les noms de leurs localités d'origine, débutant dans leur vie nouvelle par un acte de foi : par une prière en commun sur la plage, en débarquant, puis par un acte de patriotisme : le souvenir de la mère patrie s'incarnant dans les noms de leurs primitifs villages et dans celui de *Nouvelle-Angleterre*, dont ils baptisèrent leur patrie adoptive.

A quelques pas de la plage commençait la forêt. Interminable et profonde, elle s'étendait au nord jusqu'aux rives majestueuses du Saint-Laurent et aux frontières du Canada, à l'ouest jusqu'aux grands lacs alors inconnus de l'Ontario, de l'Érié et du Michigan, jusqu'aux riches prairies de l'Ohio, de l'Indiana et de l'Illinois, que deux Anglais, George Flower et Maurice Birbeck, devaient découvrir un siècle plus tard. Avec la hache et le feu, les colons pratiquèrent de vastes trouées dans la forêt, élargissant les clairières, utilisant le bois pour construire leurs demeures, défrichant le sol. Ils apportaient avec eux les outils nécessaires, des ressources pour l'avenir, des approvisionnements pour le présent. C'était la vie rude des pionniers, non la misère du colon indigent.

Les hommes construisaient, labouraient et plantaient; les femmes vaquaient aux travaux domestiques, préparant le pain et réparant les vêtements, jusqu'à ce que le soir

venu réunit la famille autour du repas commun suivi de la lecture de la Bible et d'un
acte d'actions de grâces. Vie simple et saine, remplie par le travail et la religion, ne
laissant place ni aux vains regrets, ni aux vaines rêveries; vie calme et sérieuse, mais
non monotone et vide, tenant l'esprit toujours en éveil, le corps toujours en action.
L'aisance croissante, chaque confort nouveau conquis par la prévoyance et le labeur, la
nécessité d'apprendre et d'exercer tous les métiers, d'être à la fois architecte et con-
structeur, éleveur et fermier, bûcheron et menuisier, trappeur et chasseur, de pourvoir à tout et de pouvoir constater chaque année un progrès nouveau, une extension
du domaine, un accroissement de la récolte, un plus grand nombre d'animaux, une prospérité grandissante, encourageaient et récompensaient leurs efforts.

La Nouvelle-Angleterre se peuplait; les émigrants n'avaient rien encore à redouter
des Indiens, peu nombreux sur la côte, bien disposés et louant volontiers leurs
services. De 1630 à 1640, 20,000 colons traversèrent l'Atlantique, tous Anglais et protestants sincères; les femmes n'étaient ni les moins convaincues, ni les moins intrépides. Cette période fut féconde. Si le blé levait dru dans les sillons tracés entre les
souches d'arbres noircis par l'incendie et sur ce sol fertile à peine égratigné par la
charrue, les enfants pullulaient dans les *log cabins*. La fièvre, inévitable compagne
des défrichements, emportait les plus faibles, comme au début elle avait terrassé les
moins robustes des premiers colons; mais les vides étaient promptement comblés, et
ceux qui restaient, vigoureux et résistants, c'était l'avenir, le germe d'un grand peuple.
Puis, au contact de l'homme, le climat s'assainissait. La forêt reculait; les nouveaux
colons l'envahissaient, défrichant à leur tour, repoussant toujours plus loin la sombre
muraille de verdure qui lentement s'effondrait devant eux, livrant à leur labeur un sol
vierge, riche d'humus, jusqu'ici ignorant du soleil et se parant sous ses rayons de
moissons dorées.

La solitude se peuplait; d'un toit on discernait un autre toit sous lequel des com
patriotes, des coreligionnaires vivaient et travaillaient. On restait libre, indépendant,
chacun dans son domaine, mais on n'était plus isolé dans une sécurité précaire. En cas
de danger, de maladie, d'accident, on pouvait s'entr'aider, se prêter main-forte dans la
lutte contre la nature.

Groupement rudimentaire, dans lequel chaque monade reste centre, se suffit à elle-
même, et dont nous avons pu suivre, dans les portions récemment colonisées de la
grande République, la naissance et le développement rapides : embryons de villages de
pêcheurs, comme Yerba-Buena, avec ses 479 habitants, devenu vingt ans plus tard une
ville, San-Francisco, qui en compte 300,000; campements de trappeurs, comme
Chicago qui en compte 1,100,000. Ici, il n'en était pas de même. Le colon prenait pied,
inconscient de ses forces, ignorant de l'avenir, absorbé dans son rude labeur de pionnier, élargissant son champ et ne voyant pas au delà. Les fils chassent et les dépouilles
des fauves fournissent d'épais tapis; le surplus des produits de la ferme s'échange
contre ceux de l'Europe; la cabane devient une maison; on ne campe plus, on
demeure.

Mais ces colons nouveaux débarqués d'Angleterre, ces compatriotes et ces coreligionnaires dont l'arrivée semble doubler les forces et accroître la sécurité de ceux qui les ont précédés sur ces plages, font surgir des complications nouvelles, inattendues. Eux aussi réclament leur place au soleil, leur part du sol, et, franchissant la zone occupée, cultivée, ils s'enfoncent à leur tour dans la forêt qu'ils refoulent devant eux, refoulant aussi l'Indien qui l'occupe, qui y chasse et s'estime chez lui. Il en vit, de cette forêt, et, pour y trouver sa subsistance, le gibier dont il se nourrit, les fourrures et les pelleteries dont il trafique, il lui faut de grands espaces, non quelques hectares comme au blanc qui sème et qui récolte, mais des lieues entières. Devant la colonisation envahissante, le gibier fuit, et force est à l'Indien de le suivre plus avant dans cette forêt, son antique et silencieux domaine, retentissant désormais des coups de hache des colons, du crépitement des incendies qu'ils allument pour brûler les herbes et consumer les souches, semée de vastes clairières où chaque jour s'élève une hutte nouvelle bientôt remplacée par une maison solide, par des hangars, des greniers qu'entourent des champs cultivés, clos de haies ou de barrières.

Devant cette dépossession graduelle, l'Indien s'étonne, puis s'irrite. Ses plaintes restent sans écho. Bien traité, ménagé au début par des colons qui le redoutaient, il devient suspect, gênant, ainsi qu'un propriétaire que l'on exproprie sans droit et sans indemnité, menaçant comme un ennemi qui a sujet de se plaindre et dont on a tout à craindre. Le mépris, naturel chez l'Anglais pour toute race inférieure, se double bientôt de haine contre ces païens réfractaires à toute civilisation comme à tout enseignement religieux, superstitieux et cruels, scalpant l'ennemi vaincu et offrant à leurs sanguinaires divinités des sacrifices humains. Si les Indiens sont les premiers occupants du sol, ils n'en sauraient rester les maîtres. En droit, ce sol appartient à la race supérieure qui le défriche, le met en valeur, l'arrose de ses sueurs, le détient au nom de Dieu et du Roi et ne le lâchera plus.

C'est la guerre avec l'Indien ; guerre sans merci ni quartier, large coup de faux qui fit le vide autour des *settlements*, moissonnant l'Indien comme le blé mûr, le rejetant si loin dans les forêts qu'on ne songea de longtemps à l'y suivre. On respirait enfin ; l'effort avait été puissant, mais l'émigrant restait maître, et ce danger qui rapprochait les âmes, unissait les *settlements*, reliait en un faisceau les colonies éparses. La première ligue se constituait en 1643 ; le Massachussets, Plymouth, New-Haven et le Connecticut formaient, sous le nom de Nouvelle-Angleterre, une confédération, berceau de la grande Union américaine.

Ces Indiens, contre lesquels se heurtait le colon anglais, dès ses premiers pas sur ce vaste territoire, quels étaient-ils, d'où venaient-ils? D'Asie très vraisemblablement. Le détroit de Behring n'est guère plus large que la Manche, il gèle une partie de l'année, et les Tchoukas, l'été dans leurs canots, l'hiver dans leurs traineaux, le franchissent en peu d'heures, passant d'Asie en Amérique, trafiquant avec l'un et l'autre continent. Ce point de départ de la race ne fut longtemps qu'une hypothèse ; les découvertes récentes la confirment, et elle rend compte de la prédominance du type asiatique ou mongol chez les Indiens.

Quel était leur nombre quand l'Européen aborda ces côtes? Sur ce point l'imagi-

nation s'est donné libre carrière. Le général Custer a parlé de dizaines de millions,
mais le sol des États-Unis n'eût pu les nourrir. Schoolcraft, posant en principe que
8,000 acres de terres incultes étaient nécessaires pour un nomade vivant de la chasse,
a conclu que leur nombre ne pouvait excéder 250,000; mais, outre qu'alors, et il y a
trente ans à peine, les bisons erraient en troupeaux immenses dans les plaines de l'ouest,
où le général Shéridan voyait la marche de son armée retardée par le passage d'une
bande de plus de 100,000 de ces animaux, la découverte, en 1852, par le lieutenant J. H. Simpson, des *pueblos* du Nouveau-Mexique, ainsi que les recherches sur les
anciens *Mount Builders*, ont mis hors de doute que les Indiens ne vivaient pas exclusivement de la chasse et de la pêche, mais qu'ils cultivaient le sol, bien que d'une
manière grossière. On a donc pu estimer qu'à l'époque où les colons européens prirent
contact avec les Indiens, le nombre de ces derniers pouvait s'élever à près d'un million,
répartis sur les 9,212,273 kilomètres carrés qui représentent la superficie actuelle des
États-Unis.

Du dernier recensement il résulte qu'ils sont au nombre de 246,000 noyés dans
une population de race blanche de près de 60 millions. Il y a un demi-siècle, les statistiques du général Cass accusaient un total de 458,000; en cinquante années ils auraient
donc décru de moitié. Non par le fait d'une dépopulation systématique, non par le fait
du mauvais vouloir d'un gouvernement désireux d'en finir avec des complications sans
cesse renaissantes, mais par le contact avec une civilisation involontairement meurtrière
des nomades, par le simple jeu des rouages administratifs, militaires et sociaux d'une
race en pleine expansion. A aucune époque de son histoire, le gouvernement américain,
en tant que gouvernement, ne s'est montré dur et inhumain pour l'Indien. Il a obéi, et
il obéit encore à d'inéluctables fatalités; il a voulu et il veut protéger la race inférieure
et faible, mais il ne peut ni ralentir, ni moins encore enrayer le mouvement de la colonisation et de mise en valeur du sol. On n'arrête pas brusquement une locomotive lancée
à toute vapeur; elle broie le caillou trop friable pour la faire dérailler, elle écrase, dans
sa course rapide, celui qui ne l'entend ni ne la voit; elle n'est ni sympathique ni cruelle,
elle est une force et brise ce qui lui fait obstacle.

A chaque pas qu'il faisait en avant, dans l'intérieur du continent, le blanc se heurtait
à l'Indien. Il le retrouvait dans les plaines du Texas et dans celles de l'Indiana, dans
l'Ohio, l'Illinois et la région des Grands Lacs; il le retrouvait en deçà et au delà des
montagnes Rocheuses. Sur les terrains de chasse de l'Indien, le *settler* élevait sa *log
cabin*, que remplaçait bientôt une habitation solide et durable; dans le champ qu'il
défrichait, le soc de sa charrue ramenait à la surface les ossements des ancêtres de la
tribu et, témoin impuissant de l'involontaire profanation, l'Indien s'armait, tuait et
brûlait, traqué à son tour comme une bête fauve, par le *settler* menacé ou ruiné. Tous
deux luttaient pour l'existence, l'un avec le désespoir de l'opprimé, l'autre avec la
conscience de son rôle de soldat du progrès, chacun avec ses armes, et elles n'étaient
pas égales.

Dans le nord-est, la race blanche se trouvait forcément en contact avec la race jaune; dans le sud, des conditions bien différentes de colonisation amenaient en contact la race blanche et la race noire. Ces conditions différentes de colonisation doivent être notées pour expliquer et l'introduction d'une race nouvelle sur ce continent nouveau et la crise terrible qui, amenant plus tard la guerre civile entre le nord et le sud, faillit entraîner la ruine de l'Union américaine.

Peu après que les puritains, fuyant la persécution religieuse des Stuarts, colonisaient le nord, les partisans vaincus de Charles Ier venaient à leur tour demander à ce Nouveau-Monde que devaient peupler l'anarchie et les guerres civiles du nôtre, un asile et un foyer. Étrange destinée qui rejetait indistinctement sur ces rives lointaines ceux qui mettant les croyances religieuses, l'indépendance politique ou la foi monarchique au-dessus de tout, n'hésitaient pas à quitter leur patrie. Étrange destinée qui devait faire d'un exode de proscrits volontaires, de protestants zélés et de catholiques fervents, de libéraux passionnés et de royalistes fanatiques, les citoyens d'une grande république.

D'instinct, ces nouveaux colons émigrèrent dans le sud. Ils n'avaient rien en commun que la race et la langue avec les puritains du nord. Leurs convictions politiques et leur foi religieuse étaient autres, autres aussi leur condition sociale, leurs traditions, leurs idées et leurs goûts. Les émigrants du nord appartenaient à la classe moyenne, à la secte qui, un moment, triomphait, l'une et l'autre incarnées en Cromwell, meurtrier du roi, usurpateur de son pouvoir. La Virginie, par contre, était terre royale et loyale. Elle tenait des rois légitimes sa charte d'incorporation. Les royalistes émigrés s'y établirent et, pour ne laisser aucun doute sur leurs sentiments, hardiment la baptisèrent *Old Dominion*, par opposition au nom odieux de *Commonwealth of England*. *Old Dominion*, c'est-à-dire l'antique domaine royal, la terre du souverain qui, vaincu et martyr, y donnait encore asile à ses fidèles. Onze ans plus tard, ils devaient y saluer de leurs longues acclamations la restauration des Stuarts et l'avènement de Charles II.

Par un seul côté, les procédés de colonisation sont identiques au nord et au sud. Le trait distinctif de la race persiste. Pas plus au sud qu'au nord, le groupement n'est volontaire: le planteur de la Virginie s'isole dans sa plantation comme le colon de la Nouvelle-Angleterre dans sa ferme. A lui aussi il faut de vastes espaces à défricher et à planter. Ce n'est que plus tard, quand cette première période d'établissement est révolue, que l'instinct de sociabilité, créé et développé en lui par la vie des cours et des camps se réveille et reparaît. Mais il lui faut, comme en Angleterre, son domaine : villa ou château, des terres, un peuple de domestiques et de tenanciers qui n'existe pas. Il le remplace par des esclaves. L'Afrique les lui fournit et l'Angleterre les importe. En 1790 on en comptait déjà 697,000, 893,000 en 1800, 1,508,000 en 1820, 3,953,760 en 1860, à la veille de la guerre de Sécession. Du nord au sud, au début, l'esclavage est toléré, pratiqué, mais il s'étend au sud bien autrement qu'au nord. Le colon puritain l'accepte, toutefois avec répugnance, comme une nécessité ; il en redoute le contact pour les siens, la tentation despotique pour lui-même. Sa conscience le condamne ; il lui préfère le travail libre, et, sous son climat rude, le genre de culture le comporte. Il n'en est pas de même dans le sud; il faut de nombreux esclaves aux plantations de tabac.

Le tabac n'est pas seulement un produit mais aussi une monnaie ayant cours. Les salaires, les achats, les taxes mêmes se paient en tabac et, une fois l'an, des navires anglais viennent le charger pour le transporter en Angleterre. Différence de traditions, de climat, de culture, de mode de vie, identité d'origine et d'instincts, voilà ce qui frappe tout d'abord dans ces deux émigrations distinctes. Le colon royaliste et virginien a emporté avec lui les débris de sa fortune ; il a importé ses traditions. ses idées, ses espérances. Tout grand seigneur ou cadet de famille qu'il soit, il est Anglais, comme tel doublé d'un homme d'affaires qui sait compter, habitué à faire valoir un domaine, à administrer et à gérer de grands intérêts ; et sur ce nouveau continent où le sol encore sans valeur est d'une inépuisable fécondité, il édifie promptement une fortune nouvelle. Ne jouit-il pas d'un monopole de fait.: le tabac, recherché en Europe, qu'il produit à bas prix et vend cher, que l'esclave cultive, l'esclave qui lui coûte peu et qui se multiplie à mesure que la culture s'étend ?

Dans les États du sud, cette autre race de colons s'implante et grandit. Or, tout colon porte un monde avec lui : monde invisible d'idées, résultat de l'éducation première, héritage des générations précédentes, dont il ne s'affranchit, quand il s'en affranchit, qu'à la longue, mais que la plupart conservent pieusement ou inconsciemment. N'est-ce pas là le fond même de l'individualité, ce qui fait de lui un être distinct, s'estimant au-dessus de ceux dont il occupe le sol et qu'il soumet ou supprime, chef naturel et prédestiné.

Cette race se considère en effet d'essence supérieure aux colons du nord par le sang, la descendance et aussi l'habitude et la responsabilité du commandement, par le raffinement des manières, la prééminence intellectuelle et le culte, tout anglais, des exercices du corps. C'est elle qui bientôt, à ces titres divers et qu'on ne lui conteste pas, va fournir à l'Union américaine, le jour où elle se constituera, ses législateurs, ses hommes d'État et ses hommes de guerre, qui va gouverner, administrer, peupler le Congrès et les camps, affirmer la suprématie du sud sur le nord, jusqu'au jour où cette organisation sociale, fondée sur l'esclavage, s'écroulera avec lui dans la plus sanglante des guerres civiles que le monde ait connu.

On sait comment les colons du sud préludèrent à leurs hautes destinées. Tout royalistes et loyalistes qu'ils fussent par tradition, ils étaient avant tout indépendants par instinct. Chez eux le fond l'emporta sur l'accident. Ils aimaient l'Angleterre, ils respectaient le roi, mais ils étaient *Virginiens*, et si, dans la guerre de l'Indépendance provoquée par le despotisme de l'Angleterre, quelques-uns restèrent fidèles à la mère patrie, le plus grand nombre s'en détacha et s'arma pour résister à l'arbitraire, conduisant au combat et à la victoire ces colons du nord qui les suivaient et, reconnaissants, leur confièrent la tâche de diriger les destinées troublées de la république qu'ils fondèrent sans le savoir ni le vouloir.

On sait aussi ce qu'est devenue cette république. Ils sont là près de 60 millions d'habitants aujourd'hui, qui, en moins de quarante années, ont bouleversé les conditions économiques, modifié les lois financières de l'univers, jetant sur les marchés européens plus de 15 milliards d'or et d'argent, produisant annuellement pour plus de 6 milliards de céréales, exportant plus d'un milliard en coton et en voie de révolutionner le monde par la formidable impulsion donnée aux applications de la vapeur et de l'électricité, par leurs prodigieuses inventions. En tout sens ils élargissent le domaine de l'activité humaine, s'annexant les idées mieux que d'autres les territoires, débordant de vie et de force, aspirant ouvertement au premier rang à la tête des nations civilisées.

Leurs succès justifient leurs prétentions, tout les favorise et les seconde. Il semble qu'en prenant possession de ce vaste continent leur génie se soit haussé, dans ses conceptions hardies, aux proportions de sa superficie, de la variété de son sol, de son climat et de ses productions. Chez eux et en eux tout est démesuré : les cataclysmes de la nature comme les fortunes soudaines, les guerres civiles comme la prospérité nationale, les aspirations comme les réalités, l'effort ainsi que le résultat. Seuls au monde, ils ont vu l'or affluer dans le trésor public au delà de toutes prévisions, menacés de pléthore alors que l'Europe plie sous le poids des emprunts. Leur réseau de chemin de fer dépasse déjà de 15,000 kilomètres celui de l'Europe entière; les 50 milliards que représente la valeur de leurs fermes rendent annuellement plus de 10 milliards. Leurs 255,000 fabriques leur ont coûté 15 milliards ; elles occupent 3 millions d'ouvriers, dont le salaire atteint 5 milliards et dont la production dépasse 25 milliards.

De ce bain d'or a surgi un monde métamorphosé, pour qui ce qui était difficile est devenu facile, ce qui était impossible, faisable. Entre les notions économiques d'aujourd'hui et celles de 1840, ce ne sont pas cinquante-deux années, mais des siècles qui se sont écoulés, tant et si rapidement les idées, les conceptions, les calculs et les chiffres ont changé. L'homme en est-il plus heureux, les guerres sont-elles moins fréquentes, les impôts moins onéreux, le présent moins lourd, l'avenir moins sombre? Non certes : mais l'ouvrier, mieux vêtu, vit mieux; monté plus haut, l'homme voit plus loin ; l'horizon s'est élargi, les besoins ont crû avec les moyens de les satisfaire : les distances supprimées ont rapproché les nations et aussi multiplié les heurts. A chaque progrès accompli correspond une charge nouvelle, mais il dépend de l'homme de diminuer ces charges et le progrès acquis demeure. Nul ne voudrait revenir en arrière, et l'irrésistible élan entraine même les plus récalcitrants.

C'est le *go ahead* américain, mot significatif, plus expressif et moins vague que notre mot *progrès*. C'est la marche en avant, à travers obstacles et fondrières, le pont hardi jeté par-dessus le torrent qui barre la route, la course à travers le temps et l'espace vers un avenir entrevu, souhaité, auquel l'humanité tend de toutes les forces de son âme et de sa volonté, convaincue que le repos, la paix et le bonheur sont là-bas, au terme, et l'attendent. Et nul n'y tend avec plus d'ardeur que cette grande république dont une guerre civile, sanglante entre toutes, prolongée pendant trois années, n'a ni affaibli la foi dans ses institutions, ni déconcerté l'optimisme.

Découpés en États définitivement incorporés dans l'Union et en territoires appelés à en faire partie le jour où leur importance et le chiffre de leur population justifient leur admission, les États-Unis d'Amérique forment trois sections inégales en superficie et en population, distinctes en productions. Leurs lignes de démarcation ne sont pas tracées sur le sol, les limites qui les circonscrivent ne consistent ni en fleuves ni en montagnes ; l'histoire et l'économie politique les ont créées et maintenues. Elles répondent, en effet, à une situation politique et économique, aux modes premiers de colonisation que nous avons retracés, aux annexions successives qui ont plus que triplé le nombre des treize États qui de 1788 à 1790 se groupèrent instinctivement pour assurer leur indépendance.

Ces trois groupes sont les États du nord et du nord-est, les États du sud et les États de l'ouest, ces derniers subdivisés eux-mêmes en États de l'ouest central et États du Pacifique. Nous les étudierons successivement dans cet ordre, et nous nous attacherons à mettre en relief leurs conditions climatériques, leurs productions diverses, les traits qui les caractérisent et les différencient.

I. — ÉTATS DU NORD-EST ET DE L'EST.

Les États du nord-est et de l'est sont au nombre de douze auxquels il convient d'ajouter le district fédéral de Colombie, renfermant Washington, capitale de l'Union. Ces douze États sont : le Maine, Vermont, New-Hampshire, Massachussets, Rhode-Island, Connecticut, New-York, Pennsylvanie, New-Jersey, Delaware, Maryland et Virginie occidentale. Du nord au sud, des frontières du Canada à la pointe méridionale du Maryland, ils déploient sur l'Atlantique une façade de 1,200 kilomètres de longueur sur une largeur moyenne d'environ 500 ; leur superficie totale est de 538,125 kilomètres carrés, leur population de 20 millions d'habitants.

Ces États furent les premiers colonisés, peuplés et organisés ; ils furent, avec la Virginie, la Géorgie et les Carolines, le noyau de la Confédération, les primitives colonies anglaises qui conquirent sur l'Angleterre, avec l'aide de la France, leur indépendance.

Affranchis du joug de l'Angleterre, les États de l'est virent affluer sur leurs plages les émigrants de l'Europe. Loin de les repousser ils les attiraient et, par leurs lois sur la colonisation, encourageaient l'exode grandissant. On s'y leurrait de l'espoir qu'on serait exempt des maux dont souffrait la vieille Europe. L'orgueil national les attribuait à des institutions surannées, à un sol épuisé, à une population trop dense et on invitait les émigrants à venir chercher sur une terre fertile, à l'abri d'un régime de liberté, le travail et l'aisance que leur refusait la mère patrie. Ils sont venus de l'Irlande affamée, de la Pologne ruinée, de l'Allemagne stérile, par milliers d'abord, puis par centaines de mille. En 1820, date des premières statistiques, ils débarquent au nombre de 8,835 ; en 1830 ils sont, en moyenne, 23,000 par année ; 369,000 arrivent en 1850, 427,000 en 1854, 449,000 en 1872.

Les régions à peine peuplées de l'ouest en absorbaient un grand nombre, mais beaucoup s'arrêtaient et se fixaient dans les ports de l'est où ils débarquaient, où la main-d'œuvre était rare et chère, où leurs ressources limitées les retenaient. New-York,

Boston, Philadelphie se peuplaient d'émigrants, décuplant en un demi-siècle le chiffre de leurs habitants. New-York en possédait 33,131 en 1790; 312,710 en 1840, 1,627,227 en 1890; Brooklyn, faubourg de New-York, passait de 1,603 habitants, en 1790, à 930,671 en 1890; Boston, de 18,038 en 1790 à 417,720 en 1890 et Philadelphie de 42,520 à 1,040,450 pendant la même période. Autour de ces grandes villes gravitent des centres importants; l'État de New-York renferme 40 villes d'une population supérieure à 10,000 âmes; le Massachussets en compte 31, le Connecticut 13, New-Jersey 9 et Rhode-Island 6.

En suivant la côte du nord au sud, le plus septentrional des États de l'Union, le Maine, ainsi nommé en mémoire de la reine Henriette d'Angleterre à laquelle appartenait la province du Maine, confine au Nouveau-Brunswick et à la province de Québec. Ses côtes, profondément échancrées, mesurent en ligne droite un développement sur l'Atlantique de 400 kilomètres que ses anses et ses baies portent à près de 4,000. Sa superficie de 77,000 kilomètres carrés couvre environ la moitié de celle de la *Nouvelle-Angleterre*, désignation historique des *settlements* primitifs.

Large plateau montueux, le Maine est, encore aujourd'hui, une région très boisée, le domaine de l'élan et du caribou, de l'ours, du daim et du loup, et aussi le domaine des *Lumbermen*, des bûcherons, en grande partie Canadiens-Français, qui exploitent les produits de ses forêts. Les eaux y sont abondantes, eaux fluviales et lacs dormants, étangs et ruisseaux. Le climat y est rude, bien que le Maine soit situé par les mêmes latitudes que la partie de la France qui s'étend de Toulon à Bourges et de Toulouse à Nantes; l'hiver y dure six mois pleins, de novembre à avril, l'été trois mois. État forestier et industriel, le Maine occupe un rang inférieur, le 25°, comme État agricole; il est plus important comme terre d'élevage, le 7°, et prend le troisième rang, après New-York et le Massachussets, pour le commerce maritime. Sa population de 661,000 habitants se concentre surtout dans la partie méridionale de l'État, mais les grands centres sont peu nombreux et relativement peu populeux. Portland, la plus grande ville du Maine, ne renferme que 38,000 habitants, Lewiston 25,000, Bangor à peu près autant et Augusta, la capitale, un peu plus de 10,000.

L'État de Vermont, ainsi nommé par allusion à sa riche parure de forêts, confine au Canada au nord et à l'État du Massachussets au sud. Les montagnes Vertes, *Green Mountains*, le sillonnent du nord au sud. Il est l'un des petits États de l'Union, sa superficie n'excédant pas 25,000 kilomètres carrés, et sa population ne dépassant pas 333,000 habitants; Burlington, sa ville principale, n'en compte que 16,000. Le New-Hampshire est limitrophe à l'État de Vermont qu'il sépare de la mer.

De superficie à peu près égale, 24,090 kilomètres carrés, le New-Hampshire n'est guère plus peuplé que le Vermont, 376,530 habitants. Essentiellement montagneux dans l'intérieur, le sol du New-Hampshire apparaît sablonneux, coupé d'anses, de criques et de marais salants sur le littoral. Derrière cette première zone s'en devine une autre, accidentée, que traverse une vallée d'alluvions dans laquelle coule le Merrimac, puis surgissent les *White Mountains*, montagnes Blanches, que domine le mont Washington, de 1,888 mètres d'altitude. Ainsi que dans le Maine dont une barrière

BROADWAY ET LA POSTE, A NEW-YORK.

fictive sépare le New-Hampshire, les eaux sont abondantes ; l'orographie et l'hydrographie, le climat et les productions sont identiques. Plus industriel qu'agricole, le
New-Hampshire a de nombreuses filatures ; sa production est évaluée à près de
400 millions de francs et son commerce d'exportation s'effectue surtout par le port de
Boston. Peu de ses villes renferment plus de 10,000 habitants. Manchester, la plus
peuplée, en possède 40,000 ; Concord, sa capitale, située sur le Merrimac, en compte
près de 20,000.

L'État de Massachussets, moins étendu encore que le Vermont et le New-
Hampshire et n'occupant qu'une superficie de 21,135 kilomètres carrés, est bien
autrement peuplé, et d'une tout autre importance. Sa population était, en 1890,
de 2,238,943 habitants et, si l'on tient compte de l'exiguïté de son territoire, il occupe
le premier rang parmi les États de l'Union, par sa densité, bien que par les chiffres
absolus il ne figure qu'au troisième, après ceux de New-York et de la Pennsylvanie.
Plus largement échancré, bien que moins déchiqueté que celui du Maine, le littoral du
Massachussets, dont le nom indien signifie : « Campagnes autour des grandes
collines », dessine, entre l'îlot Thatcher au nord et le cap Cod au sud, la
large baie de Massachussets, longue de 110 kilomètres et mesurant 5,000 kilomètres
carrés de superficie. Dans cette baie, qui forme une double boucle, s'ouvrent les
baies secondaires de Boston, de Nahant et de Salem, celles du cap Cod et de
Plymouth, les ports de Rochester, Fair-Haven, New-Bedford et Wesport, autrefois
centres d'armements de navires baleiniers.

En partie déboisé, l'État de Massachussets est plus maritime qu'agricole : il figure
au premier rang pour les produits de pêche qui dépassent 40 millions de francs. Sa
production industrielle a pris un essor prodigieux : de 790 millions en 1850, elle s'est
successivement élevée à 1,280 millions en 1860, à 2,770 millions en 1870, à
3,135 millions en 1880. Boston, capitale de l'État, comme elle fut celle des États de la
Nouvelle-Anglerre, est sa grande ville et son port, renfermant 420,000 habitants. Elle
eut pour berceau une île : la Neck ou *Col*, qu'un isthme sablonneux, converti en une
longue avenue bordée de maisons, relie à la terre ferme. « Boston, écrit M. L. de
Turenne, est assurément la cité la plus complète des États-Unis. Moins pittoresque
dans son ensemble que ne le sont la Nouvelle-Orléans, Savannah ou Charleston,
par exemple, elle l'est bien davantage que New-York, Philadelphie et les autres villes
des États de l'Est. Elle a un caractère tout spécial de propreté et de bien-être. La
vieille ville est construite dans une sorte de péninsule, les maisons s'y étageant sur
trois collines qui ont fait primitivement donner à Boston le nom de Tremont, lequel a
été conservé à l'une des voies principales. Au nord-est se trouvent le quartier marchand et des affaires et les différents quais. » C'est dans ce quartier qu'est situé le
Faneuil Hall qu'on a souvent appelé le *Berceau de la Liberté*. C'est dans ce bâtiment,
édifié par Pierre Faneuil, un riche marchand, que se déroulèrent les premiers événements de la révolution qui affranchit les États-Unis.

Mais ce qui distingue surtout Boston des autres villes de l'Union c'est, d'une
part, le nombre et l'importance de ses établissements littéraires et scientifiques, son

Athenœum et ses bibliothèques, de l'autre un cachet d'exclusivisme aristocratique et social que l'on ne retrouve nulle part ailleurs aux États-Unis, et qui n'exclut nullement une grande activité industrielle et commerciale. Dans le passé, le nom de Boston est intimement associé aux grands événements historiques de l'Union ; dans le présent, il est synonyme de culture intellectuelle, d'instruction étendue, de milieu élégant et raffiné.

Outre Boston, l'État de Massachussets, malgré son étendue restreinte, renferme 85 villes de plus de 4,000 habitants, 31 dont la population dépasse 10,000. Les plus importantes sont : Lowell, grand centre manufacturier de 70,000 âmes, Worcester, 65,000, Cambridge, Fall-River, Lawrence, Lynn, Springfield, villes d'ouvriers et de fabriques, New-Bedford et Salem, ports de mer. Si le Massachussets donna au début de la guerre de l'Indépendance le signal de la résistance, il donna aussi l'exemple du sacrifice ; plus tard on le vit, prenant l'initiative du mouvement anti-esclavagiste, fournir aux armées de la Confédération du Nord un total de 160,000 combattants.

Rhode Island, ainsi nommé à cause de sa ressemblance avec l'île de Rhode dans la Méditerrannée, et situé entre le Massachussets au nord et à l'est, et le Connecticut à l'ouest, est le plus petit des États de l'Union : il n'occupe qu'une superficie de 3,257 kilomètres carrés et ne renferme qu'une population de 345,506 habitants. Providence, sa capitale, en contient 120,000, et Manchester 32,000. Essentiellement industriel, ce petit État produit pour plus de 500 millions à l'année. Son sol accidenté est arrosé par de nombreux cours d'eau tributaires de la baie de Narragansets. Sur l'extension septentrionale de cette baie, extension à laquelle on donne le nom de rivière de Providence, se trouve la ville de ce nom, remarquable par un bassin de deux kilomètres de tour, profond et situé au cœur même de la ville ; ce bassin constitue le point de départ de la navigation par la baie de Narragansetts. Providence est une ville maritime et industrielle ; la fabrication des étoffes, celle des armes à feu et des canons, de la grosse et de la petite quincaillerie y alternent avec les industries spéciales à cette ville : la joaillerie, le sertissage des pierres précieuses et l'affinage de l'or.

L'État de Connecticut, de *Quonichto Cut*; mot indien signifiant longue rivière, est situé au sud du Massachussets et à l'ouest du Rhode Island. Sa superficie est de 12,924 kilomètres carrés et sa population de 746,258. Au sud, il confine au large estuaire de Long Island, et il doit son nom au fleuve qui le traverse du nord au sud. Son sol, de faible altitude, est coupé de larges vallées et se prête également bien aux exploitations agricoles et industrielles ; s'il est riche en humus, il ne l'est pas moins en minerais ; si les plaines nourrissent de nombreux bestiaux, ses côtes sont poissonneuses et la pêche est lucrative ; aussi existe-t-il peu d'États où les produits naturels et ceux de l'industrie soient aussi bien répartis et mieux équilibrés. Newhaven et Hartford sont alternativement la capitale de cet État.

Celui de New-York doit son nom au duc d'York et d'Albany, dont une petite expédition de colons envoyés à ses frais débarqua sur le sol qu'occupe aujourd'hui la grande métropole commerciale des États-Unis. La superficie de l'État de New-York est de 127,345 kilomètres carrés ; sa population, en 1890, s'élevait à 5,997,853 habitants. Ce fut l'un des 13 États fondateurs de l'Union ; c'est aujourd'hui l'*Empire State*, l'État Impérial, le premier par sa population, son industrie, sa navigation, son commerce et sa richesse et surtout par sa grande ville, la plus peuplée et la plus riche du Nouveau-Monde, l'une des plus importantes de l'univers.

Situé entre le Vermont, le Massachussets et le Connecticut à l'est, le New-Jersey et l'Atlantique au sud-est, la Pennsylvanie au sud et le Canada au nord, l'État de New-York s'étend sur une surface égale à celle de vingt de nos départements. Pays montagneux au nord, pays de plaines à l'ouest, il est coupé par une ligne de faite rejetant les eaux vers l'Atlantique d'une part, vers les Grands Lacs de l'autre : l'Hudson, le Delaware et le Susquehanna dans l'Océan, de nombreux ruisseaux, dont le Buffalo est le plus considérable, dans l'Érié et l'Ontario. Ici, plus que partout ailleurs, la population est fortement mélangée d'étrangers, New-York étant le grand centre de l'immigration qui, de 1820 à 1890, a déversé près de 14 millions d'émigrants sur ses côtes.

Peu de villes au monde offrent à l'étranger le spectacle d'une activité commerciale qui se puisse comparer à celle que présente la grande métropole de l'Union. « Il y a, à ma connaissance, écrivait J.-J. Ampère, trois grands spectacles donnés au monde par l'activité commerciale d'une ville : les navires dont la Tamise est comme encombrée entre Londres et Greenwich ; les docks de Liverpool, remplis de marchandises qu'on embarque et qu'on débarque, qu'on entasse et qu'on roule sous des hangars s'étendant sur une ligne d'une demi-lieue, où arrivent des navires et des bateaux à vapeur de tous les pays, d'où il en part sans cesse pour toutes les contrées de l'univers ; enfin les deux quais de New-York, qui suivent, l'un la rive de l'Hudson, l'autre le bras de mer appelé rivière de l'Est, et forment un immense coin dont la pointe regarde la mer, dans lequel la ville, comprimée à une de ses extrémités, va vers l'autre s'élargissant et s'étendant toujours, comme une matière en fusion déborde par l'ouverture d'un creuset. Le long de ces deux quais, on chemine pendant une heure entre une rangée de maisons et une rangée de navires, au milieu d'une population affairée qui pousse, qui traîne, qui cloue, qui emballe, qui déballe, chacun a sa besogne, sans se parler, sans se heurter, chacun impassible et ardent, le visage calme et le pas agile, l'air froid et pressé. Quand on marche le long de ces quais, devant ces navires, à travers cette foule occupée et muette, on sent que New-York est bien la troisième ville commerciale du monde. » Depuis que ces lignes ont été écrites, elle est devenue la seconde. Avec ses faubourgs, Brooklyn et Jersey-City, Newark et Elizabeth, sa population dépasse 2,882,000 habitants, son mouvement commercial quatre milliards et demi.

Grand port de l'immigration, New-York est, de toutes les villes des États-Unis, celle dont la population offre le caractère le plus hétérogène. Irlandais et Allemands, Italiens, Suédois, Anglais, hommes du nord et hommes du midi affluent dans cette vaste cité où s'édifient de colossales fortunes, où l'argent est roi. Nulle part le luxe n'est poussé aussi loin, la vie n'est aussi chère, la lutte aussi âpre ; nulle part l'argent ne donne autant d'importance sociale, n'exerce sur les mœurs une aussi puissante influence. On se tromperait fort en jugeant des États-Unis d'après New-York, et en généralisant les traits caractéristiques de la grande ville cosmopolite pour les étendre à l'ensemble du pays.

Si New-York est la tête énorme de l'État qui porte son nom, elle n'en est pas le seul grand centre. On y compte plus de 40 villes dont la population dépasse 10,000 habitants. Après New-York et Brooklyn qu'un pont gigantesque de 1,826 mètres de longueur jeté sur la rivière de l'Est relie l'une à l'autre, Buffalo est une grande cité de 250,000 habitants, située à l'extrémité orientale du lac Érié, près du Niagara par lequel l'Érié déverse ses eaux dans le lac Ontario. Ce n'était, il y a un siècle, qu'un campement d'Indiens *Senecas*. Les Hollandais s'y établirent et en firent un village : New-Amsterdam, depuis Buffalo, et qui en 1820, ne possédait pas plus de 2,000 habitants. Aujourd'hui, la *Queen City of the Lakes*, la Cité Reine des Lacs, est une grande et belle ville dont les manufactures ne le cèdent en importance qu'à celles de New-York. Elle possède de grands chantiers de construction de navires et elle centralise dans son port un commerce considérable d'importation et d'exportation desservi par les lacs, par le canal de l'Érié et une dizaine de voies ferrées. Albany, Rochester, Troy, Syracuse sont aussi des centres importants dont la population varie de 50,000 à 150,000 habitants et qui gravitent autour de New-York.

Au sud de l'État de New-York et à l'est de l'Ohio, l'État de Pennsylvanie qui confine, au sud, aux États de Maryland et de la Virginie occidentale, occupe une superficie de 117,102 kilomètres carrés et renferme une population de 5,258,000 habitants. Parmi les États de l'Union, il occupe le premier rang comme richesse minérale, le second comme commerce et industrie et aussi comme population, bien que sa superficie ne le classe qu'au 22e.

Il doit son nom à William Penn, le quaker, auquel Charles II concéda, en 1681, ce vaste territoire, en payement d'une somme de 400,000 francs, par lui avancée au gouvernement anglais. Ce quaker, persécuté pour ses croyances, deux fois emprisonné à la Tour de Londres à cause de ses écrits en faveur de la paix, de la tolérance et de la liberté de conscience, ouvrit sur cette concession un asile à tous les émigrants, traita avec les Indiens dont sa droiture et sa loyauté forcèrent l'admiration, abolit l'esclavage dans son domaine, fonda Philadelphie et promulgua une constitution que les colonies affranchies prirent plus tard comme base de la constitution fédérale. Dans son ardent amour de l'humanité, dans sa foi profonde en ses idées, Penn aspirait à mettre sa colonie naissante à l'abri des maux qui résultent de la lutte intense pour l'existence, de la misère que cette lutte traîne après elle, des révoltes sanglantes et des répressions brutales qu'elle impose. Il rêvait de faire de son vaste domaine le refuge des opprimés, des malheureux, des dévoyés, le creuset où viendraient se fondre, s'épurer les misères humaines et d'où surgirait l'État modèle, donnant au monde étonné l'exemple d'un peuple enrichi par le travail, heureux par le jeu d'institutions libres, moralisé par la foi, réalisant enfin ici-bas l'idéal vainement poursuivi par les sages, les philosophes, les penseurs de tous les temps et de toutes les races.

De ces misères accumulées faire une richesse, de ces émigrants en guenilles des citoyens libres, de ces cœurs ulcérés, pleins de colère et de haine, des âmes chrétiennes, de ces femmes perdues d'honnêtes mères de famille, de ces enfants ignorants et sauvages des hommes éclairés ayant conscience de leurs droits et de leurs devoirs, de tous enfin des membres utiles d'une communauté fraternelle, tel fut l'idéal de William Penn, idéal dont après lui les hommes d'État fondateurs de la grande République poursuivirent la réalisation. Une si noble cause était pour les tenter, pour illustrer leurs noms, et si les États-Unis sont aujourd'hui ce qu'ils sont, ils le doivent aux généreuses ardeurs, aux rêves de philanthropie nationale conçus par ces hommes dont Penn fut l'un des premiers et des plus grands.

Région boisée et accidentée, la Pennsylvanie est sillonnée, du nord-est au sud, par une série de rides rocheuses qui, plus bas, s'élèvent et s'élargissent, formant la longue chaîne de l'est : les monts Apalaches ou Alleghanys que nous avons décrits plus haut. Dans la Pennsylvanie, ce ne sont encore que de longs plissements de sol s'évasant en vallées, dont la plus étendue, celle de Kittatiny, s'étend de l'Hudson au Tennessee. Trois grands cours d'eau : l'Ohio, le Susquehanna et le Delaware, traversent cet État, alimentés par les 700 torrents et ruisseaux qui l'arrosent. L'Ohio est navigable jusqu'à Pittsburg, à l'époque des hautes eaux ; le Dalaware, par sa vaste baie ouverte sur l'Océan, donne à Philadelphie 150 kilomètres de grande navigation intérieure.

L'anthracite est la principale source de richesse de la Pennsylvanie ; on évalue à 2,500 kilomètres carrés la superficie de son bassin houiller, supérieur aux plus importants gisements de l'Angleterre et de l'Allemagne. « Dans l'histoire économique des États-Unis, écrit M. Vivien de Saint-Martin, la découverte de l'anthracite en 1824-1825 a été l'un des faits les plus importants, surtout à cause de son action sur la métallurgie. Non moins importante fut, en 1859, la découverte du pétrole, qui, par la région où il se produit, appartient surtout à la Pennsylvanie. Cette région mesure environ 1,600 kilomètres de longueur sur une largeur moyenne de 30. Dans leur plus riche section qui appartient à l'ouest de la Pennsylvanie, les courants et lacs de pétrole reposent sur une couche d'un grès grossier du silurien supérieur. En général, ces lacs, de forme lenticulaire, varient de 200 à 250 mètres de largeur et sont d'autant plus abondants que les roches qui les contiennent sont plus épaisses. Le bassin Pennsylvanien a une superficie d'environ 8,000 kilomètres carrés. Depuis 1850 la production totale des États Unis s'est accrue de 3,200 à 10,083,828 barils en 1873, en 1880 à 24,235,081 barils, dont 24,005,392 de provenance pennsylvanienne. » Riche en houille et en pétrole, la Pennsylvanie, bien qu'elle ne renferme pas des terres aussi fertiles que celles de l'ouest, figure cependant au nombre des États producteurs agricoles. Elle tient le premier rang pour les fruits, le 10e pour les céréales, le 5e pour l'ensemble.

Harrisburg est la capitale de l'État, mais elle n'est qu'au sixième rang parmi les villes de l'État ; Philadelphie occupe le premier. En 1890 la population de Philadelphie s'élevait à 1,040,450 habitants, et, seule peut-être de toutes les grandes cités américaines, la ville de l'*amour fraternel*, la création de Penn, ne coûta ni luttes ni sang versé ; Penn en acheta l'emplacement aux Indiens, nonobstant la charte qui lui octroyait

la propriété du territoire. C'est à Philadelphie que se réunit·le premier Congrès, que
fut proclamée l'Indépendance des États-Unis, que fut votée la Constitution, que résida
Washington, le premier président. Si Boston fut le berceau de la liberté, Philadelphie
fut vraiment et à tous égards celui de la République.

William Penn, qui l'édifia, adopta le plan suivi depuis pour beaucoup d'autres
cités, et connu sous le nom de plan « des villes américaines » ; il consiste en un vaste
échiquier de rues parallèles coupées à angles droits par des voies transversales. A
Philadelphie, cet échiquier est partagé en quatre quartiers par deux voies plus larges
se rejoignant, au centre même, en un vaste rectangle dans lequel s'élevait le square de
Penn, ombragé d'arbres et entouré de promenades. Le square a disparu et l'Hôtel de
Ville en occupe l'emplacement. On lui a substitué, vu l'extension prodigieuse de la
ville, sept autres squares, et le parc de 1,200 hectares qui s'étend sur les rives du
Schuylkill et qui passe pour le plus beau des États-Unis. Philadelphie est célèbre par
son aspect monumental, ses bibliothèques et ses écoles, son collège Girard, fondation
d'un Français débarqué pauvre dans cette ville et qui lui légua une fortune de
plusieurs millions conquises par son travail.

Pittsburg, seconde ville de la Pennsylvanie, renfermait, en 1890, 250,000 habitants;
elle n'en comptait que 156,290 en 1880. Située au pied des monts, au confluent des
deux rivières, l'Alleghany et la Monongahela qui forment l'Ohio, Pittsburg ne fait qu'un
avec la ville d'Alleghany·à laquelle de nombreux ponts la relient et dont les usines·se
confondent avec les siennes. A ce Manchester américain, à cette double ville dont les
hauts fourneaux se pressent sur les rives de la double rivière, on a donné le nom de
« cité du fer, du charbon, du feu », de la·fumée surtout qui l'enveloppe d'un large
·crêpe noir. « C'est la ville la plus noire que j'aie jamais vue, » écrivait Trollope, et Henri
Capitaine ajoutait·: « Le soir, Pittsburg, vu de haut, semble une bouche de l'enfer. De
ses innombrables cheminées sortent en mugissant des torrents de flammes que
recouvre un dôme épais de fumée noire dont les lourds flocons, s'abattant par instant
sur les maisons, les enveloppent d'un brouillard nauséabond, revêtant ainsi hommes et
choses d'une couche de suie presque indélébile. En somme, vilaine ville et triste
séjour, antre de Vulcain où de gigantesques pilons, mus par la vapeur, ont remplacé
les marteaux débiles des Cyclopes. » On évalue à près de 800 millions de francs
la production de Pittsburg et de ses environs ; sur ce chiffre, plus de la moitié,
450 millions, est fourni par l'industrie métallurgique.

Les autres villes de la Pennsylvanie, bien que de moindre importance, n'en sont pas
moins des centres industriels très actifs : telles Scranton, Reading, Harrisburg, Érié,
Lancaster, dont la population varie entre 30,000 et 90,000 âmes et s'accroît rapidement.
On n'estime pas à moins de 4 milliards de francs la production totale de l'État de la
Pennsylvanie; ce chiffre n'est inférieur que de 1 milliard 500 millions à celui afférent
à l'État de New-York, qui est de 5 milliards 500 millions; il dépasse de 750 millions
celui de la production du Massachussets.

L'État de New-Jersey, ainsi nommé en souvenir de sir George Carteret, ancien
gouverneur de l'île de Jersey, s'étend au long de l'Atlantique, à l'est de la Pennsylvanie,

au sud de New-York, au nord du Delaware ; par sa superficie de 20,249 kilomètres carrés, il est l'un des petits États de l'Union ; par sa population de 1,444,933 habitants, il est, après Rhode Island et le Massachussets, celui où la densité est la plus élevée, 70 habitants par kilomètre carré. Sa capitale, Trenton, ne compte guère que 40,000 habitants, mais ses deux villes principales, Newark et Jersey-City, en renferment plus de 120,000.

Le New-Jersey comporte un développement de côtes de 200 kilomètres sur l'Atlantique et de 100 sur les baies intérieures de Sandy Hook, de Newark, de Raritan et sur la rive droite de l'Hudson, où *les Palissades* dressent leur muraille de roches, longue de 30 kilomètres, haute de 100 à 150 mètres. Elles séparent les eaux de l'Hudson de celles du New-Jersey dont aucun ruisseau ne franchit leur ligne ininterrompue. Dans l'ouest, les monts Kittatiny, ramification des montagnes Bleues, courent parallèlement aux *Palissades ;* le Delaware les longe et les franchit par une porte pittoresque, le *Water Gap*, qu'il creuse à l'angle du New-Jersey et de la Pennsylvanie. A l'est et au sud de cette région accidentée, s'ouvre la plaine maritime et marécageuse qui, serrant de près le littoral, déroule jusqu'à la Floride sa longue zone sablonneuse bordée de lagunes que de minces flèches de sable souvent recouvertes par les flots séparent de l'Océan.

Riche en fer, le New-Jersey occupe le 4e rang pour l'industrie métallurgique, le 6e pour l'ensemble de ses produits, et aussi pour le nombre et le tonnage de ses navires. Newark, sa ville principale, est située sur la baie du même nom, à l'embouchure du Passaïc. Elle gravite autour de New-York dont elle est l'un des plus importants satellites, mais dont le voisinage enlève à son port vaste et sûr, à sa large façade maritime, la plus grande partie de leurs avantages.

Jersey-City, à 6 kilomètres de Newark et sur la rive droite de l'Hudson qui la sépare de New-York à laquelle la relient d'immenses ponts volants et de nombreux bateaux à vapeur, se confond avec la grande ville impériale dont elle est un faubourg et une annexe. Paterson, Camden, Hoboken, Trenton sont, après Newark et Jersey-City, les centres les plus populeux de l'État.

L'État du Dalaware, ainsi nommé en l'honneur de Lord de la Ware, est, avec celui de Rhode Island, le plus petit des États de l'Union ; sa superficie n'excède pas 5,309 kilomètres carrés ; il renfermait, en 1890, une population de 168,493 âmes. Le Delaware est presque en entier resserré dans la péninsule qui dessine au nord et à l'est les contours de la baie Chesapeake. Quelques manufactures importantes ont surgi dans cette région, mais elle est encore plus agricole qu'industrielle. Le Delaware cultive surtout les primeurs et les fruits qui trouvent sur le marché de New-York un débouché avantageux. Dover est la capitale de ce petit État, dont Wilmington, peuplée de 50,000 habitants, est la ville principale.

Le Maryland, « Terre de Marie », doit son nom à la reine Henriette-Marie, femme de Charles Ier. Ici, commence la transition entre les États du Nord et ceux du Sud, dont nous avons indiqué plus haut les modes différents de colonisation et de peuplement. Au sud, le Maryland confine à la Virginie, et la ligne de 39° 44' qui constitue sa frontière avec la Pennsylvanie est considérée comme la ligne de démarcation entre les États du Nord et les États du Sud du versant de l'Atlantique. Situé au centre des treize États primitifs, c'est au Maryland qu'échut l'honneur de céder à l'Union une parcelle de son territoire, 155 kilomètres carrés, neutralisée et destinée, sous le nom de district de Columbia, à devenir le siège du gouvernement fédéral. Sur une superficie de 31,623 kilomètres carrés, le Maryland possède une population de 1,042,390 habitants.

Bizarrement découpé, enfermé dans les terres malgré son voisinage de l'Atlantique sur lequel il ne possède qu'un littoral étroit qu'une flèche de sable convertit en lagune, n'ayant sur la mer que l'estuaire du Potomac, trop large et trop peu profond, le Maryland gravite surtout autour de la baie Chesapeake, large et profonde, qui constitue son véritable bassin hydrographique et qui lui a permis de devenir un État maritime. A vol d'oiseau, cet État offre l'aspect d'une large vallée aux versants peu élevés, aboutissant à une nappe d'eau, à une mer intérieure vivante et animée.

Plus encore que son industrie qui est considérable, ses productions naturelles ont donné au Maryland une grande importance. En première ligne figure le tabac particulier auquel cet État a donné son nom, et qui est connu dans le monde entier. Si le Maryland ne vient qu'au second rang, après le Kentucky, pour la quantité de ses tabacs, il occupe le premier comme qualité. Les huîtres sont aussi l'une des productions du Maryland; celles dites du Chesapeake sont renommées dans tous les États-Unis et l'exploitation des bancs occupe plus de 10,000 barques; non moins appréciées sont aussi les tortues ou *terrapins* de ces parages. Après le Massachussets, le Maryland est l'État dont les produits de pêche sont les plus abondants et les plus recherchés; on les évalue à près de 30 millions de francs à l'année.

Baltimore, peuplée de 500,000 habitants, est la grande ville de cet État, dont elle renferme près de la moitié de la population. Située sur l'estuaire du Patapsco, dans la baie de Chesapeake, elle possède l'un des meilleurs ports et elle est l'une des plus agréables résidences de cette côte. Propre et saine, bien construite et bien plantée, Baltimore est, vu son voisinage de Washington, le séjour préféré de nombre de fonctionnaires fédéraux que la cherté de la vie, la poussière et la chaleur l'été, les pluies et la boue l'hiver, chassent de la capitale fédérale. Baltimore est aussi le centre d'un mouvement commercial considérable, un grand marché de tabacs et de farines, le port dans lequel affluent non seulement les produits du Maryland, mais aussi ceux du Kentucky, de la Virginie et de l'Ohio. En dehors de Baltimore, on ne rencontre dans le Maryland que de petits centres. Le plus important, Cumberland, n'a pas 20,000 habitants; Frédérick, Annapolis, Hagerstown en comptent moins encore.

Le district de Columbia est, avons-nous dit, le siège du gouvernement fédéral, l'emplacement sur lequel s'élève Washington-City, capitale de l'Union. Le 15 avril 1791, trois commissaires désignés par George Washington, président des États-Unis, posèrent la première pierre destinée à marquer les limites de ce territoire neutralisé et placé sous la sauvegarde de tous les États. Le major l'Enfant, ingénieur français, avait dressé les plans de la nouvelle ville et pris pour base de ses travaux, en

L'AVENUE DE PENNSYLVANIE, A WASHINGTON.

l'agrandissant encore, la topographie de Versailles. Ce plan, approuvé par Washington et par Th. Jefferson, alors secrétaire d'État, fut adopté par le Congrès et scrupuleusement suivi dans tous ses détails.

L'emplacement du Capitole une fois choisi, l'Enfant traça une ligne méridienne du nord au sud, une autre de l'est à l'ouest, et du point d'intersection fit rayonner d'immenses avenues de 50 mètres de largeur coupées à angle droit par des rues transversales de 25 à 30 mètres. Ces avenues, au nombre de vingt et une, mesuraient, en moyenne, une lieue de longueur !

En adoptant ces plans gigantesques, le Congrès des États-Unis s'était réservé de voter, au fur et à mesure, les fonds nécessaires. Il le fit, mais avec une telle parcimonie qu'on ne put même dessécher les vastes avenues qui restèrent longtemps à l'état de marécages. Par économie également, on refusa de faire des routes et lorsqu'en 1800, Mrs John Adams, femme du second président, se rendit à Washington, ce ne fut pas sans peine qu'elle découvrit la nouvelle capitale. Aussi, écrivait-elle à une de ses amies : « Je suis arrivée à Washington, dimanche dernier. En quittant Baltimore nous nous sommes perdus dans les bois et force nous a été de revenir sur nos pas, mais, cette fois encore, nous n'avons pu trouver le sentier et nous avons erré deux heures avant de trouver un *guide*. Enfin, me voici, et non sans peine, dans cette ville qui n'a de ville que le nom. »

En 1839, George Combe notait sur son carnet : « Washington est un gros bourg égaré dans un marécage et qui ne peut plus retrouver sa route. » Tout est bien changé maintenant ; Mrs John Adams et George Combe ne reconnaîtraient pas, dans la ville des *magnificent distances*, comme on l'a surnommée avec raison, Washington-City telle qu'elle était en 1800. Ils n'y trouveraient pas non plus la ville centrale de l'Union ; Washington est le siège des pouvoirs publics, elle n'est ni la capitale du nord ni celle du sud, ni celle de l'ouest ou du Pacifique ; chacune de ces sections a sa capitale particulière.

Il importe, pour se rendre compte de ce fait, de dégager de la phraséologie usuelle, commune à tous les peuples, la signification exacte et vraie des mots. Celui de *capitale* représente à l'esprit une idée précise, intimement associée à celle de la première ville d'un État. Il implique le nombre, la supériorité intellectuelle et artistique, les traditions du passé, les souvenirs, les monuments, l'histoire et surtout l'unité. Les grandes, les vraies capitales n'existent que dans les pays où l'unité, l'homogénéité ne sont plus en question. Là où ces conditions ne se rencontrent pas, nous trouvons, non pas une, mais plusieurs capitales ; c'est le cas pour les États-Unis. Washington, peuplée de 230,000 habitants, demeure le terrain neutre et neutralisé où se résolvent les questions politiques, elle n'est pas la ville où ces questions naissent et s'agitent. La vie est ailleurs ; elle est à Boston, à New-York, à Philadelphie, à la Nouvelle-Orléans, plus vieilles que la République, à Cincinnati, à Chicago, à San-Francisco, nées d'hier et dont la croissance vigoureuse a rapidement dépassé la marche pénible et lente de Washington. Ces villes sont, en effet, elles aussi, des capitales, en ce sens qu'elles représentent plus qu'une simple agglomération d'êtres humains ; elles représentent des idées, des tendances, elles constituent des centres intellectuels où bouillonne la vie, où fermentent les passions, où se manifeste une volonté commune.

Que Washington ne puisse disputer à New-York la suprématie commerciale, cela n'a rien d'étonnant ; mais que le mouvement intellectuel soit plus intense à Boston qu'à Washington, voilà ce qui surprend si l'on attache au mot de capitale les idées que nous avons indiquées plus haut. La vérité est que Boston, capitale des États de la Nouvelle-Angleterre, représente le groupe du nord au même titre que San-Francisco personnifie celui des États du Pacifique. Dans le sud, où les idées séparatistes persistent, nous trouverons plusieurs villes types, et cela doit être : Richmond, avec ses souvenirs de la guerre de sécession ; la Nouvelle-Orléans, avec ses traditions françaises ; Saint-Louis, sentinelle avancée du sud vers l'ouest. Dans l'ouest, Chicago, bien jeune encore, et dont le prodigieux essor confond, même aux États-Unis, est, avec sa population de 1,100,000 habitants, quintuple de celle de Washington, la capitale naissante d'un pays inconnu il y a quarante ans.

Il n'est pas une de ces villes où la vie politique et intellectuelle, — nous laissons à l'écart le côté commercial, — ne soit plus active qu'à Washington, — où se mêle, sans se confondre, une population cosmopolite sans liens communs. A Boston, ville de 417,000 âmes, on trouve tout ce qui constitue une capitale : une aristocratie locale et financière, un centre politique, une société d'élite, une vie intellectuelle très puissante, une Université célèbre, des professeurs connus du monde entier. Si, de la plus ancienne de ces capitales, nous passons à la plus récente, San-Francisco, nous y retrouvons, à l'état embryonnaire, tous les germes d'une grande capitale. Il est impossible, après avoir franchi le Golden Gate, de ne pas être frappé de la grandeur du spectacle qui se déroule sous les yeux étonnés : cette baie immense, cette ville étagée sur les collines, développant sur le rivage sa monumentale façade de quais, de constructions spacieuses et solides. Si, négligeant ces apparences extérieures, résultat de l'heureux hasard qui fit découvrir à James Marshall une pépite d'or, nous pénétrons plus avant, là aussi nous reconnaissons à des signes certains la capitale du Pacifique. Ce n'est ni New-York, ni Boston, ce n'est non plus la Nouvelle-Orléans, ni Chicago ; c'est une ville qui vit de sa vie propre, indépendante, où se concentrent et se résument les intérêts et les idées d'un groupe d'États. Le lien qui unit cette ville aux États du nord et du sud est un pacte essentiellement politique et, comme tel, subordonné aux événements que le temps amène dans son cours. Or, avec le temps, les liens fédéraux se relâchent, les divergences s'accentuent. Aussi, loin de diminuer, voyons-nous ces capitales diverses prendre de plus en plus d'importance, dépasser en population, en richesse, en activité, la capitale fédérale dont les vastes avenues attendent encore les habitants pour lesquels le major l'Enfant dessinait, et Washington approuvait, le cadre immense.

L'expérience a été faite. On n'improvise pas une capitale ; elle se crée elle-même, subissant et reflétant dans sa marche lente ou rapide les progrès de l'unité d'un peuple et les événements heureux ou malheureux qui accélèrent ou retardent cette unité. Les États-Unis ont grandi d'une façon prodigieuse ; Washington a peu progressé.

Autre chose est le développement matériel d'un peuple, autre chose sa tendance à
l'unité, à la fusion intime des éléments qui le composent. Cette tendance n'apparaît
pas aux États-Unis, la vie n'afflue pas à un centre commun ; par contre, nous l'avons
vue et nous la verrons, au cours de cette étude, intense sur des points divers et extrêmes.

Est-ce un bien, est-ce un mal ? Grave question que nous n'avons pas à examiner ici.
Ce que nous avons tenu à constater, c'est, tout d'abord, qu'en créant la capitale de
l'Union américaine, ses fondateurs n'ont pas cherché, comme on l'a affirmé depuis, à
soustraire le pouvoir législatif et exécutif à une pression populaire qui n'existait pas de
leur temps ; c'est ensuite qu'ils n'ont pas redouté les grandes agglomérations, puisque,
dans un pays où elles étaient inconnues, ils ont fait de leur mieux pour en former une,
en donnant à leur capitale un cadre tellement vaste, qu'en dépit d'un accroissement de
population qui déroute toutes les statistiques, ce cadre est loin encore d'être rempli.
Puis enfin, ce que nous avons voulu établir aussi, ce sont les raisons géographiques
et historiques qui ont substitué, à une capitale fédérale, des capitales locales, dont le
rôle commence pour quelques-unes et se continue pour d'autres.

Section de la Virginie primitive qui fut l'un des treize États qui se déclarèrent
indépendants, et de ces treize non le moins important, la Virginie occidentale, ou
Kanawha, se détacha de la Virginie lors de la guerre de sécession et fut admise, en
1862, comme État distinct, dans la Confédération. Sa superficie est de 64,178 kilomètres, sa population n'était encore, en 1890, que de 762,794 habitants. Au nord, la
Virginie occidentale confine à la Pennsylvanie et à l'Ohio, à l'est et au sud à la Virginie,
à l'ouest au Kentucky. Les monts Alleghanys et le Blue-Ridge la séparent de la
Virginie ; la Kanawha l'arrose et lui donna primitivement son nom..

Par son orographie et son hydrographie, la Virginie occidentale se relie intimement
à la Grande-Virginie dont elle offre le relief accidenté et pittoresque, les torrents, les
cours d'eau semés de rapides, les riches houillères, les productions multiples et
variées. Pays agricole et industriel, elle possède peu de centres ; le plus important,
Wheeling, sa capitale, ne renferme pas 40,000 habitants ; Charleston, Martinsburg,
Parkesburg n'en ont pas 10,000. Riche en houille, la Virginie occidentale en produit
annuellement 3,500,000 tonnes ; sa récolte de tabac est très inférieure à celle de la
Virginie ; il en est de même pour sa production agricole qui n'excède pas 15 millions ;
plus importante, sa production manufacturière, représentée par près de 2,500 usines,
s'élève, en moyenne, à plus de 100 millions par année.

A la frontière qui sépare la Virginie occidentale de la Grande-Virginie s'arrêtent les
États du Nord et commencent ceux du Sud. Divisés sur la question de l'esclavage,
ennemis acharnés pendant trois années, ils se sont rapprochés depuis, mais si les haines
politiques désarment, affaiblies par le temps, il n'en est pas de même des intérêts
dont les conflits s'avivent et persistent. Au sud du Potomac nous pénétrons dans une
région différente de celle que nous venons de parcourir et de décrire. Nous y trouverons un autre sol, un autre climat, et aussi un autre peuple.

II. — ÉTATS DU SUD.

Les États du Sud sont au nombre de douze : Virginie, Caroline du nord et Caroline du sud, Georgie, Floride, Kentucky, Tennessee, Alabama, Mississippi, Arkansas, Louisiane, Texas. De ces douze États, les quatre premiers, seuls, firent partie des primitives provinces anglaises, de celles qui proclamèrent leur indépendance et constituèrent le noyau autour duquel devaient se grouper les territoires et les États qui forment aujourd'hui la puissante confédération des États-Unis. Les autres, tels que le Kentucky et le Tennesse, détachés de la Virginie et de la Caroline du nord, furent érigés plus tard en États distincts; l'Alabama et l'Arkansas entrèrent dans l'Union en 1819, le Mississippi en 1817 ; la Louisiane fut cédée par la France aux États-Unis, en 1803, moyennant la somme de 80 millions, la Floride par l'Espagne en 1820 ; le Texas, envahi par les colons américains, fut annexé en 1845.

Nous avons dit comment le Sud fut colonisé et peuplé, nous avons dit ce que fut son rôle pendant la guerre de l'Indépendance. Plus nombreux, plus riches et plus peuplés alors que les États du Nord, ceux du Sud prirent en main la direction de l'Union. Seuls, les fils de planteurs avaient le loisir et la fortune nécessaires pour se consacrer aux fonctions publiques. La vie large du Sud, l'habitude héréditaire du commandement, les traditions aristocratiques importées d'Angleterre et entretenues par l'institution de l'esclavage qui faisaient du blanc un être supérieur, tout contribuait à former une race d'hommes énergiques et indépendants, capables de prendre et d'exercer le pouvoir. Washington, Jefferson, Madison, Lee, Monroe étaient sortis de leurs rangs. Dans l'armée, dans la marine ils occupaient les premières places. Au Congrès, dans l'administration, ils se montraient orateurs, hommes d'État, diplomates, seuls ou à peu près seuls au courant des questions politiques, hautains, arrogants peut-être, mais patriotes, braves et audacieux. Leurs pères avaient fondé la République, les fils la gouvernaient et c'était justice, car ils la gouvernaient bien.

Ils n'avaient pas seulement le prestige, ils avaient aussi le droit et la légalité. Aux termes de la Constitution, chaque État nommait deux membres du Sénat. Le Sud y possédait donc alors la majorité. Dans la Chambre basse, il était également le maître. Le nombre des représentants n'était pas fixe, mais proportionné au chiffre de la population. Toutefois cette organisation qui donnait la majorité aux États du Sud ne pouvait la leur maintenir qu'à deux conditions. Il fallait que leur nombre fût constamment supérieur à celui des États du Nord pour dominer dans le Sénat; il fallait aussi que leur population se maintînt au-dessus de celle du Nord pour conserver la prépondérance dans la Chambre des Représentants. Or, d'une part, des territoires fertiles attiraient la population vers l'ouest, et de l'autre le flot de l'immigration européenne se dirigeait vers New-York. Rien, en effet, ne l'appelait dans le sud, où l'existence du « petit blanc », comme on désignait l'émigrant pauvre, était difficile et misérable entre le planteur, souverain absolu qui le tenait à distance, et l'esclave qui ne lui laissait rien à faire. Dans le Nord, au contraire, les conditions économiques étaient autres. Pas de distinctions de classes, la terre à bon marché, le travail libre, la main-d'œuvre élevée, enfin un régime démocratique qui flattait les instincts de l'artisan et le relevait à ses propres yeux. L'immigration n'avait pas encore atteint les chiffres considérables auxquels elle devait s'élever plus tard. Le mouvement a été lent. De 1820 à 1830 la moyenne annuelle des émigrants aux États-Unis ne dépasse pas 15,000. Mais les hommes du Sud étaient trop perspicaces pour ne pas prévoir le danger qui les menaçait et pour ne pas aviser aux moyens de le conjurer.

Il n'y en avait qu'un seul : multiplier le nombre des États à esclaves ; pour cela s'étendre dans le sud, dédoubler des provinces anciennes comme la Virginie et la Caroline, s'annexer par la diplomatie ou les armes des territoires nouveaux comme la Louisiane, la Floride, le Texas, détourner, si possible, le courant de l'immigration, décourager la colonisation dans le nord et dans l'ouest et diriger vers la conquête et l'annexion du Mexique, en proie aux luttes intestines, toutes les forces vives de l'Union.

On sait ce qu'il en advint de cette politique qui violentait les lois économiques et prétendait endiguer un irrésistible courant. Si, par ses conquêtes et ses annexions cette politique doubla la superficie de l'Union et recula ses frontières jusqu'à l'océan Pacifique, ce ne fut pas au profit du Sud. Aussi le jour où le Sud se vit en minorité, il déchira le pacte conclu, rédigé par lui-même, et, plutôt que d'accepter la suprématie du Nord, il revendiqua son autonomie et la rupture de l'Union. Il fut vaincu, malgré d'héroïques efforts, et la suppression de l'esclavage renversa la barrière séculaire qui s'élevait entre le Nord et lui.

Depuis, le temps a fait son œuvre ; s'il n'a pas entièrement pacifié les esprits, il a désarmé les bras. Dans une certaine mesure le Sud s'est relevé de ses ruines, sa population s'accroît. Aujourd'hui, sur une superficie de 2,054,528 kilomètres carrés il renferme 17,564,910 habitants, près d'un tiers du chiffre total des États-Unis.

Le cadre géographique n'était, pas plus que les institutions sociales, pour attirer dans cette région l'émigrant sans autres ressources que ses bras. Le littoral des États du Sud se déploie de l'embouchure de la baie Chesapeake à la pointe de la Floride en une longue bande marécageuse et souvent malsaine de 1,700 kilomètres ; les ports y sont rares et, au long de la côte, les forêts à demi noyées alternent avec les lagunes intérieures. Au large, des flèches de sable, mesurant en longueur des centaines de kilomètres, décrivent d'interminables courbes, formant une ceinture extérieure, séparant de l'Océan les lagunes et les estuaires marins, dessinant de longs couloirs accessibles seulement aux navires de faible tonnage. En arrière de cette zone maritime apparaissent des plateaux mamelonnés s'élevant en pente douce vers la chaîne des Apalaches qui se déroule du nord-est au sud-ouest, du Maryland à l'Alabama.

Sur cette côte mal articulée, aucun grand port ne s'ouvrait à l'émigrant que, plus au nord, attiraient Boston et New-York et qui, plus à l'ouest, entrevoyait les riches terres de la région des grands lacs et des prairies. Non moins que le colon et les institutions, la nature et le climat le tenaient à distance de cette région du sud. Si la côte était marécageuse et insalubre, le climat de l'intérieur était chaud et le sol se prêtait mal à la petite culture ; l'homme du nord ne réussissait et ne s'acclimatait qu'à la condition d'employer le travail servile, de posséder des esclaves et un domaine, de cultiver en grand le tabac, le coton, le riz et plus tard la canne à sucre.

Le tabac fit la fortune de la Virginie et aujourd'hui encore il constitue l'une de ses principales sources de richesse. Les tabacs de Cuba, des Philippines et le Latakieh de Turquie planté dans le nord de la Syrie sont des dérivés de l'espèce dite virginienne dont la culture s'est surtout étendue dans le Kentucky et le Maryland. Actuellement, ces trois États fournissent à eux seuls 125 millions de kilogrammes, près de 60 0/0 de la production totale des États-Unis évaluée à 213 millions de kilogrammes.

La Virginie, le plus ancien des États de l'Union et des treize États primitifs, fut ainsi nommée en l'honneur de la *Reine Vierge*, Élisabeth d'Angleterre, sous le règne de laquelle sir Walter Raleigh fit ses premières tentatives de colonisation. La superficie de cet État, réduite de 64,178 kilomètres carrés par la scission de la Virginie occidentale, est encore de 109,942 et sa population de 1,655,980 habitants. Pays de production agricole moyenne, la Virginie n'excelle que dans la culture du tabac dont elle récolte plus de 45 millions de kilogrammes par an. Elle ne vient toutefois qu'au second rang, après le Kentucky dont la production dépasse 95 millions de kilogrammes mais dont les qualités sont inférieures. Riche en fer, la Virginie tend à devenir l'un des grands États métallurgiques de l'Union ; sa production a doublé en cinq années et la classe au 5e rang.

Richmond, sa capitale, peuplée de 60,000 habitants, date de 1742. Située sur la rive gauche du James River, au centre d'un riche district houiller, elle fut choisie, en 1861, comme la capitale des États sécessionnistes, le centre de la résistance du Sud ; Mac Clellan échoua devant ses murs en 1862, et la chute de Richmond, le 2 avril 1865, termina la guerre. En dehors de Richmond, la Virginie ne renferme pas de grandes villes ; la plus importante, Norfolk, n'a pas plus de 25,000 habitants ; Pétersbourg et Alexandria environ 20,000.

Plus étendue et un peu moins peuplée que la Virginie, la Caroline du nord occupe une superficie de 135,322 kilomètres carrés et renferme une population de 1,617,947 habitants. Elle est séparée de la Virginie par une ligne arbitraire, dite *Mason and Dixon's line* qui suit le 36°30′ de latitude. Une crête des Alleghanys forme sa frontière avec le Tennessee ; au sud, elle confine à la Caroline méridionale et à la Georgie, à l'est à l'océan Atlantique. Son littoral est marécageux, dominé par la longue terrasse des *Pine Barrens* que recouvrent des forêts de pins. Au-dessus de cette zone, se dresse la région des collines, fertile et bien arrosée, puis, celle des montagnes, des chaînes parallèles des Alleghanys que domine le Black Mountain, de 1,974 mètres d'altitude. Nombre de petites rivières descendent de ces hauteurs et vont se perdre, dans les lagunes du littoral, tels le Roanoke, le Pamplico ou Tar, et la Neuse.

La Caroline du nord occupe le 8e rang pour la production du coton et pour le nombre de ses fermes, le 4e pour le riz ; État agricole, elle ne possède ni grande industrie, ni villes importantes. Wilmington, la plus peuplée, renferme à peine 20,000 habitants. Raleigh, New-Berne, Charlotte n'en comptent pas 10,000.

Dans la Caroline du sud, nous retrouvons la même orographie que dans la Caroline du nord. Le sol, incliné vers l'Atlantique, offre la même succession de zone montagneuse, de collines, de terrasses boisées, de littoral marécageux. Au long de ce littoral se déroulent de nombreux îlots où croît la variété de coton bien connue sous le nom de *Sea Island*. Découpé en forme de triangle, cet État est borné au nord par la Caroline du nord, à l'est par l'océan, à l'ouest et au sud par la Georgie ; sa superficie est de 79,175 kilomètres carrés, sa population de 1,151,149. De tous les États du Sud, ce fut celui où l'esclavage prit le plus de développement, celui qui se montra le plus passionné pour la rupture de l'Union. Encore aujourd'hui il est l'un de ceux où la population de race noire l'emporte le plus sur celle de race blanche.

L'hydrographie de la région est simple. L'inclinaison du sol entraîne les eaux vers l'océan Atlantique ; ces eaux sont abondantes et sujettes à des crues rapides ; elles alimentent le Black River, le Great Pedee, le Santee, le Savannah et l'Edisto. Sur la plage, marécageuse et plate, le climat est malsain et la fièvre jaune fait de fréquentes apparitions. Au-dessus de cette plage s'étend la région basse des pins. Ce sol, naturellement fertile, retient l'humidité ; le climat y est très chaud et l'on y cultive le riz, le produit principal de la Caroline du sud. Outre la région basse des pins, on exploite aussi les rizières dans le haut pays, mais cette culture est limitée aux vallons dont le sol est riche et humide, ou aux étangs drainés. Les terrains argileux, que l'on trouve si communément dans cette région, s'adaptent mal à cette culture, parce qu'à l'inverse de la plupart des céréales, le riz croît en été et que la sécheresse arrive souvent quand le fruit se développe.

La Caroline du sud produit, à elle seule, près de la moitié de la récolte totale du riz aux États-Unis. Avant la guerre de sécession, son rendement était triple de ce qu'il est aujourd'hui, 72 millions de kilogrammes au lieu de 23. Les rizières ont en effet subi une dépréciation considérable. Avant la guerre de sécession, celles du comté de Georgetown étaient cotées plus haut qu'aucun autre terrain dans l'État entier ; puis il faut un capital considérable pour établir une grande rizière dans de bonnes conditions de culture. A la fin de la guerre, les propriétaires de terrains n'étaient plus à même de reprendre leurs opérations. La valeur a baissé de 3,000 francs par hectare en 1860, à 380 et 250 francs. Il y a cependant encore quelques rizières dans un splendide état de culture. Outre le riz, la Caroline du sud produit annuellement 500,000 balles de coton.

Charleston, située dans la baie du même nom, est la grande ville maritime de l'État. Sa population, qui dépasse 50,000 âmes, est composée en majeure partie de nègres affranchis. Le port de Charleston fut autrefois l'un des plus commerçants des primitives colonies anglaises, son mouvement dépassait de beaucoup celui des ports du Nord. Il n'en est plus ainsi aujourd'hui, mais Charleston dépossédé n'en reste pas moins le port principal du Sud sur l'Atlantique ; ses échanges s'élèvent annuellement à 350 millions de francs. Columbia, seconde ville de l'État, compte environ 12,000 habitants.

Au sud de la Caroline méridionale s'étend l'État de Georgie qui confine, au nord et

au nord-est, aux deux Carolines et au Tennessee, à l'ouest à l'Alabama, au sud-est à
l'Atlantique, au sud à la Floride. Sa superficie est de 154,034 kilomètres carrés, sa
population de 1,837,353 habitants. Il doit son nom à George II d'Angleterre, et il est
redevable à sa configuration particulière, qui affecte la forme d'une clef de voûte, de
celui sous lequel on le désigne souvent, de *Key stone State of the South*, « l'État clef
de voûte du Sud ». Cette appellation répond autant à son aspect géographique qu'à
son passé historique et politique.

Située sur le versant maritime des montagnes Bleues, du *Blue Ridge*, la Georgie
offre le même relief orographique que les deux Carolines ; la zone montagneuse s'y
abaisse en longues collines auxquelles succède la région des pins et un littoral plus bas
et plus noyé encore que celui des Carolines. A la saison des pluies, les rivières en disputent la possession à l'Océan, et les rares plissements du sol dessinent, dans la vaste
nappe d'eau, un cordon d'îles boisées que de longues lagunes sans profondeur séparent
de la côte. Ici aussi, la région des pins qui s'élève en terrasse est la région cultivée,
arrosée par de nombreuses rivières, par le Savannah qui forme la frontière de la
Georgie et de la Caroline du sud, par l'Ogeechee, l'Oconee et l'Ocmulgee, par la Santilla
et le Chattaochee et par des ruisseaux dont les eaux alimentent des usines.

Avant la découverte des gisements aurifères de la Californie, la Georgie fut la terre
de l'or. On en extrayait pour plusieurs millions chaque année et on exploitait surtout
les mines situées près des sources du Chattaochee et du Savannah. Par contre, la
culture du coton est restée à la Georgie qui tient le second rang parmi les États cotonniers, immédiatement après le Mississippi. Ainsi que la plupart des États à esclaves,
la Georgie fut longtemps sans industrie ; les manufactures n'y ont fait leur apparition
que depuis la guerre de sécession. Elles se multiplient, et des établissements industriels commencent à surgir à Savannah, Atlanta, Augusta, Macon, Columbus, seuls
centres un peu peuplés.

Au sud de la Georgie, la longue péninsule de la Floride forme l'extrémité méridionale des États-Unis. Elle décrit une courbe vers la presqu'île du Yucatan qui, plus bas,
lui fait face. Leurs deux pointes, qui semblent chercher à se rejoindre, dessinent
l'entrée du golfe du Mexique que ferme en partie la grande île de Cuba. La Floride
confine à la Georgie au nord, elle baigne à l'est dans l'océan Atlantique, à l'ouest dans
les eaux tièdes du golfe du Mexique ; le détroit de la Floride la sépare de Cuba au sud,
des îles Bahama au sud-est.

Dans cette longue péninsule nous ne retrouvons plus le relief orographique que
nous avons décrit plus haut ; la zone montagneuse disparaît, celle des collines s'affaisse
en rares plissements de sol qui vont décroissant vers le sud ; la longue plaine alluviale
qui borde le littoral des États maritimes du sud, ici s'évase et s'étale, offrant l'aspect de
terres à peine émergées des eaux. Tel est son peu d'altitude que l'on se propose de
creuser, au travers de la partie septentrionale de la Floride, un canal reliant l'Océan au
golfe du Mexique et qui, mesurant 106 kilomètres de longueur, diminuerait de près de
2,000 kilomètres la distance maritime de New-York à la Nouvelle-Orléans.

La Floride recouvre une superficie de 151,975 kilomètres carrés ; sa population, la

LES QUAIS DE LA VILLE DE LA NOUVELLE-ORLÉANS.

moins dense des États du Sud, est de 391,422 habitants. Découverte par Juan Ponce de Léon, elle fut baptisée du nom de Florida, non, comme on le croit, à cause de sa flore tropicale, mais en souvenir de Pâques, *Pasqua Florida*, jour où ses côtes basses émergèrent, aux yeux des navigateurs, du brouillard des Bermudes. Une ceinture de récifs de corail entoure la péninsule encore en voie de formation et qui, chaque année, s'allonge plus au sud. On désigne du nom de *Keys* ou *Cayes* la chaîne de récifs qui enveloppe la pointe méridionale de la Floride, formant comme une barrière derrière laquelle s'effectue lentement l'incessant travail des zoophytes, invisibles constructeurs de coraux ; sur ces récifs, les tortues abondent et attirent de nombreux pêcheurs.

« Le sol de la Floride, écrit le professeur de Bow, se répartit en marais ou *swamps*, en haut et bas *hummock* ou terres émergées, et en prairies ou *savanes*. Le haut *hummock* est généralement boisé, couvert de chênes vifs, de lauriers, magnolias, orangers, châtaigniers ; il est le meilleur pour les cultures générales ; aussi boisé, le bas *hummock* est exposé aux inondations, mais, bien drainé, il se prête à la culture de la canne à sucre. La *savane*, qui s'étend au long des rivières, consiste en un riche terrain d'alluvions propre à l'exploitation des rizières et de la canne. » Sur ce sol plat, les rivières sont paresseuses ; l'Appalachicola et le Saint-John, les plus importantes, sont navigables. Nonobstant son vaste développement de côtes qui dépasse 2,000 kilomètres, 850 sur l'Atlantique, 1,200 sur le golfe du Mexique, la Floride, au littoral bas, marécageux, bordé de récifs et de lagunes, n'a que trois ports : Fernandina, Key-West et Pensacola. Peu peuplée, encore médiocrement cultivée et dépourvue d'industrie, la Floride ne possède pas de grands centres. Jacksonville, le plus considérable n'a pas 10,000 habitans. Key-West et Pensacola, stations navales, en comptent moins encore.

Obligés, pour maintenir leur prépondérance dans l'Union, à grossir le nombre des États à esclaves, les États du Sud votèrent, en 1792, l'admission du Kentucky dans l'Union. Le nouvel État se trouvait sur une limite indécise entre le nord et le sud, entre les États peuplés de l'est et les territoires de l'ouest. Si, d'une part, il confine à la Virginie, au Missouri et au Tennessee, dans l'est, le sud et l'ouest, de l'autre il touche à l'Ohio, l'Illinois et l'Indiana au nord et au nord-ouest. Aussi fut-il, pendant la guerre de sécession, une terre frontière que les armées se disputèrent et qui, ravagée et ruinée, justifia plus que jamais son nom indien, celui de *terre noire et sanglante*.

La superficie du Kentucky est de 104,632 kilomètres carrés et sa population de 1,858,635 habitants. Le relief du sol est celui d'un long plateau calcaire, affaissé au centre, rebroussé à ses extrémités. Le *blue grass*, l'herbe bleue, en recouvre la plus grande partie. Ce nom est dû à l'aspect légèrement bleuâtre que présentent à distance les longues prairies couvertes d'épaisses et hautes graminées ondulant au vent. Autrefois le Kentucky n'était qu'une vaste forêt ; aujourd'hui il est en partie défriché, mais les bois recouvrent encore plus d'un tiers de sa superficie. Le sol, puissamment fertile, est éminemment propre à la culture du tabac, pour la production duquel le Kentucky a conquis le premier rang, dépassant la Virginie de plus de 100 millions de livres et récoltant près de 200 millions de livres à l'année.

Par son hydrographie, le Kentucky appartient au bassin du Mississippi auquel l'Ohio le relie et dans lequel se déverse son principal cours d'eau, le Kentucky. Par son climat doux, par ses hivers courts et ses longs étés, par ses productions naturelles, cet État se rattache à ceux du Sud. Louisville, son grand centre, renferme 150,000 habitants dont un sixième environ sont de race noire. Située sur un plateau dominant le cours de l'Ohio et ses rapides, Louisville s'appela d'abord *Falls City*, la ville des chutes, puis, en souvenir du concours prêté par la France aux colonies révoltées, elle reçut celui de Louisville. Point d'arrêt de la navigation fluviale barrée par les rapides de l'Ohio, Louisville dut sa prospérité au canal creusé en 1828 et qui permit de contourner ces rapides. Cette ville n'est pas seulement le grand entrepôt des tabacs du Kentucky, elle est aussi un important marché de bestiaux et un centre industriel. Covington, Newport, Lexington, moins considérables, n'ont pas plus de 25 à 30,000 habitants.

Au sud du Kentucky, le Tennessee, qui a gardé le nom que lui donnèrent les Indiens de *Rivière de la Courbe*, suggéré par la boucle du Mississippi qui forme sa frontière ouest, s'étend entre la Caroline du nord à l'est, la Géorgie, l'Alabama et le Mississippi au sud et l'Arkansas à l'ouest. Il recouvre une superficie de 108,905 kilomètres carrés et renferme une population de 1,767,518 habitants. État agricole, producteur de maïs, de coton et de tabac, il possède des terres fertiles, bois et prairies, et nourrit de nombreux troupeaux. Le Tennessee est au 5ᵉ rang pour la production du tabac et aussi pour celle du coton. Son sous-sol est riche en fer et en charbon. Détaché de la Caroline et érigé en État séparé, le Tennessee fit cause commune avec le Sud en 1861.

Nashville, sa ville principale, est située sur la rive gauche du Cumberland, au terme de la navigation fluviale. Elle est l'un des grands centres commerciaux du Sud : un entrepôt de coton, de tabac et aussi une cité industrielle. Inférieure, il y a vingt ans, à Memphis, que la fièvre jaune dépeupla en 1870, Nashville prit alors et garde encore le premier rang que Memphis commence à lui disputer. Située sur le Mississippi, entre Saint-Louis en amont et la Nouvelle-Orléans en aval, Memphis occupe une situation de premier ordre ; sa flotte fluviale est importante, son commerce s'accroît et son industrie se développe. Chattanooga, Knoxville et Jackson ne sont, après Nashville et Memphis, que des villes secondaires dont la population n'excède pas 10,000 âmes.

L'Alabama, dont le nom indien signifie *Champ du repos*, est situé entre le Tennessee au nord, la Géorgie à l'est, la Floride au sud et le Mississippi à l'ouest. Sa superficie est de 135,322 kilomètres carrés, sa population de 1,513,000 habitants. Découpé en forme de quadrilatère, il offre un relief orographique peu saillant, légèrement montueux au nord où viennent mourir en longues ondulations les derniers soulèvements des monts Alleghanys, plat et marécageux au sud, dans le voisinage du golfe du Mexique. Dans sa partie centrale, l'Alabama déroule de grandes plaines cultivées en coton, riz, tabac, maïs et de vastes prairies. État agricole, il n'a que peu d'industrie, mais il occupe le 4ᵉ rang parmi les États cotonniers.

Mobile, sa grande ville, peuplée de 30,000 habitants, est, après la Nouvelle-Orléans, le port commercial et le marché de coton la plus considérable du golfe du Mexique. Bâtie sur la côte ouest de la baie à laquelle elle donne son nom, Mobile possède de grands chantiers de constructions navales. Toutefois, malgré son heureuse situation, cette ville n'a pas encore pris tout son essor et sa population a plutôt diminué qu'augmenté. Les autres villes de l'État sont d'importance secondaire. Montgomery n'a que 17,000 habitants, Selma 8,000 et Huntsville 6,000.

A l'ouest de l'Alabama, l'État du Mississippi borné au nord par le Tennessee, à l'est par l'Arkansas et la Louisiane, au sud par le golfe du Mexique, mesure en superficie 121,232 kilomètres carrés et renferme 1,289,600 habitants. Création partielle du grand fleuve dont il porte le nom et dont les alluvions ont formé la plaine basse désignée du nom de *Bottom* ou fond, l'État du Mississippi offre des zones distinctes : au sud un littoral marécageux ; au-dessus : la terre d'alluvion, d'une fertilité inépuisable, puis le *rolling country*, la région ondulée qui se relève dans la direction du nord, remontant vers le Tennessee où elle atteint 200 mètres d'altitude. Les forêts recouvrent une partie du sol, plus denses à mesure que l'on se rapproche du golfe et constituant, dans son voisinage, une région géographique spéciale que l'on désigne du nom de *région du pin aux longues aiguilles*, cet arbre y atteignant son maximum de croissance et de développement.

En dehors du grand fleuve dont nous avons, plus haut, étudié le cours, et qui forme la limite occidentale de l'État, les principaux cours d'eau de l'État sont le Yazoo, le Sun Flower, le Big Black, l'Alabama qui, sur le golfe du Mexique, forme la baie de Mobile. Inférieur, malgré la richesse de son sol, à nombre d'autres États de l'Union, en tant que production, le Mississippi leur est supérieur à tous pour celle du coton, dont, sur une superficie cultivée moindre que celle de la Géorgie, de l'Alabama et du Texas, il tire un rendement supérieur. Au point de vue commercial et industriel il n'occupe qu'un rang très inférieur.

Ainsi que la plupart des pays essentiellement agricoles et voués à une culture spéciale, l'État du Mississippi n'a pas de grands centres. Vicksburg, sa principale ville, qui joua un rôle important, comme point stratégique, pendant la guerre de sécession, ne renferme que 12,000 habitants. Natchez, Jackson et Meridian en comptent de 7,000 à 4,000.

L'Arkansas doit son nom à la rivière qui le sillonne de l'ouest à l'est et se déverse dans le Mississippi. Situé au sud de l'État de Missouri, il a pour limites à l'ouest, le Territoire indien et le Texas, au sud la Louisiane, à l'est les États de Tennessee et du Mississippi dont le grand fleuve le sépare. Il affecte la forme d'un carré long, d'une superficie de 139,466 kilomètres carrés, renfermant une population de 1,128,179 habitants. Marécageux au long du fleuve et surtout dans sa partie nord-est où les eaux stagnantes du White River et du Saint-Francis s'unissent à celle du Mississippi, le sol de l'Arkansas se relève au nord et au nord-ouest où le voisinage des monts Ozark se fait sentir par les plissements du sol ; au sud commence la plaine qui, plus bas, se déroule dans la Louisiane, dont l'Arkansas, aujourd'hui détaché, faisait autrefois partie et, comme tel, fut compris dans la cession faite par la France aux États-Unis en 1803.

Situé en dehors du courant de l'immigration, du mouvement maritime et commercial des États de l'Est, l'Arkansas n'a encore que peu d'industrie et de culture spéciale, sauf celle du coton et aussi du tabac pour laquelle il occupe le 10e rang. Il possède peu de manufactures et son agriculture n'a pas encore pris tout son développement. Mais ses richesses naturelles sont grandes, et cet État est appelé à occuper un rang important parmi les États producteurs de l'Union. On n'y compte encore qu'un seul centre : Little Rock, peuplée d'environ 13,000 habitants.

Extrémité méridionale de l'immense vallée du Mississippi, la Louisiane est, en grande partie, formée par les alluvions du fleuve dont elle possède le delta. Bornée au nord par l'Arkansas, à l'est par l'État de Mississippi, au sud par le golfe du Mexique et à l'ouest par le Texas, elle mesure 126,180 kilomètres carrés et renferme une population de 1,118,000 habitants. Terre sans relief, nivelée par les crues du fleuve, elle n'offre d'autre particularité que ses falaises côtières, affouillées d'un côté par la mer, entaillées de l'autre par les eaux fluviales. Autrefois ces falaises surplombaient les eaux du golfe du Mexique, mais l'incessant afflux des alluvions a refoulé ces eaux plus loin et les falaises, hautes de 25 à 40 mètres ne dominent plus qu'une plaine marécageuse et basse au travers de laquelle les rivières sans pente traînent, d'un lac à l'autre, leurs eaux dormantes; plus au nord commence la prairie qui s'étend dans l'Arkansas.

Le Mississippi est redoutable et ses crues sont fréquentes. « Contre lui, écrit M. Vivien de Saint-Martin, on lutte par ces célèbres levées, digues et encaissements qui sont, après la bordure rocheuse des terrains tertiaires, le trait de relief le plus accentué, le plus caractéristique de la Louisiane, trait quelquefois assez saillant, relativement à la plaine, pour qu'on puisse le côtoyer longtemps sans soupçonner le voisinage du fleuve, sans apercevoir ni même entendre les gigantesques bateaux à vapeur qui sillonnent son flot large de 1,500 à 2,000 mètres. C'est même du fleuve, du pont des bateaux à vapeur que l'on peut embrasser la plus vaste étendue de pays, tableau facile à dessiner par trois traits horizontaux : au premier plan la levée, saillant d'un mètre au-dessus du miroir des hautes eaux ; en arrière la zone de culture, terre basse de la canne à sucre, tantôt inondée, tantôt resplendissante de culture ; à l'arrière-plan l'invariable haie d'épaisses forêts fermant l'horizon. Sur les deux rives le paysage est le même. »

D'autant plus silencieux qu'il est plus puissant, le Mississippi est irrésistible et majestueux dans ses crues. Sans effort, comme sans bruit, il rompt dédaigneusement les barrières que l'homme lui oppose, il emporte ses levées, débordant sur la plaine qu'il enrichit et ruine alternativement. Cette plaine est le grand centre de la culture sucrière aux États-Unis, culture principale de la Louisiane. La canne à sucre est, pour cet État, ce que la laine est pour l'Ohio, le tabac pour le Kentucky et la Virginie, le riz pour la Caroline : sa principale source de richesse. Les États de la Nouvelle-Angleterre produisent le sucre d'érable dont ils consomment plus de 16 millions de kilogrammes et dont la valeur représente 18 millions de francs, 25 millions avec les mélasses. Le Kansas, l'Arkansas et le Texas fabriquent le sucre de sorgho qui donne une quantité énorme de mélasse évaluée à 45 millions. La Louisiane exploite la canne à sucre dont le rendement total, aux États-Unis, est estimé à 140 millions de kilogrammes et dont la Louisiane seule produit 126 millions. Si elle occupe le premier rang dans l'industrie sucrière, elle tient aussi le 3ᵉ pour la production du riz et le 7ᵉ pour le coton.

La Louisiane ne possède qu'une seule grande ville, la Nouvelle-Orléans, surnommée *Crescent City*, cité du Croissant, à cause de sa situation sur l'une des courbes du grand fleuve, au long duquel elle déploie, sur dix kilomètres de longueur, son port, ses files interminables de navires à vapeur, ses entrepôts, ses docks, ses jetées, ses vastes constructions, ses maisons et ses villas qui fuient à l'horizon derrière une pointe sablonneuse et une ceinture de forêts. Le sol sur lequel repose la grande ville peuplée de 246,000 habitants date, selon les géologues, de neuf mille ans ; il en a fallu 60,000 au fleuve pour former la haute Louisiane.

Édifiée sur une prairie tremblante encore, la Nouvelle-Orléans est l'entrepôt naturel de la vallée du Mississippi, le centre du plus grand commerce fluvial qui existe. La vieille ville française, fondée par Bieville, atteignait l'apogée de sa prospérité quand la guerre de sécession vint paralyser son essor. Depuis, son commerce a repris, mais les conflits entre la race blanche vaincue et la race noire affranchie, et, par le nombre, maîtresse du pouvoir, persistent depuis la paix. « L'État de la Louisiane, écrit M. de Molinari, gouverné par des *Carpet baggers* associés aux nègres, n'est pas un modèle d'économie et de bonne administration ; les levées se dégradent d'années en années, les crevasses se multiplient d'une façon alarmante et de vastes marécages, couverts de joncs et peuplés d'alligators, remplacent, dans maintes paroisses, les champs de riz et de cannes à sucre. » En dehors de la Nouvelle-Orléans, les villes de Bâton-Rouge et de Shreveport ne renferment que 7,000 et 5,000 habitants.

Le plus vaste, comme superficie, de tous les États de l'Union, le Texas, mesurant 688,343 kilomètres carrés, 140,000 de plus que la France, et peuplé de 2,235,523 habitants, confine à la Louisiane à l'est, au Mexique et au golfe du Mexique au sud, au Nouveau-Mexique à l'ouest, au territoire indien au nord. En 1836, un aventurier de la Virginie, Sam. Houston, envahissait cet immense territoire à la tête de bandes de flibustiers recrutés dans les États du Sud. Le Mexique, auquel il appartenait, avait négligé de l'occuper et de l'organiser ; il avait fallu, pour éveiller son attention, la cession de la Louisiane aux États-Unis, cession qui créait un dangereux voisinage au Mexique. On le vit, lorsque, en 1836, Sam. Houston proclama l'affranchissement du Texas et son annexion aux États-Unis. Santa-Anna, président du Mexique, entrait aussitôt en campagne et reprenait possession de la forteresse d'Alama. Peu après il rejoignait, à San-Jacintho, Sam. Houston, qui n'avait que 800 volontaires à opposer à 7,000 hommes de troupes mexicaines. Acculé, Houston chargea les Mexicains avec tant de vigueur qu'ils lâchèrent pied, laissant un millier de morts sur le champ de bataille et, entre les mains de l'ennemi, Santa-Anna lui-même et de nombreux prisonniers.

A la suite de cette victoire, et de la guerre qu'elle entraîna, le Texas était cédé aux États-Unis, non plus, comme l'avaient été la Louisiane et la Floride, à prix d'argent, mais en vertu du droit du plus fort. La politique américaine entrait dans une voie nouvelle, voie de conquêtes et d'annexions violentes, fatalement imposée au Sud par la nécessité de maintenir sa prépondérance et de multiplier, avec le nombre des États à esclaves, celui de ses représentants dans le Congrès. Le hardi coup de main de Sam. Houston donnait aux États-Unis un territoire aussi vaste que fertile.

Arrosé par un grand nombre de fleuves dont les plus importants sont la Sabine, le Naches, le Rio Trinidad, le San-Jacinto, le Brazos, le Colorado, le San-Antonio, le Rio Nueces, le Rio del Norte dont nous avons parlé plus haut et qui tous se déversent dans le golfe du Mexique, le Texas offre l'aspect d'une immense plaine, ou mieux d'une succession de prairies couvertes d'une herbe épaisse et haute, coupées de forêts de pins, de chêne, de cyprès et de magnolias. Dans l'ouest, le sol se relève et les monts des Apaches courent parallèlement à la frontière du Mexique. Au long de la côte mesurant 700 kilomètres de développement sur le golfe du Mexique, se succèdent des baies profondes, mais l'estuaire de la plupart des fleuves est rendu difficile d'accès par les barres qui entravent la navigation. Les céréales et notamment le maïs trouvent au Texas un sol favorable ; le coton y prospère et l'État en produit entre 500,000 et 800.000 balles annuellement, occupant, sous ce rapport, le 3ᵉ rang parmi les États de l'Union. L'industrie y est jusqu'ici peu développée et le Texas s'affirme surtout comme État agricole.

Ses villes sont encore peu importantes. Galveston, la plus considérable, ne compte pas 20,000 habitants. Située au fond de sa triple baie dont la superficie dépasse 1,500 kilomètres carrés, elle possède le meilleur port du Texas, mais sa barre n'en permet l'entrée qu'à des navires de faible tonnage. San-Antonio, presque aussi peuplé que Galveston, est situé dans l'intérieur des terres. Houston, Austin, Brownsville sont de petits centres ne possédant pas plus de 5,000 à 7,000 habitants.

III. — ÉTATS DE L'OUEST

Conquête de la race blanche sur la race indienne, de la civilisation sur la barbarie, de l'agriculteur sur le nomade, l'ouest américain commençait autrefois aux limites occidentales des États de New-York et de Pennsylvanie. Maître du littoral, le colon avait refoulé l'Indien dans la forêt et dans la région des grands lacs, mais la forêt elle-même reculait devant l'envahisseur ; les *settlements* s'étendaient ; l'ouest se colonisait. Au début, la marche fut lente ; on gagnait 25 à 30 kilomètres par an, mais le flot de l'immigration montait et chaque territoire, défriché et peuplé, servait de point de départ et d'appui pour franchir une étape nouvelle. En 1802, l'Ohio devenait un État, et, en 1806, colonisait l'Indiana, lequel à son tour débordait sur l'Illinois, admis dans l'Union en 1818. En 1836, on dépassait déjà, au nord, l'extrémité des grands lacs ; le Wisconsin était envahi et, en 1838, l'Iowa s'organisait en territoire, au cœur même du continent, à 2,000 kilomètres de Boston, à 1,000 kilomètres des montagnes Rocheuses que Jefferson tenait pour l'*ultima Thule* des États-Unis et dont Benton disait en 1825 : « Les montagnes Rocheuses sont notre frontière naturelle ; sur leur plus haute cime doit s'élever l'antique et immuable statue du dieu Terme. » En 1844, M. Winthrop, de Massachussets, soutenait la même opinion et Mac Duffie, sénateur de Géorgie, déclarait, aux applaudissements du Sénat : « Je remercie Dieu d'avoir élevé la muraille des montagnes Rocheuses. S'il n'en coûtait que cinq dollars pour la niveler je refuserais les cinq dollars. »

Ni le Pouvoir Exécutif, ni le Congrès n'étaient en effet favorables à une extension territoriale dans laquelle ils voyaient un éparpillement des forces vives du pays, mais ni l'un ni l'autre ne pouvaient arrêter l'irrésistible élan. Ils hésitaient encore, au moment où la politique annexionniste du sud amenait le démembrement du Mexique et donnait à l'Union le Texas, l'Arizona, la Californie, le Nevada, l'Utah, le Kansas et le Nouveau-Mexique, au moment où éclatait la nouvelle de la découverte de l'or en Californie et où l'immense exode de l'est à l'ouest emportait les dernières irrésolutions. « Soit donc, s'écriait Stephen Douglas, le sort en est jeté. La République aura les deux Océans pour frontières ; il est désormais inutile d'en tracer d'autres sur les cartes. »

Tel que l'ont fait la conquête sur l'Indien et la guerre du Mexique, l'Ouest embrasse les deux tiers de la superficie de l'Union : 6,623,123 kilomètres carrés, en y comprenant l'Alaska, que nous avons décrit plus haut. Cette immense étendue, égale à douze fois et demie celle de la France, est découpée en 20 États et 4 territoires, peuplée par 22,622,000 habitants. Elle se divise en deux sections distinctes : le bassin du Centre et celui du Pacifique. Nous en commencerons l'étude par le bassin du Centre, le plus vaste et le plus populeux, prolongement des États de l'Est et du Sud.

BASSIN DU CENTRE

Ce bassin s'étend, dans sa plus grande largeur, des frontières de la Pennsylvanie à la chaîne occidentale des montagnes Rocheuses ; il mesure, à vol d'oiseau, 3,650 kilomètres de largeur ; il renferme 14 États et 2 territoires : États de l'Ohio, Indiana, Michigan, Wisconsin, Illinois, Iowa, Minnesota, Dakota septentrional et Dakota méridional, Nebraska, Kansas, Montana, Wyoming et Colorado, et aussi le Territoire indien et celui du Nouveau-Mexique. Sa superficie, non compris l'Alaska que nous avons étudié séparément, est de 3,189,724 kilomètres et sa population de 20,520,000 habitants ; comme superficie et comme population, il représente le tiers environ des chiffres afférents aux États-Unis.

Fenimore Cooper a fait revivre en des pages inoubliables la poésie des grands lacs et la mélancolique beauté de la région des prairies qu'abordait, en 1816, l'explorateur George Flower et dont il confirmait l'existence, traitée de fable par les colons américains eux-mêmes. Aussi loin qu'ils eussent pénétré, l'immense forêt qui bordait le littoral s'étendait, semée de clairières, sillonnée de fleuves et de rivières, peuplée d'Indiens, dont les récits attestaient cependant que, par delà les monts Alleghanys, commençait la région des prairies, la riche vallée de l'Ohio traversée par la *Belle Rivière*, le mystérieux Wabash, et confinant aux rives solitaires du lac Michigan.

C'est sur cette plage, alors couverte de hautes herbes et où paissaient des troupeaux de buffles et d'élans, que Chicago, la reine de l'ouest, devait semer un jour, sur 100 kilomètres carrés, ses luxueuses habitations, ses hôtels princiers, ses parcs, ses marchés, ses usines, sa *Michigan Avenue* peuplée de millionnaires. Plus au sud, devaient s'élever Indianopolis et Cincinnati, plus à l'ouest Saint-Louis et Kansas-City. Dans sa marche vers l'occident, le pionnier ne devait plus s'arrêter que là où le continent lui-même s'arrêterait, aux rives du Pacifique ; il frayait la route à l'immigration européenne qui allait coloniser ces vastes espaces et fonder ces villes naissantes : aux Allemands qui figurent pour un tiers dans le chiffre de la population de Chicago, Cincinnati et Saint-Louis, aux Suédois et aux Norvégiens, nombreux dans le Wisconsin et le Minnesota ; aux Irlandais, aux Écossais, Anglais, Italiens, Français, Canadiens disséminés dans les fermes ou groupés dans les villages des États de l'Ouest.

En tête de ces États marche celui de l'Ohio, le plus peuplé relativement à sa superficie, 106,341 kilomètres carrés. Le chiffre de ses habitants s'élevait, en 1890, à 3,672,316. Situé entre la Pennsylvanie et la Virginie occidentale à l'est et au sud-est, le Kentucky au sud, l'Indiana à l'ouest, le lac Érié et le lac Michigan au nord, il doit son nom à sa puissante rivière, l'Ohio, dont il possède le cours supérieur et qui, grand affluent du Mississippi, lui ouvre le bassin du fleuve.

Sol au faible relief orographique, celui de l'Ohio offre l'aspect d'une longue plaine mamelonnée qu'un faîte hydrographique à peine sensible à l'œil divise en deux versants : celui de l'Ohio au sud, celui du lac Érié au nord. Par ce dernier se déversent de petites rivières plus industrielles que navigables ; les principales sont le Cuyahoga, dont l'estuaire forme le port de Cleveland, le Black et le Rocky, le Vermilion et le Huron, le Portage, le Sandusky et le Maumee auquel aboutissent les canaux du Wabash-Érié et du Miami-Érié. Dans l'Ohio se déversent le Muskingum à l'est, le Scioto au centre, le Great Miami à l'ouest.

Sur ce sol relativement plat et bien arrosé, apparaissent les étranges vestiges du peuple mystérieux que l'on désigne du nom de *Mounds Builders*, constructeurs de monticules. Ces monticules sont disséminés dans l'immense région qu'arrosent le Mississippi et ses deux grands affluents : le Missouri et l'Ohio. Ils sont nombreux dans l'État de l'Ohio ; on ne les retrouve pas dans l'est, ce qui semblerait indiquer que ce peuple n'a pas atteint les rives de l'Atlantique, à moins qu'on ne lui attribue les monstrueux amas de coquilles semés au long du littoral depuis le Maine jusqu'à la Floride, et sur les bords du golfe du Mexique. Dans l'Ohio, les *Mounds* affectent les formes animales ; les plus célèbres sont ceux du *Grand Serpent* et de l'*Alligator*. « Son nom écrit M. de Fontpertuis, indique très bien ce qu'est la forme du premier de ces *Mounds*; la tête du serpent y est figurée par la crête d'une colline, et son corps par des ondulations gracieuses qui se déploient sur une longueur de 700 pieds, en se terminant à la queue par un triple repli. L'*Alligator* n'est pas moins remarquable par l'habile et scrupuleuse reproduction des formes du hideux saurien dont il porte le nom. Quelquefois les *Mounds* empruntent la forme d'animaux disparus ou inconnus, tel, par exemple, celui qui figure un animal fantastique ayant une tête ressemblant à celle d'un singe, un corps long de 160 pieds et une queue de 325 pieds qui décrit un demi-cercle... Les travaux militaires que les *Mounds Builders* ont élevés sur divers points du vaste territoire qu'ils occupaient, révèlent un état de civilisation assez avancé. » Dans ces *Mounds*, uniques vestiges de leur existence, on a retrouvé, outre des ossements humains, des haches de cuivre soigneusement enveloppées d'étoffes, des tablettes d'ardoise couvertes de figures et d'hiéroglyphes, des poteries peintes aux formes étranges, des bijoux et des ustensiles.

État à la fois agricole et industriel, l'Ohio figure au premier rang des États de l'Union pour la valeur de ses fermes, au 5e pour leur superficie, au 4e pour la production des céréales. Sa production industrielle le classe également au 4e rang, elle dépasse 1,800 millions à l'année; pour celle du fer, l'Ohio vient immédiatement après l'État de Pensylvanie.

Les villes sont nombreuses; seize renferment plus de 10,000 habitants, cinq dépassent le chiffre de 30,000. Cincinnati est la plus considérable et compte près de 300,000 âmes. Assise sur une colline dominant le cours de l'Ohio, elle fut la *Reine de l'Ouest*, titre que lui disputent aujourd'hui Chicago et Saint-Louis plus peuplées. « Cincinnati, dit M. Duvergier de Hauranne, est la plus jolie ville d'Amérique. Sa situation est admirable, sur les bords de l'Ohio, dans cette belle et féconde vallée où les villages se pressent comme en Europe, où les vignes, les cultures potagères, les champs de maïs se mêlent aux forêts. L'aspect de la ville est pittoresque; rangée en amphithéâtre, hérissée de clochers, bordée d'une double ligne de grands steamers blancs et d'une forêt de cheminées noires, elle s'étend à perte de vue le long de la rivière et se dissémine dans la campagne. » Cincinnati est surtout remarquable par ses immenses abattoirs perfectionnés qui rivalisent avec ceux de Chicago et leur ont valu à toutes deux le surnom de *Porcopolis*. Des troupeaux de milliers de cochons y entrent pour en ressortir convertis en barils de porc salé, en jambons et en saindoux, dont les États-Unis exportent annuellement plus de 700 millions de livres.

Cleveland, la seconde ville de l'Ohio, comptait, en 1890, 248,000 habitants, 88,000 de plus qu'en 1870. Située sur la rive méridionale du lac Érié, à l'embouchure du Cuyahoga, Cleveland s'accroît et grandit avec une étonnante rapidité. Son port est le plus actif du lac, son commerce dépasse un milliard à l'année, commerce de céréales, de produits manufacturés et de pétrole. Après Cleveland, vient Toledo, sur l'Érié, ville de grand avenir, important marché de grains et de bétail, dont la population est de près de 100,000 âmes; puis Columbus, Dayton, villages hier, cités aujourd'hui, grandes villes demain, miroirs dans lesquels se reflète la prospérité de ces riches régions.

Prolongement occidental des plaines de l'Ohio, l'Indiana est borné au nord par le lac et l'État de Michigan, au sud par le Kentucky, à l'ouest par l'Illinois; sa superficie, de 94,143 kilomètres carrés, renferme 2,192,000 habitants. Sur son sol, au faible relief orographique, nous retrouvons, au nord, la ligne de faîte de partage des eaux qui se continue dans l'Ohio et qui, ici, sépare le bassin du lac Michigan de celui du Mississippi. Moins accusée encore dans l'Indiana que dans l'Ohio, cette ligne de partage se déroule incertaine, à travers une région de marécages et de lacs. Si peu sensibles sont ses pentes que les cours d'eau y forment, à leur jonction, des rivières orientées en sens inverse à celui de leurs affluents. Le Wabash est le plus considérable de ces cours d'eau, bien que ce soit la rivière de l'Illinois qui ait donné son nom à l'État. Sorti du lac de Célina, près de la rivière Saint-Mary, le Wabash suit un cours parallèle, puis brusquement s'oriente en sens contraire, le Saint-Mary poursuivant sa route dans le nord-est, le Wabash inclinant au sud-ouest, puis au sud où, après un cours de 600 kilomètres, il rejoint l'Ohio auquel il apporte les eaux de l'Eel River et du Tippacanoe, de la Salamanie, du Wild Cat et de la White River. Au bassin des grands lacs appartiennent le Maumee qui se déverse dans l'Erié, et le Saint-Joseph qui se jette dans le lac Michigan.

Aussi fertile que l'Ohio, l'Indiana lui est inférieur par le nombre et la valeur de ses fermes; il le dépasse par la production des céréales, mais il ne l'égale pas au point de vue industriel. État agricole, il est l'un des greniers de l'Amérique et du monde; son rendement en froment excède 100 millions de boisseaux à l'année, sans compter 71 millions de maïs et 30 millions d'avoine.

Indianapolis, ville principale de l'État, renferme près de 100,000 habitants. Située sur la rive gauche du White River dont le Wabash porte les eaux à l'Ohio, elle a été créée tout d'une pièce, dans la clairière d'une forêt, au cœur même de l'État. De même que pour Washington-City, sa construction a devancé son peuplement, mais ce peuplement a été rapide. Un demi-million de cultivateurs se sont abattus sur les terres fécondes de l'Indiana dont la capitale est devenue une grande ville autour de laquelle rayonnent de nombreuses voies ferrées, dans laquelle se développe une industrie naissante. Moins considérables, les autres villes de l'Indiana ne sont pas moins prospères : Evansville et Fort Wayne comptent plus de 20,000 habitants ; La Fayette, New-Albany, Terre-Haute, Madison, Logansport, South Bend en ont de 15,000 à 20,000.

Situé au cœur même de la région des grands lacs, l'État de Michigan dessine entre le lac Supérieur, le lac Érié, le lac Huron et le lac Michigan, une double péninsule bornée au sud par l'Indiana et l'Ohio. Cette chaîne de lacs, que le lac Ontario continue à l'est, forme au milieu des terres, un océan d'eau douce. Une ligne imaginaire coupe les lacs supérieurs : Huron, Érié, et Ontario par le milieu, de l'est à l'ouest, dans l'axe de leur longueur, formant la frontière entre les États-Unis et le Canada. Seul le lac Michigan appartient en entier aux États-Unis qui, de toutes parts, l'enserrent. Au nord-ouest, le Saint-Laurent, presque tout entier canadien, relie cette Méditerranée intérieure à l'Océan; de l'embouchure du fleuve au fond du lac Supérieur, les navires remontent sans difficulté cette voie fluviale de 4,000 kilomètres, l'une des plus considérables qui existent.

La superficie de l'État de Michigan est de 152,584 kilomètres carrés et sa population, en 1890, de 2,093,889 habitants. Des deux presqu'îles qui le forment, celle du sud, la plus vaste, constitue les trois cinquièmes de l'État. Reliée au sud à l'Indiana et à l'Ohio, elle en a le relief orographique peu accentué, les grandes plaines et les longues pentes insensibles s'élevant vers la ligne de partage des eaux qui serre de près les côtes du lac Huron, et qui ne dépasse guère 150 mètres d'altitude. Au long du lac Michigan et du lac Huron, le rivage se déroule monotone et plat, bordé de dunes sur le Michigan, de dunes et de marécages sur le lac Huron. Le détroit de Mackinaw qui relie ces deux lacs offre seul quelques falaises de médiocre altitude. Plus accidentée, la presqu'île septentrionale est séparée en deux parties inégales par la ligne de partage des eaux qui serre de près le lac Supérieur et dessine de faibles hauteurs de 300 mètres environ. Dans les deux presqu'îles, la forêt primitive persiste encore sous la forme de bois de pins vigoureux, de grandes clairières, *oaks openings*, semées de bouquets de chênes séculaires dont les puissantes ramures forment des oasis de verdure au milieu de la plaine cultivée. Entre les lignes de faîte et les lacs, l'espace est trop restreint pour que les nombreux ruisseaux s'unissent et forment des rivières. Ce ne sont que torrents, coupés de rapides et de cataractes, dont le plus considérable par le volume de ses eaux est le Minominee.

Bien que ses forêts constituent encore la principale richesse du Michigan, cet État figure cependant au 6e rang pour la production du froment, au 7e pour la valeur de ses fermes. Bien que l'industrie soit loin encore d'y avoir atteint son plein développement, le Michigan fait de rapides progrès et sa production industrielle, qui dépasse déjà 750 millions par année, le classe au 9e rang.

Les grandes villes y sont rares; Détroit mérite seule ce nom. Située, comme son nom français l'indique, sur un détroit, celui qui amène dans le lac Érié les eaux du lac Saint-Clair, cette ville, qui ne comptait que 79,000 habitants en 1870, 116,000 en 1880, en renferme aujourd'hui 197,000. Fondée par des colons français dans une position des plus heureuses entre les grands lacs, Détroit, étape obligée de la navigation entre le Saint-Laurent, l'Huron, le lac Michigan et le lac Supérieur, a grandi comme entrepôt agricole d'abord, industriel ensuite; elle possède d'importantes scieries et de vastes usines, des minoteries et des fonderies. Les autres villes de l'État ne sont encore, auprès de Détroit, qu'à l'état embryonnaire; trois seulement : Grand Rapide, Jackson et East-Saginaw comptent environ 20,000 âmes.

A l'ouest du Michigan, l'État de Wisconsin confine au sud à l'Illinois et à l'Iowa, à l'est au lac Michigan, au nord au lac Supérieur, à l'ouest au Minnesota. Région plate et lacustre, fertile et bien arrosée, le Wisconsin est un État agricole dont la production s'affirme chaque année. Sur une superficie de 145,137 kilomètres carrés, il renferme une population de 1,686,880 habitants, parmi lesquels les Allemands sont en grand nombre. Le Wisconsin occupe le 8e rang pour la valeur de ses fermes qui dépasse 1,785 millions de francs; il est au 12e pour la production industrielle.

De même que le Michigan, le Wisconsin ne renferme qu'une grande ville, Milwaukee, dont la croissance rapide dépasse encore celle de Détroit. De 1870 à 1890, la population de Milwaukee s'est élevée de 71,440 habitants au chiffre de 240,000. Située à l'embouchure de la rivière du même nom et sur la rive ouest du lac Michigan, à 100 kilomètres au nord de Chicago dont elle se pose comme la rivale commerciale, cette ville a reçu le surnom de *Cream-City*, « ville couleur de crème, » surnom dû à la coloration particulière des briques dont Milwaukee fait un grand commerce d'exportation et qu'elle emploie pour ses constructions. Surnommée aussi « l'Athènes Allemande de l'Amérique », cette ville est, en réalité, plus allemande qu'américaine ; son commerce alimente une navigation considérable dont l'ensemble, à l'entrée et à la sortie, se chiffre par un total de plus de 16,000 bâtiments. Les autres villes de l'État : Eau-Claire, Fond du Lac, La Crosse, Racine, sont loin d'avoir l'importance de Milwaukee, mais leur population s'augmente et quelques années suffisent pour amener, dans le classement de ces localités de l'Ouest, de brusques changements. A la plupart d'entre elles pourrait s'appliquer ce mot d'un habitant de Chicago auquel on demandait quel était le chiffre de la population de sa ville : « Je ne sais pas, répondait-il, je suis absent depuis un mois, mais quand je partis on en comptait 503,185. » C'était en 1880 ; dix ans plus tard, en 1890, Chicago en renfermait 1,100,000 habitants.

Au sud du Wisconsin, entre l'Indiana à l'est et le Kentucky au midi, l'Iowa et le Missouri à l'ouest, s'étend l'Illinois, le plus riche et le plus peuplé des États occidentaux. Sur une superficie à peu près égale à celle du Wisconsin, il renferme une population de plus du double : 3,826,351 habitants. Situé, ainsi que l'État de Wisconsin, dans l'axe de la longue et large dépression qui creuse la partie des États-Unis située entre le système des monts Apalaches à l'est et les montagnes Rocheuses à l'ouest, et qui s'étend du lac Supérieur au golfe du Mexique, formant le bassin du Mississippi, l'Illinois s'incline vers ce bassin en une longue pente que sillonnent ses grands cours d'eau. Ce sont : au sud, l'Ohio et le Kaskaskia, au centre la rivière des Illinois, du mot indien *Illini*, « hommes » ; au nord le Rock River. Rivière lente et paresseuse, celle des Illinois, qui se déverse dans le Mississippi, donne son nom à l'État qu'elle traverse du nord-est au sud-ouest ; son parcours total est de 500 kilomètres.

Ici, l'on est au cœur de cette région des prairies qu'abordèrent en 1817, et après mille fatigues, George Flower et Morris Birbeck, deux fermiers explorateurs anglais, dont le premier a résumé en quelques lignes l'impression que lui causa sa découverte. « Un jour, écrit-il, après une marche de sept heures par une chaleur intense, brisés de fatigue, lacérés par les ronces de la forêt, découragés, nous débouchâmes brusquement dans une prairie semée de fleurs sans nombre. Devant nous, aussi loin que l'œil pouvait s'étendre, elle déroulait, dans le calme et le silence majestueux d'un bel après-midi d'automne, son immense tapis diapré. Çà et là, des bouquets de chênes séculaires lui donnaient l'aspect d'un parc gigantesque. Derrière nous, la forêt que nous quittions restait pleine d'ombre et de mystère. Une fois dans ma vie, la réalité tant attendue, si désirée, dépassa mes espérances. » Aujourd'hui, la région des Prairies, nouveau pays de Canaan, est devenue l'inépuisable grenier de l'Amérique du Nord. Après un demi-siècle de culture incessante, ce sol est aussi fécond qu'au premier jour ; le sous-sol n'est pas moins riche. Il peut fournir, dit-on, 100 millions de tonnes de charbon pendant dix siècles sans s'épuiser ; il renferme en outre des minerais de plomb, de fer, de cuivre et de zinc.

L'Illinois tient le premier rang pour la production des céréales, le second pour la valeur de ses fermes, il est au 4e pour la production industrielle, au 3e pour celle du fer et aussi du charbon. Sa récolte de maïs et de froment dépasse 425 millions à l'année et, sur les 700 millions de boisseaux d'avoine que produisent annuellement les États-Unis, l'Illinois s'inscrit pour 109 millions.

Chicago, sa grande ville, surnommée *la Reine des Prairies*, située à l'embouchure de la rivière qui lui donne son nom, et à la pointe sud-ouest du lac Michigan, est l'un des grands centres commerciaux du monde. Elle date de 1840, et ne comptait alors que 4,479 habitants; 20 ans plus tard, en 1860, elle en possédait 109,000; 300,000 en 1870; 503,000 en 1880; 1,100,000 en 1890. En soixante années, cette ville s'est accrue de 1,095,000 habitants, fait unique dans l'histoire et qui montre ce que peuvent devenir ces États de l'Ouest dont l'étonnante prospérité semble s'incarner dans cette *Representative City*. Depuis qu'elle existe, cette ville n'a cessé de se développer avec une vertigineuse rapidité. Déjà, en 1875, son commerce d'importation et d'exportation s'élevait à 2 milliards et demi de francs, le tiers de celui de la France entière. Douze grandes voies ferrées font de Chicago le nœud d'un immense réseau de circulation que complète la navigation des lacs et, bien que 1,200 kilomètres la séparent de la mer, elle est l'une des grandes cités maritimes de l'Union; elle aspire à détrôner New-York et son merveilleux passé justifie ses rêves d'avenir.

Sans avoir, à beaucoup près, l'importance de Chicago, les autres villes de l'Illinois sont, presque toutes, en rapide progrès : Quincy, Peoria, Springfield, Bloomington se peuplent et s'étendent; Rockford, Galesburg, Jacksonville, Ottawa, Galena, Freeport, Decatur, gros villages hier, sont aujourd'hui des centres actifs et populeux.

Situé au cœur même du bassin du Mississippi, à la jonction du grand fleuve et du Missouri, l'État de Missouri, a pour limites l'Illinois à l'est, l'Arkansas au sud, le Kansas à l'ouest, l'Iowa au nord. Sa superficie est de 176,778 kilomètres carrés, sa population de 2,679,184 habitants. Son orographie et son hydrographie sont celles du bassin mississippien que nous avons décrit plus haut. Au sud, le soulèvement des monts Ozark donne à cette partie du Missouri un aspect montagneux; partout ailleurs s'étend la prairie luxuriante, aux grands horizons, aux savoureuses graminées; les antilopes et les bisons ont disparu, les champs de culture remplacent les pâturages et, dans son cadre verdoyant, le Missouri est devenu l'un des États agricoles de l'Union. Il est au 7e rang pour la production du blé, au 3e pour celle du maïs, au 5e pour celle de l'avoine. Moins avancée, sa production industrielle atteint cependant près d'un milliard à l'année.

Saint-Louis, sa grande ville, est la sixième de l'Union et renferme 450,000 habitants; elle n'en avait que 350,000 en 1880. Fondée et colonisée par des Français, Saint-Louis a, elle aussi, rapidement grandi; elle se pose en rivale de Chicago, mais elle est loin encore de l'égaler en population. « Il est, écrit M. L. Simonin, peu de villes en Amérique aussi bien situées que celle-ci; elle est au milieu de la vallée mississippienne, elle se trouve à égale distance de l'extrémité des grands lacs et du golfe mexicain, des rivages atlantiques et du flanc des montagnes Rocheuses, au centre d'un cercle de 900 milles de rayon ; elle a enfin autour d'elle pour s'étendre un champ préparé comme à dessein. Alors que New-York étouffe dans son île rocheuse de Manhattan, que

Philadelphie est confinée dans une plaine basse entre la Delaware et le Schuylkill, Washington sur un plateau sablonneux et stérile, Chicago dans une prairie marécageuse, Cincinnati au pied de coteaux pierreux, Saint-Louis peut se développer à volonté dans une campagne ravissante qui va s'exhaussant peu à peu en quittant la berge du Mississipi et que des collines ondulées, couvertes de forêts, limitent seules à l'horizon lointain. » Kansas-City, seconde ville de l'État, compte plus de 70,000 habitants, Saint-Joseph plus de 40,000.

Situé au nord de l'état de Missouri, celui d'Iowa confine à l'est à l'Illinois et au Wisconsin, au nord au Minnesota, à l'ouest au Nebraska et au Dakota méridional. Sur une superficie de 145,099 kilomètres carrés il renferme une population de 1,911,896 habitants. Il doit son nom à la rivière des Indiens Iowas, ou *Lourdeaux*, laquelle, née au nord de l'État, se déverse dans le Mississippi près de la frontière de l'Illinois. Sur son sol légèrement ondulé, un faible renflement courant du nord-ouest au sud-est constitue la ligne de partage des eaux entre les affluents du Mississippi et ceux du Missouri. Au sud ces plissements décroissent et n'indiquent plus que la pente générale de cette région inclinée du nord au sud.

État agricole, favorisé par un climat remarquablement égal et sain, l'Iowa figure au 6e rang pour la valeur de ses fermes, au 1er pour la production du maïs, au 2e pour celle de l'avoine. Par contre, sa production industrielle ne dépasse pas 400 millions à l'année. L'Iowa ne possède pas de grandes villes; les plus peuplées, Davenport, Des Moines, Dubuque, ne comptent pas plus de 30,000 habitants.

Au nord de l'Iowa, le Minnesota, État frontière, confine au Canada au nord, au lac Supérieur et au Wisconsin à l'est, au Dakota septentrional et méridional à l'ouest, sa superficie est de 215,907 kilomètres carrés et sa population de 1,301,826 habitants; son nom indien signifie *Eau trouble;* il est dû à la couleur des eaux de sa rivière, premier grand affluent du Mississipi. « Bien que le Minnesota, écrit M. Vivien de Saint-Martin, ne soit en aucune façon un pays de montagnes, il en a toute l'importance par l'influence que son très faible relief exerce sur la production et la distribution des eaux. Il renferme le faîte de partage de la haute plaine médiane du continent nord-américain, plaine qui descend au nord jusqu'à la baie d'Hudson, au sud jusqu'au golfe du Mexique. » Ce faîte consiste en coteaux, *Heights of Land*, dont les plus hautes altitudes ne dépassent pas 600 mètres. Les plaines et les lacs bordent ce faîte de faible saillie.

Pays essentiellement agricole, le Minnesota se développe rapidement. Sa production de froment, qni n'excédait guère 2 millions de boisseaux en 1860, dépasse aujourd'hui 36 millions et le classe au 5e rang; il est au troisième pour l'avoine, au 14e pour la valeur de ses fermes, mais il est encore loin d'avoir mis tout son sol arable en culture. Non plus que l'Iowa, la Minnesota ne possède de grands centres; ces centres se font rares à mesure que nous avançons dans l'ouest; les plus considérables du Minnesota, Minneapolis et Saint-Paul, prennent toutefois un essor rapide; leur population, qui n'était que de 20,000 âmes en 1870, dépasse 50,000, et dans ce *Far-West* fertile en surprises, nul ne saurait conjecturer ce que l'avenir réserve à des villes naissantes.

A peine connu il y a quelques années, à peine mentionné dans les livres géographiques, le territoire de Dakota érigé en État, puis dédoublé, forme aujourd'hui le Dakota septentrional, peuplé de 182,179 habitants, et le Dakota méridional qui en renferme 328,828 ; leur superficie totale est de 386,153 kilomètres carrés. Ils ont pour limites : au nord le Canada, à l'ouest le Minnesota et l'Iowa, au sud le Nébraska; à l'ouest le Montana et le Wyoming. Ils empruntent leur nom au Dakota, affluent du Missouri, lequel, sur 1,200 kilomètres de longueur, traverse les deux États, du nord-ouest au sud-est. Le cours du Dakota, depuis sa source dans l'État septentrional, jusqu'à son confluent avec le Missouri à Yankton, mesure 600 kilomètres.

Si le Dakota n'a encore que peu de production industrielle, il se développe au point de vue agricole. Déjà la valeur de ses fermes dépasse 150 millions, son blé est de qualité supérieure et, comme pays d'élevage, il semble appelé à occuper un rang important. On n'y compte pas encore de villes et Yankton, sa capitale, renferme seulement quelques milliers d'habitants. Le Dakota possède des mines d'or et d'argent dont le rendement total dépassait déjà, en 1887, 150 millions de francs.

Au sud du Dakota méridional s'étend l'État de Nébraska, d'une superficie de 199,046 kilomètres carrés et peuplé de 1,058,910 habitants. Il est borné, à l'est, par l'Iowa et le Missouri; au sud, par le Kansas; à l'ouest, par le Wyoming et le Colorado. Il offre l'aspect d'une immense plaine orientée de l'ouest à l'est, sillonnée de longs plissements creusés de sillons dans lesquels les eaux s'écoulent ou séjournent, et affectant la forme d'un bassin lacustre récemment drainé et ridé par de faibles ondulations. A mesure que l'on s'élève vers le nord, l'humus disparaît, le sable domine; on aborde la région dite des *Bad Lands*, des « mauvaises terres », qui recouvre un quart de la superficie de l'État.

Dans les sillons du sol, coule, de l'ouest à l'est, la Nébraska ou *Platte* qui donne son nom à l'État, et dont les deux branches maîtresses, Platte du Nord et Platte du Sud, descendent des montagnes Rocheuses. A Platte-City, elles se réunissent après un parcours de 900 et de 600 kilomètres et forment la Nébraska qui, 550 kilomètres plus loin, rejoint le Missouri en aval d'Omaha. Par son orientation, le sillon que creuse de l'ouest à l'est la Nébraska fut, jusqu'à la construction du grand chemin de fer du Pacifique, la voie suivie par les émigrants qui se rendaient en Californie et qui trouvaient, sur ses rives, de l'eau et des pâturages pour leurs animaux. Parallèlement à la Nébraska, deux autres rivières : le Republican River au sud et le Niobrara au nord, tributaires aussi du Missouri, traversent l'État.

Malgré ses mauvaises terres du nord et la sécheresse apparente de son sol, le Nébraska se colonise rapidement. Avec la culture, le climat se modifie et les pluies deviennent plus abondantes; le sol de la plaine est riche et fournit d'abondantes récoltes. Dès 1880, la population du Nébraska s'élevait déjà à 452,000 habitants, soit 329,000 de plus qu'en 1870. Elle dépasse aujourd'hui un million et a plus que doublé en dix ans. Dans ce court espace de temps, cet État nouveau a monté au 10ᵉ rang pour la production du blé, au 4ᵉ pour celle du maïs; la valeur de ses fermes dépasse 500 millions. L'industrie se développe et tout lui présage un grand avenir. Les centres populeux y sont rares encore, mais Omaha, station importante du chemin de fer de l'Atlantique au Pacifique, prend chaque année un plus grand essor et semble appelée à devenir l'une des cités importantes de l'Ouest.

Situé au sud du Nébraska, à l'ouest du Missouri, au nord du Territoire indien et à l'est du Colorado, l'État du Kansas mesure 212,578 kilomètres de superficie et possède 1,427,000 habitants. Son orographie est la même que celle de la partie centrale du Nébraska dont son sol est le prolongement. La *Rolling Prairie*, la « prairie ondulée », se déroule sans interruption, orientée de l'ouest à l'est, sillonnée de longs plissements dans lesquels les eaux s'écoulent. Ces eaux sont celles du bassin du Kansas, affluent du Missouri et celles du bassin de l'Arkansas, tributaire direct du Mississippi. Au premier qui, dans son cours de l'ouest à l'est, partage l'État en deux sections égales, appartiennent le Saline River, le Salomon, long de 500 kilomètres, le Republican Fork de 800 et le Smoky-Hill Fork ; ces deux derniers forment les branches maîtresses du Kansas qui, plus bas, reçoit encore le Blue River issu du Nébraska. Le bassin de l'Arkansas est alimenté par nombre de ruisseaux ; dans son lit disproportionné, mobile et changeant, il roule autant de sable que d'eau, déplaçant ses rives, offrant l'aspect d'une perpétuelle inondation, d'une gigantesque nappe d'eau sans profondeur et du sein de laquelle émergent des bouquets d'arbres, des îles et de longues flèches de sable.

Ici, comme dans le Nébraska, comme dans tous ces États du Far West, inconnus hier, et déjà facteurs économiques importants, nous notons, avec un surprenant accroissement de la population, un étonnant accroissement de la production agricole. En trois décades successives le Kansas a vu tripler le nombre de ses habitants, 107,000 en 1860, 364,000 en 1870, 996,000 en 1880 ; il atteint aujourd'hui 1,500,000, et l'on se demande où s'arrêtera cette marche ascendante. Il en est de même pour la production agricole : 2 millions d'hectolitres de maïs en 1860, 6 millions en 1870, 36 millions en 1880 ; pour l'avoine 88,000 en 1860, 8 millions en 1870, 40 millions en 1880.

Dans cet État où l'industrie ne fait pas surgir encore de grandes agglomérations ouvrières, la population réside surtout dans les fermes, et les centres populeux font défaut. Parmi les plus importants, signalons Topeka, capitale du Kansas, 30,000 habitants ; Leavenworth, Atchison et Lawrence ; puis des villes récentes : Parsons, Wichita, nées d'hier.

Comme le sol du Kansas, celui du Territoire indien qui borne le Kansas au sud, s'incline en longues pentes vers la vallée du Mississippi ; les vertes prairies se déroulent orientées à l'est, accidentées de collines et de mamelons, arrosées de cours d'eau qu'abritent des saules et des chènes et qu'absorbent la Rivière Rouge du sud et l'Arkansas, toutes deux navigables. Le Territoire indien, auquel il convient de joindre les *Public Lands*, bande de territoire de 50 kilomètres de large et d'environ 300 de long, qui lui est limitrophe, a pour limites au nord le Kansas, au sud et à l'ouest le Texas, à l'est l'Arkansas. Sorte de grande *réserve* d'Indiens, ce territoire en renferme près de 80,000. Mais la population blanche envahit lentement cette *réserve* d'où bientôt elle chassera l'Indien.

Situés au cœur même du système des montagnes Rocheuses, les États de Montana,

VUE DE SAN FRANCISCO.

Wyoming et Colorado et le territoire du Nouveau-Mexique forment du nord au sud la barrière orographique qui sépare la vallée du Mississippi et la région des Prairies du grand bassin qui s'étend depuis le versant occidental des montagnes Rocheuses jusqu'à la chaîne des Cascades et à celle de la Sierra Nevada, son prolongement méridional. Orientées du nord-ouest au sud-est, les montagnes Rocheuses sillonnent transversalement cette ligne d'États qu'elles découpent en deux versants que surplombent leurs massifs, en vallées profondes qu'enserrent leurs ramifications de hauts plateaux et de plaines. Le plus septentrional de ces États, celui de Montana, confine au Canada, aux provinces d'Assiniboïa et d'Alberta au nord, à l'est au Dakota, au sud à l'État de Wyoming, à l'ouest à celui de l'Idaho. Sa superficie est de 378,331 kilomètres carrés, sa population de 132,159 habitants. Inégalement répartie, cette population se concentre dans la région du nord et de l'ouest, région montagneuse et forestière, beaucoup moins étendue que celle de l'est qui s'incline vers la vallée du Mississippi, mais dont le climat plus froid et plus sec et dont le sol plus aride se prêtent moins à la culture.

Deux chaînes parallèles, distantes d'environ 180 kilomètres, renferment cette région du nord-ouest; l'une, la plus occidentale, a nom les *Bitter Root Mountains*, elle sépare le Montana de l'Idaho; l'autre, à l'est, se relie aux *Belt Mountains* qui dessinent la ceinture de la plaine. Entre ces deux chaînes de bordure, les montagnes Rocheuses se profilent vers le sud, soulevant leurs vagues montueuses. Près de la frontière du Wyoming, le pic de l'Émigrant se dresse à 3,224 mètres; il marque, au nord, la limite des hauts massifs des Grandes Rocheuses.

Trois rivières, le Bitter Root River, le Missouri et le Yellowstone, ramassent et emportent les eaux abondantes des torrents qui bondissent dans les gorges du Montana. Le Bitter Root River, successivement dénommé le *Pend d'Oreilles*, puis le Clarke, se déverse dans la Columbia, tributaire de l'océan Pacifique. Le Missouri et le Yellowstone s'unissent sur la frontière du Montana et du Dakota et vont rejoindre, dans l'est, le puissant Mississippi. Bien qu'encore peu peuplé, le Montana, rival de la Californie pour la production des métaux précieux, commence à prendre rang parmi les États agricoles de l'Union et tout indique qu'avant peu des fermes importantes surgiront sur ce sol facile à irriguer et parfaitement adapté, ainsi que l'expérience l'a prouvé, à la culture des céréales et à l'élevage du bétail. Aucun grand centre n'existe encore dans cette région où l'on ne compte guère plus d'un habitant pour 3 kilomètres carrés.

La densité de population est moindre encore dans le Wyoming où 60,000 habitants sont disséminés sur 253,525 kilomètres carrés; par contre, cette densité se relève dans le Colorado, d'une superficie de 269,154 kilomètres carrés, renfermant 412,000 habitants. Borné au nord par le Montana, à l'est par le Dakota méridional et le Nebraska, au sud par le Colorado et l'Utah, à l'ouest par l'Idaho et le nord de l'Utah, le Wyoming affecte la forme d'un quadrilatère presque parfait. On a tenu peu de compte du relief orographique dans le tracé primitif des frontières de ces pays à peine connus alors qu'on leur assignait des limites empruntées aux degrés de latitude et de longitude. Il en fut ainsi pour la plupart des États à l'ouest du grand bassin du Mississippi, mais surtout pour ceux de Wyoming, Colorado et Nouveau-Mexique que circonscrivent sur la carte des lignes droites et parallèles.

Peu peuplé, encore peu cultivé, le Wyoming, région de montagnes et de forêts, est l'un des plus pittoresques États de l'Union. Dans son angle nord-ouest on a découpé le parc national de Yellowstone, parc gigantesque de 70 kilomètres de largeur sur 90 de longueur, renfermant, outre les sources du Missouri, et de la Yellowstone, de hautes montagnes, des gorges profondes, des lacs, des cascades et des geysers dont les eaux bouillonnantes jaillissent à de grandes hauteurs. Le plus étonnant de ces geysers est la source Géante. « L'ensemble de la masse d'eau, écrit M. Hayden, mesure de 20 à 25 pieds d'épaisseur et s'élève en une seule colonne gigantesque jusqu'à 90 pieds de haut; puis, de son centre, sortent cinq grands jets qui, légèrement appuyés les uns sur les autres, atteignent l'altitude sans égale de 500 pieds au-dessus du sol. La terre tremble sous ce déluge d'eau : des arcs-en-ciels entourent les cimes des jets de leurs rayonnements et leur font une auréole diaprée. La chute des eaux creuse et entraîne les strates écailleuses du cratère et un flot bouillant descend les pentes jusqu'à la rivière. Ce geyser est la fontaine la plus colossale, la plus majestueuse et la plus effrayante qui existe sur notre globe. »

Les Big Horn mountains et les monts de Laramie décrivent, dans l'est du Wyoming, deux courbes puissantes; la chaîne du Teton s'étend à l'ouest et, contournant le grand lac Salé de l'Utah, se relie plus au sud à celle du Washatch. Entre ces chaînes se dressent les massifs des Rocheuses, le pic du Grand Teton, 4,173 mètres, celui de l'Union, 3,334 mètres et le pic Frémont, mais c'est plus au sud, dans l'État de Colorado, qu'apparaissent les hautes cimes neigeuses des grandes Rocheuses, enserrant d'énormes cirques, lacs autrefois, aujourd'hui desséchés et que l'on désigne du nom de Parcs. Ces parcs se succèdent du nord au sud, sous les noms de Parcs du Nord, du Centre, du Sud, de Saint-Louis. Ici, les montagnes Rocheuses s'écartent, formant deux chaînes parallèles : l'Eastern ou Front Range à l'est, le Park Range à l'ouest. Les pics se succèdent, dépassant 4,000 mètres d'altitude : Long Peak 4,330, Pikes Peak 4,312, mont Lincoln 4,336, pic Blanca 4,409. Au sud-ouest les longues pentes des montagnes s'inclinent et viennent mourir dans le désert sablonneux du Colorado.

La salubrité du climat et la fertilité du sol, là où il se prête à la culture, ont attiré dans le Colorado des colons dont le nombre s'accroît. Déjà cet État figure parmi les États agricoles de l'Union; sa production de céréales augmente avec l'étendue et la valeur de ses fermes. L'État renferme en outre d'importantes mines de métaux précieux et si la Californie l'emporte sur lui pour l'extraction de l'or, le Colorado tient, après le Nevada, le premier rang pour celle de l'argent dont il produit pour plus de 75 millions annuellement.

Au sud de l'État de Colorado, le territoire du Nouveau-Mexique confine à l'est au Texas, au midi à la frontière mexicaine, à l'ouest à l'Arizona. Sa superficie est de 317,469 kilomètres carrés et sa population de 153,000 habitants. On la désigne souvent du nom de *pays des Mesas*, pays des « Tables » ou plateaux; ce sont, à l'ouest, *la Mesa de Los Lobos*, le plateau des Loups, au sud-ouest celui de Saint-Augustin; plus

bas et sur la frontière du Mexique, le plateau de la Sierra Madre. Dans l'est s'ouvre le
Llano Estacado, la grande *plaine jalonnée*, dont nous avons parlé plus haut et qui
déborde sur le Texas. Profondément bouleversé par les forces volcaniques, le sol du
Nouveau-Mexique abonde en cavernes autrefois habitées par les races autochtones, en
cañons encaissés entre de hautes parois, en rocs creusés, façonnés, découpés par les
eaux en formes bizarres, en larges vallées, bassins de lacs et lits de fleuves asséchés.
Au nord du territoire, sur la frontière du Colorado, se dressent, comme les piliers d'un
immense portail, *Las dos Hermanas*, « les deux Sœurs, » deux des plus belles cimes
neigeuses que l'on puisse contempler ; leurs contours réguliers et symétriques leur
donnent l'aspect d'immenses obélisques élevées par une génération de géants.

Un seul fleuve : la Rio Grande del Norte, une seule rivière : le Rio Pecos, affluent
du Rio Grande, sillonnent ce vaste territoire, portant au golfe du Mexique les eaux des
torrents et des maigres filets que n'absorbent pas les terres sablonneuses. La population s'est surtout groupée sur les rives du Rio Grande del Norte dont nous avons
décrit le cours et l'aspect dans l'étude générale hydrographique des États-Unis.

Au territoire du Nouveau-Mexique finit le bassin central de l'Ouest. Par delà les
montagnes Rocheuses s'ouvre celui du Pacifique, comprenant l'État d'Idaho, les Territoires d'Utah et d'Arizona, les États de Washington, de l'Orégon, du Nevada et de la
Californie.

BASSIN OCCIDENTAL ET BASSIN DE L'OCÉAN PACIFIQUE

Les cinq États et les deux territoires que les États-Unis ont découpé entre le versant
occidental des montagnes Rocheuses et le littoral de l'océan Pacifique, recouvrent une
superficie de 1,857,107 kilomètres carrés, superficie triple de celle de la France,
supérieure à celle de la France, de l'Allemagne et de l'Autriche-Hongrie réunies. Terre
des métaux précieux, celle-ci forme avec le Colorado, le Dakota et le Montana cette
pléiade d'États dont l'étonnante production a déterminé l'évolution économique
moderne. On a déjà extrait de leurs mines plus de 12 milliards d'or et d'argent et,
chaque année, ce chiffre s'accroît de 300 à 400 millions.

Ces États sont nés d'hier. Le plus ancien, la Californie, date de 1848 ; le plus jeune,
l'Idaho, de 1863. Leur population totale dépasse de peu 2 millions dont près de la
moitié en Californie ; mais ici aussi, comme dans tout l'Ouest, la population augmente
rapidement et si l'appât de l'or n'attire plus, de même qu'il y a quarante ans, des
centaines de milliers d'émigrants, les richesses agricoles de ces États nouveaux attirent
et retiennent des colons plus stables.

Un double courant d'émigration a peuplé ces terres lointaines, inconnues il y a un
demi-siècle, sans valeur et en apparence sans avenir, et que le Mexique vaincu et
démembré cédait, en février 1848, par le traité de Guadalupe Hidalgo, aux États-Unis.
L'histoire offre d'étranges rapprochements. Au moment même où se négociait ce traité
qui, doublant presque l'étendue de la république américaine, lui donnait l'empire du

Pacifique, une monarchie s'écroulait en France, ébranlant dans sa chute l'Europe entière, tandis que, dans un coin perdu de la Californie, le coup de pioche d'un ouvrier amenait au jour une pépite d'or et révélait au monde l'existence de richesses inouïes auprès desquelles pâlissaient la Golconde antique et les mines d'or du Pérou. Dès la fin de 1848 la fièvre gagnait les États de l'Est ; les récits les plus étranges, les nouvelles les plus fabuleuses enflammaient les imaginations ; d'interminables caravanes d'émigrants quittaient le Missouri pour envahir la terre promise. On faisait argent de tout. On entassait sur les grands chariots de l'Ouest, véritables forteresses roulantes, percées de meurtrières, capables de soutenir un siège contre les Indiens, et traînés par dix paires de bœufs, les vivres, vêtements, armes, provisions pour un voyage de six mois à travers les plaines, les forêts, les déserts et les montagnes Rocheuses. On y chargeait les ustensiles de mineurs, pics, pioches, couvertures, tentes, et on partait sans hésitation, droit vers l'ouest, s'orientant à la boussole, abandonnant sans regret champs et vieux parents, femmes et enfants, oubliant tout dans le prestigieux mirage d'une fortune dépassant tous les rêves. Lentement, péniblement, on franchissait les prairies, arrêté parfois des semaines entières par les fleuves débordés, semant la route de cadavres de bêtes surmenées et d'hommes défaillants, luttant contre les Indiens et contre la nature, poussant toujours de l'avant, souvent faute de pouvoir retourner en arrière.

En 1848-1849, ils partirent ainsi, au nombre de près de 20,000, des rives du Missouri ; c'était l'avant-garde, composée de la fleur de l'Ouest, tous jeunes, vigoureux, prêts à toutes les luttes. Combien de ces hardis pionniers sont morts de faim dans la rude traversée des montagnes Rocheuses ! Combien ont succombé à la soif dans l'atroce désert du Colorado où chaque pas soulève une fine poussière alcaline qui dessèche la gorge et brûle les yeux, où pendant cinquante heures de marche on ne trouve ni une goutte d'eau ni un brin d'herbe pour abreuver et soutenir mules et bœufs épuisés par l'ardente chaleur de la journée et le froid vif de la nuit ! On ne s'arrêtait pour personne. Le chef de la caravane, ancien trappeur ou chasseur des prairies, choisi comme le plus énergique et le plus expérimenté, cheminait en tête, armé jusqu'aux dents, réglant les étapes, impassible, dur à lui-même comme aux autres, sachant que sa vie et celle de ses compagnons dépendaient de l'inexorable discipline qu'il leur imposait, qu'un retard pouvait compromettre le campement du soir, la nourriture et le repos des animaux sans lesquels ils périraient tous dans ces solitudes.

Quand, du sommet de la Sierra Nevada, ils voyaient se dérouler à leurs pieds les plaines fertiles des vallées du Sacramento et du San-Joaquin, arrosées de nombreux cours d'eau, semées de bouquets d'arbres séculaires, tapissées de fleurs et d'herbes épaisse, ils dévoraient d'un œil avide, insouciants de ses beautés naturelles, cette terre de l'or dont ils parlaient et rêvaient depuis des mois, aux bivouacs du soir, pendant les rudes marches sous un ciel brûlant et dans les nuits étoilées où le cri plaintif des coyotes et les rugissements des fauves tenaient leurs sentinelles en éveil. Nouveaux Argonautes à la conquête de la Toison d'or, ils oubliaient les fatigues passées, les misères de la route et les tristesses de l'exil. Ils pressaient le pas ; la fortune les attendait là-bas.

Derrière eux, par terre et par mer, par l'isthme de Panama et par le cap Horn, du nord et du sud, de l'est et de l'ouest, s'avançait toute une armée d'émigrants : Anglais et Chiliens, Français, Américains, Canaques, Chinois, Mexicains, Allemands, Péruviens, Indiens, hommes de toute race, blancs, noirs, cuivrés, tous l'esprit tendu vers le même but, enfiévrés par les mêmes désirs et la même passion, confondus en une indescriptible cohue. Ils s'engouffraient dans le port de San-Francisco où deux cents navires pourrissaient, abandonnés par leurs passagers et leurs équipages, où, dans les neuf derniers mois de 1849, 549 navires jetaient 35,000 passagers. San-Francisco offrait l'aspect du camp autour de Babel ; toutes les langues s'y mêlaient en une clameur confuse. Mais ce qui frappait surtout, c'était, d'une part, l'absence presque complète de femmes, de l'autre, l'allure résolue et virile de ces émigrants. Peu d'hommes mûrs, pas de vieillards ; de jeunes hommes robustes et vigoureux, hâlés, brunis par l'air vif des montagnes ou les bises de l'Océan. Un coup de tête, la curiosité de l'inconnu, la soif de l'or et d'une vie aventureuse les avaient amenés sur cette plage lointaine, jetés dans ce vaste creuset où venaient se fondre, s'épurer ou se perdre des existences, des volontés énergiques, des forces sans emploi et d'où devait sortir un empire naissant, une ville étrange, née de la veille et déjà l'une des plus importantes du monde par son mouvement commercial, la première et la plus étonnante par sa vertigineuse prospérité, par son histoire et par sa fortune.

Enfants perdus de la civilisation, ces hommes allaient engager la lutte avec la nature. Leurs bras, infatigables à la recherche de l'or, devaient bouleverser le sol. Le pic d'une main, la carabine de l'autre, ils allaient jeter bas les montagnes dans les vallées, détourner les cours d'eau, franchir les rivières et les déserts, s'enfoncer dans le Nevada, l'Idaho et l'Utah, refouler l'Indien, prodiguer à tous les vents du ciel et à tous les hasards des événements leur jeunesse et leurs forces, périr peut-être misérablement de faim et de froid dans quelque *cañada* obscure de l'Arizona, dans les forêts sous l'étreinte des ours, ou dans quelque salle de jeu de Virginia ou de Washoe, la tête trouée par la balle d'un revolver américain ou la poitrine ouverte par quelque couteau mexicain, soldats oubliés d'une grande bataille qui a modifié la face du monde en modifiant les conditions économiques et financières de tout notre ordre social.

Quand, le 10 août 1850, le Congrès américain vota l'admission de la Californie dans l'Union, quel chemin parcouru dans les vingt-six mois écoulés depuis la découverte de l'or ! Inconnu alors, l'État nouveau est déjà célèbre dans le monde entier ; le nom de San-Francisco est sur toutes les lèvres, synonyme de fortune rapide. Une ville nouvelle vient de naître dans des conditions qui tiennent du prodige et, jour par jour, heure par heure, elle grandit comme jamais ville n'avait grandi avant elle. Assise, comme la Rome antique, sur ses collines de sable, elle voit accourir à elle les aventuriers du monde entier, les impatients de vie libre ; avec eux et derrière eux des flottes entières, sorties de tous les ports du monde, affluent dans cette baie naguère déserte, jetant sur cette plage aride les produits de toutes les industries. Le monde entier s'ébranle, l'*Auri sacra fames* l'entraîne ; il marche vers l'ouest, vers la ville de l'or.

Cette terre que des milliers de mineurs fouillent fiévreusement pour lui arracher le précieux métal qu'elle détient, cette terre n'est pas seulement la terre de l'or, mais aussi celle des moissons abondantes, des fruits incomparables, des forêts gigantesques. Tout y pousse, tout y fleurit, tout y mûrit. Ses richesses agricoles vont bientôt égaler ses richesses minières, malgré les merveilleuses découvertes qui dépasseront l'attente de ces mineurs que rien n'étonne. Après eux, pionniers des premiers jours, après les capitalistes, banquiers, négociants, population citadine qui vont faire de San-Francisco la grande ville du Pacifique, voici venir les petits, les gens d'humble condition et d'ambition modeste, ne demandant pas l'or aux mines, la fortune aux spéculations hardies, mais leur subsistance à la terre et quelques économies pour leurs vieux jours.

Au début ils se sont abstenus. Ces terres étaient trop lointaines, le voyage trop coûteux, l'avenir trop incertain ; puis ils ont appris par les journaux, par les lettres des émigrants, par les récits de la veillée, que tout, ici, se payait au poids de l'or, que les légumes étaient introuvables, les pommes de terre à trois francs la livre, les œufs à quinze francs la douzaine, le beurre à cinq francs la livre et que cependant le bétail était abondant, la terre à qui voulait, le climat sain. Ils ont vendu leur champ et ils sont venus. Fermiers de l'ouest des États-Unis, géants osseux et maigres, escortés de la ménagère, de quatre ou cinq fils vigoureux, sans compter les filles qui valent des hommes ; paysans du comté de Galles, Irlandais affamés, robustes Écossais, cultivateurs de la Bretagne et de la Provence, vignerons du Bordelais et du Midi, maraîchers de l'Ile-de-France, Italiens secs et nerveux, Allemands lourds et résistants à la fatigue, gens de toute race et de tous climats, ils ont suivi le grand courant qui les déracine du sol natal et les emporte vers l'ouest.

Dans ces plaines où la vie latente frémissait en hautes herbes ondulant à la brise, s'épanouissait en fleurs sans nombre, tapis diapré de mille nuances, s'élançait vers le ciel en arbres de cent mètres de hauteur et de dix de diamètre, la terre recélait plus et mieux que l'or : une puissance de végétation incomparable, un humus vierge et fécond qui n'attendait que la main de l'homme pour récompenser son travail au centuple. Des millions d'hectares de terres labourables offraient à l'agriculture un champ immense. De vastes forêts de pins, de cèdres, de lauriers, de madronas, de chênes, de sycomores couvraient les pentes de la Sierra Nevada, des montagnes du Coast-Range, de Santa-Lucia et de Monterey.

Dès le début, les petits maraîchers s'enrichirent et la culture des céréales n'était pas moins rémunératrice pour le fermier. Bien avant la découverte des mines d'or, en 1833, il résulte des relevés des archives de la mission de San-José, que la récolte de cette année donna 8,600 boisseaux de blé pour 80 de semence et que, l'année suivante, on récolta encore 5,200 boisseaux du même sol sans nouvel ensemencement. En Californie on a obtenu jusqu'à 160 boisseaux à l'hectare alors que dans les régions les plus riches de la vallée du Mississippi le rendement maximum a été de 90. L'avoine donne plus encore ; en 1853 un champ de 50 hectares, dans la vallée du Pajaro, a produit jusqu'à 90,000 boisseaux. Un autre, dans le comté de York, ensemencé une seule fois, a porté successivement cinq récoltes dont la dernière donnait encore

60 boisseaux à l'hectare. Le coton produit de 250 à 500 kilogrammes à l'hectare et l'élevage du bétail est l'une des grandes industries de la Californie.

Dans des conditions aussi favorables, la Californie, rapidement peuplée, devait forcément déborder par delà la Sierra Nevada et envahir les États et territoires du grand bassin compris entre les montagnes Rocheuses et la Sierra Nevada dont nous allons étudier la singulière orographie. L'or et surtout l'argent qui abondaient dans ce bassin devaient y attirer les hardis mineurs acharnés à la recherche des métaux précieux. Pionniers, ils frayaient la voie dans laquelle d'autres, après eux, devaient s'engager.

La chaîne des monts Washatch, ramification occidentale des montagnes Rocheuses, et celle de la Sierra Nevada enserrent un vaste bassin sans issue dans le Pacifique aussi bien que dans le golfe du Mexique. Les eaux y sont rares ; le sol altéré les absorbe en grande partie, le reste se déverse dans des lacs salins qu'une évaporation rapide maintient à un niveau permanent. Ce bassin comprend l'Idaho, l'Utah, la Nevada et l'Arizona.

Les monts Washatch ont une altitude moyenne d'environ 2,000 mètres ; leurs plus hauts sommets n'excèdent pas 4,300. Dans les gorges profondes qui ravinent leurs flancs coulent le Provo, le Weber, l'Ogden et les torrents qui forment le Bear, tributaire du grand lac Salé. A 800 kilomètres de distance, dans l'ouest, la Sierra Nevada décrit une courbe parallèle à celle du littoral ; l'épaisseur moyenne de la chaîne est de 100 kilomètres, sa longueur, jusqu'à son point de suture avec le Cascade Range, d'environ 800. Ses plus hautes cimes atteignent 3,183 mètres au mont Lassen au nord, 4,511 au mont Whitney au sud.

Situé dans la partie septentrionale de ce bassin, l'État d'Idaho occupe une superficie de 219,623 kilomètres carrés, peuplés de 84,000 habitants. Il a pour limites : au nord l'État de Montana et le Canada ; à l'est le Wyoming ; au sud, le territoire de l'Utah et l'État de Nevada ; à l'ouest l'Oregon et le Washington. Incliné vers l'ouest, sillonné par la chaîne des monts *Bitter Root*, « racines amères, » et par des chaînes secondaires que séparent de longues et profondes vallées orientées du nord au sud, il appartient, par sa partie septentrionale, au bassin de la Columbia River dans laquelle il déverse son principal cours d'eau, le Snake, grossi du Salmon; par sa partie méridionale au grand Bassin Central, dans lequel coulent les branches diverses du Bear River, affluent du lac Salé. L'Idaho est riche en or et en argent ; sa production totale dépasse 200 millions.

Au sud de l'Idaho et du Wyoming, le territoire de l'Utah s'étend sur une superficie de 220,063 kilomètres carrés ; il renferme une population de 207,900 habitants. Primitivement peuplé et colonisé par les Mormons chassés du Missouri, il offre, dans sa partie supérieure, quelques-uns des traits caractéristiques de la Judée : les terres sablonneuses et sèches, les lignes grêles des montagnes, les nappes d'eau morte et les maigres rivières. La chaîne des Washatch, orientée du nord-est au sud-ouest, coupe ce territoire en deux sections à peu près égales ; celle de l'est appartient au bassin du

Colorado dont les affluents supérieurs, le Green River, le Price, le Saint-Rafael, l'Escalante, descendent du versant oriental des Washatch, le Dolores et le San-Juan du massif de l'État de Colorado. Dans l'ouest, de l'autre côté des Washatch, les rares cours d'eau se déversent dans le grand lac Salé que nous avons décrit plus haut.

Non plus que l'État d'Idaho, le territoire de l'Utah n'a pris encore, parmi les États de l'Union, le rang qu'il occupera plus tard. Sa production agricole est faible bien qu'en progrès soutenu ; par contre, sa production d'argent le classe au 3e rang et sa production d'or au 14e. Salt Lake City, « la ville du lac Salé, » fondée par les Mormons, renferme près de 20,000 habitants. « Singulière ville, écrit M. Jules Rémy. Les maisons sont invisibles. Entourées d'arbres fruitiers, elles se dérobent à la vue. De plus, des acacias, des arbres-coton, dont la fleur ressemble à des flocons de coton, forment un épais rideau vert, tendu tout le long de larges et interminables avenues. Celles-ci, comme dans toutes les villes américaines, se croisent à angle droit du nord au sud, de l'est à l'ouest. Des deux côtés, des ruisseaux amenés des montagnes roulent leurs eaux plus abondantes que limpides. C'est le grand trésor du pays. »

Au nord du territoire de l'Utah, celui de l'Arizona confine à la frontière mexicaine ; il a pour limites, à l'est, le Nouveau-Mexique ; à l'ouest, le Nevada et la Californie. Sa superficie est de 292,709 kilomètres carrés, sa population de 59,000 habitants. Ici, nous retrouvons l'orographie du Nouveau-Mexique, les *mesas*, tables ou plateaux qui sont le trait caractéristique des régions du Rio Colorado et du cours supérieur du Rio Grande del Norte. Ces *mesas*, formées par les ramifications des montagnes Rocheuses, dessinent des plateaux arides inclinés en longues pentes vers l'ouest. Lorsque les pluies, malheureusement trop rares, permettent à la végétation d'apparaître, ces grandes pentes se couvrent d'épaisses et savoureuses graminées qui font de ce pays la terre idéale de l'éleveur. Dans la plaine basse, arrosée par le Rio Colorado et son affluent oriental le Gila, le sol est riche et fécond ; c'est au long de ces cours d'eau, plus larges que profonds, que se groupent les colons et que s'étendent les fermes qui ne tarderont pas à faire de l'Arizona un État agricole important. Il est déjà un grand État minier, riche en or et en argent et, malgré sa population restreinte, classé au 9e rang parmi les États producteurs de métaux précieux. Tucson, sa capitale, située sur le Gila, est l'une des cités d'avenir du grand bassin de l'Ouest.

A l'ouest de l'Arizona et de l'Utah, au sud de l'Idaho et de l'Orégon, au nord de la Basse-Californie, s'étend l'État de Nevada, mesurant 286,701 kilomètres carrés et peuplé de 65,000 habitants. Par son orographie, cet État appartient presque en totalité au bassin central ; la Sierra Nevada, à laquelle il doit son nom, ne fait qu'effleurer sa frontière occidentale où elle dessine un renflement en forme d'angle ; mais c'est là que se trouvent les riches gisements miniers de l'État et que surgissent les centres de population. Bassin presque entièrement fermé à la libre circulation des eaux, le Nevada épanche les siennes, par le Humboldt dans le lac du même nom, par le Carson et le Walker dans des bassins lacustres dont le trop-plein s'évapore où s'infiltre dans des *sinks*, déversoirs naturels. Les lacs boueux sont fréquents dans l'angle nord-ouest de l'État où la Sierra Nevada oppose une barrière à l'écoulement des eaux.

Pauvre comme agriculture, le Nevada est l'un des plus riches États de l'Union en or
et en argent. Il vient au second rang, immédiatement après la Californie, qu'il dépasse
de beaucoup, pour la production de l'argent. C'est dans la célèbre veine de Comstock,
près de Virginia-City, que l'on a découvert le volumineux amas de minerai dont
le rendement dépasse de beaucoup celui des mines du Mexique, de la Bolivie
et du Pérou ; c'est sur ce même filon de Comstock que l'on rencontre ces renflements
métallifères de sulfure et de chlorure d'argent, montagnes souterraines de métal pur
que les mineurs désignent du nom de *Bonanzas* et dont on a tiré plus de 500 millions.

Située au pied du mont Davidson, Virginia-City est la ville importante de l'État, la
cité de l'or et de l'argent, des banques et des spéculateurs. Carson-City, Gold-Hill,
Euréka sont des centres d'exploitations minières, campements de chercheurs d'or en
voie de devenir, elles aussi, des villes considérables.

Au long de l'océan Pacifique, les trois États de Washington, de l'Orégon et de la
Californie se succèdent du nord au sud, décrivant en une courbe puissante une
façade maritime de plus de 2,000 kilomètres de longueur. Le Cascade Range sillonne
les deux premiers, la Sierra Nevada forme la frontière orientale du second, puis
s'infléchit au sud-ouest et va rejoindre le Coast Range, longue chaîne de hautes
collines boisées qui borde la côte coupée d'anses et de fiords profonds comme le
Golden Gate, lequel donne accès dans la vaste baie de San-Francisco.

De ces trois États, le plus septentrional et le moins étendu, celui de Washington,
occupe une superficie de 179,169 kilomètres carrés et renferme une population de
350,000 habitants. Il confine, au nord, à la Colombie britannique ; à l'est, au Montana ;
au sud, à l'Orégon. Par son orographie montagneuse et accidentée, il tient de la
Colombie britannique et du Montana ; par son hydrographie, il se rattache à la
première, au bassin de la Columbia River, dont le cours inférieur dessine sa frontière
avec l'Orégon. Pays agricole, l'État de Washington commence à prendre rang parmi
les États producteurs de céréales de l'Union.

L'Orégon a pour limites, au nord, l'État de Washington ; à l'est, l'Idaho ; au sud,
la Californie et le Nevada ; il mesure 248,707 kilomètres carrés et renferme
318,000 habitants. La chaîne des Cascades, Cascade Range, descendant du nord au
sud, divise l'État en deux régions distinctes, d'inégale superficie. La région occidentale
et maritime, la moins étendue, constitua seule l'Orégon pendant quelque temps ; la région
orientale, qui s'étendait par delà la muraille des monts Cascades, était, il y a 20 ans à
peine, une région inconnue d'où les marécages et les déserts de soude éloignaient le
colon. Aujourd'hui, il n'en est plus de même ; par delà ces marécages et ces déserts
s'étendent les longues pentes, trait caractéristique du bassin central, que recouvre une
herbe abondante. L'agriculteur et l'éleveur en ont pris possession et déjà l'Orégon
est au 10ᵉ rang pour la production du froment. Il est au même rang pour la production
de l'or, et ses ressources naturelles semblent appelées à prendre d'importants développements, notamment l'exploitation des bois et les pêcheries de saumon. Portland, ville
principale de l'État, est située sur la Willamette, affluent de la Columbia, et à 190 kilo-

mètres de l'Océan ; tête de la ligne de la grande navigation, elle entretient un actif commerce de bois avec le littoral et les îles de l'Océanie.

Plus vaste : 410,135 kilomètres carrés, plus peuplé : 1,209,000 habitants, l'État de Californie est aussi le plus riche de tous ces États du Far-West. Sa grande ville, San-Francisco, est, sur l'océan Pacifique, ce que New-York est sur l'Atlantique, le centre commercial et maritime, la porte large ouverte sur l'Océanie et sur l'Asie, comme New-York l'est sur l'Europe. Un réseau de voies ferrées relie la métropole de l'Atlantique à celle du Pacifique, distante de 4,500 kilomètres à vol d'oiseau ; au long de ce réseau surgissent des cités nouvelles ; par lui la colonisation pénètre dans les vastes régions que nous venons de parcourir et de décrire, régions inconnues il y a trente ans, encore peu peuplées, demain riches et prospères.

Pays de plaines et de montagnes, de vallées fertiles et de cours d'eaux aurifères, la Californie est traversée, du nord au sud, par une double chaîne montueuse : le Coast Range, ou chaîne côtière, qui longe de près le littoral et, plus à l'est, la Sierra Nevada ; entre ces deux chaînes s'étend une région ondulée, coupée de larges plaines, pittoresquement boisée et bien arrosée. Le Sacramento, coulant du nord au sud, le San-Joaquin orienté du sud au nord, sillonnent cette région et se déversent dans la baie de Suisun reliée à la baie de San-Francisco. D'importants affluents, la Yuba, le Feather River, l'American River, dont les eaux roulent des paillettes d'or, alimentent le cours navigable du Sacramento. Le San-Joaquin reçoit le Stanislaus, le Tuolumne et le Merced.

Riche en or et en argent, la Californie a, jusqu'à ce jour, produit plus de quatre milliards de métaux précieux et ce chiffre la classe au premier rang. La valeur de ses fermes dépasse un milliard et demi. Pour la production du froment elle est au 6ᵉ rang, au 12ᵉ pour ses produits manufacturés dont la valeur annuelle atteint 600 millions.

San-Francisco, située sur la baie de ce nom, renferme 306,000 habitants. Elle n'en possédait que 459 en mars 1848, quand la découverte de l'or l'appela à ses hautes destinées. La ville fait face à la baie et tourne le dos à l'océan Pacifique dont la séparent des dunes de sable, des mornes couverts de lentisques et d'une végétation rabougrie. En moins d'un demi-siècle, ce village de pêcheurs est devenu la cité reine du Pacifique. Peu de villes comptent autant de millionnaires que San-Francisco ; dans peu de villes s'étale un luxe plus grand ; elle se ressent de son origine et subit encore aujourd'hui l'influence de son point de départ. Autour d'elle, gravitent les autres villes de la Californie : Oakland, son faubourg de l'autre côté de la baie ; Sacramento, capitale de l'État; Stockton, sur le San-Joaquin ; San-José, Vallejo, Marysville, Los Angeles, Alameda, Nevada, centres agricoles ou miniers dont les produits se concentrent dans le port de San-Francisco pour de là se répandre dans le monde entier.

Cette ville est le cœur et la tête des États du Far-West, leur capitale naturelle et géographique. En elle s'incarne leur génie particulier et leur puissance d'expansion. Américain d'origine et de traditions, le Californien est surtout et avant tout Californien, fier de son État, de sa ville, de son histoire. Chez lui la tendance particulariste est plus accentuée que chez aucun de ses compatriotes. Un instinct secret l'avertit du rôle que l'avenir lui prépare et il aime sa cité comme un Athénien, un Spartiate, un Romain, aimaient Athènes, Lacédémone, ou Rome ; les calculs mathématiques d'une progression confirmée par l'expérience l'ont amené à la conviction que San-Francisco sera, dans un avenir prochain, la grande métropole des États du Pacifique, la capitale d'un empire futur, le jour où, par l'impossibilité de faire vivre sous un régime économique commun des États manufacturiers et des États producteurs de matières premières, la république se scindera en deux ou trois tronçons. La guerre de Sécession l'a averti, malgré son insuccès, que, pour être retardée, cette heure n'en est pas moins fatale. Il l'attend sans impatience comme sans regrets ; son patriotisme ne s'en alarme pas plus que ses intérêts ne s'en effrayent.

Il est essentiellement de son temps, plus cosmopolite à ce point de vue que ne le sont encore les hommes de sa race et de son sang. Ses traditions datent d'hier, comme le pays qu'il habite, comme cette ville qui a son âge. Il a dans ses veines du sang d'aventurier et de pionnier ; son horizon s'est élargi, et cet horizon semble sans limites.

Sous ses yeux, l'océan Pacifique roule vers l'ouest ses vagues majestueuses, et la même force invisible qui a fait franchir l'Atlantique à ses ancêtres, les prairies, les fleuves et les sierras à son père, lui fait tourner les regards vers le soleil couchant. A 700 lieues au large, l'archipel des Sandwich déploie sous un ciel tropical sa végétation luxuriante, ses riches plantations, ses rivages verdoyants, ses montagnes géantes. Il en a déjà fait sa station d'hiver, sa Nice océanienne où ses malades et ses millionnaires viennent goûter les charmes d'une vie indolente et d'un incomparable climat. Au delà, à 800 lieues plus loin, le Japon et la Chine offrent à son activité commerciale un vaste champ d'entreprises. Incessamment ses navires sillonnent le Pacifique, reliant San-Francisco à Hakodadi et à Hong-Kong, à Honolulu et à Sydney, amenant sur ses quais les thés et les soies de la Chine, le sucre et le café de l'Océanie, les laines de l'Australie, faisant de son port l'un des grands entrepôts du monde, détournant vers lui le trafic de l'Europe et de l'Asie. Il a pour lui la jeunesse et l'audace, une situation géographique unique, une baie assez vaste et assez sûre pour y abriter toutes les flottes de l'univers ; il a la force et la richesse, tout ce qui prépare et assure le succès. En moins de quarante années, d'une bourgade ignorée il a fait l'une des premières villes du mondes ; fier de son passé, il a foi dans l'avenir de la grande ville de l'ouest, de la Reine de l'océan Pacifique.

Résumons dans une statistique d'ensemble les statistiques partielles que nous avons données des États de l'Union Américaine. Ces chiffres ont leur éloquence. Le commerce total des États-Unis s'est élevé, du 30 juin 1890 au 30 juin 1891, à la somme de 8,646,654,480 francs, soit à 1,208,989,345 francs de plus qu'en 1889-1890. Ce total de 8,646,654,480 se décompose en 4,224,527,455 à l'importation et 4,422,127,025 à l'exportation.

Dans la même période, les États-Unis ont exporté pour 1,453,544,490 francs de coton et pour 1,329,223,650 de céréales et d'objets d'alimentation. On voit le rôle immense qu'ils jouent dans l'approvisionnement du monde. L'exportation de l'or et de l'argent s'est élevée, pour cette période fiscale, à 543,746,440. La production totale des métaux précieux aux États-Unis, depuis 1845, dépasse actuellement le chiffre énorme de 13 milliards de francs.

On estime à *soixante milliards* la valeur des fermes des États-Unis, à *onze milliards* la valeur des récoltes, à *quinze milliards*, le capital absorbé par 260,000 manufactures, à *vingt-sept milliards* la valeur annuelle des objets fabriqués. Cette production alimente un commerce desservi : 1° par un réseau de voies ferrées mesurant, en 1890, 161,397 milles de développement, soit 77,304 milles de plus qu'en 1880 ; le capital absorbé par sa construction dépasse quarante-huit milliards ; 2° par une flotte marchande nationale de 23,467 navires jaugeant 4,424,497 tonnes.

Le commerce extérieur des États-Unis s'étend sur le monde entier; par ordre d'importance, les chiffres de 1890 se répartissent comme suit : au premier rang l'Angleterre avec un total de 3,154,735,000 à l'importation et à l'exportation réunies; au second, l'Allemagne avec un chiffre de 915,775,000; au troisième la France : 633,450,000; puis le Canada, Cuba, le Brésil, le Mexique, l'Italie.

Affranchis de la nécessité de maintenir sous les armes des forces importantes, les États-Unis n'ont, en fait d'armée permanente, que 25 régiments d'infanterie, 10 de cavalerie et 5 d'artillerie, soit 2,165 officiers et 26,316 combattants. La milice des États comprend 8,052 officiers et 95,240 hommes; enfin, en cas de guerre, l'appel général pourrait donner un effectif de 6,500,000 soldats. La flotte militaire se compose de 14 vaisseaux armés et de 19 en voie de construction et d'armement, montés par 800 officiers, 7,500 matelots, 750 mousses et un corps d'infanterie de marine de 2,177 officiers et soldats.

Batteries de défense, prés de Baltimore.

Ruines d'Uxmal, dans le Yucatan.

V. — LE MEXIQUE.

En quittant les États-Unis, en franchissant soit la ligne conventionnelle, parallèle au 31ᵉ degré de latitude nord, soit le Rio Grande del Norte, lesquels, sur 3,100 kilomètres de longueur, séparent les États-Unis et le Mexique, nous pénétrons dans un autre monde. La race anglo-saxonne y cède la place à la race espagnole et, dans ce vaste continent, nous ne la retrouverons plus que sur les côtes du Honduras et dans la Guyane anglaise. Elle en détient, ainsi que nous l'avons vu, toute la partie septentrionale et, sur le reste, son ombre se projette. Ombre grandissante, voisinage dangereux. Qui le sait mieux que le Mexique à qui ce voisinage a coûté déjà plus de la moitié de son territoire : le Texas et le Nouveau-Mexique, le Colorado et l'Utah, l'Arizona, le Nevada et la Californie, sept États nouveaux annexés aux États-Unis, États de l'or et de l'argent, États de grande culture et de grande pâture, emportés dans une rapide campagne par une poignée d'hommes ; tardives représailles des conquêtes qui, trois siècles et demi auparavant, faisaient tomber aux mains de Ferdinand Cortez et de ses compagnons le riche et florissant empire des Aztèques? Un hardi coup de main a repris à la race espagnole ce qu'avait ravi aux légitimes propriétaires du sol une injuste aggression : un territoire immense que le Mexique, épuisé par la guerre d'indépendance et ses discordes civiles, laissait en friche.

S'il a chèrement payé ses fautes, ses *pronunciamientos* et ses dictatures militaires, si la fortune ne lui a épargné ni les avertissements ni les revers, après avoir, et au delà, comblé les ambitions et rassasié la cupidité des premiers envahisseurs, si le génie fanatique et sombre de l'Espagne de Philippe II, après avoir brillé d'une lueur livide sur un continent dévasté, a failli disparaître à jamais dans une série de revers inouïs, l'éclipse n'a été que momentanée. Ce que l'Espagne a perdu, l'Espagnol l'a gardé; aujourd'hui, comme il y a trois siècles, il est en possession de toute l'Amérique méridionale, de l'Amérique centrale et d'une partie de l'Amérique septentrionale. Sauf dans le Mexique démembré et dont une partie est aux mains de la race anglo-saxonne, si les noms sont changés, si les royales provinces espagnoles sont devenues des États républicains, la souveraineté est demeurée aux mêmes mains, morcelée, divisée, mais agissante et vivante, et nous assistons en ce moment à un puissant réveil de ces nationalités du même sang. Du Rio Grande del Norte au cap Horn, un souffle nouveau a passé, réveillant les ambitions endormies, les espoirs ajournés, secouant la longue torpeur, suite des grands efforts faits pour conquérir l'autonomie, pour arracher à la métropole la reconnaissance de l'indépendance des colonies, pour sortir de l'anarchie.

Sur une superficie de 1,946,292 kilomètres carrés, plus de trois fois et demie celle de la France, le Mexique s'étend entre les États-Unis et l'Amérique centrale. Son ancienne frontière septentrionale qui confinait autrefois à l'Orégon, l'Idaho, le Wyoming, le Kansas, le Territoire indien, l'Arkansas et la Louisiane, est aujourd'hui reportée à 1,100 kilomètres plus au sud. Frontière artificielle, qu'une ligne géométrique parallèle au 31ᵉ degré de latitude nord trace depuis l'océan Pacifique jusqu'au défilé d'El Paso et que le Rio Grande del Norte continue d'El Paso au golfe du Mexique, qui forme sa limite à l'est. A l'ouest le Mexique confine à l'océan Pacifique; au sud, une série de lignes brisées dessine les limites entre le Mexique, le Guatémala et le Honduras anglais. Par la chaîne volcanique de la Sierra Madre et la vallée du Tabasco, cette frontière méridionale rejoint et emprunte le cours du Rio Usumacinta et de son affluent le Rio Piedro; elle coupe le Rio Hondo et la Belize et, suivant le cours du Rio Sarstoun, vient aboutir dans la baie de Honduras.

Borné à l'est et à l'ouest par deux océans, le Mexique possède un énorme développement de côtes : 2,600 kilomètres sur le golfe auquel il donne son nom, 6,200 sur le Pacifique où la longue presqu'île de la Californie accroît considérablement sa façade maritime. Malgré ce développement de côtes, les ports sont rares au Mexique. Le littoral du golfe est ici tel que nous l'avons vu plus au nord, au long des États-Unis : bas, marécageux, malsain et bordé par des flèches de sable abritant de longues lagunes. Ces lagunes se succèdent depuis le cap Catoche formant la pointe septentrionale du Yucatan; sur la côte du Yucatan ce sont les lagunes de Terminos ou de Carmen; sur celle de Campêche, la lagune d'Alvarado. Au long de l'État de Vera-Cruz s'étend la lagune de Tamiahua, puis de la Mare Austral sur la côte de Tamaulipas, au sud de l'estuaire du Rio Grande del Norte. Plus au nord et sur le littoral américain, ces lagunes se continuent, sous les noms de Corpus Cristi, d'Aransas, de Galveston. La Vera-Cruz et Tampico, les deux seuls ports du Mexique sur ce littoral, sont moins des ports que des mouillages, et Campêche, sur la côte du Yucatan, est en dehors du mouvement commercial.

Enserré entre les côtes du Mexique et des États-Unis, fermé au nord par la presqu'île de Floride, au sud par celle du Yucatan, à l'est par les Bahamas et l'île de Cuba, le grand lac du golfe du Mexique donne naissance à un fleuve que Maury a décrit en ces termes : « Il est un fleuve au sein de l'océan. Dans les plus grandes sécheresses, jamais il ne tarit; dans les plus grandes crues jamais il ne déborde. Ses rives et son lit sont des couches d'eau froides entre lesquelles coulent à flots pressés des eaux tièdes et bleues. C'est le *Gulf Stream!* Nulle part dans le monde il n'existe un courant aussi majestueux. Il est plus rapide que l'Amazone, plus intrépide que le Mississippi, et la masse de ces deux fleuves ne représente pas la millième partie du volume d'eau qu'il déplace. » Par le canal de la Floride, le Gulf Stream débouche dans l'océan Atlantique ; il mesure alors 55 kilomètres de largeur, 670 mètres de profondeur ; sa vitesse moyenne dépasse 7 kilomètres à l'heure et sa température s'élève à 30 degrés centigrades. Nous avons décrit son cours et indiqué l'influence qu'il exerce sur les régions septentrionales de l'Europe, sur les côtes de France et d'Angleterre, sur l'Islande, l'Écosse et la Norvège.

Si la côte orientale du Mexique est basse et malsaine, il n'en est pas de même de la côte occidentale sur l'océan Pacifique. Prolongement méridional du littoral californien, elle en a le relief élevé, le climat salubre, mais aussi les anses singulièrement espacées. Le seul port vaste et sûr est celui d'Acapulco; Manzanillo n'offre qu'un abri précaire; plus important, San-Blas est aussi plus fréquenté ; Mazatlan, accessible seulement aux navires de faible tonnage, est exposé à de terribles coups de vent. Plus au nord, Guaymas, le port du golfe de Californie, est le meilleur et le plus sûr de cette mer à laquelle le reflet de ses bancs de corail a fait donner le nom de mer Vermeille.

Le trait caractéristique de cette côte occidentale est la longue et montueuse presqu'île californienne qui, sur 1,200 kilomètres de longueur, s'allonge du nord-ouest au sud-est, de la frontière des États-Unis au cap San-Lucas. Sa largeur moyenne n'excède pas 150 kilomètres. Une longue chaîne montagneuse se reliant au nord au Coast Range, la sillonne ainsi qu'une épine dorsale. Elle court parallèlement à la Sierra Madre qui, par delà le golfe de Californie, lui fait face à 500 kilomètres dans l'est. Entre les versants de ces deux chaînes, se creuse l'étroit et long sillon de la mer Vermeille ; sa largeur varie entre 120 et 220 kilomètres et, sur cette mer peu fréquentée, hantée surtout par les pêcheurs de perles, se succèdent des anses et des ports nombreux : San-Lucas, San-José, La Paz, Loreto, San-Juan et des îles, la plupart inhabitées. Situés plus bas, sur la côte ferme, ces ports seraient devenus des centres maritimes d'une grande importance.

Aucune barrière géographique naturelle ne sépare le Mexique des États-Unis, non plus qu'aucune barrière naturelle n'existe entre les États-Unis et la puissance du Canada. Pour tracer les limites du Mexique, on a dû emprunter la ligne conventionnelle du 31ᵉ degré et le cours vaste et maigre du Rio Grande del Norte. Le long plateau mexicain continue, au sud, la configuration physique de la région méridionale des États-Unis. Les côtes basses et plates de la Louisiane et du Texas se prolongent au long du littoral du Mexique ; les *Mesas* du Nouveau-Mexique et le Llano Estacado du Texas se déroulent en longues pentes adossées à la Sierra Madre, reliée elle-même au plateau du Colorado. On a souvent comparé le Mexique aux trois vastes gradins d'un gigantesque escalier montant de l'est à l'ouest. Sur le littoral : la Terre Chaude, *Tierra Caliente*, couverte d'une exubérante végétation, région des cultures tropicales, mais région brûlante et malsaine. « Pour admirer les terres chaudes, écrit M. Dupin de Saint-André, et pour se rendre compte de la puissance de la végétation, il est nécessaire d'aller jusqu'à Médélin, à trois lieues de Vera-Cruz, ou mieux à Alvarado, sur les rives du Papaloapan. Ce fleuve est bordé de fourrés épais que dominent les panaches de palmiers gigantesques ; des forêts vierges dans lesquelles on ne pénètre que le *machete* à la main ; dans les clairières, les Indiens récoltent du café, des bananes, du coton, de la vanille, des ananas ; partout des fleurs aux senteurs pénétrantes, des perroquets criards, des oiseaux-mouches, vifs, gracieux et légers comme des papillons, des reptiles de toutes les grandeurs, coralins, boas et serpents à sonnettes, rampant dans les hautes herbes, et quand vient la nuit, on peut voir sortir des broussailles un léopard ou un puma. »

Au-dessus de la zone des terres chaudes, la Terre Tempérée, *Tierra Templada*, forme le second gradin. La température moyenne s'y maintient entre 18 et 20 degrés, température idéale d'un printemps perpétuel. Une végétation vigoureuse y recouvre un sol fertile ; un air pur et léger succède aux miasmes fiévreux de la zone inférieure ; les moustiques et les reptiles disparaissent, et les glaciers des montagnes qui se dressent à l'horizon alimentent des sources abondantes. Plus haut enfin se déploie la Terre Froide, *Tierra Fria*, le haut plateau sur lequel s'élève Mexico. Mais la température de ce plateau est loin d'être ce que son nom indique. Sur cette terre déjà tropicale par sa configuration physique, par sa position en latitude et ses conditions climatologiques, le froid n'est que relatif et les basses températures sont l'exception. A Mexico, située par 2,277 mètres au-dessus du niveau de la mer, en Terre Froide, la température moyenne annuelle est de 16 degrés ; celle de l'été étant de 19 et celle de l'hiver de 13.

Incliné du sud au nord et de l'ouest à l'est, le Mexique apparaît sous la forme d'un vaste plateau de plus de 2,000 mètres d'altitude et dont les pentes échelonnées formant talus de soutènement, descendent vers les deux océans. A ses deux extrémités, ce plateau est limité par une double dépression : au nord par celle du Rio Gila et du Rio Grande qui, s'abaissant jusqu'à 800 mètres, creusent un profond sillon entre le Plateau Mexicain et le Plateau Californien ; au sud, par la dépression de Tehuantepec où le sol s'affaisse jusqu'à 200 mètres, formant un col bas entre les hauteurs du Mexique et celle du Guatémala.

D'origine géologique comparativement récente, ce soulèvement volcanique soude l'Amérique du Nord à celle du Sud et constitue une région géographique distincte et nettement délimitée. « Les études dont le territoire mexicain a été l'objet de nos jours, écrit le colonel Niox, ont fait reconnaître l'erreur dans laquelle sont tombés les géographes qui, sur la foi de Humboldt, ont supposé au continent américain une arête immense, courant sans interruption depuis le cap Horn jusqu'au détroit de Béring. Il n'existe au Mexique aucune chaine de montagnes continue à laquelle on puisse appliquer

TYPES POPULAIRES MEXICAINS

cette dénomination fort inexacte de Grande Cordillère des Andes. Au contraire, la région centrale est un vaste plateau incliné, ayant la forme d'un parallélogramme allongé dont les grands côtés sont dirigés du S.-S.-E. au N.-N.-O. Le bord occidental du plateau est limité par le soulèvement de la Sierra Madre du Pacifique dont les crêtes dépassent 3,000 mètres d'élévation. La chaîne de la Basse-Californie est parallèle à ces montagnes, toutefois sa bordure regarde vers l'est ; la presqu'île californienne paraît avoir été arrachée du continent à l'époque où s'est produit l'énorme bombement qui a soulevé le centre du Mexique, et les eaux s'engouffrant dans cette déchirure ont formé le golfe de Californie. »

Moins élevé, le rebord oriental dont les crêtes ne dépassent pas 2,000 mètres, est constitué par la Sierra Madre du Nuevo Leon et celle de Tamaulipas. Il s'allonge en longs plissements qui rappellent ceux du Jura et est orienté du S.-S.-E. au N.-N.-O., de même que les arêtes de la Sierra Madre du Pacifique.

Entre ce double rebord et la double dépression du Rio Gila au nord et de Tehuantepec au sud, se déploie le plateau du Mexique aboutissant en longues pentes, à l'ouest à l'océan Pacifique, à l'est au golfe du Mexique. Ces pentes, avons-nous dit, affectent la forme d'un gigantesque escalier dont les trois zones : chaude, tempérée et froide, constitueraient les gradins successifs. La première varie en largeur de 50 à 100 kilomètres. Exposée à la *malaria* et au *vomito*, elle se maintient jusque par 400 mètres d'altitude où la présence du chêne mexicain indique que l'on est sorti de la région des fièvres, de même que l'apparition des sapins marque la limite entre la zone tempérée et la zone froide.

Cette configuration géographique du Mexique fait de lui une région typique dont nous retrouverons fréquemment, au cours de notre étude de l'Amérique, les traits caractéristiques. Ici, ils sont plus accentués. Si une végétation exubérante recouvre le littoral du sud semé de lagunes et de marais, au nord le sol se déroule en un désert de sable, monotone et plat, torride et desséché, semé de monstrueux cactiers, de yuccas et d'agaves qui impriment à cette région un cachet d'indéfinissable et majestueuse tristesse. « Puis, écrit M. J. Leclercq, surgissent à l'horizon les cimes bleuâtres de la Sierra Madre, qui reposent l'œil fatigué de l'uniformité du désert. Ces montagnes découpent leur sévère silhouette sur un ciel d'une pureté extraordinaire. Elles ne portent point de neige, bien qu'elles dominent la plaine de plus de 1,000 mètres. Leurs formes abruptes et leurs arêtes rectilignes les font paraître démesurément hautes. Pas un filet d'eau ne mouille leurs flancs nus et pelés. L'air est sec au point d'irriter les poumons. Étrange nature, austère paysage ! Si la montagne est stérile, la vallée semble extraordinairement féconde. D'innombrables yuccas arborescents, de 20 pieds de hauteur, dressent dans toutes les directions leurs singuliers rameaux hérissés de mille coutelas. Ces arbres sont munis de piquants comme les agaves, comme les cactus, comme les *jolantos*, les *quintes* et les *mezquitas*. Chaque végétal dans ce pays est un porc-épic : la nature y est armée jusqu'aux dents... »

Ici, en effet, nous retrouvons la plaine aride et désolée du *Llano Estacado* qui, par delà le Rio Grande del Norte, prolonge au nord du Mexique sa maigre végétation, son

relief monotone et plat, son sol aride et poudreux qu'envahissent les ronces, que la
sécheresse crevasse, que dominent à l'horizon de noires montagnes formant de vastes
cirques au-dessus desquels les aigles planent et les vautours décrivent leur vol circulaire. Combien différente apparaît la nature sur le versant maritime de l'est! « La route,
écrit M. J. Leclercq, court à travers une forêt vierge, entre deux impénétrables murailles
de végétation : le soleil même ne peut percer ces épais rideaux de verdure. Au milieu de
l'immense concert que chantent mille oiseaux inconnus, on reconnaît la voix du
Guarda-Barranca qui se plaît dans les solitudes les plus sauvages du Mexique. Quelle
belle, quelle puissante nature! Quand, au sortir de la forêt, apparaît la vallée de
Coatepec, il se déploie un panorama devant lequel on déplore la pauvreté des langues
humaines. L'Orizaba et le Cafre de Perote se montrent dans leur majesté avec leurs
innombrables contreforts où s'épanouit l'éternelle verdure des forêts vierges. D'un coup
d'œil on embrasse toutes les zones de végétation. Aucun paysage au monde ne me
semble comparable à celui que l'on embrasse de la vallée de Coatepec, et je n'excepte
même pas la célèbre vallée d'Orotava que Humboldt proclamait la plus belle de la
terre. »

Aride et plat dans le nord, accidenté et mouvementé dans sa partie centrale,
montagneux dans le sud, le Mexique s'appuie sur les deux talus de soutènement qui, à
l'est et à l'ouest, bordent les deux océans, et auxquels on donne le nom de Sierras Madres,
en ajoutant, pour les distinguer l'une de l'autre, la dénomination de l'Atlantique ou du
Pacifique. Leurs plus hauts sommets se dressent autour de Mexico, où le système
volcanique a soulevé les cimes de l'Orizaba, 5,384 mètres, du Popocatepetl, environ
6,000, de l'Ixtaccihuatl ou de la Femme Blanche, du Nauhcampatepetl et, sur le versant
occidental, du Colima, dont le cratère couronné de flocons de fumée est l'un des points
de repère du navigateur sur le Pacifique.

Au cœur de cette ceinture de cimes, se trouve l'axe central du haut plateau mexicain,
les hautes terres de Puebla, Mexico, Queretaro et Michoacan que l'on désigne du nom
de soulèvement d'Anahuac, signifiant : « Près de l'eau. » Parfaitement uni, ce plateau
est coupé de profondes fissures ou *barrancas*, de largeur variable et d'une profondeur
d'environ 500 à 1,000 pieds. Au fond de ces *barrancas* courent des torrents alimentés
par les neiges et les pluies descendues des hautes cimes.

Le système hydrographique du Mexique n'offre pas de moins curieux contrastes que
son système orographique. Les nappes d'eau du plateau de l'Anahuac forment, au centre
même du pays, une région lacustre considérable comme superficie, mais dépourvue de
profondeur. Elles occupent, par 2,277 mètres d'altitude, un bassin dans lequel s'élève
la ville de Mexico et que ferment hermétiquement la Cordillère de Pachuco au nord,
celle de l'Ajusco au sud, à l'est la Sierra Nevada, à l'ouest les Cerros ou chaînes du
Monte Bajo, du Monte Alto et de Sincoque. Ce bassin, d'une superficie de près de
5,000 kilomètres carrés, renferme une région plate que relèvent çà et là quelques
éminences et que dominent les hautes cimes de l'Ajusco, du Popocatepetl et de
l'Ixtaccihuatl. Six lacs ou lagunes, débris des eaux qui remplissaient autrefois ce

bassin, entourent la ville de Mexico dont ils recouvrent et découvrent tour à tour la banlieue. Ce sont les lacs de Texcuco, mesurant 205 kilomètres carrés, Chalco 100, Xaltocan 60, Xochilmilco 40, et ceux de Zumpango et de San-Cristobal de 19 et 12 kilomètres carrés.

A vrai dire, ce sont moins des lacs que des nappes d'eau sans profondeur, bordées de prairies marécageuses que sillonnent des lagunes navigables pour les bateaux plats. Nonobstant leur proximité, ces lacs sont à des niveaux différents. Le plus rapproché de la ville, celui de Texcuco, est à un niveau de 3ᵐ,60 inférieur au parvis de la cathédrale de Mexico; par contre, le niveau du lac de Zumpango est de 2ᵐ,50 au-dessus. « Derniers vestiges des grands lacs sur lesquels naviguaient les brigantins de Cortès, leur surface, écrit le colonel Niox, est aujourd'hui encombrée d'herbes et la circulation n'est généralement possible que dans les canaux qui ont été dégagés de végétation. Dans la saison des grandes pluies, le niveau des lagunes inférieures monte assez pour couvrir d'eau la plaine qui entoure Mexico; mais en temps ordinaire, l'évaporation et l'absorption dans les terres perméables suffisent pour maintenir les eaux à une hauteur normale. On a du reste exécuté quelques travaux d'art afin de détourner dans les lagunes inférieures le cours du Rio de Cuantillan qui se déversait dans le lac de Texcuco; on a ouvert une profonde tranchée dans les montagnes du nord pour faire dériver l'excès de leurs eaux sur le versant de l'Atlantique. » Cette tranchée, de plus de 20 kilomètres de longueur, de 110 mètres de grande largeur et d'un maximum de hauteur de 50 à 60 mètres, a nécessité 150 années de travail. On la désigne du nom de *Desague Real*. Chaque année, d'ailleurs, le bassin lacustre s'assèche; sa superficie décroît, sa profondeur devient nulle, aussi se préoccupe-t-on moins maintenant d'en rejeter les eaux en dehors de la vallée, que de les utiliser pour l'irrigation de la plaine.

En dehors des six lacs du plateau de l'Anahuac, le Mexique en renferme d'autres d'assez vaste étendue : tels le lac de Chapala situé sur la lisière des États de Michoacan et de Jalisco, dans la région occidentale. Le lac Chapala, de 2,500 kilomètres carrés de superficie, mesure 90 kilomètres en longueur sur 20 en largeur et déverse ses eaux dans l'océan Pacifique par le Rio Grande de Santiago. Dans le Michoacan se trouvent aussi les lacs de Cuitzeo et de Patzcuaro aux îles verdoyantes. Sur la côte orientale, aux terres basses et submergées, les lagunes abondent et leurs eaux stagnantes rendent, avons-nous dit, cette côte insalubre.

Par suite de sa configuration géographique et de son vaste massif taillé en gradins, le Mexique est mal irrigué. L'inclinaison du sol est trop brusque pour permettre la lente et fécondante circulation des eaux; elles s'écoulent en torrents impétueux, elles se concentrent dans les bassins fermés de l'intérieur, elles s'attardent au long des côtes où des flèches de sable leur barrent l'accès de la mer. Puis l'absence de chaînes de montagnes, assez élevées sous ce ciel tropical pour retenir et emmagasiner les neiges de l'hiver et suppléer par leur fonte aux sécheresses de l'été, fait au Mexique des conditions hydrologiques particulières. Les hautes cimes qui se détachent, isolées de tout massif, ne constituent que d'insuffisants glaciers, et les fortes pluies de l'été glissent rapidement, sans le pénétrer, sur le sol à pentes raides. Aussi, en dehors de la côte plate et presque toujours trop inondée, la végétation est-elle répartie en longues bandes étroites de terres situées au niveau des eaux courantes.

Celles-ci sont rares. En dehors du Rio Grande del Norte, du *torrent du Nord*, dont nous avons décrit le cours dans notre étude des États-Unis que ce fleuve borne au sud, on relève peu de grands cours d'eau dans le Mexique. Les principaux tributaires du golfe sont, au sud du Rio Grande del Norte, le Rio San-Fernando ou del Tigre qui se fraie une issue au travers de la longue flèche sablonneuse qui s'étend sur 250 kilomètres de longueur, de l'embouchure du Rio Grande à Soto-la-Marina; le Rio de Santander qui débouche au sud de Soto-la-Marina et traverse l'État de Tamaulipas; plus bas, le Rio Tamesi, que le Rio Panuco rejoint à Tampico, en aval duquel ils forment la lagune de Tamiahua, de plus de 100 kilomètres de longueur. Une série de petits fleuves côtiers se succèdent jusqu'au-dessous de Vera-Cruz et d'Alvarado où le Rio Papaloapan s'épanche dans un lacis de lagunes qui échancrent profondément le littoral.

Entre la baie de Vera-Cruz et celle de Campêche, à l'extrémité méridionale du golfe du Mexique, débouchent le Coatzacoalcos, au cours sinueux, long de 315 kilomètres, puis le Grijalva qui en mesure 650 environ et descend du Guatémala. Dans la baie de Campêche enfin, apparaît l'Usumacinta, issu, comme le Grijalva, des *Altos* de Guatémala et dont le cours, d'environ 700 kilomètres, fait de lui, après le Rio Grande, le plus important cours d'eau du Mexique. L'Usumacinta, navigable pour les grosses barques, traverse les basses plaines du Tabasco et de l'État de Campêche où il se divise en trois bras. Le plus oriental, la Palizada, s'écoule dans la lagune de Termi-nos; le plus occidental rejoint le Grijalva et forme le Tabasco; le bras central tombe directement dans le golfe à la barre de San-Pedro y Pablo. Dans le Yucatan, dépourvu d'eaux courantes, on ne relève que le Rio Hondo; il sépare le Yucatan du Honduras britannique et se déverse dans la baie de Chétumal au nord du golfe de Honduras.

Le littoral bien autrement étendu de l'océan Pacifique n'est pas mieux arrosé que le littoral oriental. L'étroite presqu'île californienne n'a que de maigres cours d'eau et la plupart des rivières côtières du continent, torrents pendant la saison des pluies, ne sont navigables qu'à de rares exceptions près. Du sud au nord, on relève le Rio de Tehuantepec et le Rio Verde, l'Atoyac et, plus au nord, le Rio de las Balsas, le Rio Armeria et, au nord du cap Corrientes, le Rio Grande de Santiago. Par la longueur de son cours, 1,000 kilomètres, et par son volume d'eau, c'est l'un des grands fleuves de cette partie de la côte mexicaine, mais sa pente est trop rapide et ses chutes trop nombreuses pour permettre de l'utiliser comme voie de transport, bien qu'il traverse une région riche et fertile. Issu du lac de Lerma, dans l'État de Mexico, il coupe le lac de Chapala à son angle nord-est; encaissé dans des gorges abruptes, il descend par une série de bonds d'une hauteur de 2,600 mètres et ne se dégage des gorges de Santiago dans lesquelles il se débat qu'à une courte distance de son embouchure. Au nord du Rio Grande de Santiago, se succèdent les petits rios de Mesquital, de las Canas, de Mazatlan, de Culiacan, de Sinaloa, puis les rios Mayo, Yaqui et Sonora qui s'épanchent dans le golfe de Californie à l'extrémité septen-

UNE RUE DE VILLAGE AU MEXIQUE.

trionale duquel s'ouvre l'estuaire du Rio Colorado dont le cours inférieur seul appartient au Mexique sur une longueur de 125 kilomètres.

Largement évasé au nord, du côté des États-Unis sur lesquels il s'ouvre ainsi qu'une corne d'abondance et auxquels son haut plateau le relie par une sorte de chaussée naturelle se prolongeant sans interruption de Mexico à Santa-Fé, le Mexique, étranglé et comme fermé au sud, semble n'avoir de débouché que du côté de l'Union Américaine, dont il est, avons-nous dit, le prolongement géographique. Aucune barrière ne l'en sépare et sa pente l'y rattache. Sa faune et sa flore complètent celles des États-Unis, de même que ses mines d'or et d'argent dont la production totale, depuis leur découverte, dépasse vingt-trois milliards, continuent les vastes gisements aurifères et argentifères de la Californie, du Nevada, du Montana et du Colorado.

Seul au monde, le Mexique réunit, sur une pente unique, tous les climats et toutes les productions végétales. En une journée, le voyageur qui, de la Vera-Cruz, remonte par la voie ferrée jusqu'à Mexico, gravissant les trois degrés du gigantesque escalier, passe sans transition de la zone torride à la zone tempérée et à la zone froide. A la végétation tropicale il voit succéder celle de nos climats méridionaux, puis septentrionaux, les arbres, les fruits et les fleurs de tous les climats, les épices et les plantes textiles, les cultures des tropiques, les forêts vierges et des produits merveilleux qui n'appartiennent qu'à cette terre privilégiée.

Le Mexique a donné à l'Europe le chocolat et le tabac; nulle part les bananes ne sont aussi exquises, les oranges aussi parfumées. Les mangues y sont renommées et l'exportation des fruits du Mexique dépasse déjà 40 millions à l'année. Dans les forêts se trouvent d'excellents bois d'ébénisterie et de teinture, les plus riches essences forestières.

Sur ce sol peuplé de 12 millions d'habitants, nous trouvons quatre races distinctes et juxtaposées : les Indiens purs, les *Mestizos*, ou demi-blancs, les nègres et les blancs. Les premiers, les aborigènes, représentent 38 0/0 de la population totale. Ici, comme dans toute l'Amérique centrale espagnole, les Indiens se divisent en deux catégories distinctes : les *Indios Mansos* qui constituent les tribus sédentaires, agricoles et en partie civilisées, et les *Indios Barbaros*, dont le nombre décroît chaque jour, nomades et réfractaires à la civilisation, reculant devant elle qui de toutes parts les étreint. Doux, patient, triste et résigné, l'Indien *Manso* du Mexique est dur à la fatigue, passif et dissimulé, opposant aux circonstances adverses une rare force d'inertie. Descendant des Aztecs, il n'a rien oublié, ses conquérants et ses maîtres ayant négligé de lui rien apprendre et n'exigeant de lui qu'une conversion apparente et un labeur incessant.

Il est resté ce qu'il était au temps de Montézuma ; il n'a modifié ni son costume ni son genre de vie. Passionnément attaché au passé et à ses traditions, machine humaine au service des blancs, il se déclare lui-même irresponsable : *No somos gente de razon*, dit-il, et il attend avec un fatalisme résigné ce que l'avenir tient en réserve. « L'Indien du Mexique, écrit don S. Queredo y Zubieta, est triste jusqu'à la rudesse ;

sa mélancolie a quelque chose d'âpre, de désespéré, et la douleur interne qui brille dans nos yeux sous la forme d'une larme, brille dans les siens comme l'éclair d'une sinistre atonie. L'oppression qu'il a subie, les droits qu'on lui a ravis, l'abjection dans laquelle on l'a tenu ont rendu plus triste encore l'instinctive tristesse de sa race ; il est sombre jusque dans ses heures de plaisir, son chant est triste, tristes aussi ses danses. » Le travail, un travail monotone, est tout ce que la domination aztèque et la conquête espagnole ont légué à l'Indien. L'héritier des maîtres d'un des plus beaux pays du monde, plie, comme le Sisyphe de la fable antique, sous le poids d'un écrasant fardeau.

L'histoire de cette race est obscure ; obscures aussi ses origines comme celles de tous les peuples qui n'ont pas eu de monuments écrits. Les traditions orales, confirmées par de récentes découvertes, nous montrent trois immigrations successives et superposées : Toltèque, Tchichimaque et Aztèque. Toutes trois venaient du nord et, par suite de la configuration physique du pays, toutes trois suivirent la même voie : la grande chaussée naturelle qui relie les États-Unis au Mexique et qui faisait dire à Alex. de Humboldt qu'un chariot à quatre roues rencontrait moins d'obstacles pour franchir les 1,800 kilomètres qui séparent Mexico de Santa-Fé, que les 140 kilomètres de Mexico à Puebla. Une main inconnue a tracé sur un plan rudimentaire, conservé au musée de Mexico, l'itinéraire suivi par les Aztecs, les derniers venus. Ce plan indique les haltes successives des sept tribus en marche, dont l'une, celle des *Mexicos*, a donné son nom au pays. Ces haltes, commes celles de la plupart des peuples en migration, furent de longue durée, de dix, quinze, vingt ans et plus, et l'on peut suivre, au long de la vallée du Rio Grande del Norte, les traces de cette migration représentées presque invariablement par les ruines de sept villages groupés côte à côte sur les bords du fleuve.

Le terme de leur migration fut, pour les Aztecs, comme pour leurs prédécesseurs, le plateau de l'Anahuac. Là s'arrêtait brusquement la voie naturelle et géographique ; au delà, le relief du sol en pente vers les deux océans, les *barrancas*, les défilés, les montagnes s'opposaient à une marche collective et ne permettaient plus que des excursions isolées. Sur ce haut plateau de l'Anahuac, facile à défendre, difficilement accessible par toute autre route que celle qu'ils avaient suivie, ils se cantonnèrent et se fixèrent : les Toltecs d'abord, après eux les Tchichimacs, enfin les Aztecs. Ces derniers y vivaient et prospéraient, tenant courbés sous leur joug les descendants de leurs prédécesseurs, quand, en 1519, Fernand Cortez débarqua sur la côte orientale avec 550 soldats et matelots, 16 chevaux et 10 pièces de canon. Il foulait enfin cette terre de l'or qu'il avait vainement cherchée dans le Yucatan et que les Indiens lui avaient dit exister plus à l'ouest, au fond du golfe et dans la haute région montagneuse. Les riches présents que lui envoya Montézuma, prévenu de son débarquement, levèrent tous ses doutes ; c'était bien là le pays de l'or et, résolu à le prendre et à le garder, il n'hésita pas à couler ses vaisseaux, à se fermer toute retraite, ne laissant d'autre alternative à ses compagnons que la victoire ou la mort.

Alors commença pour le Mexique l'ère terrible d'une lutte sanglante. Cortez occupe Chololan et se rend à Mexico où le fastueux Montézuma, qui devait payer sa faiblesse de sa mort, l'accueille comme l'envoyé de Charles-Quint et se soumet sans lutte. Il fallut le guet-apens d'Alvarado, lieutenant de Cortez, faisant égorger sans provocation une partie de la noblesse aztèque, pour provoquer le terrible soulèvement du 24 juin 1520 dans lequel Montézuma fut tué et qui coûta à Cortez la moitié de son armée. Fugitif, à son tour, Cortez dut évacuer Mexico dans la soirée du 1ᵉʳ juillet 1520, et l'on montre encore près de Popotla, l'arbre de la *Nuit Triste*, au pied duquel Cortez, le rude capitaine, pleura, dit-on, sur ses vaillants soldats massacrés et sur la fortune qui le trahissait.

Mais il ne s'abandonna pas lui-même. Un an plus tard, il reparaissait sous les murs de Mexico; derrière lui marchaient ses vétérans espagnols et 100,000 auxiliaires recrutés parmi les Indiens hostiles. L'héroïque résistance de Guatimozin, successeur de Montézuma, ne fit que retarder la chute de la ville et qu'exaspérer le vainqueur. Le 13 août 1521, Cortez entrait dans Mexico incendiée et livrée au pillage. L'excès de la répression anéantit les dernières velléités de résistance. La terreur qu'il inspirait abattit les dernières résistances. Sur les ruines de la cité aztèque s'éleva une ville espagnole; et Guatimozin mourut dans les supplices. Maître du Mexique, Cortez mit à profit l'effroi qu'inspiraient son nom et le bruit de ses succès; sur ses ordres Alvarado conquit le Guatémala, Olie soumit le Honduras et poussa jusqu'en Californie; la Nouvelle-Espagne s'étendit du Rio Grande à l'isthme de Nicaragua, sur 3,600 kilomètres de longueur, et Cortez la gouverna comme vice-roi. Vingt-six ans plus tard, déchu de ses grandeurs, dépouillé de ses trésors, il mourait pauvre et délaissé dans cette Espagne à laquelle il avait donné un empire.

Elle le garda près de trois siècles, jusqu'au 16 septembre 1810, jour où le curé Hidalgo jeta à Dolorès, dans l'État de Guanajuato, le premier cri de révolte, auquel répondirent Aldama, Allondo, Abasolo soutenus par 40,000 Indiens. Le Mexique agonisait sous l'oppression de la métropole. Colons, Indiens, Métis firent cause commune; quatre héros : Hidalgo, Miguel Bravo, Morelos, Matamoros, luttèrent à leur tête, vainqueurs, puis vaincus et passés par les armes, jusqu'à ce qu'en 1821 le traité de Cordova consacrât l'indépendance du Mexique que l'Espagne ne reconnut qu'en 1836. A cette lutte succéda une ère de guerres civiles et de *pronunciamientos*, dans laquelle le Mexique faillit disparaître, puis une ère de guerres extérieures avec les États-Unis dont il sortit démembré et ruiné. La malencontreuse intervention de la France dans les affaires du Mexique parut être le dernier coup porté à ce pays si durement éprouvé; il n'en fut rien et cette épreuve, en réveillant le sentiment national au Mexique, a réveillé du même coup la foi des Mexicains dans l'avenir et dans les immenses ressources d'un sol riche entre tous.

Après les Indiens purs, les *Ladinos* ou Métis sont les plus nombreux au Mexique. Enfants de pères blancs et de mères indiennes, ils réunissent souvent les qualités mais aussi les vices des deux races; s'ils possèdent la force d'endurance de l'une et l'intelligence de l'autre, ils ont aussi les passions sans frein, la dissimulation, l'indolence et l'ambition des races mixtes. C'est surtout parmi eux que se recrutent ces troupes de guerillas à la fois bandits et soldats, toujours prêts à s'enrôler sous la bannière d'un chef politique ou militaire. Dépensiers et prodigues, ils forment un contraste marqué avec l'Indien pur sang, économe, avare même, et ayant encore conservé l'antique coutume d'enfouir son argent, à l'insu même des siens, afin d'être sûr de le retrouver le jour où il ressuscitera. S'il faut en croire les historiens du Mexique, des centaines de millions seraient ainsi cachés dans le sol. Dans le total de la population du Mexique, le blanc de race pure ne figure pas pour plus de 19 pour cent ; et les Nègres et les Asiatiques ne constituent encore qu'un faible appoint disséminé le long de la côte.

Le Mexique est administrativement divisé en 28 provinces, d'inégale superficie et de population inégale. La plus vaste, celle de Chihuahua, dans le nord, ne mesure pas moins de 231,267 kilomètres carrés; la plus restreinte, celle de Tlaxcala, dans le sud, n'en recouvre que 3,902 ; la plus peuplée, Jalisco, au centre, compte 1,200,000 habitants ; la moins peuplée, la Basse-Californie, n'en renferme guère plus de 35,000. C'est là que se trouve le minimum de densité, 0,5, soit un habitant pour 2 kilomètres carrés; le maximum, dans l'État de Mexico, dépasse 92. Nous commencerons par le nord l'étude détaillée du Mexique et nous parcourrons successivement les provinces septentrionales au nombre de huit, puis les dix provinces centrales et les dix provinces méridionales.

I. — PROVINCES SEPTENTRIONALES : BASSE-CALIFORNIE. — SONORA. — CHIHUAHUA. — COAHUILA. — NUEVO-LEON. — TAMAULIPAS. — DURANGO. — SINALOA.

Beaucoup plus étendues que les autres divisions administratives du Mexique, les provinces septentrionales, limitrophes ou voisines des États-Unis, rappellent par leur superficie les vastes États ou territoires qui, de l'autre côté du Rio Grande del Norte, leur font face. Ces huit provinces mesurent 1,085,812 kilomètres carrés, plus de la moitié de la superficie totale de la République; par contre, leur population de 1,600,000 âmes ne représente guère qu'un huitième du chiffre des habitants.

La Basse-Californie, qui figure au 3ᵉ rang comme étendue, est, avons-nous vu, au dernier et comme population et comme densité. Et cependant cette province possède d'importantes salines, des mines d'or et de mercure. La canne à sucre prospère dans la vallée de Todos-Santos ; la Paz, capitale de la province, possède de riches vergers et des plantations de caféiers; elle est aussi le centre des pêcheries de perles de la mer Vermeille, que les plongeurs Yaqui exploitent sur les bancs du cap Pichilingue. Dans la Basse-Californie, la population se groupe autour de ces localités méridionales; le nord est inhabité et, au-dessus de Mulège, située sur la baie de Santa-Inez, on ne rencontre, jusqu'à la frontière des États-Unis, que de rares villages de pêcheurs.

De l'autre côté de la mer Vermeille, la province de Sonora recouvre une superficie de 200,845 kilomètres carrés peuplée de 152,000 habitants. Limitrophe aux États-Unis, elle en est séparée par une ligne géométrique arbitraire qui ne tient aucun compte du relief du sol; on chercherait vainement, d'ailleurs, une frontière naturelle nettement indiquée. L'orographie est la même que celle de l'Arizona et les centres, très clair-semés, s'éparpillent au long de l'Asuncion, de la Sonora et du Yaqui. Ce sont : Magdalena, au nord, sur l'une des branches maîtresses de l'Asuncion, Arispe, Ures et Hermosillo sur le cours de la Sonora. Hermosillo est célèbre par le combat que 253 volontaires français, sous les ordres de Raousset-Boulbon livrèrent, le 14 octobre 1852, à 1,200 hommes de troupes mexicaines. Elle est renommée pour la fécondité de son sol et son rendement en céréales, supérieur, dit-on, à ce qu'il est sur aucun point du globe. Hermosillo, comme Guaymas plus au sud, est l'une des villes d'avenir de cette région ; une voie ferrée relie Guaymas, port de mer et l'un des meilleurs du Mexique, à Hermosillo, riche en mines d'argent et en produits agricoles. Plus au sud, Alamos, ville minière, exploite des minerais d'argent et possède un hôtel des monnaies dont la frappe dépasse annuellement 10 millions de francs.

Entre la province de Sonora à l'ouest, celles de Sinaloa et de Durango au sud et de Coahuila à l'est s'étend la province de Chihuahua, *le lieu du plaisir*, en langue tarahumara. Elle occupe une superficie de 231,267 kilomètres carrés et renferme une population de 298,000 habitants. Ce vaste État se divise en deux régions bien distinctes : celle de l'est, sèche et inhabitée ; celle de l'ouest, du versant de la Sierra Madre, riche en mines, recouverte de forêts, et dont les pentes herbeuses se prêtent merveilleusement à l'élevage du bétail aussi bien qu'à la culture des céréales. C'est la région arrosée, colonisée, exploitée et cultivée, appelée à subvenir aux besoins d'une population bien autrement considérable et que convoitent les États-Unis, dont le Chihuahua n'est séparé que par un tracé géométrique au nord, et à l'est par le Rio del Norte, torrent aux eaux troubles pendant la saison des pluies, presque à sec l'été.

Les ruines nombreuses dont cette région est semée témoignent de son ancienne importance ; on les désigne du nom de *Casas grandes*, « grandes cases, » et on les rencontre échelonnées sur les rives du cours d'eau de la lagune de Guzman, au long duquel se succèdent des rangées de tombeaux.

Chihuahua, capitale de la province, en occupe le cœur même. Plus peuplée autrefois qu'elle ne l'est aujourd'hui, c'est une cité de 25,000 habitants, solennelle, ensommeillée et vide, dans son enceinte trop vaste. Un aqueduc lui amène les eaux limpides et fraîches du Rio Chihuahua auxquelles la ville est redevable de sa verdoyante ceinture de vergers et de jardins. Les autres centres de la province : Santa-Cruz de Rosales, Santa-Rosalia, San-Pablo, s'élèvent à l'issue des vallées arrosées par les ruis-seaux descendus de la Sierra Madre.

A l'est de la province de Chihuahua et, comme elle, limitrophe aux États-Unis, à l'État du Texas dont le Rio Grande la sépare, la province de Coahuila s'étend sur une superficie de 153,600 kilomètres carrés peuplés de 183,000 habitants. Ici, c'est dans la partie montagneuse et orientale que se groupe la population. Sèche et plate, la zone occidentale est déserte ; sur ses plaines sablonneuses les eaux sans pentes viennent se perdre dans des lagunes sans issues. Saltillo est la capitale du Coahuila ; elle eut nom Leona-Vicario en souvenir d'une héroïne de la guerre de l'Indépendance, mais l'appel-lation de Saltillo qui signifie en chichimèque : « haute terre arrosée », a prévalu.

Située sur la voie ferrée du nord, Saltillo commence à sortir de son long sommeil, sa population est d'environ 23,000 âmes.

Saltillo n'a pas l'importance de Monterey, capitale du Nuevo-Leon et située près de la frontière du Coahuila. Monterey compte 42,000 habitants. Elle offre l'aspect d'une vieille ville monacale aux longues rues, aux longs murs blanchis à la chaux et percés de rares ouvertures, aux maisons basses, sans étage et sans toiture autres qu'une terrasse plate ; une vraie cité mexicaine d'autrefois, morte le jour, ne s'éveillant que le soir et offrant un singulier contraste avec les villes américaines naissantes mais déjà bruyantes, affairées, qui surgissent plus au nord, sur l'autre rive du Rio Grande.

L'État de Nuevo-Leon, dont elle est le centre le plus considérable, mesure 65,000 kilomètres carrés et renferme 244,000 habitants. Près de Monterey, point stratégique qui couvre la frontière du nord, se livra, en 1847, la bataille entre les Américains et les Mexicains dans laquelle deux des futurs héros de la guerre de Sécession, Grant et Sherman, se signalèrent pour la première fois.

A l'est du Nuevo-Leon, l'État de Tamaulipas, le dernier des États frontières au nord, déploie, au long du golfe du Mexique, sa longue façade de 400 kilomètres. Sa superficie est de 76,000 kilomètres carrés, sa population de 190,000 habitants. Ciudad-Victoria, petite ville de 10,000 habitants, est sa capitale, mais sa ville principale est Matamoros, située sur la frontière et sur le cours du Rio Grande, à 80 kilomètres de son embouchure. Centre commercial et stratégique important, Matamoros est surtout l'avant-poste militaire du Mexique en face de Brownsville qui s'élève sur l'autre rive du fleuve.

A l'extrémité sud de l'État, Tampico fait pendant à Matamoros. Comme cette dernière elle est située près de l'embouchure d'un fleuve, le Rio Panuco, mais son commerce extérieur est plus considérable si sa population est à peu près la même, 14,000 habitants ; rivale de Vera-Cruz, Tampico est reliée par des lignes de paquebots à vapeur aux grands ports du continent européen, à New-York et aux centres commerciaux du golfe du Mexique et de la mer des Antilles.

Les deux États occidentaux de Durango et de Sinaloa complètent l'ensemble du Mexique septentrional. Située entre le Chihuahua au nord, le Coahuila et le Zacatecas à l'est, et le Sinaloa à l'ouest, l'État de Durango occupe une superficie de 110,170 kilomètres carrés et renferme une population de 265,000 habitants. Prolongement géographique du Chihuahua, adossé comme lui aux pentes de la Sierra Madre, il déroule, comme lui, dans l'est, de longues plaines sablonneuses et désertes. Primitivement peuplée par des émigrants d'origine basque, qui retrouvaient dans le Chihuahua et le Durango le climat, les vastes horizons et le relief montueux de leur terre natale, cette région reçut d'eux le nom de Nouvelle-Biscaye et leur ville principale celui de Durango.

Elle est l'une des plus anciennes cités du Mexique et aussi l'un des points stratégiques les plus importants. Sa population est d'environ 30,000 âmes. Durango est renommée parmi les géologistes pour ses pierres météoriques et aussi pour l'étonnant rocher de fer natif, le Cerro de Mercado, qui se dresse près de la ville à 195 mètres de hauteur et contient, dit-on, au-dessus du sol, plus de 450 millions de tonnes de métal, autant que l'Amérique entière en consomme en un siècle. Les gisements d'or et d'argent, d'étain et de plomb abondent dans l'État de Durango dont les petites villes, telles que San-Dimas, Tamazula, Mezquital, Nazas, Nombre de Dios, Cuencame sont des centres miniers.

A l'ouest de l'État de Durango, celui de Sinaloa se déploie sur 93,730 kilomètres carrés, au long de l'océan Pacifique et de la mer Vermeille. Culiacan, la « ville des serpents », sa capitale, ne compte que 19,000 âmes. Elle possède un hôtel des monnaies où se centralise la production minière du Sinaloa, et où l'on a déjà frappé, depuis 1846, pour plus de 210 millions d'or et d'argent. Mazatlan est la ville importante du Sinaloa, bien que sa rade soit ouverte à tous les vents, et son port très inférieur à ceux de Guaymas ou d'Acapulco; mais Mazatlan est le premier port de terre ferme que rencontrent les navires descendant de San-Francisco; ils en ont fait un point de relâche et, du même coup, Mazatlan est devenu un centre d'approvisionnements et d'industrie. Sinaloa, qui a donné son nom à l'État, est située au nord, près de la frontière de la Sonora, et renferme 16,000 habitants.

PROVINCES CENTRALES : SAN-LUIS-POTOSI. — ZACATECAS. — AGUAS-CALIENTES. — JALISCO. — COLIMA. — MICHOACAN. — GUANAJUATO. — QUERETARO. — HIDALGO. — MEXICO. — TLAXCALA.

D'une superficie moindre que les provinces septentrionales et méridionales, les onze provinces centrales renferment, par contre, un nombre beaucoup plus considérable d'habitants. Leur superficie n'est que de 395,909 kilomètres carrés, alors que celle des huit États du Nord est de 1,085,812 et celle des neuf États du Sud de 463,371; mais leur population est de 6,548,000 habitants, plus de la moitié du chiffre total du Mexique. La population s'est groupée de préférence sur le haut plateau de l'Anahuac, sur les pentes de la zone tempérée et sur le versant du Pacifique, plus salubre et moins excessif comme climat que celui de l'Atlantique semé de lagunes et de terres basses d'où, sous une végétation trop exubérante, se dégagent des miasmes dangereux. Cette région centrale est le cœur du Mexique, le pôle d'attraction et de résistance, le centre historique et géographique. Au nord, son relief orographique n'est que la prolongation de celui de l'Amérique septentrionale; au sud, le relief isthmique commence à l'étranglement de Tehuantepec, se continue dans le Guatemala, s'accentue au Nicaragua et atteint, à Panama, son maximum de contraction. C'est au plateau de l'Anahuac et sur son double versant incliné vers les deux océans que se dessine la configuration physique particulière au Mexique, qui a fait de lui ce qu'il est : un microcosme de tous les pays, de tous les climats et de toutes les productions.

Dans cette région accidentée, l'agriculture se développe rapidement et aussi l'industrie minière, car le sous-sol n'est pas moins riche que le sol supérieur n'est fertile. Incliné au nord et à l'est, l'État de San-Luis-Potosi voit sa production agricole dépasser sa production minière. Sur une superficie de 67,325 kilomètres carrés, il renferme une population de 546,000 habitants. San-Luis, sa capitale, en compte 64,000 et renferme de beaux édifices qui attestent son antique opulence. A San-Luis affluaient autrefois l'or et l'argent qui enrichissaient l'Espagne, là aussi s'élevaient ces églises espagnoles aux statues d'un effrayant réalisme, aux sculptures plus fouillées, plus compliquées que celles d'une pagode hindoue, aux saints et aux christs saignants sous leurs chevelures indiennes. On retrouve à San-Luis les vieilles demeures seigneuriales aux portes blindées d'énormes têtes de clous comme à Tolède, les *patios* aux arcades sculptées de Séville et de Grenade. La vieille ville s'élève à près de 1,900 mètres d'altitude sur le versant oriental du plateau de l'Anahuac; une voie ferrée l'a enfin tirée de son isolement et la relie au port de Tampico, ouvrant un débouché à son importante production agricole. Ses écoles, ses sociétés savantes et son institut font de San-Luis-Potosi l'un des foyers intellectuels du Mexique. Auprès d'elle, les autres cités de l'État n'ont qu'une importance secondaire, mais dans les États du Nord elles seraient de grands centres. Telles Ciudad del Maiz, Rio-Verde, Salinas, Santa Maria del Rio et la ville minière de Guadalcazar.

A l'ouest de l'État de San-Luis-Potosi, celui de Zacatecas mesure 65,354 kilomètres carrés de superficie; sa population dépasse 527,000 habitants. Zacatecas, en langue indienne : *la terre des herbes*, renferme de nombreuses ruines des temps anciens; elle contient aussi d'importants gisements de minerais argentifères qu'une exploitation de près de quatre siècles n'a pas encore épuisés. On estime à 1,800 millions la frappe totale de l'hôtel des monnaies de la ville de Zacatecas depuis son établissement en 1810. Presque entièrement enclavé dans l'État de Zacatecas, le petit État d'Aguas-Calientes ne mesure que 7,500 kilomètres carrés; sa population est de 122,000 âmes. Ainsi que son nom l'indique, il est riche en sources thermales très fréquentées et qui attirent dans la jolie ville qui porte le même nom et qui lui sert de capitale une population de touristes et de malades.

Beaucoup plus étendu et, en superficie le plus vaste des États du centre, celui de Jalisco, mesurant 100,525 kilomètres carrés, borde le Pacifique, entre le Sinaloa au nord et le Michoacan au sud. Comme population il tient le premier rang avec 1,162,000 habitants, et Guadalajara, sa capitale, est, après Mexico, la première ville de la République. Elle est située au point de croisement des routes qui, du plateau de l'Anahuac, rejoignent le Pacifique. Centre d'un important district minier et pourvue d'un hôtel de monnaies, Guadalajara est aussi un vaste entrepôt agricole et une ville manufacturière. Elle possède des manufactures d'étoffes, des fonderies, des verreries et aussi des fabriques de *dulces*, bonbons et confitures très appréciés des Mexicains. Au nord-est de Guadalajara, Lagos, située près de la frontière du Guanajato, est un marché très fréquenté ; Tequila, au nord de la capitale, est renommée dans tout le Mexique pour son eau-de-vie de *maguey*. Tépic, à l'ouest, et à peu de distance du Pacifique, est la capitale du territoire du même nom ; son altitude, le panorama qu'elle domine, les beaux sites qui l'entourent et la salubrité de l'air qu'on y respire ont largement contribué à la prospérité de Tépic en faisant d'elle le sanatorium de cette région.

Près du lac de Chapala, situé sur la lisière des États de Jalisco et du Michoacan, long de 90 kilomètres et large de 20, se trouvent les villes de Sagula et de Zapotlan, à plus de 1,300 mètres d'altitude. Au sud, dans le petit État de Colima, enclave du Jalisco, se dresse la ville de Colima, création de Cortès, et que domine son double volcan de *feu* et de *neige*. L'État de Colima est, au point de vue agricole, l'un des plus riches du Mexique.

Au sud du Jalisco et, comme lui, baigné par le Pacifique, l'État de Michoacan occupe une superficie de 60,000 kilomètres carrés et contient une population de 831,000 habitants. Il est l'une des plus montagneuses et des plus pittoresques régions du Mexique, l'une des plus étonnantes par la diversité des cultures et des productions ; la canne à sucre y prospère près de la région des pins ; par 2,000 mètres d'altitude on y rencontre le climat idéal d'un perpétuel printemps ; rien ne vient y compromettre la sécurité des récoltes et le cultivateur, une fois la terre ensemencée, attend en paix la riche moisson.

Morelia, capitale du Michoacan, renferme plus de 40,000 habitants. Ville propre et coquette, bien bâtie, aux vastes places encadrées de portiques, elle possède une cathédrale qui rivalise avec celles de Mexico et de Puebla, et de nombreux couvents. Située au centre d'un riche district minier, elle semble appelée à devenir un centre très important. Connue d'abord sous le nom de Valladolid, la ville reçut ensuite celui de Morelia, en souvenir de Morelos, l'un des héros de la guerre d'Indépendance, qui y naquit, ainsi que l'empereur Iturbide. Ces deux enfants de Morelia eurent même sort tragique et moururent fusillés. Après Morelia, les principales villes du Michoacan sont Puruandiro, 28,000 habitants, la Piedad 19,000, Tacambaro merveilleusement placée sur la lisière des terres chaudes et des terres tempérées, Patzcuaro, ou *lieu de délices*, en indien, dont le lac rappelle les beaux lacs italiens et qui avant l'invasion espagnole, fut l'une des capitales des Chichimèques ou Vanaccos.

L'État de Guanajuato, situé au nord-est du Michoacan et au sud de l'État de San-Luis-Potosi, mesure 32,500 kilomètres carrés de superficie et renferme une population de 1,107,000 habitants. Il est l'un des États les plus peuplés et les plus riches du Mexique, l'un de ceux d'où l'on a extrait les plus grandes masses d'argent. La mine de Valenciana, située sur la *Veta madre*, la « veine mère » du Guanajuato, a fourni à elle seule, de 1770 à 1810, près de 40 millions chaque année. Aujourd'hui elle est envahie par les eaux, mais S. Ramirez, dans son *Riqueza mineral de Mexico*, évalue à plus de 7 milliards la valeur du minerai qu'elle renferme, et à bien des millions le métal que contiennent encore les débris de minerais mal travaillés dont on a construit les hameaux du district ; il est question de démolir ces hameaux et de travailler à nouveau ces riches matériaux.

Guanajuato, capitale de l'État, peuplée de 53,000 habitants, est un nid d'aigle perché dans les montagnes qui l'enserrent si complètement qu'elle n'est accessible que par un seul côté. On la prendrait pour une ville africaine égarée dans un cadre qui évoque le souvenir du Tyrol ; du sommet du *Cerro*, montagne qui domine Guanajuato, on n'aperçoit qu'un fouillis de blanches maisons aux toits plats, un lacet de rues étroites escaladant les pentes raides, et, à l'horizon, les lignes sévères des montagnes nues dont les flancs renferment d'incalculables richesses.

A l'ouest de la capitale, Léon de los Aldamas, peuplée de 48,000 habitants, mieux située dans une plaine fertile et d'accès plus facile, menace de l'emporter sur Guanajuato. Ville industrielle, elle est renommée pour la fabrication des selles et des harnachements coûteux fort appréciés au Mexique ; elle possède aussi d'importantes manufactures d'étoffes. L'industrie domine dans cette région. A Celaya on tanne et travaille les cuirs ; Silao exploite des mines d'argent, Salamanca tisse des cotonnades. Le voisinage de Mexico se fait sentir et imprime à ces centres qui gravitent autour de la capitale une grande activité.

Il en est de même pour les petits États de Quérétaro et d'Hidalgo situés à l'est du Guanajuato et au nord de Mexico. Celui de Quérétaro mesure 10,200 kilomètres carrés peuplés de 214,000 habitants ; celui d'Hidalgo, plus étendu, 20,039 kilomètres carrés, renferme 495,000 âmes. Quérétaro, capitale de l'État du même nom, a grand air avec ses nombreux clochers qui, de loin, lui donnent l'aspect d'une ville plus importante qu'elle ne l'est en réalité. Le souvenir tragique de l'empereur Maximilien plane encore au-dessus de cette ville qu'il défendit héroïquement pendant soixante et onze jours et que Lopez, favori comblé de ses bienfaits, livra à l'ennemi. Le 19 mai 1867, l'empereur trahi et vaincu, rendait son épée à Escobedo; un mois plus tard, il mourait fusillé entre Mejia et Miramon, ses généraux fidèles jusqu'au bout, et dont l'un, Mejia, refusa sa grâce si l'on n'épargnait son souverain. Quérétaro est aujourd'hui une ville industrielle contenant des fabriques de savons et de tabac, des filatures de coton et des manufactures d'étoffes. Au sud de Quérétaro, San-Juan-del-Rio, la « cité des Jardins », s'étend dans une belle vallée que traverse l'une des branches maîtresses du Rio Panuco.

Détaché en 1869 de l'État de Mexico, et constitué en État distinct sous le nom d'Hidalgo, le curé patriote qui le premier appela les Mexicains à conquérir leur indépendance, cet État nouveau a pour capitale Pachuca, peuplée de 25,000 habitants. Située dans la région minière de Regla, plus connue sous le nom de Real del Monte, et d'où l'on tira des centaines de millions d'argent, Pachuca est entourée de ruines toltèques. Près de là s'élevaient les cités de Tula et de Tulancigo visitées et décrites par M. Désiré Charnay.

L'État de Mexico, y compris le District fédéral qui entoure la capitale de la république et qui est directement administré par le Congrès, de même que le District de Columbia aux États-Unis, occupe une superficie de 32,660 kilomètres carrés et renferme une population de 1,330,000 âmes, dont 450,000 pour le district fédéral. Très montueux au sud-ouest, l'État de Mexico a vu ses habitants se grouper de préférence au nord-est où s'élevait la Venise américaine, l'antique cité aztèque de Tenochtitlan, siège de l'empire de Montézuma. Bâtie, comme Venise, sur une île coupée d'innombrables canaux et reliée à la terre ferme par quatre chaussées gigantesques, on y comptait, lors de l'arrivée des Espagnols, disent les chroniqueurs, 60,000 maisons et plus de

300,000 habitants. « La grande ville de Mexico, écrivait Fernand Cortez à Charles-Quint, se dresse dans une lagune et, du cœur de la ville à l'une quelconque des extrémités, la distance est de deux lieues. On y accède par quatre chaussées artificielles larges comme deux lances. » Bernal Diaz ajoute que les Espagnols furent saisis d'admiration lorsque, débouchant sur la chaussée de la route d'Iztapalapa, ils découvrirent la ville immense surgie du sein des eaux; ils se demandaient si ce n'était pas un rêve. Tout cela, ajoute-t-il, est aujourd'hui anéanti, rien n'est resté debout.

L'effroyable tourmente dans laquelle périt la grande ville est encore inexpliquée. On sait que Montézuma avait fait aux Espagnols un somptueux accueil, que depuis des mois ils séjournaient en paix dans la ville où chacun leur faisait fête; qu'en l'absence de Cortez, Alvarado, son lieutenant, autorisa les nobles Aztèques à se réunir, sans armes, dans leur grand temple, pour s'y livrer à leurs danses religieuses; que sans provocation aucune, au milieu de la nuit, Alvarado pénétra dans la salle avec les soldats espagnols et massacra les inoffensifs danseurs; qu'à la nouvelle de ce monstrueux attentat la population se souleva et chassa les Espagnols. On sait aussi que Cortez vint, plusieurs mois plus tard, assiéger la ville qu'il emporta maison par maison, après avoir comblé les canaux avec les débris des temples démolis et que l'incendie acheva de consumer ce qui subsistait encore. Bernal Diaz n'explique rien dans son récit confus. « Le fait est si étrange, écrit M. Jourdanet, si illogique dans sa cruauté même, qu'aucun historien n'a pu le rendre compréhensible. Les uns ont imaginé des causes douteuses pour le rendre en quelque sorte excusable; d'autres lui ont attribué de misérables mobiles pour en augmenter l'horreur; mais aucun d'eux ne s'est appuyé sur des preuves réelles et l'attentat est resté mystérieux. »

Une grande ville espagnole s'est superposée à la vieille cité aztèque, mais les eaux salées du lac de Tezcoco se sont retirées, et cela du vivant même des *conquistadors*. Le sol est resté spongieux et les fondations des maisons portent sur un terrain mouvant, aussi beaucoup d'entre elles s'enfoncent-elles profondément, et nombre de clochers ne sont-ils plus d'aplomb. Seule, ou à peu près, des vieux monuments de la conquête, la superbe cathédrale de Mexico se dresse, immuable, sur l'emplacement qu'occupait autrefois le grand *Toocalli*, le temple de Huitzilopoxtli, Dieu de la guerre, auquel les Aztecs offraient des hécatombes humaines.

Mexico renferme aujourd'hui plus de 330,000 habitants. C'est une grande et belle ville au cœur de laquelle se déploie l'une des plus merveilleuses places qui existent. « Imaginez, écrit M. J. Leclercq, une place aussi vaste que celle de la Concorde; une des plus belles cathédrales du monde sur un des côtés, un palais aux interminables enfilades de fenêtres sur l'autre; en face, des portiques pareils à ceux du Palais-Royal; au centre, une forêt d'eucalyptus ombrageant un jardin semi-tropical : ce jardin, c'est le Zocalo, création de Maximilien, où le beau monde afflue le soir. »

Non moins étonnant est le marché de Mexico. En aucun lieu du monde on ne rencontre pareille agglomération de produits appartenant à toutes les zones, à tous les climats, à tous les pays. Là, plus qu'ailleurs, se révèle cette merveilleuse fécondité qui fait du Mexique une région unique, un résumé de toutes les autres, et qui faisait prédire à Ampère que la ville située dans cette région prédestinée, près du point de jonction des deux Amériques, sur la route de l'Europe et de l'Asie, serait appelée à être un jour le vrai centre de l'humanité, le foyer de la civilisation, déplacé par la force des choses et par suite de la configuration même du globe. Quarante ans se sont écoulés et la prédiction ne semble pas en voie de se réaliser. C'est plus au nord, croyons-nous, que ce centre qui se déplace toujours à l'ouest tend à se constituer, entre New-York, Chicago et Saint-Louis, mais là, non plus qu'aux bord de l'Euphrate et du Gange, non plus qu'à Athènes, Rome, Paris et Londres, il ne sera stationnaire.

En dehors de la capitale de la république, l'État de Mexico ne contient que des villes de second ordre : Toluca, capitale de l'État et cité industrielle peuplée de 42,000 habitants, est la plus importante, puis Téjulpico, 21,000 habitants, Texcoco qui fut, sous les Toltèques, la rivale de Mexico et qui ne renferme que 16,000 âmes; enfin Ixtlahuaca, Lerma et Amecameca, assise au pied des contreforts du Popocatepelt. A l'est, entre l'État de Mexico et celui de Puebla, le petit État de Tlaxcala ne mesure que 3,902 kilomètres carrés ; sa population est de 156,000 habitants. Tlaxcala, « la ville du pain », sa capitale, fut une grande et vaillante cité qui put mettre sur pied des forces considérables et s'allia à Cortès contre Montézuma. Aujourd'hui, Tlaxcala, bien déchue, compte à peine 8,000 âmes.

PROVINCES MÉRIDIONALES : MORELOS. — GUERRERO. — OAXACA. — PUEBLA. — VERA-CRUZ. — CHIAPAS. — TABASCO. — CAMPÊCHE. — YUCATAN.

Les neuf provinces méridionales du Mexique recouvrent une superficie totale de 463,371 kilomètres carrés et renferment une population de 3,528,000 habitants. Les provinces de Guerrero, Morelos et Oaxaca forment le versant occidental et méridional du plateau de l'Anahuac, de même que Puebla et Vera-Cruz forment le versant oriental incliné vers le golfe. La dépression de Tehuantepec marque, au sud, le terme du massif qui se relève dans les provinces de Chiapas et de Tabasco, se prolonge dans le Guatemala alors que le relief du sol s'abaisse dans les provinces de Campêche et de Yucatan qui constituent un ensemble géographique distinct.

Situé au sud de l'État de Mexico, celui de Morelos, l'un des plus petits du Mexique, mesure 4,274 kilomètres de superficie, peuplés de 151,000 habitants. Ici, le plateau de l'Anahuac s'incline en pente brusque vers le Pacifique, semé de forêts et de *barrancas*. Aux terres froides succèdent, sans transition, les terres tempérées. Cuernavaca, capitale de l'État, est déjà en pleine zone tempérée; telle y est la douceur du climat et aussi sa merveilleuse égalité, que les plantes de la zone torride y prospèrent à côté de celles de nos régions. Cortez, séduit par les charmes de la vallée de Cuernavaca, demanda et obtint de Charles-Quint qu'elle lui fût concédée en fief. A Morelos,

VUE DE VERA-CRUZ.

l'antique Cuantla, à Amilpos, à Yantepec, comme à Cuernavaca, on cultive la canne à sucre.

A l'ouest de l'État de Morelos et au sud du Michoacan, l'État de Guerrero déploie, sur le Pacifique, sa longue façade de 500 kilomètres. Le sol s'abaisse rapidement, montueux et accidenté, jusqu'au renflement de la Sierra Madre, parallèle à la côte. La superficie du Guerrero est de 59,231 kilomètres carrés et sa population de 333,000 habitants. Chilpacingo, sa capitale, en possède 10,000; elle eut autrefois une certaine importance comme entrepôt de métaux précieux. Acapulco, son port, a, comme elle, beaucoup perdu de son importance depuis l'époque où il servait à l'Espagne de centre d'armement, mais il est peu vraisemblable qu'un port vaste, sûr et profond comme celui d'Acapulco ne devienne pas très fréquenté le jour où le percement de l'isthme créera autour du Mexique un grand courant commercial.

Plus vaste et plus peuplé que le Guerrero, l'État d'Oaxaca compte 807,000 habitants sur une superficie de 77,546 kilomètres carrés. Comme l'État de Guerrero, il profile sur le Pacifique une longue côte d'environ 500 kilomètres. Ici, le sol montagneux s'incline au sud vers la dépression de Tehuantepec, à l'est vers l'Atlantique, à l'ouest vers le Pacifique, déversant de trois côtés ses eaux courantes. Le pittoresque et le grandiose des sites rivalisent avec la beauté du climat et la richesse de la végétation, aussi, bien avant la conquête espagnole l'Oaxaca fut-il le centre d'une civilisation relativement avancée. Cette merveilleuse province, qui pourrait nourrir près de 10 millions d'hommes, n'en possède pas un million. Riche entre toutes, la vallée d'Oaxaca renferme d'admirables forêts composées des plus rares essences; elle produit en égale abondance le froment et la canne à sucre, le tabac et le coton, les fruits des tropiques et ceux d'Europe, le cacao et le café. Outre le fief de Cuernavaca, Cortez se fit donner le titre de marquis del Valle, avec la vallée d'Oaxaca, et ses descendants y possédaient encore près de 50 villages quand éclata la guerre de l'Indépendance.

Oaxaca, capitale de l'État, renferme 29,000 habitants. Elle est située par 1,550 mètres d'altitude sur l'Altoyac d'Oaxaca, l'une des branches du rio Verde. Dépourvue de communications faciles avec Mexico, en dehors du mouvement de rénovation qui n'a pas encore atteint les provinces méridionales, Oaxaca sommeille; mais l'étonnante richesse de son sol ne tardera pas à attirer sur elle l'attention des émigrants et des capitalistes.

Au sud-ouest d'Oaxaca se trouve Tehuantepec ou « la montagne des Tigres ». L'antique cité des Huabi, dont les origines se perdent dans la nuit des temps, s'étend dans un cadre de vergers, d'orangeries et de palmeraies, qu'entoure un verdoyant maquis, autrefois peuplé de tigres. Bien que le nombre de ces félins ait diminué, ils sont assez nombreux encore pour que chaque ferme ou *hacienda* ait son *tigrero* chargé de détruire ces dangereux animaux. Tehuantepec, renommée pour la beauté physique de ses habitants, est appelée à devenir un centre important de transit entre le Pacifique et le golfe du Mexique.

Sur ce versant du golfe, au sud-est de l'État de Mexico, celui de Puebla occupe la déclivité orientale du plateau de l'Anahuac. Sa superficie est de 33,000 kilomètres carrés et sa population de 840,000 âmes. C'est la terre historique et tragique, célèbre dans les annales mexicaines, le seuil d'accès du plateau, le théâtre des luttes antiques et modernes. Il est dominé par les hautes cimes du Popocatepelt, de l'Iztaccihuatl et du Malinche. Les villes et les villages rappellent les souvenirs de combats héroïques : Texcoco, Teotihuacan, Otumba virent passer Cortez fugitif et revenir Cortez victorieux ; à Otumba il prit sa revanche de l'effroyable désastre de la *nuit triste*. Près de Puebla, au cerro de Guadalupe, on retrouve encore les traces de la sanglante bataille des Mexicains et des Français.

Puebla, capitale de l'État, est la troisième ville du Mexique, autant par le chiffre de ses habitants, 79,000, que par son étendue et la beauté de ses églises. Située par 2,170 mètres d'altitude, Puebla, *la ville des Anges*, a, sur Mexico, l'immense avantage d'une salubrité telle qu'elle est considérée comme le sanatorium du Mexique. Son importance commerciale a toutefois beaucoup décru depuis la construction de la voie ferrée de Mexico à Vera-Cruz à laquelle Puebla n'est reliée que par un embranchement.

Cortez, qui fonda Puebla détruisit Cholula, la métropole religieuse des Aztecs ; elle s'élevait près du site qu'occupe aujourd'hui Puebla. Il ne reste qu'une misérable rue de la grande cité, peuplée de 150,000 habitants industrieux et dont Herrera admirait les porcelaines, les tissus d'agave, les fines broderies, les merveilleuses filigranes. Des monuments du passé il ne subsiste que l'indestructible pyramide de Cholula, dont on ignore l'origine, et qui remonte à une date bien antérieure à celle de l'arrivée des Aztecs. Elle domine le site où fut la ville et de son sommet l'on découvre l'un des plus merveilleux paysages du Mexique : dans une plaine fertile, Puebla, ses tours et ses clochers, le Popocatepetl soulevant d'un seul jet sa cime puissante, le Cerro de Guadalupe, le Malinche aux pentes verdoyantes et, dans un vaporeux lointain, l'orgueilleux pic d'Orizaba dominant les flots bleus du golfe du Mexique.

A l'est de l'État de Puebla, celui de Vera-Cruz se déploie sur 600 kilomètres de longueur, en façade sur la mer. Il mesure 62,820 kilomètres de superficie et contient 644,000 habitants. La partie occidentale de l'État, située sur la pente de l'Anahuac, appartient encore à la zone tempérée, mais tout le littoral est dans la zone torride, la plus insalubre du Mexique. Cette insalubrité a valu à Vera-Cruz, capitale de l'État, son surnom de *Ciudad de los Muertos*. « Elle est, écrit M. J. Leclercq, la vraie patrie de la fièvre jaune ; c'est de ce foyer originaire que la maladie s'est répandue sur les autres régions tropicales des deux Amériques ; c'est à Vera-Cruz qu'elle règne avec le plus d'intensité, quoique son domaine s'étende sur toutes les autres localités disséminées sur le golfe du Mexique, depuis les côtes de la Floride et de la Louisiane jusqu'à celles du Tabasco et du Yucatan. »

Vera-Cruz, peuplée de 19,000 habitants, n'en est pas moins, par sa situation géographique, le premier port du Mexique ; son mouvement commercial est représenté par 1,200 navires jaugeant près d'un million de tonnes ; l'importation et l'exportation dépassent 80 millions de francs, non compris les métaux précieux. Vera-Cruz est en outre une cité historique. C'est sur sa plage que débarquèrent les *Conquistadores*

espagnols ; l'Espagne, vaincue par les insurgés mexicains, se maintint à Vera-Cruz
quatre ans après la proclamation de l'indépendance. En 1838, la France occupa la
forteresse de San-Juan d'Ulloa, à un kilomètre de la ville ; en 1862, l'expédition française
prit et occupa Vera-Cruz.

Orizaba, dans l'ouest, fut, pendant quelque temps, la capitale de l'État. Située dans
la zone tempérée, elle est l'une des localités les plus pittoresques du Mexique. Ici
encore, on retrouve à chaque pas les souvenirs de nos armes : le Bonego escaladé par
une centaine de zouaves dont le hardi coup de main mit en déroute 3,000 Mexicains ;
Orizaba qui fut, en 1862, le quartier général de l'armée française ; à Orizaba, Maximilien,
hésitant et sur le point de s'embarquer, changea brusquement d'idée et prit la fatale
résolution de revenir sur ses pas. Plus au nord, Jalapa fut, elle aussi, la capitale de
l'État. Ville originale entre toutes, Jalapa, peinte de toutes les couleurs de l'arc-en-ciel,
est dominée par le Cofre de Perote qui dresse au-dessus d'elle sa cime volcanique.
Une population insouciante habite cette ville de 10,000 âmes, dont les femmes, dit
un proverbe mexicain, sont *Bellas como su cielo, lindas como sus flores,* « belles
comme leur ciel, gracieuses comme leurs fleurs ».

Les quatre États de Chiapas, Tabasco, Campêche et Yucatan forment, avons-nous
dit, au sud-est du Mexique, un ensemble géographique distinct. La dépression de
l'isthme de Tehuantepec les détache du massif central ; l'orographie montueuse de
l'État de Chiapas se relie à celle du Guatémala dont les pentes orientales vont, comme
celles du Chiapas, mourir dans les terres d'alluvion du Tabasco, dans les plaines de
Campêche et du Yucatan qui profilent sur les eaux du golfe une vaste protubérance
orientée vers les Antilles et vers Cuba. Peu peuplés, ces quatre États n'ont pas, avec le
Mexique, des liens historiques plus forts que leurs attaches géographiques ; ils en sont
une dépendance, une annexe politique, comme le Chiapas et le Tabasco que le
Guatémala apporta à l'empire d'Iturbide en s'unissant à lui et qu'il ne put reprendre en
s'en séparant. Quant à Campêche et au Yucatan, ils constituèrent, au début de la conquête espagnole, une intendance spéciale, et il fallut, pour en faire une province du
Mexique, la crainte qu'inspira aux habitants disséminés de cette région le soulèvement
des indigènes.

La province de Chiapas occupe une superficie de 77,000 kilomètres carrés, sa population est de 266,000 âmes. Son double versant s'incline en pente rapide vers le
Pacifique, et s'allonge en pentes douces vers l'est. La chaîne côtière serre de près le
littoral de l'Océan et déploie sur son rebord oriental une succession de hauts plateaux
étagés, coupés de plantureuses vallées dans lesquelles le soleil des tropiques et les
eaux des torrents font surgir une exubérante végétation. Ce pays remarquablement
riche et relativement sain, pourrait nourrir une population considérable, mais les bras
et les capitaux manquent encore. San-Cristobal, sa capitale, ne renferme que
11,000 habitants ; elle est, avec Chiapas qui donna son nom à la province, le seul
centre un peu important. Chiapas fut, au temps de la domination indienne, la grande
ville et la place forte de cette région.

Moins étendu et moins peuplé, l'État de Tabasco mesure 22,500 kilomètres carrés de superficie et renferme 114,000 habitants. Il déroule, au long du golfe du Mexique, sa bande de terre molle, régulièrement inondée par le Grijalva et l'Usumacinta dont les eaux ramifiées et sans pente recouvrent d'octobre en mars une grande partie du sol. A demi amphibies, les habitants du Tabasco communiquent entre eux à l'aide de leurs canots; dans les crues exceptionnelles seulement, ils se réfugient avec leur bétail sur les plateaux de l'intérieur. San-Juan-Bautista, capitale de l'État, ne compte pas 10,000 âmes; elle s'élève dans une clairière de la forêt du delta du Grijalva.

Plat et boisé, l'État de Campêche, sur une superficie de 54,000 kilomètres carrés, ne renferme que 91,000 habitants. Il mesure sur le golfe un développement de côtes de 360 kilomètres. La principale industrie est l'exploitation des forêts et l'exportation du bois de teinture dit de Campêche. Cette exportation s'effectue par le port du même nom, auquel elle donne une certaine importance et qui renferme 15,000 habitants. Carmen, moins peuplée, est la seconde ville de l'État.

Cette région méridionale est aussi insalubre que la côte de Vera-Cruz; les fièvres dominent dans le Tabasco et la phtisie dans le Yucatan. Cette dernière province, d'une superficie de 73,000 kilomètres carrés et peuplée de 283,000 habitants, offre partout un sol plat que recouvrent d'épaisses forêts. Elle n'en est pas moins l'une des plus intéressantes du Mexique. Ses forêts recouvrent les ruines célèbres de l'empire des Mayas. Une ville de palais dort sous l'épaisse ramure et dresse ses murailles massives qu'assiège l'exubérante végétation. Sur ces murailles, la pierre découpée, ciselée, fouillée, offre une masse solide de sculptures étranges et d'hiéroglyphes inconnus. Les angles, les linteaux des portes, sont couverts d'ornements en relief représentant des têtes bizarres, grimaçantes, avec de grands yeux creux. D'énormes serpents y déroulent leurs anneaux minutieusement travaillés, des tortues monstrueuses étalent leurs carapaces sculptées par des mains habiles; des oiseaux semblables à des ibis, et des sphinx au regard interrogateur, séparés par des figures humaines dont la coiffure rappelle celle des Incas, présentent aux regards un fouillis de lignes et de contours qui parlent une langue incompréhensible.

Mérida, capitale du Yucatan, possède plus de 40,000 habitants. Ville maya et ville espagnole, elle rappelle les souvenirs du passé par ses constructions indiennes et ses restes de pyramides, de même qu'elle évoque ceux de l'Andalousie par ses maisons à terrasses et ses cours moresques. Mérida s'enrichit par le commerce de la fibre d'agave dont elle exporte plus de 50,000 tonnes à l'année par son petit port de Sisal et par celui de Progreso, plus à l'est. Autour de Mérida se trouvent les ruines Mayas d'Uxmal et de Chichen-Itza, le Palais du Nain, la Casa de Las Monjas et celle du Gobernador. Sur le versant de la mer des Antilles, la ville principale du Yucatan est Valladolid, en partie dépeuplée par les guerres intestines et plus remarquable par les ruines du passé que par ses constructions modernes.

A la pointe extrême du Yucatan finit le Mexique. Depuis vingt ans, en paix à l'intérieur et à l'extérieur, il a réalisé de grands progrès. Nombre d'industries nouvelles ont surgi dans ce pays où le sol et le climat se prêtent merveilleusement à tous les genres de production, où les matières premières les plus dissemblables sont réunies. Mais, si favorisé qu'il soit de la nature, le Mexique a deux périls à redouter : à l'intérieur, les soulèvements et les *pronunciamientos* militaires ; à l'extérieur, le redoutable voisinage et la pacifique invasion de la grande république des États-Unis. C'est à les conjurer que doivent tendre les patriotiques efforts de ses hommes d'État.

L'agriculture est en progrès au Mexique. De 1881 à 1888 le Gouvernement a mis à part 36,578,780 hectares de terres publiques dont 11,958,348 hectares ont été cédés à des compagnies en paiement de services rendus ; 13,160,918 hectares ont été vendus à des colons. Le sol produit environ 50 millions d'hectolitres à l'année de maïs, blé et avoine : les plantations de cannes à sucre donnent un peu plus de 40 millions de francs, celles de coton 55 millions. Le Mexique produit annuellement pour 16 millions de francs de café, 12,500,000 de tabac, 20 millions de fibre d'agave ou *heneguen*. Le bétail est abondant ; on évalue à 20,574 le nombre des fermes d'élevage.

Les gisements de minerais sont exploités par 990 compagnies employant 200,000 ouvriers. L'exportation des métaux précieux se chiffre par un total d'environ 200 millions à l'année, plus de la moitié de l'exportation totale, qui s'élève à 315 millions. Les États-Unis occupent la première place dans ce mouvement commercial avec un chiffre de 215 millions ; viennent ensuite l'Angleterre, la France et l'Allemagne. Les principaux articles d'exportation du Mexique sont, outre les métaux précieux, le heneguen, le café, les peaux et les bois. L'importation dépasse 280 millions à l'année.

Le commerce extérieur est desservi par 16,000 navires, y compris le cabotage, dont 700 à vapeur ; le commerce intérieur par près de 9,000 kilomètres de voies ferrées. En temps de paix, l'armée mexicaine compte 50,000 hommes de troupes régulières, en cas de guerre ce chiffre peut être porté à 165,000.

Le Popocatepetl, dans l'État de Mexico.

La *Volante*, voiture en usage dans l'île de Cuba.

II. — L'AMÉRIQUE INSULAIRE
ET L'AMÉRIQUE CENTRALE

Entre la pointe méridionale de la Floride et le Delta de l'Orénoque, l'Amérique insulaire déploie sa double traînée d'îles semées comme des émeraudes à la surface des eaux, sur la mer des Antilles, Méditerranée américaine, grande ouverte sur l'Atlantique et que le détroit de la Floride au nord, le canal de Yucatan au sud, relient au golfe du Mexique. Cette mer qui, sous le nom de mer des Antilles, des Bahama et des Cayman, baigne les îles du même nom, ne mesure pas moins de 3,017,810 kilomètres carrés, plus que la Méditerranée d'Europe qui n'en recouvre que 2,500,000. Un long plateau sous-marin la sillonne du nord-ouest au sud-est, formant la double assise sur laquelle reposent les îles Bahama ou Lucayes au nord, les grandes et les petites Antilles au sud. Si, à la superficie de la mer des Antilles l'on ajoute celle du golfe du Mexique qui en forme le prolongement occidental, on obtient une nappe d'eau de 4,554,138 kilomètres carrés dont la thalassographie est l'une des mieux connues de notre globe. On en a relevé les passes, étudié la flore et la température, sondé les profondeurs; on a dressé la carte du relief orographique de la cuvette, mesuré les abîmes qui, comme celui de la « Fosse de Bartlett », se creusent brusquement à 6,269 mètres au sud de l'île Grand-Cayman, comme celui de la « Fosse du Yucatan » s'allongeant en une longue dépression de 4,500 mètres ; on a dressé la carte des bancs de Rosalind, Pedro, Mosquitos, qui s'étendent depuis la pointe Pedro de la Jamaïque jusqu'à celle de Gracias a Dios entre le Honduras et le Venezuela, de même que l'on a constaté, au nord de Puerto-Rico, l'existence d'un gouffre de 8,431 mètres de profondeur.

De terribles coups de vent auxquels les marins, empruntant aux Caraïbes le mot *hurakan* par lequel ils les désignent, ont donné le nom d'*ouragans*, soulèvent de temps à autre, mais surtout de juillet à octobre, les flots de cette Méditerranée américaine. Ces ouragans sont dus aux vents de la région polaire, qui, s'engouffrant dans la longue vallée du Mississippi, déplacent d'énormes masses d'air et les entraînent dans ce bassin surchauffé, pôle de chaleur qui appelle à lui les couches froides du nord vers lequel remonte son énorme fleuve marin, son Gulf-Stream, dont le débit de cinq milliards de mètres cubes par seconde, égale celui de 300,000 fleuves comme le puissant Mississippi.

Par sa faune marine, cette mer rappelle beaucoup plus le Grand Océan, dont, la sépare aujourd'hui la région isthmique, que l'océan Atlantique sur lequel elle s'ouvre. Tout concourt à prouver que la région isthmique qui constitue aujourd'hui l'Amérique centrale et relie l'un à l'autre les deux continents ne fut autrefois, comme Cuba, Saint-Domingue, Porto-Rico et la longue chaîne d'îles qui, par la Guadeloupe, la Dominique, la Martinique, Sainte-Lucie, Saint-Vincent rejoint la Trinidad et le delta de l'Orénoque, une série d'îles séparées par des détroits aujourd'hui comblés. La légende indienne qui, longtemps, égara les premiers explorateurs, affirmant l'existence d'une communication entre les deux océans et la plaçant tantôt au fond du golfe d'Uruba, à l'embouchure de l'Atrato, tantôt au golfe de San-Blas, puis sur les côtes du Nicaragua ou dans le golfe de Honduras, se rapportait à une époque lointaine. Il n'est pas douteux qu'une solution de continuité n'ait existé au golfe de Tehuantepec, qu'une autre n'ait séparé le Nicaragua du Costa-Rica, de même qu'un détroit allant de la lagune de Chiriqui à la baie de David n'ait isolé le Costa-Rica de la Colombie.

Non plus ici qu'ailleurs, les combinaisons politiques n'ont tenu compte de l'orographie et des divisions naturelles. Au point de vue géographique, l'Amérique centrale, la région isthmique, s'étend de Minatitlan, dans le Tehuantepec mexicain, aux embouchures de l'Atrato. En attribuant les provinces de Tehuantepec, de Chiapas et du Yucatan au Mexique, l'isthme de Panama aux États-Unis de Colombie, la politique a disjoint des États que relient des affinités naturelles et qui constituent, entre l'Amérique du Nord et celle du Sud, un ensemble distinct, un groupe dont les membres épars tendent à se rapprocher, à constituer une unité de plusieurs millions d'hommes, à sortir de l'isolement et de la faiblesse auxquels les condamnent un sol et une population morcelés.

Les idées instinctives ne tardent pas à s'incarner dans un homme. Celles qui prévalaient et prévalent encore dans l'Amérique centrale trouvèrent, en 1873, leur représentant dans Justo Barrios, aventurier hardi que son audace fit président du Guatémala. Barrios sentait combien précaire était l'avenir, et instable le présent, de ces petites républiques du Centre-Amérique, renfermées dans d'étroites limites, sans frontières naturelles, se jalousant réciproquement, toujours prêtes à donner droit d'asile aux mécontents et aux réfugiés des États limitrophes. Ces républiques, dotées chacune d'un pouvoir exécutif, législatif et judiciaire, de tous les rouages d'un État souverain, ne pouvaient faire face à d'aussi lourdes charges qu'au moyen d'impôts qui paralysaient leur commerce et entravaient leur développement. Il mit en avant l'idée de renouer entre le Guatémala, le Honduras, Nicaragua, San-Salvador et Costa-Rica le pacte fédératif auquel elles avaient dû, de 1823 à 1839, de conquérir et de maintenir leur indépendance contre le Mexique. Cette indépendance, il est vrai, ne semblait plus en cause, mais d'autres questions surgissaient pour la solution desquelles une fédération était désirable : questions de douane, de commerce, de voies de communications, de rapports avec l'étranger, d'emprunts nationaux. Cantonnées dans leur isolement, sans crédit, ces républiques sœurs ne pouvaient que végéter; l'heure semblait venue de renoncer à une politique étroite et mesquine, de réunir en un faisceau commun des intérêts identiques et de marcher d'un même accord dans la voie du progrès et du développement des ressources nationales.

Il échoua devant l'hostilité du Mexique, devant les méfiances que le cabinet de Mexico éveilla contre lui, devant la ligue que ce cabinet lui opposa. Le Mexique ne pouvait oublier que la fédération rêvée par Barrios s'était faite en 1823 contre lui, qu'elle lui avait coûté ses plus riches provinces du sud, trois cents lieues de côte sur le Pacifique, deux cents sur la mer des Antilles. De petites républiques divisées, souvent en lutte entre elles, lui assuraient, par leurs dissensions intestines, une sécurité relative. Il n'en serait plus de même le jour où, réunies par un pacte offensif et défensif, elles pourraient mettre en ligne des forces importantes et chercher à s'agrandir à ses dépens.

Battu sur le terrain diplomatique, Barrios eut recours à la force, mais il succomba dans une lutte inégale. Sa mort mit fin aux velléités d'union, mais pour un temps seulement, car les idées ne meurent pas et celle dont il fut le représentant voit chaque jour grossir le nombre de ses partisans. La population s'accroît, le commerce s'étend, les communications se multiplient, l'Amérique centrale prend conscience de sa force et dresse l'inventaire de ses richesses. Elles sont grandes, ainsi que nous le verrons, et l'idée d'union fait de rapides progrès.

Dans cette partie de notre volume, partie consacrée à l'Amérique insulaire et à l'Amérique centrale, nous étudierons d'abord les archipels de la Méditerranée américaine, de la mer des Antilles. Sans affinité avec les côtes méridionales des États-Unis, avec la Floride qu'un détroit de 250 kilomètres sépare de Cuba, ces archipels ont, avec le Centre-Amérique, de nombreux points de ressemblance et de contact. En grande partie peuplés par la même race, soumis aux mêmes influences climatériques, ils ont même sol et mêmes produits. Revenant ensuite sur le continent, nous étudierons l'Amérique isthmique, des frontières du Mexique à celles des États-Unis de Colombie.

LA PROMENADE DU PRADO A LA HAVANE.

L'AMÉRIQUE INSULAIRE : LES BAHAMA OU LUCAYES. — LES BERMUDES.
LES GRANDES ET LES PETITES ANTILLES.

Numériquement plus nombreuses, semées comme une voie lactée entre la côte
orientale de la Floride et Haïti, les Bahama ou Lucayes font partie de l'empire
colonial de l'Angleterre. Au nombre de 3,077, tant îles qu'îlots, selon Bacot, elles se
déploient sur une longueur de 1,300 kilomètres, affectant la forme d'un gigantesque
brise-lames interposé entre l'Atlantique et les grandes Antilles. De structure madrépo-
rique, basses et plates, étroites et toutes en longueur, elles s'élèvent rarement de plus
de quelques mètres au-dessus du niveau des hautes marées. Le plateau submergé qui
les porte se dérobe brusquement du côté de la pleine mer et plonge à pic, ainsi qu'une
muraille perpendiculaire dans des profondeurs de 3,000 à 4,000 mètres.

Les Anglais ne donnent le nom de Bahama qu'aux archipels du nord et du centre,
désignant de ceux d'îles *Caïques* et d'îles *Turques* les groupes méridionaux, mais
cette distinction n'a rien de géographique; les Bahama forment un ensemble très
distinct et reposent toutes sur le même plateau corallien dont leurs innombrables îles
et îlots sont les pics émergés, offrant partout le même aspect. De ces îles, trente
et une seulement sont habitées; la superficie totale des Bahama est 14,553 kilomètres
carrés, et leur population de 55,000 habitants.

L'une des Bahama, Guanahani, fut la première terre que Colomb releva dans
l'ouest; il lui donna le nom de San-Salvador, mais ne s'y attarda pas, pressé d'atteindre
l'Inde, qu'il croyait avoir devant lui. Il se borna à en prendre possession, ainsi que
des îles adjacentes, au nom de l'Espagne qui dépeupla cet archipel pour coloniser
et défricher les Antilles, pour exploiter les bancs d'huîtres perlières. L'habileté
des plongeurs des Lucayes les mettaient à haut prix. On les achetait, dit Mac-
Kinnen, 158 ducats; en peu d'années, il n'en restait plus un seul. « Ces îles, écrit
Bray, étaient inhabitées lorsque les Anglais y arrivèrent au commencement du
xviie siècle, la race inoffensive que Colomb y avait trouvée en 1492 ayant été transportée
par les Espagnols aux mines de Haïti ou aux pêcheries de Cumana. Dans la partie
nord du groupe, New-Providence fut colonisée pour la première fois par les Anglais
en 1629; mais sauf les îles qui servaient de repaires aux pirates, aucune autre ne
reçut d'habitants qu'un siècle plus tard. L'archipel a changé plusieurs fois de maîtres
bien que la possession n'en fût guère que nominale; il fut revendiqué tour à tour par
les Espagnols, les Français et les Anglais. La possession en a été finalement reconnue à
l'Angleterre par le traité de Versailles de 1783. »

La plus importante des îles Bahama est New-Providence qui renferme Nassau,
capitale du groupe, peuplée de 12,000 habitants. Nassau fait, avec les États-Unis, un
grand commerce de fruits. Viennent ensuite : Eleuthera 5,500 habitants, Long-
Island 2,600, San-Salvador 2,500, Cayes 2,300. La population des autres îles ne dépasse

pas 1,000 habitants. Ils sont, pour la plupart, de race noire, issus des esclaves importés d'Afrique. Le commerce des Bahamas n'excède pas 8 millions à l'année; il en fut tout autrement pendant la guerre de Sécession. Nassau, très rapprochée des côtes méridionales des États-Unis, devint le centre de la contrebande maritime; de hardis et rapides croiseurs forçaient le blocus des ports du Sud, rapportant des bénéfices énormes à leurs armateurs. On vit, en 1864, le mouvement des échanges de ce petit port dépasser 250 millions, alors qu'à la veille de la guerre ce mouvement se chiffrait par 9,784,000 francs.

Bien que situé en plein océan, l'archipel des Bermudes se relie aux Bahama par les socles sous-marins qui le portent. Possession anglaise, l'archipel des Bermudes fut découvert en 1522 par Juan Bermudas, navigateur espagnol, qui lui donna son nom, auquel l'Angleterre tenta, sans succès, de substituer celui de Somer, marin anglais qui y fit naufrage en 1609. Cent cinquante îles ou îlots composent le groupe des Bermudes, dont la population ne dépasse pas 16,000 âmes. On a beaucoup vanté le climat de l'archipel; il est en effet, après celui de certaines îles océaniennes, l'un des meilleurs qui soient, l'un de ceux où l'alternance des saisons est la mieux équilibrée. Les oscillations de la température se maintiennent entre les extrèmes de + 16 et + 31; la température moyenne, supérieure à celle de Madère, est de + 21. Les principales îles du groupe sont Bermudas ou Hamilton, la plus méridionale et qui renferme la capitale, Hamilton, résidence du gouverneur, puis les îles de Saint-Georges, Saint-David, Smith, Somerset, des Tonneliers, Watford et Gates. L'archipel produit un bois de cèdre très estimé pour les constructions navales, grâce au privilège dont il jouit d'être à l'abri des attaques des vers marins.

Au sud des Bahama se déploie la ligne recourbée des Antilles. Une vieille légende caraïbe raconte qu'aux temps passés l'on vit se dresser sur la cime de la Cumbre du Venezuela la silhouette d'un géant. Son bras puissant dessina le geste hiératique et solennel du semeur confiant à la terre féconde le grain mystérieux, et des centaines d'îles échappées de sa main s'éparpillèrent en une courbe régulière sur les eaux bleues de la mer des Caraïbes. Les plus légères portèrent moins loin; ce furent les petites Antilles : Grenade, Saint-Vincent et Sainte-Lucie, la Martinique, Dominique et la Guadeloupe; les plus lourdes, les grandes Antilles, disparurent à l'horizon lointain : Porto-Rico, Saint-Domingue, la Jamaïque, Cuba. Dans leur cycle régulier, elles enserrent la mer des Antilles, reliant en une courbe de 3,450 kilomètres la pointe du Yucatan au delta de l'Orénoque.

Ces îles sont au nombre de 92, sans compter les îlots. Une seule, Haïti, est indépendante; l'Espagne, l'Angleterre, la France, la Hollande, le Danemark et la Suède possèdent les autres dont la superficie totale dépasse 170,000 kilomètres carrés. L'Espagne est la mieux partagée : 130,477 kilomètres; l'Angleterre vient ensuite avec 35,775, puis la France avec 2,035, la Hollande avec 1,150. Le Danemark ne détient que 359 kilomètres carrés; la Suède 21.

On les appela d'abord « Indes Occidentales », d'où le nom de *West Indies* ou

West India Islands qui prévaut en Angleterre. Colomb, qui les découvrit, se croyait
au seuil de l'Inde ; pour lui ces îles étaient les avant-postes du continent asiatique.
Quant on reconnut l'erreur, ce fut pour en consacrer une autre, pour identifier ces îles
avec la terre mystérieuse d'*Antilia* qui figurait sur les cartes et les Portulans de la fin
du moyen âge ; île fantôme, que la légende plaçait par-delà les flots de l'Atlantique,
qui reculait à mesure que l'on avançait et qui n'était peut-être que le grand continent
américain où le fils d'Eric le Rouge aborda vers l'an 1000. Ce nom d'Antille a prévalu
dans l'usage ; par une heureuse coïncidence il s'appliquait exactement à ces îles
avancées, *ante Iliæ*, qui décrivaient une longue ligne au large de l'Amérique centrale.
Bien qu'elles ne forment qu'un groupe géographique, l'usage a prévalu de scinder ce
groupe en deux parties : les grandes Antilles : Cuba et les îles adjacentes, la Jamaïque,
Haïti et Porto-Rico ; les petites Antilles, ou « îles du Vent », et « îles sous le Vent ».
Les îles du Vent dessinent, à l'est de Porto-Rico, une longue courbe du nord-est au sud-
ouest et se relient aux « îles sous le Vent » qui bordent la côte du Venezuela.

Cuba, surnommée la « Perle des Antilles », l'île « toujours fidèle », est, avec Porto-
Rico et les Vicques, tout ce que l'Espagne a gardé de ses possessions insulaires dans la
Méditerranée américaine. Elle a perdu successivement Haïti et la Jamaïque, la Trinidad, la Barbade et Antigua, Grenade, Saint-Vincent et Tabago, mais Cuba lui reste,
la plus étendue, la plus riche et la plus peuplée des Antilles ; sa superficie est de
118,833 kilomètres carrés, sa population s'élève à 1,200,000 âmes, son mouvement
commercial dépasse 320 millions à l'année, dont 260 à l'exportation et 60 à l'importation.
Cuba fut la première grande terre que Colomb releva aux approches de l'Amérique ;
il la prit pour la mystérieuse Cipango asiatique, pour une péninsule du continent. Ce
ne fut qu'en 1508 que Ocampo, doublant le cap San-Antonio, constata la situation
insulaire de Cuba que sa forme bizarre, longue et recourbée fit comparer à une langue
d'oiseau. D'une extrémité à l'autre elle mesure 1,450 kilomètres de longueur sur une
largeur moyenne de 100 ; autour d'elle la mer se creuse brusquement en abîmes
profonds qui séparent du continent et des îles adjacentes le socle qui la porte.
Son altitude moyenne au-dessus du niveau des hautes marées n'excède pas
100 mètres. Une chaîne montagneuse la sillonne au sud-est, découpant, en face de la
Jamaïque, une côte droite et rigide. Cette chaîne, désignée du nom de *Sierra Maestra*,
« chaîne maîtresse », ou de *Sierra del Cobre*, « chaîne du cuivre », mesure environ
260 kilomètres de longueur et atteint son maximum d'élévation au Pico Turquino,
2,492 mètres ; d'autres sommets inférieurs se maintiennent entre 1,500 et 2,000 mètres.
Ailleurs, le sol, doucement ondulé, se déroule, dans l'ouest, en vastes prairies coupées
de savanes, de collines, de vallées et bordé, sur les côtes, de plaines souvent
marécageuses.
Abondamment arrosée par les pluies, sillonnée de nombreux cours d'eau, l'île de
Cuba est trop étroite pour comporter de grandes rivières. La plus considérable, le
Canto, issu de la Sierra Maestra, coule de l'est à l'ouest, longeant la base de la Sierra, et
se déverse dans la baie méridionale de Buena-Esperanza, après un cours de 200 kilo-

mètres dont la moitié est navigable pour les goélettes de faible tonnage ; le Rio Negro
au sud-ouest, le Rio San-Pedro au sud, sont des cours d'eau secondaires. Les côtes de
Cuba, généralement marécageuses et malsaines, offrent un accès difficile, par suite des
roches et des bas-fonds qui en couvrent les abords. En deçà de cette barrière extérieure
s'étend une plage basse que les fleuves côtiers recouvrent périodiquement, que le soleil
assèche et que les alternances d'humidité et d'évaporation rendent fiévreuse. Au long
de cette plage basse se déroule une frange d'îles, d'îlots et de récifs assis sur un fond de
corail, rivage en formation appelé à considérablement étendre le pourtour de l'île.
Les plus étendues de ces îles sont l'île des Pins, dont la superficie est de 2,110 kilomètres carrés, les Jardines et les Jardinillos, îlots fleuris et odorants, volières d'oiseaux au riche plumage.

Située au point de départ du Gulf-Stream, au point de formation des grands courants
aériens qui, de l'ouest à l'est, remontent vers l'Europe occidentale, l'île de Cuba est
un centre d'observation des phénomènes météorologiques qui affectent la zone tempérée. Elle est aussi sur la route que parcourent les ouragans et fréquemment éprouvée
par ces redoutables météores. On a gardé souvenir de celui de 1846 qu'Agassiz qua-
lifia d' « ouragan type » ; la Havane en souffrit cruellement : 2,000 maisons rasées,
5,000 endommagées, 225 navires coulés dans le port, 48 autres avariés attestent
l'incroyable violence de ce tourbillon dont la courbe hélicienne n'excéda cependant
pas 35 kilomètres de largeur.

Baignée par les eaux chaudes du golfe du Mexique et de la mer des Antilles, située
sous le tropique du Cancer, Cuba jouit d'une température élevée qui oscille entre le
minimum de + 22 en décembre et + 27 en juillet ; la moyenne annuelle est de + 25,4
à la Havane, + 27 à Santiago. Dans les grandes forêts de l'île abondent l'ébène, le
cèdre, l'acajou ; dans la région montagneuse se trouvent l'or, le fer, le cuivre ; le sol
produit le riz, le maïs, le sucre et surtout le tabac, qui est la principale source de
richesse de Cuba. Les cigares de la Havane sont renommés dans le monde entier. « Il
y a à la Havane, écrit M. Victor Meignan, plus de 100 fabriques de cigares ; mais 7 ou
8 seulement sont regardées comme de premier ordre. Parmi celles-ci, les unes passent
pour ne faire que de très bons cigares ; d'autres ont obtenu leur réputation grâce à une
spécialité pour la confection de laquelle elles n'emploient que le meilleur de leurs
tabacs. La fortune de telle fabrique est quelquefois si exclusivement attachée à la
réputation de ses cigares que, les années de mauvaise récolte, elle préférera chômer et
par conséquent se priver de revenu que nuire à sa célébrité en fabriquant avec des
tabacs inférieurs. »

L'île de Cuba est, au point de vue administratif, divisée en trois provinces :
occidentale, chef-lieu la Havane ; centrale, Puerto-Principe ; orientale, Santiago.
Capitale de l'île, la Havane, centre administratif et commercial, renferme plus de
200,000 habitants. Admirablement située au centre de la Méditerranée américaine,
au point de convergence des lignes maritimes, en face du delta du Mississipi, cette
grande ville est bien la clef du Nouveau-Monde, ainsi que l'atteste son écusson. Son
port est un des plus vastes du monde et, sur sa surface de mouillage, peut abriter

1,000 navires. Il est vrai que ce port s'envase d'immondices, que la ville est mal tenue et souvent ravagée par les épidémies; l'aspect qu'offre ce port n'en est pas moins intéressant et curieux. « Je suis allé bravement m'asseoir sur le quai, écrit M. Quatrelle, les pieds dans la mélasse, au milieu d'un nuage de moustiques enragés. Le long du bord se balance, flanc contre flanc, sur plusieurs rangs de profondeur, l'interminable file des vaisseaux marchands. Au milieu de la baie dorment d'un œil les vaisseaux de guerre blancs et noirs, tandis que vont et viennent les embarcations de la douane. Le soleil est de plomb; aucun souffle ne rafraîchit l'air. Les pavillons pendent immobiles, les voiles sont repliées, et du bout des mâts tombent et se croisent dans un pêle-mêle savant les chaînes et les cordages. Quelques cheminées donnent passage à une fumée blanche et légère qui monte lentement, hésite et se perd sans avoir rencontré un souffle de brise pour la guider... Sur le quai sont réunis tous les échantillons de la laideur humaine : Congos, Mandingues, Sofalas, nègres camards, trapus et cagneux, fronts étroits, pommettes saillantes, torses robustes et jambes grêles, cheveux crépus, ventres ballonnés, peaux huileuses, tout est là. Le Chinois couleur de safran, sec et grêle, le visage plat, le menton imberbe, travaille, silencieux et grave, tandis que le noir rit bruyamment et montre des dents éternellement blanches, dépareillées à coups de poings ou de couteau. La farine descend à terre, le sucre monte à bord. Ici se déchargent les charbons de la Nouvelle-Caroline, les vins d'Espagne, le beurre américain; là s'embarquent des barils poissés, des caisses de cigares et de cacao. Le soleil dore la mer, le miroitement de l'eau mire de reflets verdâtres le flanc des vaisseaux, et, dans le fonds, tout là-bas, au-dessus de la mer immense, des oiseaux blancs aux larges ailes décrivent dans l'air des cercles sans fin. » Autour de la Havane, Guanabacoa, peuplée de 30,000 habitants, et Regla qui en compte 12,000, gravitent dans l'orbite de la capitale.

Matanzas, située comme la Havane dans la province occidentale, est la seconde cité de l'île par le chiffre de sa population, qui atteint 90,000. Ainsi que la Havane, elle est assise au bord d'une baie profonde que domine une ramification de la Cumbre. La région qui l'entoure est la plus riche de l'île, aussi Matanzas est-elle devenue un grand centre d'exportation de sucre.

Santiago de Cuba, chef-lieu de la province orientale, occupe le troisième rang par sa population de 75,000 habitants, le premier par son ancienneté; elle fut la métropole primitive des Antilles espagnoles, elle est restée la capitale d'un monde à part, la plus belle des cités des Antilles, dans son cadre de montagnes et de verdure. Holguin, Manzanillo, Guantanamo, autres villes de la province orientale comptent de 40 à 20,000 habitants. Puerto-Principe, chef-lieu de la province centrale, n'a d'un port que le nom. Construite dans l'intérieur des terres, au centre d'une plaine fertile, elle a emprunté à son havre maritime, Nuevitas, l'appellation que lui avait donnée Colomb en 1492. Puerto-Principe, peuplée de 50,000 habitants, n'est pas la plus grande ville de cette région. Cienfuegos, qui en compte près de 70,000, l'emporte sur Puerto-Principe; son port, de 65 kilomètres carrés, est le plus sûr de l'île, le centre d'exportaion du district des *Cinco-Villas* ou « Cinq-Villes » : Trinidad, Santo-Spiritu, Remedios,

Villa-Clara et Segua-la-Grande, peuplées de 20 à 40,000 habitants. En dehors de ces agglomérations que nous venons d'indiquer, Cuba en possède encore sept à huit autres de plus de 15,000 âmes.

L'Indien autochtone a cessé de figurer dans la statistique de la population cubaine, qui ne comprend plus que des blancs et des nègres. Jusqu'au commencement de ce siècle, ces derniers furent en majorité ; depuis, la race blanche a repris l'ascendant et l'émancipation définitive proclamée en 1886, ne trouva plus, par suite des mesures d'émancipation graduelle adoptées en 1880, que 25,000 esclaves à libérer. Actuellement, Cuba renferme une population de 1,100,000 blancs et de 500,000 nègres, métis, ou chinois. Si la majorité de la population est espagnole de race, de tradition, de religion et fidèle à l'Espagne, il n'en est pas moins vrai que par la force des choses, Cuba s'américanise rapidement. Les États-Unis accaparent la plus grande partie du commerce, leurs capitaux commanditent les plantations, leurs navires affluent dans les ports et leur influence grandit. Une partie du sol est aux mains de leurs nationaux qui le font valoir, qui construisent les voies ferrées, multiplient les moyens de communication et menacent de devenir les maîtres réels de la « Perle des Antilles », de l'île *siempre fidele*.

A 140 kilomètres au sud de Cuba, la Jamaïque, la *Xaymaca* Caraïbe, le « pays de l'eau et du bois », dessine sa forme bizarre que termine une tête de dauphin. Colomb la découvrit à son second voyage, le 3 mai 1494, et lui donna le nom de San-Yago. L'appellation indigène, légèrement modifiée, a prévalu, et la Jamaïque, possession espagnole conquise par la flotte de Cromwell, est, depuis plus de deux siècles, une colonie anglaise.

Par sa superficie, 10,860 kilomètres carrés, par sa population, 640,000 habitants, elle est la troisième des Grandes-Antilles, après Cuba et Saint-Domingue. C'est une terre montueuse, au relief bien autrement accidenté que celui de Cuba et d'une altitude moyenne supérieure. Ses côtes accores, bordées de falaises, offrent peu de ces terres marécageuses et plates, de ces bourrelets de récifs qui forment le pourtour de Cuba. Par ses roches calcaires, friables et sèches, par les innombrables fissures dans lesquelles les eaux disparaissent pour reparaître plus bas en sources jaillissantes, par ses entonnoirs et ses cavernes, le sol de la Jamaïque rappelle, dans sa partie septentrionale, la singulière structure poreuse de la Dalmatie. Une chaîne de hauteurs inégales et de massifs irréguliers sillonne la partie occidentale de l'île, projetant en tous sens des ramifications tourmentées qui convergent en un point central. L'une de ces ramifications forme à l'extrémité ouest le mont pittoresque connu sous le nom de *Dolphin's Head*, « tête de Dauphin », de 1,052 mètres d'altitude.

Mais les plus hautes montagnes, celles que le navigateur relève du large et dont les formes hardies et la couleur azurée attirent et retiennent le regard, sont les *Blue mountains*, montagnes Bleues, situées dans la région orientale. Elles ne mesurent guère plus de 60 kilomètres de longueur, mais leurs hauts sommets atteignent 2,361 mètres au Great Cascade, 2,488 au Cold Ridge. Les eaux de cette chaîne se perdent dans les fissures du plateau et rejaillissent plus bas dans la plaine. C'est dire que les ruisseaux sont de faible parcours et les rivières de courte portée. Seule, la rivière Noire, Black River, qui s'épanche au sud-ouest, est navigable pour les bateaux à fond plat; sa longueur totale ne dépasse pas 80 kilomètres. Le Dry River et le Cobre, bien que possédant une plus large surface d'écoulement, sont innavigables.

La Jamaïque fut longtemps le centre de la traite des nègres, le marché d'esclaves des Antilles. Bryan Edwards estime à plus de 600,000 le nombre des esclaves africains importés par les négriers anglais à la Jamaïque de 1680 à 1786; en 1807, date de l'abolition de la traite, l'île en avait reçu plus d'un million. Encore aujourd'hui les noirs sont, de beaucoup, les plus nombreux dans l'île, 620,000 contre 15,000 blancs; depuis l'émancipation leur nombre a doublé tandis que la population blanche a diminué d'un quart.

Peu de colonies furent aussi prospères que celle-ci. Enrichis par la culture de la canne à sucre, du café et par le travail servile, les planteurs furent ruinés, plus encore par leur fastueux mode de vie que par l'émancipation. L'indemnité de 146 millions qui leur fut allouée ne les sauva pas d'une inévitable catastrophe et, de leur splendeur passée, il ne reste que des débris de palais envahis par l'exubérante végétation des forêts. Le grand commerce d'exportation d'autrefois a fait place à un trafic de tabac, de gingembre, de café et de chinchona, de fruits et surtout d'oranges et de bananes.

Kingston, capitale de la Jamaïque et port principal de l'île depuis que le tremblement de terre de 1693 détruisit Port-Royal, renferme 40,000 habitants. « C'est, écrit M. E. Reclus, une ville aux maisons basses, disparaissant à demi derrière des murs en avancée, aux rues poudreuses, mais aux vastes jardins occupant un espace très considérable à l'extrémité d'une plaine que dominent au nord la « Longue Montagne » et les collines de Liguanea qui envoient à la cité leurs eaux de sources. » Port-Royal, devenu l'avant-port de Kingston, est la résidence des autorités navales. Presque tout le commerce de la Jamaïque s'effectue par Kingston et Port-Royal; ce commerce se chiffre par un total d'environ 80 millions et s'effectue par un mouvement maritime d'environ 950 navires. En dehors de Kingston, on ne rencontre que de petits centres peu peuplés, tels : Port-Maria 7,000 habitants, Spanish-Town 6,000, Montego 5,000, Falmouth 3,200. Trois groupes d'îles : les Cayman Islands, les Morant Cays et les Pedro Cays, sont officiellement rattachés à la Jamaïque. Leur population totale n'excède pas 5,000 âmes; leurs principaux produits d'importation sont les noix de coco et les tortues.

Au sud des Bahama et au nord de la Jamaïque, entre Cuba et Porto-Rico, s'étend l'ancienne *Espanola*, la grande île de Saint-Domingue que l'on désigne souvent du nom de Haïti qui n'en est qu'une partie, la moins vaste, mais la plus peuplée. Saint-Domingue comprend en effet deux États distincts, tous deux autonomes, parfois réunis en un seul, le plus souvent séparés : Haïti dans l'ouest, la Dominicanie dans l'est. La superficie totale de l'île est de 77,250 kilomètres carrés dont 28,900 pour Haïti et 48,350 pour la Dominicanie; la population de 1,500,000 âmes se répartit en proportion inverse : 1,000,000 à Haïti, 500,000 à la Dominicanie.

Cette île est actuellement le domaine du noir; il la détient et la gouverne; d'esclave il est devenu maître; il a dépossédé les blancs qui importèrent ses ancêtres et les tinrent longtemps courbés sous le joug. A cela, deux causes. La première, toute physique, fut le mode de recrutement des esclaves. Les colons français occupaient Haïti; enrichis par la production de l'indigo et du sucre, désireux d'étendre leurs plantations et de recruter un personnel d'élite, ils procédèrent par voie d'élimination, n'achetant que des noirs d'élite et les payant chèrement, introduisant en nombre au moins égal des négresses saines et vigoureuses. Sur tous les marchés d'esclaves des Antilles, les plus beaux types étaient réservés pour les planteurs français de Saint-Domingue. De cette sélection résulta une race nègre très supérieure à ce qu'elle était ailleurs; elle l'est restée. La seconde cause fut d'ordre moral. La Révolution française, en proclamant les droits de l'homme, éveilla chez les noirs de la colonie les idées d'affranchissement et d'indépendance; ils se comptèrent et se trouvèrent 500,000 contre 30,000 blancs; ils réclamèrent leur liberté et les planteurs, sentant que la cause de l'esclavage était irrémédiablement perdue en France, se séparèrent de la mère patrie et sollicitèrent l'appui de l'Angleterre qui maintenait encore l'esclavage dans ses colonies. Elle n'eut garde de refuser la riche proie qui s'offrait à elle et que convoitait également l'Espagne, maîtresse de l'autre partie de l'île de la Dominicanie. Les Anglais s'emparèrent de Port-au-Prince, pendant que les Espagnols s'avançaient dans l'intérieur. En présence du double danger qui menaçait la colonie, le commissaire de la Convention, Sonthonax, proclama l'émancipation et appela les nègres aux armes; ils accoururent à son appel, une armée noire surgit du sol sous les ordres de Toussaint-Louverture, elle refoula les Espagnols par delà la frontière et reprit les places occupées par les Anglais. Une ère nouvelle s'ouvrait, mais elle fut de courte durée. Bonaparte, empereur, voulut rétablir à Saint-Domingue l'ancien ordre de choses : la traite et l'esclavage. Les nègres se soulevèrent; la répression fut atroce, la résistance opiniâtre. Le climat toutefois eut raison des efforts de l'armée française d'invasion; forte de 35,000 hommes, elle en perdit 24,000 par la fièvre jaune et se trouvait réduite à 2,200 combattants lors de l'évacuation. Depuis, tour à tour république et empire, Haïti est revenue aux institutions républicaines, ainsi que la Dominicanie.

La forme bizarre de l'île Saint-Domingue dans sa partie occidentale, l'a souvent fait comparer à la gueule ouverte d'un caïman engloutissant l'île de la Gouave. Cette partie de l'île, merveilleusement articulée, comporte un grand développement de côtes, près de 1,400 kilomètres. Plus rigide au nord et au sud, le littoral n'en est pas moins creusé d'indentations profondes. L'orographie du sol, dont les massifs montagneux sont séparés par des plaines, révèle l'existence antérieure d'îles longitudinalement juxtaposées, et aujourd'hui reliées par les terres basses. Au long de la côte nord, la Sierra de Monte Cristi se déroule sur 220 kilomètres de longueur, soulevant ses sommets à plus de 1,200 mètres. Dans l'intérieur des terres, une chaîne maîtresse de 550 kilomètres de longueur et d'altitude inégale sillonne l'île du nord-ouest au sud-est, de la pointe Saint-Nicolas au cap Engano qui fait face à Porto-Rico. Par un plateau sous-marin, cette chaîne relie les deux îles assises sur le même socle.

VUE GÉNÉRALE DE FORT-DE-FRANCE.

Largement arrosée par les pluies, qui sont plus abondantes à Saint-Domingue qu'à Cuba et à la Jamaïque, l'île possède de nombreux cours d'eau et un centre hydrographique, le pic du Yaqui, autour duquel se concentrent les nuages et dont les sources alimentent deux rivières abondantes : le Yaqui Grande qui irrigue le versant septentrional, et le Yaqui Chico qui s'épanche sur le versant méridional. A l'ouest, le pic du Yaqui envoie l'Artibonite, son plus grand fleuve, tandis que de la Sierra de la Vega coule vers l'est la Yuna qui se déverse dans la baie de Samana. Ce réseau de rivières distribue merveilleusement dans toutes les régions de l'île des eaux abondantes qui fertilisent un sol riche. Peu de terres sont aussi bien dotées par la nature. « Mieux que Cuba et la Jamaïque, écrivent MM. L. et G. Verbrugghe, Saint-Domingue mérite d'être appelée la Reine des Antilles ; le sol est d'une fécondité inouïe : à quelques mètres à peine du rivage, les couches végétales, épaisses de 3 ou 4 mètres, portent des herbes et des forêts puissantes... Que de ressources inexploitées dans cette île privilégiée ! que de richesses dans ce pays où tout le monde est pauvre ! Mais le nègre exècre le travail. Fort heureusement pour lui, grâce à l'extraordinaire fertilité du sol, l'extrême pauvreté ici n'est jamais l'extrême misère ; l'oisiveté ne tue pas. »

Les centres de population sont plus nombreux dans Haïti que dans la Dominicanie. Onze dépassent 20,000 âmes. Le plus important, Port-au-Prince, capitale de la république Haïtienne, renferme dans son arrondissement près de 100,000 habitants ; son mouvement commercial s'élève à 60 millions. Jacmel vient ensuite avec 40,000 habitants ; ce fut une ville grande et riche, aujourd'hui convertie en un amas de masures. Il en est de même de Cap-Haïtien, le havre du nord, autrefois si prospère qu'on l'appelait le « Paris de Saint-Domingue ». Partout ici les insurrections et les guerres, les incendies et les sièges ont accumulé les ruines. On devine, en les parcourant, ce que dut être la splendeur de cette colonie française dont l'ensemble du commerce ne représente plus qu'un dixième de ce qu'il était avant la Révolution.

Moins nombreuses, les villes de la Dominicanie sont aussi moins peuplées. Santo-Domingo, la capitale, possède 25,000 habitants ; elle est la plus ancienne des cités que fondèrent les Européens dans le Nouveau-Monde. Elle dut à ses mines d'or d'attirer à elle une population considérable et de devenir le centre politique de cette région. Santo-Domingo a grand air dans son enceinte de fortifications espagnoles et dans le cadre de bourgades et de plantations qui l'entourent. Santiago, plus au nord, centre agricole, compte 32,000 habitants ; aucune autre ville dominicaine n'en renferme 20,000. Moins riche et moins peuplée qu'Haïti, la Dominicanie a un commerce moindre ; la valeur annuelle des échanges dépasse de peu 22 millions.

Puerto-Rico, la quatrième des Grandes-Antilles, bien que de beaucoup inférieure en superficie aux autres, puisqu'avec les îles adjacentes de Mona, les Vieques et Culebra, elle ne possède que 9,620 kilomètres carrés, est comparativement la plus peuplée et aussi la plus prospère. Elle renferme 800,000 habitants, soit 85 par kilomètres carré, densité bien supérieure à celle des autres Antilles qui est de 18, supérieure à celle de l'Espagne 34, de la France, de la Suisse, de l'Autriche-Hongrie. Sur ces 800,000 habitants, 475,000 sont de race blanche, 325,000 de race de couleur. Le commerce de l'île, à l'importation et à l'exportation, se chiffre par un total de 132 millions et un mouvement maritime de 2,900 navires. Tenue pour partie intégrante de la mère patrie, Puerto-Rico n'est pas administrativement une colonie, mais une province espagnole.

Prolongement de Saint-Domingue, dont la sépare le canal de Mona, large de 120 kilomètres, et à laquelle la relie un plateau sous-marin, Puerto-Rico est, comme les autres Grandes-Antilles, orientée de l'ouest à l'est et plus longue que large ; elle affecte la forme d'un parallélogramme dont les quatre côtés font face aux quatre points cardinaux. Plus massive et plus rigide que Saint-Domingue, elle est de moindre altitude, bien que semée de massifs disjoints dont la plus haute sommité, le Yunque, à l'angle nord-est, mesure 1,120 mètres. Il est le nœud orographique de l'île, nonobstant sa situation excentrique à l'une des extrémités ; c'est au Yunque qu'aboutissent les chaînons montueux qui sillonnent l'île et entre lesquels se creusent des vallées presque toutes perpendiculaires à la mer et arrosées par d'abondants cours d'eau.

Plus isolée par sa situation géographique, moins exposée aux convoitises étrangères et aux coups de main des aventuriers, Puerto-Rico s'est développée en paix ; l'émancipation des noirs s'y est effectuée sans effusion de sang et la prépondérance des habitants de race blanche y a prévenu les conflits qui ont ensanglanté Cuba, la Jamaïque et Saint-Domingue. La population s'accroît rapidement et, de toutes les colonies espagnoles, Puerto-Rico est la plus paisible et, proportionnellement, la plus riche.

San-Juan, capitale de l'île, renferme une population de 26,000 habitants. Située sur une petite île qu'un pont jeté sur une lagune relie à la terre ferme, elle offre, vue du large, un aspect pittoresque ; son port sûr et profond est d'accès quelque peu difficile. Arecibo, moins bien placée sur un fleuve innavigable, est cependant plus peuplée que San-Juan ; elle occupe le centre d'un district très fertile, entre Utuado et Adjuntas, grandes agglomérations agricoles. Dans cette île où domine la culture du sucre, du café et du tabac, les trois principaux produits d'exportation, les villes sont surtout des entrepôts, comme Aguadilla où s'emmagasinent les sucres et les cafés de Moca, de Pepino, de Lares et les produits de la vallée des Colubrinas ; comme Mayaguez, port d'exportation des bananes et des oranges que lui envoient Cabo-Rojo, Anaso, San-German ; comme Ponce ou la Playa, peuplée de 43,000 âmes et centre commercial de l'île.

A Puerto-Rico finissent les Grandes-Antilles et commence la chaîne des Petites-Antilles dont la courbe se déploie vers les embouchures de l'Orénoque et se replie au long de la côte du Vénézuela ; nous les suivrons dans leur développement du nord-ouest au sud et au sud-ouest.

PETITES-ANTILLES

Les Petites-Antilles ou la Micro-Antilie commencent aux îles Vierges, ainsi nommées par Colomb à cause de leur grand nombre et en souvenir des « Onze mille Vierges » de la tradition chrétienne. Géographiquement, ce groupe d'îles se rattache aux Grandes-Antilles, il repose sur le même plateau sous-marin ; entre Porto-Rico et les îles Vierges, la mer offre peu de profondeur, le détroit a peu de largeur ; à l'est, au contraire, l'océan se creuse et 400 kilomètres séparent l'archipel de la longue traînée des Petites-Antilles. Saint-Thomas est la plus importante des îles Vierges ; elle fut, pendant un temps, la plus importante des Antilles après avoir été le rendez-vous des boucaniers et des écumeurs de mer qui infestaient ces parages.

Cet écueil aride de 86 kilomètres carrés est devenu, par le fait seul de la franchise de son port, l'une des îles les plus riches et les plus peuplées du monde ; la densité de sa population dépasse celle de l'Angleterre et des Pays-Bas, elle n'est inférieure qu'à celle de la Belgique et elle excède 167 habitants par kilomètre carré. Le tableau suivant qu'en a fait, dans la *Revue des Deux-Mondes*, M. Félix Belly, rend bien l'impression que produit Saint-Thomas : « Je savais, sur la foi des géographes, que Saint-Thomas n'était qu'un écueil dont le Danemark avait fait une station commerciale importante par une simple déclaration de franchise de droits. Cette île était même restée, dans mes souvenirs d'économiste, comme un exemple péremptoire de ce que peut la liberté pour créer la richesse là où elle ne saurait exister ; mais j'étais loin de m'attendre à un tableau riant sur une plage que je supposais ingrate et désolée. Quelle ne fut pas ma surprise d'embrasser d'un coup d'œil une enceinte circulaire d'un vert de mousse au fond de laquelle se dressait une véritable cité orientale distribuée et coloriée comme un décor... Telle est l'irrésistible puissance de la liberté qu'il a suffi de faire de Saint-Thomas un port franc, favorisé d'ailleurs par sa position à l'entrée de la Méditerranée américaine, pour qu'il s'élevât sur ce rocher une ville de 14,000 âmes, visitée par les pavillons de toutes les nations, riche de tous les produits des deux mondes. Les Anglais y ont établi le centre de leurs correspondances de steamers et rayonnent de là sur l'archipel entier... Toutes les nations commerçantes y ont des consuls ; on y parle toutes les langues, on y coudoie toutes les races, et cet îlot, qui ne produit rien, offre certainement plus de confort, d'élégance, de véritable civilisation que la plupart des capitales des républiques voisines de la Côte-Ferme. »

Sainte-Croix, elle aussi possession danoise, est loin d'avoir l'importance de Saint-Thomas. Elle eut toutefois une période de grande prospérité ; son sol ondulé, bien arrosé, couvert de plantations, se dépeupla après l'émancipation des noirs. Il en fut de même de Tortola dont la population est tombée à 4,000 âmes.

A l'est des îles Vierges commence, à proprement parler, la longue traînée des Petites-Antilles dont la superficie de 6,500 kilomètres renferme 800,000 habitants.

Elles se répartissent entre la France, l'Angleterre et la Hollande. Leur densité de population est considérable ; elle dépasse 126 habitants par kilomètre carré dans les îles anglaises, 121 dans les îles françaises, 101 dans les possessions hollandaises. Leur température moyenne oscille entre 25° et 27° avec des écarts maxima et minima de 12 à 19 degrés. Orientées du nord au sud, plus longues que larges, elles présentent leur façade orientale à l'Atlantique, l'autre à la mer intérieure des Antilles. C'est au long de cette dernière, abritée de la houle de l'océan, que se groupe la population, que s'ouvrent les ports, que se développent les villes. Habitées, à l'époque de leur découverte, par les Caraïbes qui avaient exterminé les Araouaques et s'étaient substitués à eux, les Caraïbes eurent même sort que leurs prédécesseurs et durent céder la place aux Espagnols, aux Français et aux Anglais qui procédèrent, eux aussi, par voie de suppression brutale. La traite des nègres repeupla ces îles dépeuplées, remplaçant la race indigène par la race noire, aujourd'hui la plus nombreuse, et par les mulâtres dont le chiffre s'accroît.

Au nord du groupe apparaissent les îles anglaises de Sombrero, roche de guano, des Dogs ou Chiens, ainsi nommées parce qu'elles ressemblent à une meute courant sur les eaux ; d'Aiguilla, en forme d'aiguille ; puis de Saint-Martin, haute terre dont la France occupe les deux tiers et la Hollande l'autre ; Saint-Barthélemy, tour à tour française, suédoise et de nouveau française depuis 1877 et rattachée à la Guadeloupe, et enfin Barbuda et Antigua, possessions anglaises. A l'ouest de ces deux îles, la cime grisâtre du mont Misery domine la *Liamniga* des Caraïbes, « l'île fertile », Saint-Christophe, à laquelle Colomb voulut donner son prénom tant il la trouva belle et riante entre toutes. Elle n'était pas moins féconde que belle et pendant un siècle et demi, de 1625 à 1783, la France et l'Angleterre s'en disputèrent la possession. Le traité de Versailles en fit une colonie anglaise, à laquelle fut donné le nom de Saint-Kitts, de même que l'île voisine de Nieves devint Nevis. Au sud d'Antigua, l'île de Montserrat, anglaise aussi, dresse au-dessus des flots son pic déchiqueté, de 915 mètres d'altitude, volcan fumant encore ; un détroit de 80 kilomètres sépare Montserrat de l'archipel français de la Guadeloupe.

Cet archipel comprend la grande île de la Guadeloupe, la plus vaste des Petites-Antilles, autour de laquelle se groupent l'île Désirade et la Petite-Terre à l'est, Marie-Galante au sud-est, les îles Saintes au sud. La superficie de la Guadeloupe seule est de 1,513 kilomètres carrés, sa population de 136,000 ; ses dépendances recouvrent 204 kilomètres carrés et renferment 17,000 âmes. Composée de deux îles que sépare un détroit sinueux, la rivière Salée, d'une largeur moyenne de 70 mètres, d'une longueur de 4 kilomètres, et navigable pour les embarcations de faible tonnage, l'île géminée est divisée par la rivière Salée en deux parties distinctes : à l'ouest la Grande-Terre, de forme triangulaire, à l'est et au sud-est la Guadeloupe ou Basse-Terre, plus compacte, orientée du nord au sud, et, nonobstant son nom de Basse-Terre, d'altitude supérieure et plus accidentée. La chaîne montagneuse qui la sillonne soulève plusieurs massifs d'origine volcanique dont le plus élevé, la Soufrière, atteint 1,486 mètres, dont le plus bas, le Houalmont, ne dépasse pas 424. La Grande-Terre se déroule en une série de mamelons d'environ 40 mètres de hauteur; au nord et au sud cès mamelons se relèvent en saillies plus accentuées mais n'atteignent pas 150 mètres. A l'est, s'allonge une langue de terre effilée qu'un détroit de 10 kilomètres sépare de la Désirade, « l'île Désirée », dont le morne rectangulaire de 278 mètres annonçait aux navigateurs venant d'Europe le terme de leur voyage et le voisinage de la grande île. Plus au sud, Marie-Galante dessine ses formes arrondies, et les Saintes, *Los Santos*, découpent leurs contours déchirés, débris d'éruptions volcaniques, que couronnent les forts défendant l'accès de la Guadeloupe.

Possession espagnole, puis terre française, la Guadeloupe éveilla de bonne heure les convoitises de l'Angleterre, qui faillit s'en emparer en 1794. Abandonnée de la métropole alors en guerre avec l'Europe entière, elle eût été perdue pour la France si les colons, assistés des noirs émancipés, n'avaient refoulé les Anglais sur leurs navires, hérissé leurs côtes de forts et construit des flottilles qui non seulement tinrent leurs envahisseurs à distance, mais leur enlevèrent quelques-unes des îles des Antilles. Le rétablissement de l'esclavage, en 1802, aliéna les noirs; ils laissèrent, en 1810, l'Angleterre s'emparer de l'île que la paix rendit à la France. En 1848, l'émancipation fut votée et l'esclavage disparut, remplacé par l'importation d'Asiatiques dont 42,000 furent débarqués comme travailleurs engagés à la Guadeloupe de 1854 à 1887.

Pointe-à-Pitre est la ville principale de la Guadeloupe, dont Basse-Terre est le chef-lieu et le centre administratif. Comme population, Basse-Terre n'est qu'au second rang avec 12,000 habitants. La Pointe-à-Pitre en renferme 17,500. Située au point de jonction des deux îles, à l'entrée de la rivière Salée, elle est le centre commercial de l'Archipel. Le Moule, troisième ville du groupe, peuplée de 10,000 habitants, est située sur la côte orientale de la Grande-Terre. La canne à sucre est la principale culture de l'île; elle occupe une superficie de 23,000 hectares et emploie plus de 40,000 travailleurs. Viennent ensuite le café, le bétail et les cultures vivrières : patates, ignames, manioc. Le commerce, qui se chiffre par un total de plus de 50 millions dont 37 avec la France, s'équilibre à l'importation et à l'exportation ; le mouvement maritime dépasse 900 navires à l'année.

Entre les deux grandes îles françaises de la Guadeloupe et de la Martinique, s'étend la Dominique, possession anglaise de fait, mais française par sa population et ses tendances. Elle est la plus vaste des Antilles anglaises; sa superficie, de 754 kilomètres carrés, renferme 30,000 habitants. Pittoresque et accidentée, couverte de forêts et sillonnée de cours d'eau, elle réunit dans son cadre restreint tous les genres de beauté de ces Antilles aussi riantes que fertiles. Par contre, la Dominique est pauvre, sans agriculture et sans commerce, et ne saurait en aucune façon rivaliser avec les îles françaises.

Un détroit de 45 kilomètres sépare la Martinique de la Dominique. Inférieure en superficie à la Guadeloupe qui mesure 1,513 kilomètres carrés, alors qu'elle n'en possède que 987, la Martinique est, par contre, plus peuplée : 177,000 habitants contre 136,000. Orientée du nord-est au sud-ouest, plus longue que large comme presque toutes les Antilles, elle dessine sur la mer des Caraïbes des contours tourmentés, profondément échancrés à l'est, au sud et à l'ouest, rigides au nord. Des massifs montagneux, mais couverts de verdure, la sillonnent dans toute sa longueur; au nord s'élève le dôme volcanique de la montagne Pelée, autrefois dénudé par une éruption volcanique dont les laves et les scories ont élargi le pourtour de l'île. Ce sommet mesure 1,350 mètres d'altitude; plus au nord se soulève le pic du Pain-de-Sucre, au sud les pitons du Carbet; puis le sol s'abaisse, des baies profondes s'ouvrent à l'est et à l'ouest, reliées par un isthme marécageux de 10 kilomètres. Par delà cet isthme, la chaîne reparaît, moins haute et plus irrégulière; elle se dédouble, soulevant à l'est le mont Vauclin, 500 mètres, à l'ouest une série de mornes : le Caraïbe, le Constant, le morne de la Plaine; ces hauteurs s'affaissent au sud et vont se perdre dans la mer où elles se confondent avec un plateau de récifs.

On comprend, en parcourant ces îles, l'impression qu'éprouvèrent les navigateurs en présence de ces paysages accidentés, baignés dans l'incomparable lumière des tropiques, parés de leur luxuriante végétation, embaumés de leurs enivrantes senteurs. « Les premiers habitants des Antilles, écrit M. V. Meignan, attribuaient le charme de leur archipel aux filles de la mer, qui secouaient au-dessus des ondes leur chevelure parfumée pour attirer les pêcheurs au milieu des écueils où elles cachaient leurs palais enchanteurs et perfides. Comme d'ordinaire, la légende n'était ici que l'instinctive et poétique interprétation des phénomènes de la nature. Dans ces parages, sous le souffle régulier des vents alizés, la mer déroule avec une majesté sereine ses larges et paisibles vagues, le jour transparentes à d'étonnantes profondeurs, la nuit semées d'étincelles et de traînées phosphorescentes. Les savanes et les forêts exhalent des senteurs que la brise emporte au loin sur l'océan comme l'encens de la terre. Au-dessus de ces rivages, le ciel déploie l'incomparable éclat de son azur et fait succéder, par intervalles égaux, aux incendies d'un soleil presque vertical, les splendides illuminations des étoiles. La végétation ne connaît point le repos; les arbres renouvellent sans fin leurs fleurs et leurs fruits et traduisent en tableaux réels ces réminiscences de paradis terrestre, ces rêves de printemps éternel dont nous avons tant de peine, en notre froide Europe, à nous faire une idée. »

Fort-de-France, capitale de la Martinique, est située sur la plage septentrionale de la baie qui échancre profondément la côte occidentale. Aussi vaste que la rade de Brest, la baie de Fort-de-France, l'une des plus belles du monde, offre assez de profondeur pour être accessible à tous les navires. Peuplée de 15,000 habitants, la capitale est inférieure à Saint-Pierre qui en compte 26,000 et qui passe, à juste titre, pour l'une des plus pittoresques cités des Antilles. Étagée sur les pentes d'une colline couronnée de beaux bois, abritée sous des palmiers élancés, la ville se déploie en hauteur, escaladant les escarpements auxquels elle s'adosse, et d'où l'œil embrasse un merveilleux panorama. Deux autres villes, Le Lamantin, 14,000 habitants, et Le François, 10,000, constituent avec Fort-de-France et Saint-Pierre les principaux centres de l'île, dont le mouvement commercial, desservi par plus de 1,800 navires, à l'entrée et à la sortie, se chiffre par un total de 43 millions également réparti entre l'importation et l'exportation.

Au sud de la Martinique, se succèdent les îles de Sainte-Lucie, autrefois française et continuant de l'être par la langue, les coutumes et les traditions, comme la Dominique et la Grenade ; de Saint-Vincent, aux pentes douces, mollement inclinées vers la mer, aux belles terrasses boisées que surplombe le Morne au Garou, d'une altitude de près de 1,600 mètres. Les Français et les Anglais se disputèrent la possession de Saint-Vincent dont les Anglais restèrent maîtres, malgré la résistance acharnée des Caraïbes dont ils furent obligés de déporter 5,000, en 1796. Depuis, l'émancipation a ruiné les plantations laissées en friche.

Au-dessous de Saint-Vincent, apparaissent les Grenadines, puis Grenade qui termine la longue chaîne de 600 îlots qui forment l'archipel. La superficie de Grenade est de 344 kilomètres carrés, sa population de 44,000 habitants. Elle aussi fut terre française et s'en souvient. Il semble que la vieille gaîté gauloise se soit perpétuée dans cette île dont les nègres sont plus rieurs et plus jaseurs que nulle part ailleurs. Grenade est la plus méridionale des îles de la Micro-Antilie dont la Barbade, plus à l'ouest, ne fait pas partie, non plus que les *Iles-sous-le-Vent* qui prolongent la Micro-Antilie au sud-est et relèvent géographiquement de l'Amérique centrale.

Bien que sa superficie ne soit que de 430 kilomètres carrés, la Barbade, possession anglaise, renferme 183,000 habitants, soit 426 par kilomètre carré, densité supérieure à celle d'aucune autre colonie, aussi la Barbade est-elle l'une de celles qui essaiment le plus. La fabrication du sucre l'a complètement envahie, ne laissant même plus le sol nécessaire à la culture vivrière. On y fait venir du dehors les céréales, les légumes et les fruits. Bridgetown est le centre de ce commerce extérieur qui se chiffre à l'importation et à l'exportation par un total annuel d'environ 37,500,000 francs.

La part des Antilles dans le mouvement commercial du monde est considérable et dépasse 1,300 millions. Mais ces îles, possessions européennes, sont peu à peu, et par la force des choses, attirées vers les États-Unis autour desquels elles gravitent, qui les envahissent, les peuplent et, par leurs capitaux, stimulent leur esprit d'entreprise. Si l'émancipation des nègres a porté un grand coup à l'industrie sucrière, la plus répandue dans ces îles, depuis, l'équilibre s'est rétabli par l'importation des Chinois et par le perfectionnement des machines. Après un temps d'arrêt, la production s'est relevée : elle dépasse déjà un million de tonnes à l'année, le tiers de la quantité de sucre de cannes produit dans le monde entier, le septième de la quantité de sucre que l'industrie humaine extrait de substances diverses.

Le lac de Nicaragua

II. — L'AMÉRIQUE CENTRALE

I. — LE GUATÉMALA

Quelque peu inférieur en superficie au Nicaragua qui recouvre 135,800 kilomètres carrés, le Guatémala, qui n'en possède que 121,140, est de beaucoup plus peuplé. Il renferme à lui seul près de la moitié des habitants de l'Amérique Centrale, soit 1,400,000, dont la plupart Indiens ou métis. Au nord, le Guatémala confine à la province mexicaine du Yucatan dont le sépare une ligne droite, conventionnelle, tracée au-dessus du 18e degré de latitude. A l'est, le Honduras anglais l'isole de la mer des Antilles sur laquelle il n'a d'accès qu'au sud par une étroite façade de 80 kilomètres. Au nord-ouest et à l'ouest il est limitrophe à la province de Tabasco et à celle de Chiapas, au-dessous de laquelle il possède au long du Pacifique 300 kilomètres de côtes. Au sud, enfin, il longe le Honduras, dont les monts Omoa forment une partie de la frontière et le San-Salvador dont le Rio de la Paz et le lac de Guïja dessinent les limites.

Est-ce au mot de *quauhtemallan*, d'origine nahuatl, signifiant selon les uns, « Pays des aigles », selon d'autres « Terres des bois », ou à celui de *U-ha-tez-ma-la*, mot à mot : « Montagne jetant de l'eau », appellation du volcan de Agua, que le Guatémala est redevable de son nom? Quoi qu'il en soit, ce nom est d'origine indienne, ainsi que la plupart de ceux des 22 départements de la république et de leurs villes principales. Conquis, en 1524, par don Pedro de Alvarado, vainqueur, à Xeleluh, de Tecue Umam dont l'armée de 250,000 hommes plia devant la bravoure castillane et dont le massacre changea en sang les eaux de la rivière Samala, le Guatémala forma, sous le régime espagnol, un royaume qui comprenait, outre San-Salvador, le Honduras, Costa-Rica, le Nicaragua et les provinces de Chiapas et de Soconusco, dévolues depuis au Mexique. Plus tard, en 1821, à la suite de la proclamation d'indépendance, ce royaume devint la république fédérale du Centre Amérique, dissoute en 1841, les États divers qui la constituaient reprenant leur autonomie.

Incliné en pentes rapides, mais régulières, vers le Pacifique, en pentes plus longues, mais profondément ravinées par les eaux et d'accès plus difficile, vers l'Atlantique, le Guatémala profile, au long de l'océan Pacifique, une plage sablonneuse et basse que d'immenses forêts bordent à l'horizon. Par delà ces forêts, les collines s'élèvent en longues courbes dominées par un haut plateau que couronnent des cimes volcaniques. Derrière ce rebord montagneux, la grande plaine centrale du Guatémala se déroule par une altitude moyenne de 1,500 mètres, entre l'axe des montagnes volcaniques à l'ouest et la chaîne de la Sierra Madre à l'est. Ces deux chaînes, divergentes au nord où elles se rencontrent, vont s'élargissant : la première serrant de près la côte du Pacifique dont 80 à 100 kilomètres la séparent, la seconde, la Sierra Madre, décrivant une courbe vers l'est. Les plus hauts sommets se trouvent sur la chaîne occidentale volcanique, dans les *Altos* où les plateaux atteignent 2,000 mètres d'altitude, où celui de Totonicapam dépasse 2,500, où les cimes s'élèvent à 3,600. La chaîne occidentale n'excède guère 1,000 mètres en moyenne et ses points culminants se maintiennent entre 1,200 et 1,500.

C'est dans la partie centrale du plateau que se dressent les plus hauts pics volcaniques; ils dominent la grande plaine où s'élevèrent les capitales successives du Guatémala. Là, se trouve le cratère d'Acatenango, dit le *Pico mayor*, le *Padre del Volcan*, d'une altitude de 4,150 mètres; il est le point culminant de toute l'Amérique Centrale. D'Antigua, site charmant qu'encadrent de beaux jardins, de riches plaines et un horizon de montagnes, l'œil découvre les deux grands volcans du Guatémala, le volcan de *Fuego* ou du Feu, 4,000 mètres, et celui de l'*Agua* ou de l'Eau, 3,753. Le premier, gravi en 1860 par MM. Schneider et Beschor, s'ouvre en un gouffre circulaire de 600 mètres de profondeur sur 200 de diamètre. « C'est, écrit M. E. Reclus, un entonnoir aboutissant à un puits vertical; il n'est pas, dans l'Amérique Centrale, d'abîme plus effrayant. Le volcan du Feu était en pleine éruption lors de l'arrivée des Espagnols dans le pays et la terreur qu'il inspirait aux Indiens prouve que d'autres poussées de laves avaient eu lieu précédemment. Depuis, les explosions ont été fréquentes, et souvent les contrées environnantes ont été recouvertes de cendres. Les iudigènes refusent d'y monter et n'en prononcent pas le nom de peur de l'offenser. Ils

voient en lui la mère créatrice de toute la contrée et le considèrent comme leur *Kati*
ou « grand'mère », mais ils ne le disent qu'à voix basse et se servent pour le désigner
d'un nom caressant, d'origine espagnole, *Nana Catarina*. »

Plus grandiose encore d'aspect, bien que de moindre élévation, le *Volcan de Agua*,
le *Solitaire*, comme l'appellent les Indiens, soulève, au-dessus d'Escuintla, son dôme
dont la courbe régulière est la plus belle peut-être et la plus parfaite qui soit. Un lac
remplissait son cratère dont une paroi céda, en 1541, sous la pression des eaux ; plus
d'un million de mètres cubes vint noyer la ville naissante espagnole qui s'élevait sur
l'emplacement qu'occupe aujourd'hui le bourg de Ciudad-Vieja. La vallée du Michatoya
creuse son profond sillon entre le Volcan de Agua et le cratère ignivome du Pacaya,
haut de 2,500 mètres, centre d'éruptions constantes. Au nord de la Sierra Madre, se
profile la Sierra de las Minas, ainsi nommée de ses gisements aurifères ; plus au nord
encore, se déroule la Sierra de Chama que dut franchir Cortez en marche sur le
Honduras et où son armée faillit périr. Par delà commence la savane qui se prolonge
dans le Yucatan.

Les fleuves sont rares dans le Guatémala, non que les pluies y fassent défaut, mais,
sur le versant du Pacifique, la côte resserrée entre la mer et le pied des montagnes
n'offre pas assez d'étendue pour le développement des cours d'eau ; de nombreux
ruisseaux s'y déversent dans l'Océan ou se perdent dans les lagunes formées par les
flèches sablonneuses qui se déploient à quelques kilomètres du littoral. Les plus importants de ces torrents par leur volume sont : le Michatoya, déversoir du pittoresque lac
d'Amatillan où s'emmagasinent les eaux du plateau central, le Guacalata issu de la
haute vallée d'Antigua, et le Rio de Los Esclavos. Le versant de l'Atlantique alimente de
plus vastes rivières : le Motagua, descendu des *Altos* et grossi du Gualan ; sa longueur
totale excède 500 kilomètres dont 200 sont navigables pour les embarcations ; puis le
Polochic qui débouche dans le lac d'Isabal relié à l'Océan. Quant à la puissante rivière
l'Usumacinta, le Guatémala n'en possède que les affluents supérieurs : le Lacandones,
le Rio de la Pasion et le San-Pedro.

Le Guatémala n'a que peu de ports ; on ne saurait compter comme tels la rade
foraine de Champerico sur le Pacifique ; le port de San-José, plus au sud, n'est guère
plus abrité et ne doit son importance qu'à son voisinage de la capitale. Partout ailleurs,
sur le littoral du Grand-Océan, les flèches de sable forment un long bourrelet qui barre
les estuaires des petits fleuves côtiers. Sur le littoral plus restreint de l'Atlantique, le
port de Santo-Tomas offre seul un abri sûr aux navires de faible tonnage.

Ici, comme au Mexique, nous retrouvons la gradation successive des zones ; peut-
être même y est-elle plus accentuée, la zone gelée s'y superposant à la zone froide. La
zone gelée est inhabitable ; la zone chaude l'est également pour les Européens, vu ses
maxima de + 40 degrés et ses lagunes fiévreuses. Aussi ne rencontre-t-on guère sur
le bord de la mer d'autres habitants que les Indiens employés au chargement et
au déchargement des navires. Par contre, la zone tempérée, comprise entre les altitudes de 500 et 1,500 mètres, est largement peuplée. Elle embrasse d'ailleurs la
plus grande partie du Guatémala et elle offre, de même qu'au Mexique, un terrain

merveilleusement favorable aux cultures des céréales et des produits tropicaux. Le blé,
les arbres fruitiers d'Europe y prospèrent et, plus bas, longent une zone plus chaude
où le caféier, le bananier, la canne à sucre rencontrent un climat propice. Par
1,500 mètres d'altitude, la température moyenne se maintient entre 17 et 18 degrés
centigrades, avec des maxima de + 30 et des minima de + 5.

Plus belles encore que les forêts du Mexique, plus riches en essences curieuses,
en fleurs variées, celles du Guatémala offrent un merveilleux aspect. Sur les côtes
basses, les bambous élancés, serrés et pressés, sillonnés d'étroits sentiers tracés par
les fauves, ondulent au vent ainsi qu'un gigantesque champ de blé. Plus haut les
pinos colorados, saturés de résine, exhalent leurs puissantes senteurs; les *ceibas* au
port élancé, aux troncs lisses, à l'épaisse et large ramure, se déploient avec majesté,
refoulant l'exubérante végétation. Sur la mer de verdure s'enchevêtrent les lianes à la
croissance rapide, rampent les orchidées fantastiques, et la *flor de calentura*, la
« fleur de la fièvre », entr'ouvre son calice brûlant. Tout un monde d'animaux hante ces
forêts; c'est lui qui a donné au Guatémala la figure principale de son blason : le quezal,
pharomacrus paradiscus.

Débris des races indiennes, aztèques, toltèques et mayas, qui peuplaient autrefois
cette partie de l'Amérique Centrale, les Indiens du Guatémala forment encore
aujourd'hui une race distincte, qui n'a pas fusionné avec les blancs. « Les Indiens, écrit
un explorateur dans la *Revue des Deux-Mondes*, deux ou trois fois plus nombreux
que les blancs d'origine espagnole, y sont toujours considérés comme des êtres
inférieurs, n'ayant guère du citoyen qu'un vain titre; la plupart d'entre eux ne
possèdent même pas le sol qu'ils cultivent et sont tenus dans une sorte d'esclavage par
les planteurs et les trafiquants qui leur ont fait des avances. Pauvres descendants de
la race conquise, ils se distinguent de leurs conquérants, non seulement par la
différence des traits et par la nuance de la peau, mais aussi par la tristesse et l'humble
douceur du regard. Ils habitent des villages séparés, d'ailleurs bien plus beaux que les
cités brûlantes et poudreuses des blancs, car toutes leurs cabanes se groupent pittoresquement à l'ombre des grands massifs de verdure. La distinction si tranchée qui existe
entre les deux races du Guatémala constitue le danger le plus redoutable pour la paix
et la prospérité de la république. C'est en réalité à cause de cet antagonisme des Indiens
et des Espagnols que la guerre civile a si longtemps régné dans le pays, c'est à cause
des haines de vaincus à conquérants que Rafaël Carrera, le *péon* inculte, a pu devenir
le maître du Guatémala et porter une guerre féroce dans les contrées voisines. »

Ici, l'accroissement de population est rapide. En 1825 le recensement donnait un
total de 512,000 habitants; en 1866 ce chiffre s'élevait à 1,180,000; il dépasse
aujourd'hui 1,400,000, et cela par le fait des excédents de naissances sur les décès, excédents qui, par année moyenne, se chiffrent par plus de 30,000. Aussi sa densité de
population place-t-elle le Guatémala au second rang parmi les États de l'Amérique
Centrale, entre le San-Salvador où cette densité est de 20 habitants par kilomètre carré
et le Costa-Rica où elle n'est que de 5, alors que la sienne est de 10. C'est sur le plateau
occidental, faisant face à l'océan Pacifique, que la population se groupe. Dans cette

zone tempérée la densité s'élève à plus de 50 habitants par kilomètre carré, alors que sur le littoral brûlant elle oscille entre 4 et 5 et n'est plus que d'un dans la partie septentrionale de l'État, où les forêts dominent. C'est également sur ce plateau occidental et sur ses pentes méridionales que se concentre la culture du café dont la récolte représentait, en 1890, 75 millions de francs, celle de la canne à sucre, du cacao, du coton, de la cochenille, du riz, de l'indigo. Plus au nord apparaissent les céréales et les pâturages et commence la région forestière qui s'étend jusqu'au littoral de l'Atlantique.

Le Guatémala, dénommé au xviie siècle « côte de l'or », n'a jamais fourni qu'une faible quantité de ce métal précieux. Quelques Indiens, dit Gage, connaissaient l'existence de riches gisements, mais ils se refusèrent à révéler leur secret; la torture même ne put le leur arracher et ils moururent sans le trahir. Manô affirme que, dans la Cumbre de Chixoy, au nord, existe un important gisement de minerais de plomb.

La plupart des villes du Guatémala s'élèvent sur le plateau occidental, dans la zone tempérée et à une distance de 100 à 120 kilomètres du littoral du Pacifique. La plus septentrionale et la plus rapprochée de la frontière du Mexique est San-Marcos, dont le port naturel, formé par l'estuaire d'Ocos, est à 80 kilomètres au sud-ouest. Le café de San-Marcos est très apprécié et sa culture enrichit la ville et les bourgs avoisinants. Au sud-est de San-Marcos et par plus de 2,300 mètres d'altitude, s'élève Quezaltenango, la ville principale des *Altos* ou « hautes terres », peuplée de 25,000 habitants. Elle tient le premier rang entre les cités guatémaltèques par ses écoles primaires et secondaires; elle fut autrefois renommée pour sa fabrication d'ouvrages en plumes d'oiseaux rares, de vêtements, manteaux et costumes brodés d'or dont les Indiens se servaient dans leurs cérémonies d'apparat. Cette industrie lui a valu son nom de « cité des plumes vertes ». A 50 kilomètres au sud de Quezaltenango, Ratalhulen, située en « terre chaude » et enfouie sous une épaisse végétation tropicale, est un grand centre de plantations dont les produits s'écoulent par le port de Champerico, auquel le relie une voie ferrée.

A l'est de Quezaltenango, sur le même plateau, et par 2,500 mètres d'altitude, s'élève Totonicapam, 25,000 habitants, renommée pour ses sources d'eau chaude, ville indienne, aujourd'hui industrielle et marché assez important. Plus au nord, Salama, célèbre dans les annales locales par les luttes soutenues contre les conquérants espagnols, est entourée de ruines et de buttes funéraires que recouvrent peu à peu des plantations de bananiers et d'orangers, qu'envahissent les champs de cannes à sucre. Près du lac d'Atitlan, Solola, ancienne capitale indienne, se rattache par son lac à Ratalhulen et au port de Champerico. Entre Solola et Guatémala, capitale de la république, se trouvent les débris d'une des nombreuses cités qui portèrent le nom de Guatémala, et aussi celles de la ville de Chimaltenango.

Guatémala est plus à l'est, sur le faîte de partage des deux océans, dominant le double versant. « Guatémala, écrit M. F. Belly, est une ville espagnole, toute empreinte du génie espagnol, avec une ou plusieurs églises dans chaque rue, des madones à chaque coin, des galeries autour de la place Royale, mais pas un bouquet d'arbres, aucune promenade digne de ce nom et la campagne la plus désolée qu'on puisse voir. Un voyageur anglais du xvıe siècle, Thomas Gage, raconte que, déjà entré dans la ville, il demandait encore où elle était. C'est l'effet que produisent tout d'abord ces cités coloniales, même les plus importantes, grâce à leurs maisons sans étages et sans ornements, rangées en ligne droite et blanchies à la chaux, qui les font ressembler à des camps de baraques. J'avoue, cependant, que l'aspect extérieur de Guatémala, comparé avec ce que j'avais vu jusque-là, me donna tout de suite l'idée d'une capitale. On la cherche longtemps sans la découvrir. Le plateau se creuse et se relève en ondulations successives, toujours dominé à l'ouest par les deux cônes vaporeux de l'Agua et du Fuego, derrière lesquels se couche le soleil. Elle est assise elle-même au bas d'un de ces plis de terrain dénudé, et ce n'est qu'au dernier détour de la route qu'on embrasse tout à coup, du haut d'une espèce de promontoire, la saillie de ses dômes et de ses clochers et le développement de son enceinte. Mais lorsqu'on a parcouru ses principales rues, visité ses vingt-huit églises et ses palais particuliers, pénétré dans les collèges et les institutions de toutes sortes qui la distinguent, on reconnaît que c'est bien là la cité reine de l'isthme, la plus belle de toute l'Amérique espagnole, après Lima et Mexico. » Peuplée de plus de 55,000 habitants, Guatémala occupe incontestablement le premier rang parmi les cités de l'Amérique Centrale.

Une voie ferrée relie la capitale à son port de San-José, situé à 100 kilomètres au sud, rade ouverte, battue par la houle du Pacifique, enserrée par une épaisse forêt de palétuviers et que signalent au large les deux cimes volcaniques de l'Agua et du Fuego. Entre Guatémala et San-José, la voie ferrée dessert Amatitlan, ville de 16,000 habitants, située près du lac du même nom, à l'issue de la Michotoya qui déverse ses eaux dans le Grand-Océan, puis, plus au sud, Escuintla, ancienne capitale indienne, pittoresquement située sur la lisière des terres chaudes et des terres tempérées. A l'est de ces villes, on ne rencontre plus que des bourgs ; les plus importants, Jutiapa et Zacapa, renferment à peine 10,000 habitants ; Zacapa appartient au versant de l'Atlantique ; par delà, les centres deviennent rares par suite de la configuration tourmentée du sol, et peu peuplés. Les deux seuls qui semblent appelés à quelque avenir sont Izabal à l'embouchure du Rio Dulce, port franc qui occupe le troisième rang après San-José et Champerico, et Santo-Tomas sur l'estuaire du Rio Motagua.

Le commerce du Guatémala a plus que doublé depuis cinq ans : de 45 millions de francs il s'est élevé à 103 millions dont 36 à l'importation. L'Angleterre figure au premier rang dans ce mouvement des échanges, avec plus de 50 millions. Viennent ensuite l'Amérique du Sud, 6 millions, la France, 5, l'Allemagne et l'Amérique Centrale, chacune 3 millions. L'exportation du Guatémala consiste surtout en café, 63 millions de francs, puis en peaux, sucre, bananes et indigo. Le commerce est desservi par les deux voies ferrées de Guatémala à San-José, de Ratalhulen à Champerico, et par un mouvement maritime de près de 400 navires à l'année.

II. — LE HONDURAS : HONDURAS BRITANNIQUE ET RÉPUBLIQUE
DU HONDURAS.

Au sud de la province mexicaine du Yucatan et au long de la côte orientale du Yucatan, se profile une longue et étroite langue de terre, en façade sur l'Atlantique. Du nord au sud elle mesure 300 kilomètres, de l'est à l'ouest sa largeur moyenne est de 80. Au nord-ouest, le Rio Hondo et la baie de Chetumal la séparent du Yucatan ; à l'ouest, une ligne droite, arbitraire et conventionnelle, forme sa frontière avec le Guatémala ; au sud, elle est bornée par le cours du Sarstun et le golfe Amatique. C'est le Honduras britannique ; géographiquement il fait partie du Yucatan et du Guatémala ; historiquement il est terre mexicaine, comme le fut le Guatémala ; la politique et la force en ont fait une colonie anglaise de 19,585 kilomètres carrés de superficie, peuplée d'environ 30,000 habitants.

Yanez Pinzon et Juan Dias de Solis relevèrent en 1508 les côtes du Honduras britannique, du territoire de Bélize, comme on le désigne communément. Cette côte marécageuse et plate, sillonnée de rivières au cours paresseux et lent que des pluies diluviennes font monter de plus de 10 mètres en quelques heures, bordée d'impénétrables forêts et défendue par des bancs de récifs coralligènes, n'était pas pour attirer ces chercheurs d'or, ces *conquistadors* dont le rêve héroïque et brutal était de conquérir un continent à l'Espagne, de le convertir au catholicisme et de l'exploiter pour leur compte.

L'orographie du Honduras britannique est simple : une côte basse, souvent inondée et noyée, en arrière de laquelle le sol se soulève en longues pentes douces, très boisées, coupées de plateaux formant gradins, dénommés le Pine Ridge, le Cahun Ridge, puis la zone montagneuse centrale des *Cockscomb* ou Crète de Coq, d'une altitude de 1,200 mètres. De grands cours d'eau serpentent au travers des terres basses, ce sont le Sarstun ou Sarstoon, le Sibun, le Rio Nuevo, le Hondo, puis le Bélize accessible aux embarcations sur 250 kilomètres de son parcours. Pays de forêts, le territoire de Bélize fut longtemps négligé par l'Espagne ; ce ne fut qu'au commencement du xviiie siècle que l'on reconnut combien il était riche en essences forestières, notamment en bois d'acajou dont l'Europe commençait alors à faire une importante consommation. L'acajou du Honduras est très recherché pour ses teintes rosées, son grain plus fin et parce qu'il ne brunit pas avec le temps, comme l'acajou d'Haïti et de Cuba. Outre l'acajou, les forêts du Honduras renferment aussi le cèdre, le bois de rose, le sapotillier, le gaïac, les pins rouges et blancs, l'arbre à caoutchouc et l'arbre à gutta-percha.

Il n'en fallait pas tant pour éveiller les convoitises des colons anglais de la Jamaïque, proches voisins de Bélize et qui se livraient avec profit au trafic des bois d'ébénisterie. Ils furent les premiers à explorer les richesses forestières de Bélize et, sans se préoccuper autrement du droit de suzeraineté de l'Espagne insouciante, ils se transportèrent avec leurs *coupeurs de bois* sur le littoral. Vainement l'Espagne, avisée trop tard des ressources qu'offrait ce territoire, tenta d'en expulser les Anglais ; ils tinrent bon et force fut de leur reconnaître, en 1786, le droit qu'ils s'arrogeaient, en leur imposant toutefois l'illusoire acceptation de la suzeraineté espagnole. Cantonnés d'abord entre le Rio Hondo et le Rio Bélize, ils ne tardèrent pas à mettre à profit les embarras de l'Espagne en Europe et ses luttes avec ses colonies d'outre-mer, pour s'étendre et se tailler un domaine de près de 20,000 kilomètres carrés sur la côte fermé de l'Amérique Centrale. .

Bélize eut alors une période de grande prospérité. Cette ville créée sur un sol tellement mou qu'on dut l'exhausser avec le lest des navires, et construire les maisons avec des matériaux légers pour que le marais ne les engloutit pas, s'enrichit par le commerce des bois. Bien qu'à demi noyée, Bélize, sur les bords de sa rivière, manque d'eau potable et en est réduite à la demander à de rares citernes. Aussi, quand l'exploitation des forêts devint moins lucrative, Bélize vit-elle rapidement décroître le nombre de ses habitants. Ils ont diminué de moitié depuis un demi-siècle et n'atteignent pas le chiffre de 6,000. Au trafic des bois s'est substitué, en grande partie, un commerce de denrées américaines et anglaises à destination des ports de la côte. Ce commerce, qui se chiffre par un total de 10 millions, se répartit également entre l'importation et l'exportation. En dehors de Bélize et du port de Corosal situé plus au nord, à l'embouchure du Rio Nuevo, le Honduras britannique ne renferme que des centres agricoles secondaires et des rades foraines abritant des villages de pêcheurs.

Admirablement située sur la mer des Antilles, au long de laquelle elle déploie 600 kilomètres de côtes, la république du Honduras fait face à la grande île de Cuba dont 800 kilomètres de mer la séparent. Sur l'océan Pacifique, elle ne possède, par contre, qu'une étroite fenêtre de 40 kilomètres, le golfe de Fonseca, qui se creuse entre le San-Salvador au nord et le Nicaragua au sud. La superficie du Honduras est de 120,480 kilomètres carrés, sa population de 433,000 habitants. Borné au nord par la mer des Antilles, au sud par le Grand-Océan, il confine à l'ouest au Guatémala et au San-Salvador, à l'est et au sud-est au Nicaragua. En 1502, Colomb releva la côte depuis la pointe de Caxinas, aujourd'hui cap Honduras, jusqu'à la pointe Gracias à Dios où aboutit la frontière du Nicaragua. Le nom de Honduras ou *bas-fonds*, que porte la contrée, atteste l'impression produite sur les premiers explorateurs par les récifs et les bancs qui bordent toute cette partie de la côte.

Dans une région dont l'unité géographique est aussi nettement marquée que l'est celle de l'Amérique Centrale, la politique va à l'encontre des grandes lois naturelles en morcelant le sol entre des républiques distinctes. Tout les rapproche, rien ne les sépare, et ces républiques sœurs demandent vainement au relief orographique des frontières intérieures que ce relief leur refuse. Aussi cette question des limites à tracer est-elle une de celles qui les divisent le plus et, en les divisant, les affaiblissent. Ces frontières existent, mais extérieures, marquées par la nature : au nord par la dépression de Tehuantépec, au sud par celle de l'Atrato. Entre ces deux barrières l'unité géographique est parfaite ; elle appelle, elle commande une unité politique qui fera, un jour, de ces États séparés un seul et même État, assez fort, assez peuplé pour maintenir son autonomie et mettre en valeur les richesses de son sol. A l'heure actuelle, la question des frontières entre le Honduras et le Guatémala est encore pendante ; celle des limites du Salvador et du Honduras n'est pas encore tranchée.

Contrairement au Guatémala largement ouvert sur l'océan Pacifique et qui n'a sur l'Atlantique qu'un seuil d'accès étroit, le Honduras s'étend, avons-nous dit, au long de l'Atlantique et ne possède sur le Pacifique qu'une ouverture restreinte sur la baie de Fonseca. Dans son ensemble orographique il affecte la forme d'un plateau triangulaire incliné vers la mer des Antilles en longues pentes ondulées. Ce plateau, d'une altitude moyenne d'environ 1,000 mètres, s'affaisse brusquement du côté du Pacifique en un versant raide que des terres plates et basses séparent du littoral. Une chaîne de crètes, la Sierra Madre, forme le rebord occidental de ce plateau qu'elle enserre de ses ramifications : au nord par les monts Omoa entre le Guatémala et le Honduras, plus à l'ouest par les monts Opalaca, au sud par les monts de Chile entre le Honduras et le Nicaragua. La chaîne des Montecillos, orientée du nord au sud, divise ce plateau en deux sections d'inégale superficie : celui du nord-ouest plus étroit et plus montueux, celui de l'est et du sud-est beaucoup plus étendu et sillonné de ramifications secondaires. C'est dans le premier de ces plateaux que se trouve le nœud du système montagneux d'où les Cordillères, rayonnant en tous sens, se déroulent dans le Honduras et le Nicaragua au sud, dans le Guatémala au nord, dans le San-Salvador à l'ouest. C'est sur le plateau méridional et oriental que se groupe la population et que s'élèvent les villes.

Au nord du Honduras, la Sierra Congrehoy, qu'une large dépression sépare des monts Omoa, s'étend parallèlement au littoral de la mer des Antilles, atteignant son maximum d'altitude au pic Congrehoy mesurant 2,450 mètres. Dans la Sierra de Omoa, plus rapprochée du nœud central, plusieurs sommets atteignent 3,000 mètres ; on a relevé les mèmes hauteurs dans la Sierra Madre et dans la Sierra San-Juan qui forme le rebord méridional du plateau. Au point de rencontre de la Sierra San-Juan, orientée de l'ouest à l'est, et des Montecillos inclinés du nord au sud, se creuse une brusque dépression dont le sillon étroit mais profond, dominé par les Montecillos, trace la limite orographique entre le plateau de l'ouest et celui de l'est. Cette dépression, qui, du golfe de Fonseca sur le Pacifique se prolonge jusqu'au golfe de Honduras dans l'Atlantique, apparaît comme la coupure d'un de ces détroits qui s'ouvraient d'un océan à l'autre à l'époque où cette région isthmique n'était qu'une succession d'îles aujourd'hui soudées les unes aux autres par des terres basses. Par delà cette dépression, la chaîne se relève et, sous le nom de monts Lapaterique, se bifurque ; au nord-est elle remonte vers la pointe Gracias à Dios ; au sud, elle s'enfonce dans le Nicaragua où nous la retrouverons et dont elle forme l'arête montagneuse.

Plus étendu que le versant du Pacifique, celui de l'Atlantique est aussi mieux arrosé. Les vents alisés lui apporte les nuages de la mer des Antilles que les Sierras de l'ouest arrêtent au passage et qui se déversent en pluies, alimentant de nombreux cours d'eau que l'inclinaison du plateau oriente vers l'est. Ces cours d'eau forment des fleuves côtiers dont le plus important est le Rio Ulua ou Humaya. Il sillonne la dépression dont nous avons parlé plus haut; il coule entre les deux plateaux, longeant la base des Montecillos, alimenté par les ruisseaux des Sierras, grossi par le Santiago et la Santa-Barbara, par les eaux du lac Yozoa, situé au nord des Montecillos et qui le rejoignent dans la plaine de Sula, d'une superficie de 4,500 kilomètres, qu'il traverse et à l'extrémité de laquelle il se déverse dans l'Atlantique entre deux lèvres de terre d'alluvions. Le bassin de l'Ulua comprend près du quart du territoire du Honduras, il n'est guère navigable qu'aux navires d'un tirant inférieur à deux mètres. Moins important, le Chamelico, issu des monts de Merandon, mesure près de 300 kilomètres de longueur, mais outre qu'il n'est pas navigable, son bassin étroit et encaissé lui fournit peu d'affluents et, dans son cours inférieur, ses eaux, à l'époque des crues, se confondent avec celles de l'Ulua dont le cours est parallèle au sien.

L'Ulua et le Chamelico se déversent à l'ouest de la protubérance que dessine sur la mer des Antilles la pointe Caxinas ou cap de Honduras. A l'est de ce cap qui divise le Honduras en deux bassins hydrographiques distincts, apparaît l'estuaire de l'Aguan ou Rio Romano, d'accès plus facile que l'Ulua. L'Aguan mesure 200 kilomètres de parcours à travers la contrée boisée; il n'a pas l'importance du Rio Patuca qui, plus à l'est, s'épanche entre la lagune de Brus et celle de Caratasca, projetant au large ses pointes d'alluvions et ses eaux jaunes. Navigable sur une partie de son cours, l'Aguan, ainsi que l'Ulua, arrose de riches régions forestières. Issu des monts de Chile, le Patuca, grossi des torrents des Sierras, se débat dans un cercle de montagnes qu'il franchit par une formidable trouée, le *Portal del Infierno*, « le portail de l'Enfer, » arche gigantesque d'un demi-kilomètre de longueur. Au delà du Patuca, la Segovia, formant la limite entre le Honduras et le Nicaragua, se déverse dans la mer des Antilles à la pointe Gracias à Dios.

L'étroit versant du Pacifique ne comporte que quelques rivières côtières : le Rio Negro qui sépare le Honduras du Nicaragua, le Rio Choluteca d'une longueur de 250 kilomètres, puis le Nacaome et le Goascoran; mais l'infériorité hydrographique de parcours est, et au delà, compensée par l'admirable baie de Fonseca dans laquelle ces cours d'eau s'épanchent. Ses profondes indentations offrent aux navires des abris plus sûrs que ceux de la côte bien autrement vaste de la mer des Antilles que le *Mosquito Bank*, plateau sous-marin de 200 kilomètres, sème d'îles et de récifs, et dont des bourrelets de sable couvrent les abords.

Terre au relief accidenté et tourmenté, le Honduras présente de grandes inégalités climatériques. On y retrouve, ainsi qu'au Mexique, une zone tropicale, une zone tempérée et une région froide. La configuration du sol fait, du versant du Pacifique, une région chaude et sèche, du littoral de la mer des Antilles une région plus humide et moins salubre; du plateau central l'une des contrées les plus favorisées du globe. La température y oscille entre + 15 et + 20; les pluies y sont abondantes mais bien réglées et jamais dévastatrices, le sol extrêmement fertile et les tremblements de terre fort rares. Si le Honduras n'est pas encore l'une des républiques les plus florissantes de l'Amérique, il le doit à une double cause, aujourd'hui disparue et dont les effets ne tarderont pas à disparaître également. La première fut sa richesse minière qui, détournant l'attention vers les gisements aurifères dont le rendement dépassait 15 millions à l'année, laissa le sol en friche; la seconde fut la piraterie qui, infestant la mer des Antilles, dépeupla à maintes reprises les côtes du Honduras, envahies périodiquement par les flibustiers et les écumeurs de mer. Ce fléau a cessé; d'autre part la production des métaux précieux est tombée à 3 millions par année et cette exploitation est devenue moins fructueuse que celle des essences forestières. Les bois d'ébénisterie et de teinture abondent sur les terres basses : bois de rose, d'acajou, bois jaune *morus tinctoria,* bois de Brésil *cæsalpina achinata,* bois de campèche, et aussi le caoutchouc. Le sol produit le maïs, le sucre, l'indigo, le tabac et les savanes offrent d'excellents terrains d'élevage.

La majeure partie de la population du Honduras se compose de *Ladinos,* mot sous lequel on comprend, dans toute l'Amérique Centrale, les métis d'Indiens et d'Espagnols. Les tribus indiennes semblent avoir été nombreuses et distinctes sur ce sol qu'elles défendirent contre l'envahisseur avec une rare ténacité. Affaiblies par les incessantes razzias des pirates qui, débarquant à l'improviste sur les côtes, enlevaient les Indiens pour les vendre comme esclaves aux planteurs des Antilles, ces tribus ne tardèrent pas à se fusionner avec les Espagnols. On évalue à 75,000 au plus les Indiens de race pure du Honduras; ils représentent les primitifs occupants du sol : les *Chortis,* les *Lencas,* les *Toucas* encore éparpillés dans le Nicaragua et le Guatémala. A ces rares autochtones, à la race espagnole et aux métis se juxtaposent les Zambos de la côte, descendants des nègres fugitifs des Antilles, les Caraïbes déportés de Saint-Vincent et enfin des métis anglais du Honduras britannique.

Divisé en treize départements, dont le plus peuplé, celui de Comayagua, renferme 70,000 habitants, dont le moins peuplé, celui des Iles de la Baie de Honduras, n'en a pas 10,000, le Honduras, pays d'exploitation agricole et forestière, possède peu de grands centres. Le plus important, celui dont la population s'accroît le plus rapidement et que l'opinion publique désigne comme devant être, le jour où s'effectuera l'union du Centre-Amérique, la capitale du nouvel État, est Tagucigalpa, capitale de la république.

Située au cœur du plateau central et sur la rive droite du Choluteca, elle fut l'entrepôt des métaux précieux de 1776 à 1820 et reçut pendant cette période plus d'un milliard en or et en argent. De l'autre côté du fleuve s'élève Concepcion, devenue le faubourg de Tagucigalpa. Yuscaran est plus au sud; son climat, sa salubrité et la fertilité de sa campagne lui ont valu le surnom de *Paraiso* ou « Paradis ». Comayagua, plus au nord, sur le plateau des sources, est à distance égale des deux océans; autrefois dénommée *Nueva Valladolid,* elle eut une période de prospérité et posséda près de 20,000 habitants. Assiégée et pillée par les esclaves révoltés du Guatémala, elle ne s'est pas encore relevée de ce désastre.

En dehors de ces villes, on ne compte plus dans le Honduras que des ports de mer. Ils se repeuplent depuis que leurs habitants n'ont plus à craindre les incursions des pirates, mais ils sont loin d'avoir l'importance et la population qu'ils comportent. Puerto-Cabellos ou Puerto-Cortès est le plus considérable, celui où les comptoirs étrangers se multiplient, nonobstant la concurrence que lui fait Omoa. A l'est, Puerto-Sal et Triunfo de la Cruz sont des rades foraines ouvertes au vent du nord. Ceiba n'est guère plus sûre, et si le port de Progreso est plus accessible et mieux abrité, par contre il est l'un des plus insalubres qui existent. Truxillo, près du cap de Honduras, est admirablement situé comme port et comme centre commercial, mais toute la région environnante est encore déserte et Truxillo n'a d'autres habitants que quelques centaines de Caraïbes qui chargent sur les navires les billes d'acajou. Sur le Pacifique, enfin, s'ouvre le port de San-Lorenzo, et, dans l'île du Tigre, celui d'Amopola, bien situé au centre de la baie de Fonseca.

Le commerce du Honduras consiste principalement en exportation de bois d'ébénisterie et de teinture, de bétail, peaux, caoutchouc, en importation de cotonnades, soieries et articles fabriqués. L'exportation et l'importation se chiffrent par un total général d'environ 30 millions ; nous disons environ, parce que les statistiques de l'importation font défaut, les recettes étant affermées à des compagnies particulières. Dans ce total, les États-Unis figurent en première ligne, puis les États du Centre-Amérique, l'Angleterre, la France et l'Allemagne. Le Honduras plie sous le fardeau d'une dette étrangère énorme : 80 millions à l'Angleterre, 55 à la France. Les intérêts de ces sommes sont en souffrance depuis 1872 et le capital dû s'élève aujourd'hui, avec les arrérages, à 326 millions de francs.

III. — SAN-SALVADOR

San-Salvador, le plus petit des États de l'Amérique Centrale, fait géographiquement partie du Honduras, dont la politique seule l'a séparé. Il a, du Honduras, l'orographie, le climat et l'aspect. Vu du Pacifique, il se déroule en un haut plateau appuyé sur un gigantesque mur de soutènement qu'ont édifié les forces volcaniques. Entre la base de la muraille et l'Océan s'étend une longue côte basse bossuée de cratères. L'altitude du plateau est de 2,000 mètres et sur ce plateau on ne compte pas moins de 11 volcans actifs.

Sur une superficie restreinte de 18,720 kilomètres carrés, San-Salvador possède près de 700,000 habitants. Il est donc de beaucoup le plus peuplé, relativement, des États de l'Amérique Centrale ; il est aussi le plus riche, et celui où les rivalités de races se sont le plus tôt apaisées. Il a pour limites : au nord le Honduras, à l'ouest le Guatémala, à l'est le Honduras et le golfe de Fonseca qui le sépare du Nicaragua, au sud et au sud-ouest l'océan Pacifique sur lequel il mesure 260 kilomètres en façade. Ici, nous voyons reparaitre la chaîne volcanique du Guatémala orientée du nord au sud et qui se prolonge dans le San-Salvador, tandis que la chaîne montagneuse, infléchie vers l'est, pénètre dans le Honduras. Les plaines du plateau, lentement exhaussées par les cendres et les scories des volcans, constituent un sol d'une étonnante fécondité et d'une grande profondeur, aussi San-Salvador est-il l'une des régions agricoles les plus riches du monde.

Elle est aussi l'une des plus volcaniques. Ici commence la longue chaîne de cratères qui, soulevant les terres et les roches, a soudé les unes aux autres les îles éparses, comblé les détroits avec ses scories et dressé entre les deux océans la barrière isthmique au travers de laquelle l'homme s'efforce de rétablir une voie maritime disparue. Cette chaîne longe l'océan Pacifique dont elle serre de près le littoral. Çà et là interrompue, elle s'étend du San-Salvador au Chili; au nord, par les îles Aléoutiennes, elle se rattache à la grande courbe volcanique que décrivent, au long du continent asiatique, le Kamschatka, les Kouriles, le Japon et les îles du grand archipel d'Asie, complétant ainsi le large anneau de feux souterrains qui encercle l'océan Pacifique et au centre duquel les volcans de Havaï, des îles Mariannes, des îles Salomon, de Tonga ouvrent à l'océan lavique, leurs vastes orifices ignivomes.

Toute cette côte repose sur un fleuve de feu; sa mince écorce tremble et se fend sous l'action de ces puissantes secousses capables de soulever, comme en 1822, la côte du Chili sur 300 lieues de longueur, de ces effroyables températures qui, à une profondeur moindre d'un cinquantième du noyau terrestre, dépasseraient 7,000 degrés centigrades. C'est à Ahuachapam, située sur la frontière du Guatémala, qu'apparaissent ces phénomènes volcaniques actifs dont le Fuego et l'Agua, plus au nord, attestent la puissance passée. Ils se manifestent par une ligne de *salses*, ou petits volcans, vomissant de l'hydrogène, des eaux bouillantes et des ruisseaux de boue; plus à l'est, dans le voisinage de Sonsonate, se dressent les hautes cimes de la *Madre del volcan* : Lagunita, San-Juan, Apaneta, Naranjo, dont l'altitude varie de 1,500 à 2,000 mètres; puis le Santa-Ana, 2,016 mètres, et l'Izalco, né le 23 février 1770 d'une formidable éruption volcanique. Son panache de feu dont les lueurs rouges, la nuit, et la colonne de fumée, le jour, servaient de phare aux marins, lui ont fait donner par eux le nom de *Faro del Salvador*. Dollfus et de Mont-Serrat en firent l'ascension en 1866, pendant une période d'accalmie relative; ils constatèrent qu'en moins d'un siècle l'Izalco avait grandi de 1,825 mètres.

Il est de peu inférieur au volcan de San-Salvador qui se dresse au-dessus de la capitale, à douze kilomètres au nord, et mesure 1,879 mètres. Celui-ci sommeille depuis des siècles, mais s'il ne vomit plus des fleuves de lave, si un lac vert et profond, le Boqueron, remplit la cuvette de son cratère, de terribles secousses, de redoutables tremblements de terre témoignent encore trop souvent de la puissance de ses feux souterrains. Sept fois en trois siècles la ville de San-Salvador s'est écroulée sur son sol qui se dérobait et sous les chocs violents imprimés à la mince écorce terrestre par l'océan de laves qui la porte; sept fois la ville s'est relevée sur le même emplacement, à dix kilomètres du lac d'Ilopango, au centre duquel a surgi un volcan insulaire. Le cratère le plus élevé du San-Salvador, le San-Vicente, atteint 2,400 mètres d'élévation. Lui aussi est au repos et les forêts escaladent ses flancs refroidis; de son sommet l'œil découvre un merveilleux panorama; mais le plus pittoresque des monts de cette région accidentée est encore le San-Miguel, 2,150 mètres, dont la puissante ossature, la large base, les arêtes régulières et la situation solitaire attirent et retiennent le regard; de longues coulées de laves rouges et noires sillonnent ses flancs dénudés et lui donnent le fantastique aspect d'un gigantesque cône aux larges raies alternées.

Situé entièrement sur le versant de l'océan Pacifique, le San-Salvador, que les montagnes du Honduras abritent du courant aérien de la mer des Antilles, est comparativement sec. Les nuages s'arrêtent aux cimes du Honduras et s'y déversent en pluies dont une faible partie seulement arrive jusqu'au San-Salvador. Aussi ce petit État, à la superficie restreinte, ne possède-t-il qu'un cours d'eau un peu important, le Lampa, qui se déverse dans le Pacifique. Né dans le Guatémala, renforcé par les eaux du lac Guïja, par le Sumpal et le Tonola, il débouche dans la région plate au travers de laquelle il promène paresseusement ses eaux troubles, mais profondes : après un parcours de 300 kilomètres il se heurte à une barre sablonneuse qui le ferme à la navigation maritime, tout praticable qu'il soit pour la navigation fluviale. Moins important que le Lampa, le San-Miguel, d'inférieur parcours et de moindre débit, coule plus à l'est, arrosant une vallée profonde.

Le San-Salvador ne diffère du Guatémala et du Honduras que par quelques productions spéciales. Le pays est riche en gommes, en résines et en plantes médicinales. On y récolte le baume, dit *baume du Pérou*, parce que Lima était l'entrepôt principal de ce produit que l'on expédiait de là en Espagne et en Europe. Le baumier est abondant au San-Salvador: C'est un bel arbre, au tronc droit et lisse, dont l'écorce exhale une odeur parfumée. On en obtient le baume à l'état liquide par des incisions faites au printemps et aussi par l'ébullition des jeunes pousses; la consistance du baume est alors celle du miel fluide. Ce produit a donné son nom au littoral de l'État, désigné sous le nom de *Côte du Baume*.

Le climat est le même ici que dans le Guatémala méridional; la température, très élevée sur le littoral, atteint une moyenne de 26 à 28°; sur le plateau, très peuplé et très cultivé, et d'une altitude de 500 à 1,000 mètres, cette moyenne s'abaisse à 21°. Sur ce plateau s'élèvent les villes du San-Salvador; elles sont peu nombreuses. San-Salvador, la capitale, sept fois détruite et sept fois rebâtie, est située dans la riche plaine qui s'étend entre la base du volcan et le lac Ilopango. « Ses campagnes, écrit M. E. Reclus, couvertes de caféteries et d'autres plantations, sont arrosées par l'Aselguata, affluent méridional du Rio Lampa, et presque immédiatement au sud coulent d'autres ruisseaux qui descendent par des vallées parallèles au Pacifique. Ainsi la ville se trouve sur le faîte de partage; elle offre, en outre, l'avantage politique d'être le centre de l'État; elle est même munie de fortifications naturelles par les larges et profonds fossés des barranques découpant en autant de réduits d'accès difficile les fragments du plateau. Mais on sait que le sol du San-Salvador est un de ceux qui frémissent le plus souvent sous l'action des forces intérieures; la ville a été fréquemment secouée et, pendant le courant de ce siècle, deux fois renversée. Par deux fois aussi les habitants émigrèrent en partie vers d'autres villes de la République et notam—

ment vers Santa-Técla, située à une quinzaine de kilomètres au nord-ouest, en terre plus tempérée. Cette ville, devenue capitale pour un temps, reçut même le nom de Nueva-San-Salvador ; mais également exposée aux éruptions volcaniques et aux secousses du sol elle ne promet guère plus de sécurité que la première San-Salvador et celle-ci, rebâtie en bois d'après un système de cadres élastiques, a repris son rang de siège du gouvernement, sans avoir encore récupéré la population de 30,000 habitants qu'elle avait au milieu du siècle. » San-Salvador en renferme actuellement 28,000. Une grande route relie la ville à son port, la Libertad, port ouvert et peu sûr où les navires doivent mouiller à plus d'un kilomètre de la côte.

Plus peuplée que la capitale, Santa-Ana possède 30,000 âmes. A la fois grand centre agricole et entrepôt des produits miniers du district de Métapan, Santa-Ana a, dans Acajutla, son port, un havre plus sûr que la Libertad, plus fréquenté et devenu le centre de l'exportation du café et de l'importation étrangère. Son mouvement commercial dépasse 19 millions à l'année. Ahuachapan, sur la frontière du Guatémala, renferme 12,000 habitants. Chalchuapa, où mourut Barrios, en possède 13,000. Ces deux villes sont situées dans la région la plus fertile de l'État, dans celle de la culture de la canne à sucre et du caféier. Sonsonate, au sud, dominée par le *Faro San-Salvador*, par le volcan d'Izalco, est renommée pour ses fruits exquis. San-Miguel, dans l'ouest, est la troisième ville de la République, par sa population de 24,000 âmes et par ses grandes foires auxquelles accourent les habitants du Mexique et de toute l'Amérique Centrale. Son port, la Union, dans le golfe de Fonseca, eut une plus grande importance commerciale autrefois qu'aujourd'hui ; sa population ne s'élève pas à 3,000 âmes.

Le commerce extérieur du San-Salvador se chiffre par un total de 43 millions dont 29 à l'exportation. Cette exportation consiste en café, 19 millions, en indigo 6 millions et demi, le reste en sucre, gommes, métaux, etc. L'Angleterre tient le premier rang dans le mouvement des échanges, après elle viennent les États-Unis, l'Allemagne et la France.

IV. — NICARAGUA

Entre le Honduras au nord et Costa-Rica au sud, entre la mer des Antilles à l'est et l'océan Pacifique à l'est, le Nicaragua affecte la forme d'un quadrilatère irrégulier dont le côté le plus long, celui du nord, s'étend du golfe de Fonseca au cap Gracias à Dios, et mesure 416 kilomètres. Du cap Gracias à Dios, borne-frontière entre le Honduras et le Nicaragua, jusqu'à l'estuaire de San-Juan, limite du Nicaragua et de Costa-Rica, la côte se déroule au long de la mer des Antilles sur 402 kilomètres du nord au sud. Moins étendue, la côte du Pacifique n'en mesure que 268 ; entre Costa-Rica et Nicaragua la frontière, longue de 193 kilomètres, coupe la région isthmique depuis la baie de Salinas sur le Pacifique jusqu'à l'embouchure du San-Juan.

Colomb releva cette côte en 1503, à son quatrième voyage, avant de revenir à la Veragua qu'il croyait être la *Chersonèse d'or* des anciens, mais ce ne fut qu'en 1522 que Gil Gonzalès d'Avila aborda sur la côte occidentale avec une centaine d'Espagnols et reconnut les grands lacs de cette région à laquelle il donna le nom du Cacique Nicaragua avec lequel il fit alliance. Il fut repoussé toutefois dans sa tentative de conquérir la partie nord du pays et dut se rembarquer pour gagner Panama. Hernandez de Cordova, plus heureux, réussit là où d'Avila avait échoué, et le Nicaragua devint province espagnole rattachée à la capitainerie générale du Guatémala. Boyle a résumé en quelques lignes ce que furent les premiers gouverneurs espagnols de ces régions subjuguées : « Des cinq premiers gouverneurs, dit-il, l'un fut un meurtrier, le second meurtrier et rebelle, le troisième assassina le second, le quatrième fut un faussaire et le cinquième meurtrier et rebelle. » Leur cupidité et leur cruauté se donnaient libre carrière sur les inoffensifs Aztecs qui occupaient cette région, sur ces Indiens gros et forts, pacifiques et rieurs, dont M. Paul Lévy a fidèlement reproduit les traits caractéristique. « L'Indien du Nicaragua, écrit-il, est grand, fort, gros, toujours gras ; son rire est épanoui, sa figure large, ronde et pleine ; ses yeux à fleur de tête, insouciants et gouailleurs. Jamais il n'est sérieux, tandis que l'Indien mexicain l'est toujours ; il ne croit à rien, ni à Dieu ni à diable, n'a aucune espèce de superstition, de traditions ni de cultes. Il est entièrement dominé par ses appétits, bien que ses besoins soient très limités... Il a horreur de verser le sang humain, ne déteste personne et partage ce qu'il a de provisions avec le premier venu. Il admire les blancs pour leur industrie, mais ne peut se décider à travailler ; il vit de chasse et de pêche, il ne cultive rien, il est resté tel qu'il était du temps de Colomb. »

Le Nicaragua est le plus vaste des États de l'Amérique Centrale, étant donnée sa superficie de 133,650 kilomètres carrés ; il n'est pas le plus peuplé, ne renfermant qu'environ 400,000 habitants. Géographiquement, il est le plus curieux comme structure ; politiquement, il est le plus important, la clef du Bosphore occidental. Enclavé entre le Honduras au nord et Costa-Rica au sud, il est de moindre altitude que ces deux États limitrophes ; il offre l'aspect d'un plateau accidenté, au nord où se prolonge la chaîne montueuse du Honduras, au centre et au sud où se déroule la Cordillère du Nicaragua, mais au nord la hauteur moyenne n'excède pas 1,000 mètres, non plus qu'au centre et au sud elle ne dépasse 1,600. A l'ouest, le plateau s'abaisse brusquement, se creusant en une vaste dépression, l'une des plus singulières du continent ; cette dépression forme le bassin lacustre du Nicaragua, d'une superficie de près de 9,000 kilomètres carrés, et celui de Managua, de 1,500 kilomètres. Ces deux lacs s'étendent du nord au sud, parallèlement à la côte du Pacifique dont les sépare un bourrelet montagneux de 80 kilomètres dans sa plus grande épaisseur au nord et qui va s'amincissant vers le sud où il n'en mesure plus que 20 à l'isthme de Rivas. Le rio Tipitapa relie, à l'époque des hautes eaux, les deux lacs que disjoint une langue de terre basse de 15 kilomètres d'épaisseur.

Au long de la côte orientale du bassin lacustre, se profile la chaîne volcanique du San-Salvador ; elle se compose d'une série de buttes fumantes, soulevant çà et là des volcans isolés, distants de 30 à 35 kilomètres de l'Océan, sauf au nord où le Coseguina surplombe la baie de Fonseca. Il fut le plus actif et le plus redoutable de ces volcans ; son éruption, en 1835, plongea dans une nuit épaisse le littoral du Nicaragua jusqu'à 200 kilomètres au large, couvrant d'une poussière de cendres le Honduras, le Yucatan et la Jamaïque. A l'ouest le vent sema jusqu'à 2,200 kilomètres de distance ces cendres dont on évalue le volume à cinquante milliards de mètres cubes. Au sud du Coseguina se déroule la chaîne des Marrabios, les pics volcaniques du Momotombo, 1,865 mètres, du Momotombito, 850, du Chiltepeque, du Masaya, l'*Infierno* des Espagnols, du Mombacho, 1,398 mètres. Au-dessous du Mombacho, la chaîne volcanique plonge dans le grand lac où elle soulève le cône du Zapatera, les cônes jumeaux d'Ometapa, 1,630 mètres, et de Madera, 1,270. Sur l'étroite bande de terre qui sépare la région lacustre et l'océan Pacifique se développe une série de faibles hauteurs coupées de seuils bas et de nombreuses brèches. Cette région, merveilleusement fertile, se déroule de la plaine grandiose de Léon dans le nord, jusqu'aux champs d'indigo et aux plantations de cacao de Rivas, surnommés le jardin du Nicaragua.

Du côté de l'Atlantique, la cordillère du Nicaragua s'affaisse en longs chaînons, en grandes pentes parallèles orientées vers l'est. Elles vont mourir dans les terres basses de la côte des *Mosquitos*, côte rigide, mal articulée, trouée de lagunes : lagunes de Las Perlas, lagunes de Bluefields obstruées par des barres difficiles et que ferme encore, à 50 kilomètres plus au large, le banc des Mosquitos, énorme plateau sous-marin dessinant, de la pointe Gracias à Dios au sud du Costa-Rica, sa courbe de 800 kilomètres de longueur semée de récifs et de cayas, des *islas del maiz* et de l'archipel de Las Perlas. Aussi les ports de ce littoral, formés par les rivières et les lagunes, sont-ils mauvais et fréquentés presque uniquement par les embarcations indigènes ; celui même de San-Juan-del-Norte, ou de Greytown, au sud, est peu sûr et inférieur à celui de Punta-Mico au nord.

Plus favorisé, le littoral du Pacifique offre de meilleurs abris : le port de Salinas, au sud, est vaste et bien situé ; San-Juan-del-Sur et Nacascolo, sur la côte de Rivas, sont d'accès facile et de bon mouillage. Au nord, Corinto, qu'une voie ferrée relie à la ville de Léon, est un port d'avenir ; enfin la baie de Fonseca, à laquelle aboutissent le San-Salvador, le Honduras et le Nicaragua, possède des anses nombreuses.

Largement ouvert, à l'est, au courant aérien de la mer des Antilles, le Nicaragua lui doit les pluies abondantes qui alimentent ses cours d'eau, plus considérables sur le littoral oriental que sur celui du Pacifique. Le plus important est le Rio Gracias, ou Segovia, qui, dans la partie inférieure de son cours, sépare le Nicaragua du Honduras et se déverse, après un cours de 650 kilomètres, dans la mer des Antilles près du cap Gracias à Dios. Issu de la haute région minière de la Nouvelle-Ségovie et à 80 kilomètres de la baie de Fonseca, le fleuve sillonne toute la région septentrionale, creusant à travers les montagnes son bassin étroit mais puissant. Semé de rapides il n'en est pas moins accessible, vu la profondeur de ses eaux, aux canots des indigènes qui le descendent en dix jours. Sur 230 kilomètres de son cours inférieur il est navigable pour les petits vapeurs ; son estuaire s'ouvre à la pointe derrière laquelle Colomb, battu par la

VUE GÉNÉRALE DE LA VILLE DE SAN-JOSÉ.

tempête, trouva un abri et à laquelle, reconnaissant, il donna le nom de Gracias à Dios. Très resserré dans son cours, le Gracias ou Segovia ne possède, malgré sa longueur, qu'une superficie de bassin de 28,000 kilomètres carrés.

Entre la Segovia au nord et le San-Juan de Nicaragua au sud, se déversent de nombreux cours d'eau qui drainent des régions peu peuplées. Le Rio Grande, le plus considérable, mesure 350 kilomètres, le Bluefields n'en a que 250. Plus au sud serpentent le Rio Rama, le Rio Indio et aussi le San-Juan, émissaire du lac de Nicaragua, fleuve aux eaux troubles dont le delta s'ensable et dont le cours forme la frontière du Nicaragua et de Costa-Rica. Sur le versant du Pacifique, moins arrosé, on ne relève que le Rio Negro, affluent de la baie de Fonseca, et l'Estero Réal, moins fleuve qu'estuaire, qui prolonge au nord la dépression lacustre et la fait communiquer avec la baie de Fonseca.

Variable suivant les altitudes, le climat du Nicaragua est chaud, et l'on retrouve ici les principales productions des tropiques. Les coteaux du nord-ouest produisent un excellent café ; les forêts abondent en bois de teinture et d'ébénisterie et partout, entre les lacs et le Pacifique, l'on rencontre des plantations de sucre, d'indigo et de cacao. Les cultures européennes réussissent dans les terrains élevés de Segovie; la région du Chontalès, à l'est du lac, est un pays de pâturage qui nourrit des milliers de têtes de bétail, et, par delà cette région pastorale s'ouvrent les districts miniers de la Libertad et de Juigalpa, riches en gisements d'or et d'argent. D'épaisses forêts recouvrent la partie orientale du Nicaragua, encore peu exploitée et peu peuplée; l'arbre à caoutchouc, le cèdre, l'acajou et les essences médicinales y dominent. Dans les clairières poussent le maïs et le plantain et les rives fertiles des fleuves du versant oriental donnent d'abondantes récoltes de bananes, d'oranges et de citrons.

L'orographie du Nicaragua semble, à première vue, se prêter merveilleusement à la voie de communication entre les deux océans qu'avaient vainement cherchée les navigateurs espagnols et que réclame de nos jours un mouvement maritime bien autrement considérable. Le San-Juan reliait le lac à la mer des Antilles et l'étroit et bas bourrelet de 20 kilomètres qui séparait le lac de l'océan Pacifique n'était pas pour arrêter les ingénieurs. Par cette voie, plus courte et moins insalubre que celle de Panama, Vanderbilt avait transporté des millions de voyageurs des États-Unis en Californie. Aussi les projets de percement de l'isthme dans le Nicaragua furent-ils nombreux. Les capitalistes américains ne les ont pas abandonnés et ils poursuivent leurs travaux d'examen. Suivant eux, le Nicaragua est la véritable voie maritime d'un océan à l'autre et cette conviction tenace a mis, à diverses reprises, en sérieux péril, l'indépendance de la République, notamment en 1855, quand Walker, le flibustier bien connu, envahit le pays à la tête de ses bandes et, maître de Granada, se fit nommer président de la République dont il rêvait de faire une annexe des États-Unis. Sa carrière tragique se termina à Truxillo où, fait prisonnier, il fut fusillé comme pirate. Il s'en fallut de peu, toutefois, qu'il ne réussît et que cet aventurier, destiné à un trône ou à la potence, ne changeât le cours de l'histoire en détournant vers l'Amérique Centrale la force d'expansion que la grande république allait employer à coloniser et peupler le Far-West.

Le projet du canal, tel qu’on le poursuit aujourd’hui, comporte un tracé de 273 kilomètres 528 mètres divisé comme suit : 45 kilomètres 05 en tranchées, 33 kilomètres 78 en bassins, 103 kilomètres 78 de navigation libre dans le San-Juan et 90 kilomètres 90 de navigation libre sur le lac. Sauf dans les tranchées en roche et aux points culminants, la section du canal en tranchées serait partout de dimensions suffisantes pour permettre à deux navires de se croiser; dans les bassins, dans le lac et dans le fleuve, ils auraient toute liberté d’allure. Ce canal, à écluses, aurait une profondeur uniforme de 9. mètres et permettrait quotidiennement le passage de 32 navires soit 11,680 à l’année. Le temps nécessaire pour passer d’un océan à l’autre serait, pour les navires à vapeur, de 28 heures, y compris un délai possible d’une heure vingt minutes dans les tranchées étroites.

Le Nicaragua est divisé en huit provinces d’inégale superficie et inégalement peuplées. La densité varie de 1 habitant par kilomètre carré dans la province de Ségovie et la Reserva Mosquita, à 15 dans la province de Rivas, à 13 dans celle de Managua et de Granada, la plus peuplée. Les grands centres sont peu nombreux, cinq villes seulement renferment plus de 10,000 habitants, une seule, la double ville de Léon et Subtiaba, en contient plus de 30,000.

Managua, capitale de la République, n’en compte que 18,000. Elle est redevable de son rang moins à son importance, qu’à la rivalité des deux villes qui se disputaient la suprématie : Léon la *cléricale* et Granada la *libérale*. Le choix de Managua a mis un terme à une animosité qui troublait la tranquillité de l’État. Située sur l’emplacement d’une antique cité indienne, Managua domine le lac qui porte son nom, elle est encadrée de plantations de café et, au loin, d’une vaste ceinture de forêts. Au nord de Managua, Léon, la ville principale du Nicaragua, s’élève entre le lac Managua, le port de Corinto et l’Estero Real dans une plaine fertile, près de l’emplacement qu’occupait la grande cité indienne de Subtiaba, peuplée, dit-on, de près de 100,000 habitants quand les Espagnols débarquèrent sur la côte. Léon eut une période de grande prospérité et comptait 50,000 habitants lorsque le bruit des richesses qu’elle renfermait attira sur elle, en 1680, une incursion de pirates anglais qui mirent la ville au pillage et l’incendièrent. Elle se réédifia, mais lentement, et sa population, y compris celle de Subtiaba son faubourg, est aujourd’hui de 31,000 âmes.

Au nord-ouest de Léon et près de la frontière du Honduras, Chinandega, qui n’a que 8,000 habitants, fut, elle aussi, une cité importante. Alvarado l’édifia près de la vieille ville indienne du même nom, le trafic l’enrichit, faisant d’elle l’entrepôt des deux ports de Tempisque et de Realejo, successivement comblés par les atterrissements et que remplace aujourd’hui celui de Corinto, le plus actif des ports du Nicaragua sur le Pacifique. Granada la *ville libérale*, est au sud-est de Managua, sur la rive occidentale du lac, dans la région la plus populeuse et la plus fertile; ses richesses lui valurent d’être pillée à plusieurs reprises par les pirates; sa position stratégique, qui ne la préserva pas de leurs attaques, fit d’elle l’objectif du flibustier Walker qui, ne pouvant la garder, la brûla en 1856. Elle s’est relevée de ses désastres et renferme

15,000 habitants. Plus au sud, Rivas en compte 12,000. Elle est peut-être la plus gracieuse et la plus riante des villes du Nicaragua. Enfouie dans un nid de verdure et de fleurs, elle déroule à ses pieds ses riches plantations qui recouvrent le versant du Pacifique et celui du lac.

Dans cette région favorisée qui s'étend de Granada à Rivas la culture principale est celle du cacao. C'est là que se trouve la plantation d'un Français, M. Menier, *las Mercedes*, l'hacienda modèle du Nicaragua. « Chaque État de l'Amérique Centrale, écrit M. Ad. de Fontpertuis dans le *Journal des Économistes*, a une culture plus particulièrement adaptée à son sol et qui fait sa fortune ; au Guatémala c'est la cochenille ; au Salvador, l'indigo ; à Costa-Rica, le café ; et au Nicaragua, le cacao. Comme chacun sait, avec ce fruit parfumé se prépare le chocolat, cette délicieuse boisson qui nous vient, ainsi que son nom, *Tchocolatl*, l'indique, des anciens Mexicains et que leur dernier empereur, l'infortuné Montezuma, savourait, dit-on, dans une coupe d'or. Ce n'est point là une de ces substances que la science puisse remplacer, comme elle a fait de la cochenille, de l'indigo et de la garance, et sa production exige des conditions particulières de terrain, de chaleur et d'humidité qui ne se rencontrent que sur quelques points privilégiés des tropiques. Une plantation de cacaoyers fait, d'ailleurs, attendre pendant longtemps sa première récolte ; il y faut cinq ans, mais, ce terme atteint, l'abondance est entrée dans la maison ; l'entretien de la plantation n'est plus qu'un soin domestique des moins pénibles, et pendant les trente ans que dure ordinairement la *madriado*, le propriétaire peut en quelque sorte s'en rapporter à la Providence du bien-être de sa famille. » C'est ce qu'il fait le plus souvent, et malgré l'incurie des plantations en rapport, on en cite qui, mesurant en superficie 15 à 18 hectares, rendent en moyenne 10,000 francs par semaine pendant les quatre mois que dure la récolte.

Moins favorisé, le versant oriental du Nicaragua n'a que peu de villes et est faiblement peuplé. Plus exposées aux incursions des pirates de la mer des Antilles, de ces boucaniers dont on se raconte encore les atrocités, notamment celles de Morgan l'*exterminateur*, pillées et dévastées sans relâche, ces villes n'ont pu que végéter. Ocotal ou Segovia, la plus importante, fut rebâtie à plusieurs reprises, toujours reportée plus avant dans l'intérieur, plus loin de la mer, dont elle est aujourd'hui distante de 300 kilomètres ; elle ne renferme encore que 5,000 âmes. Matagalpa, à 250 kilomètres de la côte, eut même sort et même histoire ; elle compte 9,000 habitants. Avec la sécurité, le littoral se repeuple. Bluefields, sur la côte, est un centre de missions protestantes et d'écoles anglaises ; la culture envahit la région de la lagune des *Perles* et des *îles du maïs*, dont les bananiers sont en voie de faire la fortune. Greytown, plus au sud, sur la lisière du Costa-Rica, est le seuil d'accès du Nicaragua sur l'Atlantique. Le canal projeté lui donnera le port qui lui manque pour devenir, malgré l'insalubrité de son climat, un centre commercial.

Le commerce du Nicaragua est en progrès : il se chiffre actuellement par un total de 20 millions, dont 11 à l'importation et 9 à l'exportation. La production des bananes, qui s'accroît rapidement, dépasse 1,500,000 francs à l'année ; le cacao, le

café, le caoutchouc constituent les principaux articles d'exportation. Le bétail est
l'une des richesses du Nicaragua; il en possède environ 1,200,000 têtes et pourrait
en nourrir des millions sur les plateaux herbeux de Chontales. Les États-Unis occupent le premier rang dans le mouvement commercial du Nicaragua ; l'Angleterre vient
au second, puis l'Allemagne et la France.

V. — COSTA-RICA.

Lors de son quatrième et dernier voyage à ce nouveau monde découvert ou retrouvé
par lui et qui ne devait pas porter son nom, Colomb, battu par la tempête qui menaçait
d'engloutir sa flottille de cinq caravelles, trouva un abri derrière la pointe à laquelle il
donna le nom de Gracias à Dios. Le 12 septembre 1502 il reprit la mer et le 5 octobre
il abordait sur une côte à laquelle il donna le nom de *Vera-Agua*, depuis, côte de
Veragua, dénommée en 1539 par Heman Sanchez de Badajoz *Costa Rica*, « la côte
riche ». Ici enfin, et pour la première fois, les Espagnols trouvaient l'or qu'ils dési-
raient, mais non le détroit que Colomb cherchait en vain, explorant le littoral jusqu'à
Porto-Bello. De 30 à 40,000 Indiens peuplaient cette côte de Veragua ; ils devaient avoir
atteint un certain degré de civilisation à en juger par les fortifications qui défendaient
leur ville de Conto ; l'or était leur medium d'échange et leurs ornements étaient d'or,
disent les premiers chroniqueurs.

L'or attira dans cette région de nombreux explorateurs : Diego de Nicuesa entre
autres qui y mourut de misère. Lorsque Vasco Nunez de Balboa eut ouvert le
Pacifique, Gil Gonzalez de Avila, le premier, traversa l'isthme à pied et découvrit
le Nicaragua qu'Hernandez de Cordova conquit, pendant qu'Alvarado faisait main basse
sur le Guatémala, Olid sur le Honduras et Diego de Mazariegos sur le Chiapas. Mais le
vrai conquérant de Costa-Rica fut Juan Vasquez de Coronado qui, en 1564, prit possession de toute la région au nom du roi d'Espagne. Un siècle plus tard, Costa-Rica, colonisée, était en pleine voie de prospérité, quand, en 1665 commencèrent les incursions
des pirates, encouragés et favorisés par les Anglais établis dans l'île de la Jamaïque
et désireux de ruiner les colonies espagnoles. Ils y réussirent ; Morgan l'*Exterminateur*
dévasta le Costa-Rica à tel point qu'en 1718, disent les chroniqueurs, la capitale de la
province n'avait plus ni barbier, ni chirurgien, ni docteur, ni magasins. Chacun, y
compris le gouverneur, cultivait et plantait son champ pour pourvoir à sa nourriture ;
on ne vendait de viande que deux fois par semaine et l'on cessa de convoquer la milice,
dépourvue de vêtements.

En 1797 seulement le Costa-Rica commença à respirer sous le gouvernement de
Tomas de Acosta et de Dios de Ayala. Il se releva en 1822 par la proclamation d'indépendance et l'acte d'union avec le Mexique, remplacé en 1824 par la fédération des
républiques de l'Amérique Centrale, maintenue jusqu'à 1840, époque à laquelle elles

reprirent leur autonomie distincte et aussi les jalousies et les rivalités qui les affaiblissent.

Sur une superficie de 59,570 kilomètres carrés, Costa-Rica possède une population
d'un peu plus de 200,000 habitants. Traversé du nord-ouest au sud-est par la chaîne
des Andes dont les ramifications forment des plaines élevées creusées de larges vallées,
Costa-Rica offre l'aspect d'un haut plateau dominant au nord la vaste dépression
lacustre du Nicaragua et s'inclinant en pentes vers les deux océans. Ici encore nous
retrouvons la division en trois zones, moins caractérisée qu'au Mexique, mais suffi-
samment accentuée : les hauts plateaux, la région tempérée et la région chaude du
littoral. Le plateau de Dota occupe la partie centrale du Costa-Rica, ceux de Poas et
de Barba le prolongent au nord, ceux d'Irazu et de Turrialba en forment le rebord
oriental qui s'affaisse vers l'Atlantique. Au sud de Turrialba et à l'est de Dota le sol
s'élève, dessinant les hautes terres de Chirripo ; la chaîne se déroule, parallèle à
l'Atlantique, soulevant les sommets de l'Ujum, du pic Blanco, du pic Rovalo et de
la Cordillère de Chiriqui. Au nord-ouest les monts de Poas se relient à la chaîne
des Guatusos, à la Sierra Tilaran, au Cerro Pelado, au Rincon de la Vieja y Orosi.
Plusieurs cimes volcaniques se dressent sur ces lignes de faîte : le Miravalles,
1,434 mètres ; le Poas, 2,644 ; l'Irazu, 3,400 ; le Turialba, 3,325. Inactifs depuis des
siècles, ils ne rejettent plus, à intervalles inégaux, que des cendres, et leurs frémisse-
ments sont de courte durée et de peu d'étendue.

Borné au nord par le Nicaragua, à l'est par l'Atlantique, au sud par l'État de
Panama qui fait partie des États-Unis de Colombie, à l'ouest par l'océan Pacifique, le
Costa-Rica mesure 250 kilomètres de façade sur l'Atlantique et 460 sur le Pacifique ;
son épaisseur moyenne entre les deux mers est de 260 kilomètres. Rigide sur l'Atlan-
tique où sa côte se déroule en une ligne légèrement infléchie que creusent à peine les
baies de Moin et de Limon, ainsi que celle, plus étendue, de Bocas del Toro, le Costa-
Rica, mieux articulé sur le Pacifique, est échancré par les baies de Salinas, de Santa-
Elena, de Murcielago, Culabra et Los Cocos. Dans le golfe de Nicoya s'ouvrent la
Bassena et la belle rade d'Herradura ; au sud-est enfin, la profonde baie de David
marque la limite méridionale.

Orienté du nord-ouest au sud-est, le Costa-Rica, abrité au nord par la protubérance que le Honduras et le Nicaragua dessinent dans la mer des Antilles, ne connaît
ni les tempêtes, ni les cyclones, ni les ouragans ; la régularité des pluies et la nature
du sol le défendent contre les inondations, tandis que ses nombreux ruisseaux et cours
d'eau entretiennent constamment une luxuriante végétation. Son peu d'épaisseur d'un
océan à l'autre n'offre pas assez de développement pour des fleuves ; les plus importantes de ses rivières côtières sont, sur le versant du Pacifique : Tempisque qui
débouche dans le golfe de Nicoya, le Barranco qui se déverse au sud de Puntarenas, le
Rio Grande, le Naranjo, le Savegre, le Barco, le Terraba qui se vident directement
dans l'Océan, puis le Dulce, le Coto et le Pavon qui s'épanchent dans le golfe de
Dulce.

Le Rio Frio, en partie navigable, est tributaire du lac de Nicaragua, lequel reçoit, en outre, le Zapatero, le Viejo, le Negro, le Plantanares. Le San-Carlos et le Sarapiqui, affluents du San-Juan, sont, ainsi que le Rio Sucio, des voies de communication intérieure. Par le versant de l'Atlantique s'écoulent : le Colorado, grossi du San-Juan, la Parismina, le Pacuare, la Matina, le Suerte et le Palacio, puis, au sud de Limon, le Limon, la Banana, la Bananita, le Teliri et l'Estrella.

Malgré sa température élevée et dont la moyenne oscille entre + 23 et + 26, le climat de Costa-Rica est sain et, sauf sur certains points du littoral, exempt de fièvres. On a, d'ailleurs, fort exagéré l'insalubrité de cette partie de l'Amérique. « La région de l'isthme central américain, écrit M. de Fontpertuis, présente toute l'échelle des températures propres à la zone torride, depuis l'atmosphère printanière des hautes vallées du Guatémala et de Costa-Rica jusqu'aux ardeurs énervantes des plages de Puntarenas et de San-Juan-del-Sur sur le Pacifique. En somme cependant, l'isthme américain jouit d'un climat très salubre et ce n'est pas une raison de conclure, parce que depuis trois siècles la ville et l'isthme de Panama, de même que Porto-Bello, sont des foyers de fièvre pernicieuse, que les 500 lieues d'espace intermédiaire sont aussi des lieux d'infection, pas plus que l'existence à la Nouvelle-Orléans et à Mobile du *vomito negro* ne donne le droit de déclarer la Louisiane un des pays les plus malsains du monde.

Ici, la culture du caféier prime toutes les autres. On évalue à 7,600 le nombre des plantations de caféiers de Costa-Rica et à près de 15 millions de kilogrammes leur rendement annuel. Depuis 1796, date de l'introduction des premiers plants importés de la Havane, cette culture a été l'objet de la sollicitude des gouvernements qui se sont succédé, aussi le résultat a-t-il répondu à leurs efforts. En ce moment l'attention se porte sur les plantations de bananes dont l'exportation prend de grandes proportions et dépasse déjà 2 millions de francs à l'année.

Colomb et les explorateurs qui l'ont suivi ont beaucoup exagéré la richesse de Costa-Rica en métaux précieux ; il en fallut rabattre et, pendant longtemps, le nom de *Côte riche* passa pour une appellation ironique. Depuis, des explorations sérieuses ont constaté que le mont Aguacate contenait d'importants gisements aurifères, outre des minerais d'argent, de cuivre, de fer, de zinc, de nickel et de plomb ; le marbre et l'onyx se rencontrent à Cartago et l'on a découvert de la houille près de Desemparados, de Pacuare et de Talamanca.

Les villes sont rares et peu peuplées dans ce pays essentiellement agricole. La principale est San-José, capitale de la République, située au centre de la vallée de Aserri dans laquelle se succèdent les plantations de tabac. La population de San-José s'accroît rapidement ; en quatre années elle s'est élevée de 15,000 à 25,000, et ce mouvement ascensionnel ne paraît pas sur le point de se ralentir ; son commerce s'étend et cette ville paraît appelée à prendre rang parmi les plus importantes cités de l'Amérique Centrale. Il en est de même de Cartago, qui s'élève dans la vallée de ce nom, au pied du volcan de l'Irazu ; elle est l'une des villes les plus pittoresques et les plus saines de cette région. Sa plaine fertile est sillonnée de nombreux cours d'eau et la voie ferrée destinée à relier Cartago à Limon ouvrira un débouché aux produits naturels de cette région. Cartago ne compte encore que 12,000 habitants.

Deux autres villes, Alajuela et Heredia, se trouvent au pied des monts Barba, toutes deux en voie de progrès; Alajuela renferme 9,000 habitants, Heredia autant. Liberia, capitale de l'une des sept provinces de l'État, n'a que 6,000 habitants, mais elle est au cœur d'une région longtemps disputée par le Nicaragua au Costa-Rica et, comme telle, inhabitée; riche en essences forestières, en terrains de pâturages, cette région se peuple rapidement. Limon, sur la côte et de fondation récente, est un port d'avenir; il rivalise déjà avec Puntarenas et son mouvement d'échange dépasse 25 millions. Par Limon s'écoulent les produits des plantations de café du plateau et les bananes du littoral.

Le commerce de Costa-Rica s'élève à plus de 65 millions, également répartis entre l'importation et l'exportation, mais avec une légère balance en faveur de l'exportation. Dans ce total, le café figure pour 30 millions, viennent ensuite les bananes, noix de coco, cacao, peaux et les essences forestières. Les États-Unis et l'Angleterre se disputent le premier rang dans ce mouvement d'échange, l'Allemagne vient ensuite.

A la frontière du Costa-Rica et de la Colombie finit l'Amérique centrale et commence l'Amérique méridionale, bien que, géographiquement, l'isthme de Panama et le pédoncule qui le rattache au continent jusqu'au Rio Atrato fassent essentiellement partie de cette région centrale. La politique en a décidé autrement et attribué aux États-Unis de Colombie une terre qui relève du massif supérieur et dont elle n'est que le prolongement, la longue et étroite bande qui soude l'un à l'autre les deux continents.

Vue de PANAMA.

Les Andes.

III. — AMÉRIQUE DU SUD

De l'isthme de Panama au cap de Horn, sur 8,000 kilomètres de longueur, l'Amérique méridionale se déploie du nord au sud, baignée par l'océan Atlantique à l'est, par l'océan Pacifique à l'ouest. L'étroite bande de terre de l'isthme de Panama la rattache à l'Amérique du Nord avec laquelle elle offre un saisissant contraste.

Affouillé par les océans qui ont effrangé ses côtes, découpant sur son littoral des baies et des anses, le continent septentrional apparaît troué de golfes profonds, larges et longs comme des mers intérieures : mers d'Hudson, du Mexique, des Antilles, de la Californie; golfes du Saint-Laurent, de Fundy, de la Floride, de Campêche, du Honduras, des Mosquitos, à l'est; de Fonseca, de Tehuantepec, de San Francisco, de Dixon, d'Alaska à l'ouest. Au long de ce littoral que la mer a façonné et creusé, les îles se succèdent, fragments détachés de la grande terre dont elles couvrent les abords, terres elles-mêmes comme Terre-Neuve et les Antilles, comme Vancouver et les îles de la Reine-Charlotte.

Toute autre apparaît l'Amérique méridionale. De même que l'Afrique, que l'Australie, que les continents de l'hémisphère austral, elle dessine sur le double océan une masse compacte, aux contours rigides que les flots n'entament point, qu'échancrent seuls les grands fleuves. Un unique golfe au nord : celui de Vénézuela ; puis la côte se

déroule sur 1,100 kilomètres de longueur jusqu'à l'estuaire de l'Orénoque. Des bouches
de l'Orénoque à celles des Amazones, situées 1,400 kilomètres plus au sud, on ne
relève que de faibles courbes; 4,000 kilomètres séparent le delta des Amazones de la
baie de Rio-Janeiro, et sur cette interminable distance la côte massive dessine l'énorme
protubérance du cap Saint-Roque et ses lignes à peine infléchies. Au sud de Rio de
Janeiro, il faut franchir 2,000 kilomètres pour trouver, au Rio de la Plata, un seuil
d'accès dans l'intérieur du continent et, de Bahia au détroit de Magellan, sur
1,600 kilomètres, la côte inhospitalière n'offre pas un port abrité.

Sur le Pacifique, même rigidité de contours, sauf au sud où la côte chilienne se
déroule trouée de fiords inutiles à la navigation; elle se raidit au nord de Valdivia, et
remonte en ligne droite vers le nord, percée çà et là d'étroites baies. Du cap de Horn
à Valparaiso, sur 2,700 kilomètres, on ne trouve pas un grand port, et 2,500 kilomètres séparent Valparaiso, le port chilien, du Callao, le port péruvien. Au long de
cette côte, étranglée entre la mer et les Andes, il n'existe aucune grande voie de
pénétration, aucun seuil d'accès creusé par les fleuves auxquels l'espace fait défaut pour
se développer. Sauf dans les vallées intérieures, le sol est aride et le désert d'Atacama;
sur la côte chilienne, est aussi sec et dénudé que les déserts asiatiques ou africains.

Effilé au nord et au sud, au nord par l'étroit pédoncule de Panama, au sud par la
longue bande amincie de la Patagonie, le continent se renfle au-dessous de l'Atrato, sa
vraie limite géographique; de l'Atrato aux bouches de l'Orénoque, il mesure déjà
1,800 kilomètres d'épaisseur, 5,000 dans sa plus grande largeur : de la pointe Parina
au cap Saint-Roque. Au sud du 5ᵉ degré de latitude, il se contracte régulièrement; de
Rio-Janeiro à Antofagasta, on ne compte plus que 2,800 kilomètres, 1,300 de Buenos-
Ayres à Santiago, 300 à la Terre de Feu, au sud de laquelle le cap de Horn dessine, à
l'extrémité de l'Amérique, sa pointe recourbée vers l'est.

A l'intérieur de ce continent, près de deux fois grand comme l'Europe, les lignes
ne sont ni moins nettes ni moins arrêtées que les contours extérieurs ne sont rigides et
clairement accusés. L'orographie en est simple. Sur 8,000 kilomètres du nord au sud,
la Cordillère des Andes déroule, au long du Pacifique, ses massifs coupés de plateaux
et de vallées; dans sa partie centrale, elle atteint sa plus haute altitude : 7,760 mètres
au pic *Nevado de Sorata;* dans la Bolivie, plusieurs de ses sommets dépassent
7,000 mètres. Du nord au sud, la Cordillère se maintient à une faible distance du
littoral du Pacifique. Sa longue chaîne en suit les courbes, serrant de plus près
la côte là où le continent se contracte, s'en écartant davantage là où il s'élargit, mais
s'en tenant en moyenne à 150 kilomètres. Parfois, comme au Pérou, comme en
Bolivie, la chaîne se dédouble, enserrant dans ses replis de vastes plateaux mais formant le rebord extérieur du versant occidental, réduit à une longue et étroite bande
de terre.

De cette configuration particulière résulte l'énorme prépondérance du versant oriental. L'Amérique méridionale est un gigantesque plateau dominé par les Andes à l'ouest
et incliné vers l'est, vers l'Atlantique, dans lequel il déverse ses grands fleuves alimentés par d'innombrables cours d'eau. Dans la partie massive et centrale de ce conti-

nent, le plateau du Brésil projette vers le littoral oriental une série de massifs et de
chaînons qui se relient au plateau de la Guyane, mais ces massifs montagneux n'ont
rien de l'ampleur et de l'altitude des sommets des Andes; l'Itataïa ne dépasse pas
2,700 mètres, non plus que les hauts pics de la Guyane n'excèdent 3,000.

Parallèlement à la Cordillère des Andes, une immense plaine se déroule, sur ce versant oriental, depuis la mer des Antilles jusqu'aux steppes de la Patagonie, sous les
noms de *Llanos*, de *Selvas* et de *Pampas*. Les *Llanos* ou surfaces plates, nom sous
lequel on désigne les plaines de l'Orénoque dont la superficie est évaluée à 400,000 kilomètres carrés, ont été décrits par Humboldt, comme des prairies basses, marécageuses
dans la saison des pluies et complètement dénudées d'arbres. Il n'en est plus ainsi
aujourd'hui; les Llanos ont changé d'aspect depuis que le nombre des bêtes à cornes
qui paissaient dans ces vastes espaces a décru. Des îlots boisés apparaissent, se rapprochent, et les Llanos deviendront des *Selvas* comme celles qui s'étendent entre
les plateaux de Guyane, les Andes et le plateau du Brésil. On désigne, de ce nom de
Selvas, les forêts vierges qui, au sud des *Llanos*, s'infléchissent vers la région
des Pampas. La *Pampa* c'est la vaste plaine argentine inclinée du nord-ouest au sud-
est, d'une superficie de 432,000 kilomètres carrés ; à son extrémité méridionale, elle
rejoint le plateau de Patagonie, plus élevé, coupé de *bajos* ou vallées et semé de lacs.

Une longue chaîne montagneuse : la Cordillère, à l'ouest; à l'est : le plateau montueux du Brésil; un seul bassin : celui des *Llanos*, des *Selvas* et des *Pampas ;* un
unique versant : celui de l'Atlantique, tels apparaissent les traits orographiques de
l'Amérique méridionale. Dans l'Atlantique s'épanchent ses grands fleuves : l'Orénoque,
le *Paragua* des Indiens, la grande artère du Vénézuéla, et dont le cours de 2,500 kilomètres sillonne un bassin d'un million de kilomètres carrés : l'Amazone, le plus long
fleuve du monde après le Mississippi, le fleuve des *Selvas* au travers desquelles se déroule
la plus grande partie de son cours, 5,500 kilomètres sur 6,200; enfin le Rio de la
Plata qui rassemble dans son vaste lit les eaux du Paraguay, du Parana et de l'Uruguay
et roule à l'encontre de l'océan ses vagues d'eau douce aussi puissantes que celles du
large.

L'Espagne et le Portugal ont conquis et colonisé ce continent de 17,815,950 kilomètres carrés que les descendants d'Espagnols et de Portugais occupent encore aujour-
d'hui et où l'Angleterre, la Hollande et la France ont seules pris pied, détenant,
dans les Guyanes, un peu moins de 500,000 kilomètres carrés. Dix républiques et trois
colonies européennes se partagent aujourd'hui ces 17,815,950 kilomètres carrés; ce
sont 1° les États-Unis de Colombie, 2° les États-Unis de Vénézuéla, 3° les Guyanes,
4° l'Équateur, 5° le Pérou, 6° la Bolivie, 7° le Brésil, 8° le Paraguay, 9° l'Uruguay,
10° la République Argentine, 11° le Chili. Nous les étudierons dans cet ordre.

I. — ÉTATS-UNIS DE COLOMBIE.

Terre aux frontières encore indécises dans l'ouest, les États-Unis de Colombie occupent une superficie diversement évaluée, selon qu'on leur attribue ou leur retranche les plaines inhabitées dont le Vénézuéla leur conteste la possession. Cette superficie varie entre 1,200,000 et 1,330,000 kilomètres carrés, près de deux fois et demie l'étendue de la France. La population est de 4 millions d'habitants, dont 1,600,000 métis ou *Cholos*, 1,400,000 Indiens, 600,000 nègres, mulâtres et zambos et 400,000 blancs. Au nord, par l'isthme de Panama, la république confine au Costa-Rica et à la mer des Antilles au long de laquelle elle déploie une façade de 2,250 kilomètres; à l'ouest elle a pour limite l'océan Pacifique sur lequel son développement de côtes mesure 2,390 kilomètres; au sud une ligne conventionnelle empruntée à l'équateur la sépare de l'État de ce nom; à l'est, une autre ligne arbitraire forme sa frontière avec le Brésil et le Vénézuéla.

Explorée par Rodrigo Bastida, puis en 1523 par Andagoya, la Nouvelle-Grenade, comme l'appela le *Conquistador* Quesada, frappé de l'analogie qu'offrait la haute plaine de Bogota avec celle de Grenade, eut cruellement à souffrir du joug espagnol. Condamnés au travail des mines, impuissants à satisfaire la cupidité de leurs maîtres, les Indiens succombaient sous l'écrasant fardeau; les colons eux-mêmes, dépossédés du droit de commerce que le monopole jaloux de Charles-Quint et de Philippe accaparait ou concédait à des favoris, étaient emprisonnés dans les mailles étroites d'un réseau fiscal qui les ruinait. Ils étouffaient dans ces vastes espaces comme ils l'eussent fait dans l'enceinte d'une geôle; aussi, lorsqu'en 1781 le premier cri d'indépendance se fit entendre sur le plateau de Socorro, l'écho s'en répercuta d'un bout à l'autre de la province. Ce ne fut toutefois qu'en 1810 que l'insurrection éclata, ce ne fut qu'en 1819 que la bataille de Boyaca, gagnée par Bolivar, mit hors de cause l'autonomie de la Colombie, confirmée en 1821. Ce ne fut enfin qu'en 1861 que le nom de Nouvelle-Grenade disparut de l'histoire pour faire place à celui d'États-Unis de Colombie.

Au premier coup d'œil, l'orographie du pays apparaît nette et simple; trois zones distinctes se détachent en relief : au nord, la région isthmique, prolongement du Costa-Rica, et indépendante de l'Amérique méridionale qui ne commence qu'à la dépression du Rio Atrato; puis la zone montueuse des Andes qui, de la frontière de l'Équateur, remonte jusqu'à la mer des Antilles, affectant la forme d'un triangle s'ouvrant au nord-est; enfin, la région des Llanos, laquelle, du pied des Andes, déroule ses grandes plaines plates, se prolongeant, au sud, dans l'Équateur, à l'ouest, dans le Vénézuéla et le Brésil. Au débouché de la région basse de l'isthme, que nous étudierons séparément, apparaissent les Andes colombiennes, point de départ de la longue Cordillère qui sillonne toute l'Amérique du Sud. Ici, et plus au sud dans l'Équateur, dans la Bolivie et dans le Pérou, les Andes affectent la forme d'une double chaîne parallèle enserrant un plateau montueux dénommé Cordillère centrale, sur lequel, par plus de 3,000 mètres de hauteur, s'élèvent des villes et se dressent les cimes volcaniques d'Azufral 4,000 mètres, de Chiles 4,800, de Cumbal 4,890, du Huila, 5,700.

A l'est de ce plateau, la Cordillère orientale soulève les cimes volcaniques du Bordoncillo, 3,800 mètres, du Cerro de Pasto, 4,600; elle domine la région plate des Llanos qui, plus à l'est, fuient à l'horizon. Au long de l'océan Pacifique dont elle serre de près le littoral, la Cordillère occidentale, surplombant le cours de l'Atrato et sa profonde dépression, dresse son massif initial de San-Juan, nœud d'un système montagneux dont les ramifications rayonnent en divers sens et dont l'altitude est de 3,000 mètres. Plus élevés encore, les Farallones de Citara dépassent 3,300 mètres et le Frontino 3,400. Au nord-est de la Cordillère naissante et sur la côte de l'Atlantique, surgit un massif montagneux, la Sierra de Santa-Maria, que de larges dépressions séparent du système des Andes. Il constitue un archipel de hauteurs que les eaux et les terres d'alluvions entourent; sur sa base comparativement étroite, la Sierra de Santa-Maria porte des sommets de 6,000 mètres couronnés de neige. Moins importante, la Sierra de Bando, que l'Atrato sépare du système andin, constitue également un massif indépendant d'une hauteur moyenne de 800 à 1,000 mètres et dont le plus haut sommet n'atteint pas 1,850 mètres.

Largement ouvertes aux vents de l'Atlantique, les vallées andines, dont les cimes retiennent les nuages, sont abondamment arrosées. Leurs nombreux cours d'eau alimentent l'un des grands fleuves de l'Amérique méridionnale, le Magdalena, dont le cours, de 1,800 kilomètres, commence et s'achève sur le territoire de la Colombie: Issu de la Cordillère, des monts Papas, le Magdalena, grossi dans son cours supérieur, par les torrents des Andes, coule du sud au nord, déjà navigable pour les chalands à 300 kilomètres au-dessous de ses sources. Dans son cours moyen, en aval des rapides d'Honda, et dans son cours inférieur, sur un parcours de 1,000 kilomètres, il est praticable pour la grande navigation. Plus de 500 rivières et cours d'eau se déversent dans son lit; les plus considérables sont le Bogota, le Sogomoso, le Tequendama et le Rio Cesar, à sa droite; le Cauca, magnifique affluent de 1,300 kilomètres de longueur, draine son bassin de gauche dont il lui apporte les eaux. Le Magdalena se déverse dans la mer des Antilles, en aval du port de Barranquilla, par le double estuaire du Rio Viejo et du Rio Ceniza que défendent des barres redoutables.

A l'ouest du Magdalena, et ainsi que le Magdalena, orienté du sud au nord, l'Atrato coule entre la Sierra de Bando et la Cordillère, dans la dépression profonde qui forme la limite géographique de l'Amérique centrale et de l'Amérique méridionale. L'Atrato, dont le cours est de 700 kilomètres, s'épanche dans le golfe d'Uraba par de nombreuses bouches inabordables aux navires. Dans les solitudes des Llanos, le Guaviare, le Meta, la Caqueta, l'Arauca, affluents de l'Orénoque et de l'Amazone, roulent de grandes masses d'eau et drainent les lacs des plateaux.

Ici encore l'on retrouve, avec les zones étagées, les climats variés : les hauts sommets couronnés de neige, les plateaux tempérés, les fraîches vallées, les plaines humides et chaudes. Sauf dans la région isthmique et dans les terres basses de la Magdalena et du golfe de Darien, le climat est salubre. Riches en eaux courantes et en pluies abondantes, les États-Unis de Colombie possèdent, en outre, un énorme développement de côtes : 2,250 kilomètres sur la mer des Antilles, 2,390 sur l'océan Pacifique. Ils y possèdent aussi quelques bons ports, mais assez mal aménagés. La région isthmique, celle de l'État de Panama, l'un des neuf qui composent la Fédération, représente, à elle seule, la moitié de ce littoral. Étant donnés son importance comme voie de communication entre les deux océans et le fait que cet État relève géographiquement de l'Amérique centrale, nous en ferons l'objet d'une étude séparée.

Nous avons dit plus haut avec quelle ardeur fiévreuse les grands navigateurs du XVIᵉ siècle cherchèrent à franchir ou à tourner la barrière que, sur 4,000 lieues de longueur, le double continent dressait devant eux, leur fermant l'accès du Grand Océan. Nous les avons montrés, fouillant les baies et les golfes, remontant le cours des grands fleuves, croyant, à chaque instant, voir s'ouvrir devant eux la passe désirée, la cherchant au nord et au sud, dans les froides mers polaires et dans les mers tourmentées du sud, ne découvrant qu'une issue : le détroit auquel Magellan donna son nom ; qu'une grande voie : celle du cap Horn. L'idée du percement de l'isthme naquit le jour où, des hauteurs de Panama, Vasco Nunez de Balboa découvrit la grande mer ouverte, qu'une langue de terre de 56 kilomètres d'épaisseur séparait de l'Atlantique. La vieille légende qui affirmait qu'une communication existait entre les deux océans se rapportait à d'autres temps, à l'époque où l'isthme, primitivement composé d'îles alignées comme les Antilles, était encore troué de détroits, comblés depuis par la mer ou fermés par les soulèvements volcaniques. Lassés d'explorations inutiles, ne rencontrant nulle part, dans la partie la plus étroite du continent, la solution de continuité, la passe qu'ils rêvaient, ils y renoncèrent et, par une réaction en sens contraire, défense fut faite par le gouvernement espagnol de chercher plus longtemps à violenter la nature et de tenter de forcer l'obstacle. Cette interdiction voilait mal le désir de conserver à l'Espagne le monopole du commerce avec l'Amérique centrale.

Ce ne fut qu'au commencement de ce siècle que la question du percement de l'isthme fut sérieusement mise en avant, ce ne fut qu'après le succès de la tentative du percement de l'isthme de Suez que l'idée prit corps. Sept projets furent discutés ; en réalité, trois voies semblaient possibles : celles de Panama, de San-Blas et de Nicaragua. La plus courte, par San-Blas, mesurait 50 kilomètres de l'embouchure du Nercalagua dans l'Atlantique, à celle du Bayano dans le Pacifique ; la voie de Panama en comportait 56, de l'embouchure du Rio Grande à la baie de Limon ; la plus basse, dont nous avons parlé plus haut, par le Nicaragua, ne rencontrait qu'une ligne de faîte de 46 mètres de hauteur, alors que le col de la Culebra, sur le tracé de Panama, atteint 82 mètres. Ce dernier tracé fut cependant celui dont la France prit l'initiative ; alors que les États-Unis se décidaient pour la voie du Nicaragua.

Nous n'avons pas à faire ici l'historique de cette entreprise. Son succès aurait d'incalculables conséquences; du Havre à San-Francisco la distance maritime serait diminuée de 3,300 lieues, de Bordeaux à Valparaiso de 1,400 lieues, du Havre à Honolulu de 2,700, de New-York à San-Francisco de 2,700. De pareils chiffres parlent assez haut.

L'isthme de Panama mesure 700 kilomètres de longueur depuis la frontière du Costa-Rica jusqu'au golfe d'Uraba. Orienté de l'ouest à l'est, puis du nord-ouest au sud-est, il décrit une double courbe qu'échancre au nord, sur l'Atlantique, la baie de Chiriqui; à l'est le golfe de Darien et que creuse, au centre, sur l'océan Pacifique, le golfe de Panama. Sillonné de collines, de sommets qui affectent la forme de dômes et de pics, le sol se relève à l'est du tracé du canal, à Porto-Bello, où le massif de Santa-Clara atteint 1,000 mètres, le pic de Trinidad 1,500. Au travers de cette zone étroite coule le Chagres, tributaire de l'Atlantique auquel, dans son cours de 110 kilomètres, il porte les eaux du Gatun, du Frijola, de la Quebrada et la Trinidad. Dans le Pacifique, se déversent le Rio Grande et le Rio Bernardino. La voie de Colon à Panama fut, dès la découverte des mines d'or de la Californie et de l'immense exode que cette décou-verte provoqua, l'une des plus fréquentées par les Américains. Difficile pour les hommes, elle était dangereuse alors pour les femmes et les enfants. Il fallait franchir à dos de mulet trente milles dans des forêts vierges, trente-cinq dans des canots manœuvrés par des indigènes. Le sol, saturé d'humidité, inondé de soleil et d'eau, était envahi par une végétation exubérante de mangliers, de palmiers, de bambous, de gigantesques *quippos*, de figuerons aux lârges ramures, abris des fauves, gîte favori du tigre, d'orangers au feuillage sombre qu'enlaçait les uns aux autres un inextricable lacis de lianes. Sous cette ombre épaisse : des vasières profondes, des rivières au cours lent et paresseux, semées de bancs de sable où les caïmans échoués au soleil étalaient leur peau couverte de mousse verdâtre, de verrues et d'excroissances. Des nuits chaudes et lourdes troublées par les piqûres des moustiques, les cris des singes hurleurs, les morsures des chauves-souris vampires; des journées brûlantes, un ciel sans nuages dans la matinée, puis, vers deux heures, l'orage quotidien suivi d'une pluie torrentielle, le soleil reparaissant à l'horizon, aspirant l'humidité qui vous baigne d'une intolérable chaleur moite; tel était alors et tel est resté, dans nos souvenirs, l'isthme de Panama.

Panama est la ville importante de cette région. Cette cité, autrefois la plus riche et la plus prospère de l'Amérique, a grand air encore avec ses fortifications géantes, ses arsenaux et ses palais d'un autre âge. C'était à Panama qu'affluaient autrefois les produits précieux de la côte du Pacifique et l'or du Pérou que des milliers de mulets transportaient à Porto-Bello où les galions espagnols les venaient charger. De telles richesses étaient pour tenter les hardis boucaniers, aussi, en 1670, Morgan l'Extermi-nateur attaqua Panama à la tête de 1,100 hommes, la pilla et la brûla. La ville fut rebâtie plus loin, au pied de l'Ancon et près de l'embouchure du Rio Grande. « Panama, écrit M. E. Reclus, fut prospère quand elle commandait le trafic du Pérou et du Chili, puis la perte du monopole la dépeupla presque entièrement; la ruée des mineurs vers la Californie en fit de nouveau une ville active et populeuse, jusqu'à l'ouverture des chemins de fer transcontinentaux des États-Unis, qui détourna le va-et-vient des

voyageurs et des marchandises. Les travaux de percement du canal, alors que les rôles
de la Compagnie comprenaient près de 20,000 ouvriers, relevèrent la ville pour la
troisième fois, et maintenant le déclin recommence. Du reste, elle sera toujours un des
nœuds de vibration dans les lignes commerciales du monde, grâce à la voie ferrée qui
traverse l'isthme en cet endroit et aux paquebots qui, de l'Océanie, de l'Amérique du
Nord et du Sud, convergent dans son golfe. » Porto-Bello, qui grandit et décrût avec
l'antique Panama, n'est plus qu'un village nègre, centre d'un commerce local. Chagres
l'a remplacé, puis Colon, point terminal de la voie ferrée. Colon ne renferme que
5,000 habitants et Panama que 15,000.

Les villes des États-Unis de terre ferme de Colombie se trouvent toutes dans la
région des Andes. Au nord, sur la mer des Antilles, se succèdent les ports de Sava-
nilla, de Salgar, de Barranquilla, de Sainte-Marthe. Le premier n'est qu'une rade
foraine de difficile abord à cause de ses hauts fonds. Salgar n'est qu'une station de
débarquement qu'un chemin de fer relie à Barranquilla située près de l'embouchure
du Magdalena et défendue par une barre dangereuse; un canal joint le port au lit du
fleuve à travers des prairies inondées. Barranquilla est une ville torride et malsaine
que les voyageurs traversent en hâte.

Il n'en est pas de même de Sainte-Marthe, chef-lieu de la province de ce nom et
que l'on appela la *Perle de l'Amérique*. Vue du large, Sainte-Marthe, assise au bord de
la mer, dans le cadre pittoresque que lui font les bois de palmiers et le cirque
montagneux qui l'entourent à distance et les îlots rocheux en forme d'aiguilles qui
signalent l'entrée de son port, semble mériter son surnom. Couvert jusqu'aux sommets
d'une végétation luxuriante, le cirque de montagnes qui ferme l'horizon est du plus
majestueux aspect. Lui-même est dominé par un double pic effilé, la *Horqueta*, qui
dessine deux tours gigantesques. De près, Sainte-Marthe, ville déchue, ruinée par les
tremblements de terre, a l'aspect d'une cité triste et déserte. « Sainte-Marthe, écrit
M. Félix Belly, me causa une véritable déception. Je savais que c'était le port le plus
important de la Nouvelle-Grenade et le point de départ de cette navigation du
Magdalena qui occupe dix navires à vapeur, des milliers de *bongos* et qui porte les
produits européens jusqu'à 250 lieues dans les terres à travers des vallées splendides,
des forêts de quinquina et de bois de teinture. Je m'attendais donc à une certaine
activité et aux allures ordinaires d'une ville marchande. Il n'y avait pas un navire dans
le port, les maisons elles-mêmes paraissaient endormies dans un berceau de cactus à
raquettes, protégé par de larges têtes de palmiers. Il se fit cependant un certain
mouvement à notre arrivée, mais seulement autour du steamer. Il fut entouré en un
clin d'œil de bateaux chargés de fruits énormes. Je vis alors les premiers échantillons
de ces pirogues indiennes, longues, étroites et qui, manœuvrées par des espèces de
démons à demi nus, armés de palettes ressemblant à des nageoires de requins, bravent
les rapides des fleuves, résistent aux tempêtes, remontent les courants les plus impétueux et font pénétrer nos produits, nos idées et notre influence dans les régions
centrales les plus inaccessibles. »

Bogota, capitale de la République, est l'une des grandes villes de l'Amérique méridionale, elle est aussi l'une des mieux situées. Ximenes de Quesada, qui la fonda le 6 août 1538, entendait en faire une position stratégique de premier ordre ; il rêvait pour elle de hautes destinées, il voyait en elle la capitale d'un second empire de Grenade. Il la nomma Santa-Fé ; plus tard et pour la distinguer d'autres villes espagnoles portant le même nom, on y ajouta *de Bocatá*, c'est-à-dire située à la limite des terres cultivées. Bocata est devenue Bogota et cette appellation seule est restée à la ville qui s'élève par 2,660 mètres d'altitude au pied des montagnes qui bordent à l'est le plateau des Andes ; sa population dépasse le chiffre de 100,000 âmes. Le climat de Bogota, dont la température moyenne se maintient entre 14 et 16 degrés, n'est pas moins salubre que la ville elle-même n'est pittoresque. Ses larges rues bordées de maisons mauresques, aux *patios* intérieurs formant jardins, ses monuments, ses places ombreuses, ses belles avenues, les sites qui l'entourent et dont le plus merveilleux est la *Salto*, ou chute, du Tequendama, qui mesure 146 mètres de hauteur, font de la capitale des États-Unis de Colombie l'une des plus agréables résidences de l'Amérique du sud.

Après Bogota, les autres centres importants de la Colombie sont Bucaramanga, capitale de l'État de Santander, située sur un plateau qui domine le cours du Lebrija, affluent du Magdalena. Bucaramanga renferme 13,000 habitants ; ses gisements aurifères sont activement exploités, ainsi que ses plantations de caféiers. Cucuta, également dans l'État de Santander, est un centre agricole. Sa riche vallée, bien cultivée, produit la canne à sucre, le cacao, le café et le tabac. Médellin, la seconde ville de la République, compte 45,000 habitants. Capitale de l'État d'Antioquia, elle s'élève par 1,500 mètres d'altitude dans la belle vallée à laquelle elle donne son nom et sur le rio Porce, affluent du Cauca. Médellin, ville de grandes fortunes, concentre dans ses murs une partie considérable du trafic de la Colombie ainsi que l'or et l'argent des districts miniers qui l'entourent. Son climat est des plus salubres et cette cité commerçante semble appelée à un grand avenir.

Le goût du trafic et l'instinct commercial semblent d'ailleurs prévaloir exceptionnellement dans l'État d'Antioquia. Un historien colombien, M. Vergara y Vergara, explique, comme suit, le contraste qu'offre cet État avec ceux qui l'avoisinent. « L'État d'Antioquia a été peuplé, dit-on, par une colonie de Juifs. Cette tradition est confirmée par beaucoup de prénoms israélites, communs à Antioquia, par la beauté splendide des femmes du pays, au teint brun, aux grands yeux noirs, par le génie commercial des habitants, par les mœurs patriarcales de leurs familles. L'Antioquien du peuple, le plus beau type de la République, est intelligent, grand travailleur, foncièrement honnête. Il a des talents, mais aucune vocation pour la guerre ; il aime le commerce, le travail des mines et principalement l'agriculture. La population de l'État est fort homogène et son langage se distingue par un accent particulier. »

C'est aussi dans les États-Unis de Colombie que s'est conservé, pur de tout mélange, le type le plus parfait de la race autochtone qui peuplait ces régions avant l'arrivée des Européens. Les *Goajires*, Indiens nomades, dont on évalué le nombre à environ 20,000,

GARE DE COLON.

occupent encore, aux environs de Rio-Hacha, une péninsule qui porte leur nom. Au premier regard, on est frappé de leur mâle beauté. « Les Goajires, écrit M. E. Reclus, sont admirablement beaux, et je ne crois pas que dans toute l'Amérique on puisse trouver des aborigènes ayant le regard plus fier, la démarche plus imposante et les formes plus sculpturales. Les hommes, toujours drapés à la manière des empereurs romains dans leur manteau multicolore, regardent presque toujours en face d'un air de défi sauvage, et leur lèvre inférieure est relevée par un sourire sardonique. Les femmes ont sans exception, et jusque dans la vieillesse, des formes d'une admirable fermeté et d'une grande perfection de contours. Leur démarche est vraiment celle de la déesse, ou plutôt celle de la femme qui vit dans la libre nature et dont la beauté, caressée par le soleil, se développe sans entraves. »

Riches en or et en argent, les États-Unis de Colombie ont extrait de leurs mines, depuis le xvi⁰ siècle, 3 milliards 125 millions d'or et 175 millions d'argent. La province d'Antioquia seule exporte annuellement pour un million de métaux précieux. L'agriculture, encore très arriérée, et à laquelle les voies de communication font défaut, est loin de donner ce que l'on serait en droit d'attendre d'un sol aussi étendu et aussi fertile. La culture dominante est celle du café ; le bétail est abondant. Le commerce extérieur se chiffre par un total de 140 millions de francs, dont 58 à l'importation et 82 à l'exportation. Dans ce mouvement d'échanges, l'Angleterre figure au premier rang, les États-Unis au second, la France au troisième, l'Allemagne au quatrième. L'exportation du café représente une valeur de 17 millions, l'or et l'argent 12 millions. Le commerce est desservi par 900 navires et seulement 218 milles de voies ferrées.

II. — ÉTATS-UNIS DE VÉNÉZUÉLA.

Terre aux formes bizarrement découpées, pays riant, au nom sonore et doux, aux plages verdoyantes baignées par la mer des Antilles, inondées par le soleil des tropiques, le Vénézuéla, situé dans la zone torride, déploie, au sud des Antilles, sur 1,500 kilomètres de longueur, ses côtes merveilleusement échancrées. Sa superficie est de 1,043,900 kilomètres carrés, près de deux fois celle de la France ; sa population est de 2,300,000 habitants. Au nord, il est borné par la mer des Antilles ; à l'est il confine à la Guyane anglaise dont le cours du Rio Amacura et la Sierra de Rincote le séparent. Au sud, sa frontière, capricieusement découpée par le relief du sol, dessine au long du Brésil une série d'angles rentrants, de saillies bizarres affectant des formes de promontoires, d'anses et de caps. A l'ouest, une ligne arbitraire, rigide et droite dans sa partie méridionale, isole le Vénézuéla des États-Unis de Colombie ; au-dessus de l'État de l'Orénoque, la frontière décrit un angle aigu comme pour rejoindre le fleuve, puis brusquement rejetée en arrière, elle contourne la Cordillère de Mérida, le lac et le golfe de Maracaïbo qu'elle laisse au Vénézuéla, et vient aboutir à la pointe Gallinas.

Colomb reconnut le premier cette région ; en 1498 il découvrit les embouchures de l'Orénoque et, pour la première fois, sans s'en douter, il aperçut la terre ferme, l'objet de ses recherches. Il ne soupçonna la vérité que dans le golfe de Paria, où l'énorme quantité d'eau douce qui s'y épanchait lui fit conjecturer qu'un continent seul pouvait alimenter de pareils fleuves. Quant à l'Orénoque qu'il prit d'abord pour un détroit, il ne put qu'en explorer l'entrée et en prendre possession au nom de la couronne d'Espagne. Un an plus tard, Vespuce, Cosa et Ojeda relevèrent la côte depuis le golfe de Paria jusqu'à celui de Maracaïbo ; ces terres plates et noyées, du sein desquelles surgissaient de grands villages indiens bâtis sur pilotis, leur rappelèrent Venise et ils donnèrent à cette côte le nom de Vénézuéla, *petite Venise*, qu'elle a gardé depuis.

Ce ne fut toutefois qu'en 1510 que les Espagnols tentèrent de pénétrer dans l'intérieur du pays : ils rencontrèrent une telle résistance de la part des Indiens caraïbes, que force leur fut de se borner à occuper les parties comparativement inhabitées. Leur premier établissement fut à Cumana, à 230 kilomètres de leur premier point d'attaque ; ils fortifièrent Cumana, mais il ne leur fallut pas moins de 60 années de luttes incessantes pour soumettre les Indiens et s'emparer de la contrée. De la race belliqueuse, qui longtemps tint l'Espagne en échec, il ne subsiste plus que quelques misérables tribus errantes dans les Llanos.

Ici, aussi, le joug de l'Espagne était lourd et pesant aux colons. Le monopole paralysait toute initiative ; le droit de trafic appartenait à des favoris ; l'irritation était générale. L'Espagne elle-même donna des chefs aux mécontents en déportant au Vénézuéla des conspirateurs de la métropole, accusés d'avoir voulu attenter, en 1756, aux jours de Charles IV. Accueillis avec honneur dans un pays mûr pour l'insurrection, et que surexcitaient les événements de la Révolution française, ces exilés politiques recrutèrent de vaillants adeptes : Miranda, puis Bolivar qui rêvait de jouer, dans l'Amérique du Sud, le rôle de Washington aux États-Unis. Commencée en 1811, la lutte dura dix années avec des alternatives de revers et de succès. Victorieux à Boyaca et à Tacarigua, Bolivar eut la gloire d'affranchir sa patrie. Appelé ensuite par les colons soulevés de l'Équateur et du Pérou, il n'hésita pas à entamer une nouvelle campagne. La bataille de Pichincha affranchit l'Équateur ; celle d'Ayacucho délivre le Pérou, et Bolivar, proclamé *Père de la patrie*, se voit offrir par les républiques reconnaissantes la présidence à vie. Il la refusa, rentra dans la vie privée et revint mourir dans sa patrie le 17 décembre 1830, laissant son nom à la Bolivie formée des provinces détachées du Haut-Pérou, et la mémoire de ses services à trois des grands États de l'Amérique équatoriale.

Le Vénézuéla se divise en trois zones distinctes : la zone agricole d'une superficie de 319,473 kilomètres carrés, la zone des pâturages évaluée à 400,000 et la zone forestière, la plus vaste, mesurant 789,910 kilomètres carrés. La première de ces zones, celle du littoral, renferme la presque totalité des plantations de canne à sucre, café, cacao et produits tropicaux. Celle des pâturages, que, recouvrent de gigantesques graminées, nourrit de nombreux troupeaux, mais l'agriculture l'envahit peu à peu. La zone forestière est riche en plantations naturelles de caoutchouc, de la fève de Tonka, de jubée, copahu, vanille et chiqui qu'exploitent les habitants des territoires du Haut-Orénoque, des Amazones et de Caura. Telle est l'abondance des productions sans culture de cette zone qu'elle suffirait à enrichir plusieurs millions d'habitants.

On retrouve au Vénézuéla tous les climats, depuis celui des neiges perpétuelles jusqu'à celui des plaines équatoriales. Les fortes chaleurs y règnent d'avril à octobre et cependant la longévité est plus grande que dans nos régions d'Europe ; on y compte, en moyenne, un centenaire par 10,000 habitants, alors que l'Italie et l'Espagne, les deux pays les plus favorisés de l'ancien monde, n'en ont qu'un par 68,000 habitants et la France un par 190,000. La température, très élevée sur le littoral dont certaines parties basses sont malsaines, se maintient à une moyenne printanière dans les hautes vallées ; dans les Andes les variations sont brusques ; on y passe sans transition de l'hiver à l'été ; la région des Llanos est chaude et souvent fiévreuse dans la saison sèche.

Une chaîne montagneuse coupée de dépressions profondes sépare le littoral et la zone des plaines. Cette chaîne, aux aspects variés et d'altitudes différentes, se déroule, du sud-ouest où elle se relie à la grande Cordillère des Andes, au nord-est, sous le nom de Cordillère de Mérida. Orientée de l'ouest à l'est, elle court parallèlement à la côte et va mourir au nord du delta de l'Orénoque, au golfe de Paria. Son point culminant, au Nevado de Mérida, atteint 4,580 mètres. Au sud de cette chaîne et à l'est du territoire du Haut-Orénoque, la Sierra Parima, remontant au long de la frontière du Brésil, se prolonge plus au nord par la Sierra Maigualida et à l'ouest par des ramifications secondaires. Enfin, au sud-est et à l'est, apparaissent les plateaux de la région montueuse de la Guyane : la Sierra Pacaraima et la Sierra de Rincote creusées de profondes vallées sillonnées de cours d'eau.

Entre ces massifs montueux se déroule le bassin de l'Orénoque, mesurant un million de kilomètres carrés inégalement répartis entre la Colombie et le Vénézuéla, et qui, dans son cours de 2,500 kilomètres, traverse la région des forêts et celle des Llanos. Ce n'est qu'en 1886 que sa source a été reconnue par Chaffanjon sur le versant d'un pic de la Sierra Parima, pic auquel il a donné le nom de *Ferdinand de Lesseps*, et qui se trouve sur la frontière du Brésil et du Vénézuéla. Orienté au nord-ouest, puis au nord, le grand fleuve vénézuélien décrit une courbe énorme vers le nord-est, puis à l'est. Grossi des torrents andins dans son cours supérieur, semé de cascades et de rapides, l'Orénoque, sujet à des crues redoutables, reçoit, à droite, de grands affluents : le Ventuari, le Caura, le Paragua, le Caroni ; à gauche : le Guaviare ou Rio de Lesseps, la Vichada, la Meta, l'Apura et le Cassiquiare qui, se détachant de l'Orénoque, va, après un parcours de 300 kilomètres, rejoindre le Rio Negro, affluent de l'Amazone. L'étrange bifurcation qui relie l'un à l'autre les bassins des deux grands fleuves se produit dans un cadre grandiose. C'est au cœur d'une épaisse forêt que le Cassiquiare fuit dans le sud, emportant à l'Amazone le surplus des eaux de l'Orénoque ; il coule sous un dôme de verdure que la pluie même a peine à traverser. Dans les clairières qu'il traverse, le sol, riche d'alluvions, est des plus fertiles, mais si la vie végétale y est intense, la vie animale y est redoutable ; d'innombrables insectes y assaillent le voyageur et le colon, les fourmis blanches détruisent les produits de la culture. Dans les forêts solitaires le jaguar attaque les troupeaux et même l'homme ; les crocodiles pullulent au bord des eaux et l'air est imprégné de leur pénétrante odeur de musc ; le *cuaïma*, reptile veni- meux, rampe dans les herbes au-dessus desquelles il dresse la corne qui termine sa queue et sur laquelle il se lève avant de s'élancer comme une flèche sur sa victime. Long de 1ᵐ,50, il brave tous les adversaires et inspire aux Indiens, qui voient en lui le génie du mal, une profonde terreur.

Non moins à craindre sont les poissons caribes, au museau allongé, aux dents d'acier tranchantes comme un rasoir, qui se ruent sur le baigneur imprudent qu'attirent la fraîcheur et la pureté de l'eau. Les singes abondent dans cette région, depuis l'*alouate* farouche dont les hurlements plaintifs troublent le silence des nuits, jusqu'au ouistiti. L'air n'est pas moins peuplé que la terre et les eaux. Les colibris et les oiseaux- mouches se posent comme des topazes ou des saphirs ailés sur les corolles brillantes des orchidées et les perroquets rivalisent de couleurs éclatantes avec les innombrables fleurs des lianes.

Dans le haut bassin de l'Orénoque et du Cassiquiare se trouvent les étranges tribus des *géophages* ou mangeurs de terre. « Cette terre comestible, écrit M. E. Cortambert, est une argile mêlée d'oxyde de fer, d'un jaune rougeâtre ; on la pétrit en boulettes ou en galettes, que l'on met sécher, puis qu'on fait cuire quand on veut les manger ; c'est un lest pour l'estomac plutôt qu'une nourriture, et l'on ne s'en sert communément que dans les temps de disette ; bien qu'elle ne contienne pas d'aliments nutritifs, cette argile a une action telle sur le principal organe de la digestion, que l'on voit des Indiens vivre des mois entiers sans autre ressource ; ils la font frire quelquefois dans l'huile de *séjé*, et alors cette friture offre des parties réellement substantielles. Cet aliment n'affecte pas généralement d'une manière fâcheuse la santé de ceux qui y sont accou- tumés ; mais les estomacs qui n'y sont pas habitués le supportent difficilement. Les Indiens qui, manquant de sobriété, ont la passion de la terre, maigrissent sensiblement. Le goût pour la glaise devient, chez plusieurs, tellement prononcé, qu'on les voit déta- cher des habitations faites en argile ferrugineuse des morceaux qu'il portent avidement à leur bouche ; ils sont connaisseurs et gourmets en terre ; toutes les espèces n'ont pas le même agrément pour leur palais ; ils la goûtent et la distinguent en qualités très diverses. »

Navigable sur 800 kilomètres de son cours, l'Orénoque débouche dans l'océan Atlantique par un vaste delta dont les bras nombreux enserrent des îles couvertes d'une exubérante végétation forestière et tropicale. La marée haute recouvre la plupart de ces terres basses et le navigateur surpris voit surgir du sein des eaux de grands bois qui semblent flotter à la surface, des forêts aquatiques couronnées d'épaisses ramures, enguirlandées de lianes fleuries, entre lesquelles apparaissent des hamacs de *guaranos* attendant, dans leur refuge aérien, que la baisse des eaux leur permette de reprendre leur pêche.

Riches en bois de construction, en essences de toute nature, les forêts de l'Orénoque ne le sont pas moins en productions naturelles et variées que l'on récolte sans grands efforts ni grands frais, tels le copahu, le cercipo, *myrospemum frutescens*, le cusparie, currucal, quinquina, chiqui, sassafras, vanille, et surtout la fève dite de Tonka. Cette fève précieuse, très recherchée pour la parfumerie, se récolte une fois par an, de juin à octobre ; on la cueille sur le *Camahou* autour duquel elle se développe. Les camahous forment des groupes variés, désignés chacun sous un nom spécial : arajuato, arisal, cedrito, guaros, chinchorro, escudillas et nombre d'autres.

Elle est longue, la liste des richesses encore peu ou pas exploitées de ce vaste territoire. On rencontre des mines d'or sur les rives de l'Yuruari et dans la province de Bolivar ; le cuivre rouge d'Aroa est supérieur au cuivre de Suède, et sur les bords du lac Maracaïbo se trouvent le pétrole et l'asphalte, le marbre, le granit et le sel. Le littoral semé d'îles : Oruba, les Roques, Curaçao, Margarita, s'échancre en golfes : golfe de Macaraïbo, golfe Triste, de Cariaco, de Paria, de Cumana.

Bien différente de la zone forestière, la zone pastorale ou des Llanos, qui rejoint la première au delà de l'Orénoque, forme un vaste océan de verdure fuyant au loin vers le sud entre la chaîne côtière et les Andes, débordant sur la Colombie, le Brésil et l'Équateur, s'élargissant sans cesse en plaines interminables que recouvraient autrefois les eaux de la mer. Là où errent aujourd'hui les Piaroas, les Guaharibos, les Mapoyas, leurs ancêtres pagayaient leurs canots. Sur un roc inaccessible, isolé dans la vaste plaine, ces derniers ont gravé de mystérieux hiéroglyphes. « Nos pères, disent les Indiens, ont abordé au sommet de ce roc en canot. »

Refoulés par les Espagnols qui, remontant le cours de l'Orénoque, les dépossédaient du littoral, ces tribus indiennes, reculant devant eux, se cantonnèrent dans le delta du fleuve où elles élevèrent leurs habitations lacustres, dans les Llanos où les colons les suivirent. Mais ici, l'espace ne manquait ni aux uns ni aux autres : « Il y a, dit Humboldt, de la grandeur et une profonde mélancolie dans le spectacle de ces steppes. Tout y paraît frappé d'immobilité, sauf parfois l'ombre légère d'un nuage glissant lentement sur le sol et annonçant l'approche de la saison des pluies à l'habitant des savanes. L'œil se fait avec peine à ces grands horizons qui, pendant des voyages de vingt et trente jours, ne varient pas, rappelant par leur espace sans fin et leur calme profond, la mer des tropiques. Dans cette zone étrange on en vient à considérer l'existence de l'homme comme inutile à l'ordre de la nature. Celle-ci est pleine de vie sans lui et lui-même n'y ajoute rien. »

Race intermédiaire entre les Indiens des rives de l'Orénoque et les cultivateurs de la zone agricole, les *Llaneros* tiennent des premiers leurs goûts de vie libre et nomade, des seconds des idées confuses de civilisation et de progrès. Sur ce monde à demi barbare passe un souffle nouveau. Attirée par les riches pâturages des Llanos, l'immigration envahit lentement ces solitudes qu'elle peuple de troupeaux. Les *Hattos*, ou fermes d'élevage, se multiplient et des centres d'approvisionnements apparaissent sur certains points bien choisis, embryons de villes futures.

Divisé en huit États dans lesquels est enclavé le district fédéral, siège du gouvernement, et en huit territoires, le Vénézuéla possède encore peu de grands centres. Le district fédéral, organisé comme celui des États-Unis du Nord, n'occupe qu'une superficie de 60 kilomètres carrés ; il comprend la ville de Caracas, capitale de la République, et sa banlieue. Peuplée de 75,000 habitants, Caracas s'élève, par 922 mètres d'altitude, au pied de la chaîne de l'Avila, dans un cadre pittoresque de montagnes lointaines et de la riche vallée du Chacao. Foyer intellectuel du Vénézuela, la ville possède une université centrale dans laquelle se trouve la bibliothèque nationale, un musée renfermant d'importantes collections, une académie des Beaux-Arts, une école de droit, de médecine, des arts et métiers et une école polytechnique. On trouve à Caracas tous les conforts de la civilisation moderne et la moyenne des élèves par mille habitants y est plus élevée qu'en France, en Angleterre et en Allemagne.

Caracas est reliée à la mer par le port de La Guaira, avec lequel elle communique au moyen d'une voie ferrée. La Guaira, située sur la mer des Antilles, est le premier port commercial de la République. Il renferme plus de 16,000 habitants et son mouvement maritime se chiffre par un total de près de 45 millions de francs à l'année pour le commerce étranger et de 12 millions pour le cabotage. On construit actuellement à La Guaira un brise-lames qui permettra aux bâtiments d'aborder aux quais en toute sécurité et facilitera le chargement et le déchargement, jusqu'ici assez onéreux. Ce grand travail ne coûtera pas moins de 25 millions.

Valencia, capitale de l'État de Carabobo, est à l'ouest de Caracas ; elle s'élève sur les rives du lac Tacarigua et renferme près de 40,000 habitants. D'excellentes routes la mettent en communication avec la capitale fédérale et les villes importantes du littoral. Rivale de Caracas, Valencia se vit préférer cette dernière comme siège du gouvernement; à cause de sa position stratégique plus facile à défendre; mais au point de vue du trafic, Valencia est mieux située ; par le Guarico elle se relie à l'Orénoque, la grande artère fluviale, et par Puerto-Cabello, à la mer. Puerto-Cabello, également situé dans l'État de Carabobo, possède l'une des meilleures rades du monde. Peuplée de 12,000 habitants, cette ville où règne une grande activité industrielle et maritime, est le centre d'un mouvement d'échanges qui oscille entre 28 et 30 millions à l'année et dans lequel figurent au premier rang les productions agricoles de l'État de Carabobo : le café, le cacao et le sucre.

Barquisimeto, à l'ouest de Valencia, et capitale de l'État de Lara, est proverbialement salubre nonobstant sa température moyenne de 25°. Peuplée de 30,000 habitants, Barquisimeto est construite dans une haute plaine de 522 mètres d'altitude. Elle est le centre d'une région agricole fertile, d'une zone minière riche en cuivre, en fer et en soufre, et de savanes renommées pour l'élevage des chevaux. Plus au sud-ouest, Mérida, capitale de l'État de Los Andes, se dresse, à 1,400 mètres d'altitude, sur un plateau où la température ne dépasse pas 16 degrés. Ici reparaissent les céréales et, sur les terres basses, persistent les cultures tropicales ; cette région montueuse possède aussi des mines de houille, de cuivre, de cristal de roche et de pétrole. Guanara, capitale de l'État Zamora, est dans les terres chaudes, à l'est de la Cordillère de Mérida. La température moyenne est de 28 degrés et la région environnante produit le cacao, le café, indigo, tabac et coton ; on y a reconnu des gisements de nitrate de potasse, de sulfate de fer, de manganèse, d'amiante et aussi d'opales.

L'État Falcon, situé à l'angle nord-ouest du Vénézuela, sur la frontière de la Colombie, a pour capitale Capatarida, petite ville de 4,000 habitants, mais ses deux centres principaux sont Maracaïbo et Coro. Maracaïbo, peuplée de 32,000 habitants, s'élève sur la rive gauche du lac du même nom. Son port entretient avec les États-Unis, les Antilles et l'Europe, un commerce d'échanges qui atteint à près de 20 millions. Coro, moins peuplée, 10,000 habitants, se trouve au pied du mince pédoncule de la presqu'île Paraguena et, par son port de La Vela, se relie au mouvement commercial de la mer des Antilles.

Dans l'est et sur le cours de l'Orénoque, Ciudad-Bolivar, capitale de l'État dont elle porte le nom, s'élève sur la rive droite du grand fleuve. Dans son port fluvial se concentrent les productions de l'État et aussi celles des territoires de l'Yuruari, du Haut-Orénoque, des Amazones et de Caura : lingots d'or, bestiaux, peaux, tabac, fèves de Tonka, café, cacao, copahu, caranna, etc. L'exportation de ce port dépasse annuellement 25 millions et paraît appelée à des chiffres bien autrement considérables. L'État de Bermudez s'étend au nord de celui de Bolivar ; Barcelona, sa ville principale, est située dans une plaine fertile sur la rive gauche du Naveri et renferme 12,000 habitants. Par son port de Guzman-Blanco, elle exporte ses produits tropicaux, ses bois de teinture et de construction. Carupano, plus au nord, 13,000 habitants, est le centre et l'entrepôt des minerais de cuivre, du plomb et du soufre qui constituent la principale richesse de cette section. Maturin, plus à l'est et aussi peuplée, est également commerçante. Dans la zone torride où se trouvent ces trois villes, la température moyenne se maintient à 27 degrés.

Dans les territoires, on ne trouve que des centres naissants, des villes embryonnaires dont la population ne dépasse pas 2 ou 3,000 habitants et, le plus souvent, se chiffre par centaines. Quelques-uns de ces territoires semblent appelés à un grand développement, tel celui de l'Yuruari destiné à occuper l'un des premiers rangs parmi les États du Vénézuéla. Sa richesse aurifère est considérable, comme l'atteste le rendement de la mine *El Callao* qui, depuis 1871, a produit pour plus de 100 millions de francs, comme l'attestent aussi la production et l'exportation croissantes de toute cette région.

Pays d'agriculture, de pâturages et de mines, le Vénézuéla réunit dans ses vastes limites les principaux éléments de la prospérité des nations. Sa population s'accroît, sa production grandit, son commerce s'étend. Ce commerce se chiffre, à l'importation, par un total de 80 millions, 85 à l'exportation. Cette exportation s'effectue par les ports de La Guaira, Puerto-Cabello, Maracaïbo, Ciudad-Bolivar, Carupano et Guzman-Blanco. Au premier rang figurent le café, 36 millions, les métaux précieux, 30 millions, puis le cacao, les bois de construction, les peaux et les produits tropicaux. A ce commerce extérieur s'ajoute un commerce de cabotage de près de 60 millions, soit un mouvement total de plus de 200 millions desservi par 9,000 navires. L'Angleterre, les États-Unis, la France et l'Allemagne sont les principaux clients du Vénézuéla à l'importation comme à l'exportation. La République ne possède encore que 183 milles de voies ferrées : 216 sont en construction et leur achèvement donnera une impulsion nouvelle au mouvement des échanges et au développement des ressources naturelles.

III. — LA GUYANE : GUYANE FRANÇAISE. — GUYANE HOLLANDAISE. — GUYANE ANGLAISE.

Entre l'Orénoque au nord et l'Amazone au sud, entre l'océan Atlantique à l'est et le Cassiquiare et le Rio Negro à l'ouest, s'étend une vaste région, île intérieure qu'entourent les grands fleuves, leurs affluents et la mer. Région distincte, aux traits nettement caractérisés, elle affecte une forme ovale et sa superficie, égale à quatre fois celle de la France, se répartit entre le Vénézuéla et le Brésil d'une part, de l'autre entre l'Angleterre, la France et la Hollande, qui y ont découpé des possessions coloniales. Dans notre étude du Vénézuéla, nous avons parlé des territoires que forme la Guyane vénézuélienne et dont l'État de Bolivar est le centre. Dans notre étude du Brésil, nous décrirons la Guyane brésilienne. Nous ne nous proposons ici que l'étude des trois Guyanes, colonies de l'Europe.

Elles ne recouvrent, à elles trois, que le quart de la superficie totale de l'ensemble géographique de la Guyane dont le Vénézuéla possède la partie occidentale : celle des hautes montagnes, et dont le Brésil détient la partie méridionale, incorporée dans ses provinces d'Amazonas et de Graô-Para. Les Guyanes coloniales se succèdent, parallèles l'une à l'autre, depuis le Vénézuéla jusqu'au rio Ogôpoo. Elles font face, au nord, à l'Atlantique ; au sud elles s'appuient sur la ligne infléchie que décrit la frontière septentrionale du Brésil. D'inégale superficie, elles affectent mêmes formes, mêmes lignes caractéristiques, même aspect : une grande plaine maritime, basse, noyée, envahie par des vagues de boue, et couverte par une côte dangereuse, aux abords mobiles et changeants. En arrière de cette plaine indécise, dont les parties fermes sont habitées et cultivées, se dresse une longue ligne de collines ou de dunes boisées qui, sous l'influence des pluies diluviennes, se désagrègent lentement et dont les débris, charriés par les eaux, vont grossir les terres d'alluvions qu'elles surplombent d'une hauteur moyenne de 300 mètres. Ces collines semblent avoir été la chaîne côtière de l'Atlantique, l'ancien littoral, lequel est aujourd'hui poussé plus avant dans l'Océan et exhaussé par les atterrissements des fleuves. Elles forment le rebord du plateau qui se déroule en longs plissements que recouvrent d'interminables forêts vierges, retraite de l' « homme d'or », de l'*El Dorado* des Indiens. Ici, disent les anciens historiens, s'élevait la grande ville de Ménoa et, dans cette ville, le palais de l'*El Dorado*, que gardaient des milliers d'animaux fantastiques. J. Crevaux ajoute : « C'est sans doute l'existence de grottes

ÉTABLISSEMENT PÉNITENCIER DE SAINT-JEAN-DU-MARONI.

formées par des roches micacées qui a servi de base à cette légende, les Indiens, dans leurs récits fantastiques, confondant les paillettes de mica avec l'or. L' « homme doré » était un misérable chef indien dont le palais n'était qu'une grotte creusée dans les roches micacées; il s'enduisait les cheveux et le corps, non de paillettes d'or, mais de cette poussière que tout le monde connaît sous le nom de sable d'or ou d'or des singes. » A cette seconde zone succède celle des montagnes et des hauts plateaux qui dessinent au sud la frontière brésilienne et qui forment à l'ouest la limite du Vénézuéla où le mont Borima atteint 2,400 mètres d'altitude.

Située dans la zone torride, presque sous l'équateur, la Guyane est l'une des régions chaudes de notre globe; la température moyenne y est de 27 degrés, avec des écarts maxima oscillant entre 20 et 35. Les nègres et les Chinois peuvent seuls braver ce climat dont la chaleur humide énerve les Européens que déciment en outre les fièvres paludéennes et surtout la fièvre jaune redoutable sur la côte. Par contre, ce sol homicide porte une incomparable végétation et se pare de toutes les beautés de la nature, de toutes les richesses des essences forestières les plus rares et les plus précieuses. Ici se déploient dans toute leur splendeur les arbres les plus magnifiques et les plus curieux : arbres à lait, bois de rose dont on retire une huile essentielle des plus parfumées, puis le carapa, le conguérécou, le bois d'angélique, le courbaril, le cèdre noir, le balata, le palissandre, le bois violet. Dans ces forêts où la vie animale est intense, gîtent le tapir, le jaguar, le paresseux, rampent des reptiles sans nombre, depuis le boa jusqu'aux minuscules vipères, pullulent des myriades d'insectes, babillent et nichent les oiseaux les plus rares.

Les Espagnols, au commencement du xvi⁰ siècle, les Hollandais à la fin, les Français au début du xvii⁰ fondèrent des établissements sur cette côte. En 1763, Choiseul rêva de compenser, par un extension de territoire dans la Guyane, la perte du Canada. A la *France du nord*, cédée aux Anglais, il entreprit de substituer la *France Équinoxiale*, mais ses mesures mal prises aboutirent à un désastre; 15,000 colons, recrutés malencontreusement parmi des Français du nord, furent décimés par ce climat brûlant, il n'en survécut que 2,000. Puis vinrent les guerres de la République et de l'Empire pendant lesquelles l'Angleterre, maîtresse des mers, nous enleva cette colonie que les traités de paix nous rendirent en même temps qu'ils assignaient aux Guyanes française, hollandaise et anglaise leurs limites respectives.

Dans leur alignement successif et parallèle, les trois Guyanes se juxtaposent comme suit : à l'est la Guyane française, que l'Oyapock sépare du Brésil; puis la Guyane hollandaise, enclavée entre la colonie française et la colonie britannique, enfin à l'ouest la Guyane anglaise confinant au Vénézuéla. Nous les étudierons dans cet ordre.

GUYANE FRANÇAISE.

Sur les 437,600 kilomètres carrés de superficie que recouvrent les trois Guyanes coloniales, la Guyane française en occupe approximativement un peu plus de 121,000. Nous disons : approximativement, parce qu'une partie de ce vaste territoire est encore assez mal délimitée entre le Brésil et la France. A l'ouest, le Maroni sépare la Guyane française de la Guyane hollandaise ; à l'est : l'Oyapock forme sa limite avec le Brésil. Sa côte, orientée du nord-ouest au sud-est, court presque en ligne droite ; elle est plate, sans dépressions autres que les embouchures des fleuves charriant paresseusement leurs alluvions jaunâtres qui colorent au loin la mer. Le rivage est, avons-nous dit, flottant et indécis, fréquemment inondé, difficilement abordable. Le port de Cayenne offre seul un abri et encore les navires doivent-ils, par les mauvais temps, mouiller derrière les îles du Salut.

Conformément à l'orographie générale de la Guyane dont nous avons, plus haut, retracé les grandes lignes, cette zone riveraine est dominée par un plateau couvert de forêts et encore imparfaitement connu. On sait qu'il est semé de clairières et de savanes, souvent marécageuses, dans lesquelles naissent quelques-uns des nombreux affluents de l'Amazone. On sait aussi que de vastes prairies séparent ces solitudes boisées. « Il faut, écrit M. Condreau, avoir marché des jours après des jours, des semaines après des semaines, des mois après des mois dans le sentier douteux de l'Indien, au sein des profondeurs mystérieuses des forêts de la Guyane, pour comprendre la différence inexprimable qui existe entre ces deux mondes si voisins, celui de la prairie et celui de la forêt. Le soleil et la lumière réjouissent le cœur de l'homme. Mais comment dépeindre la tristesse qui nous envahit dans ces grands bois sinistres, muets le jours et horriblement bruyants la nuit, que le soleil n'a jamais pénétrés, où les sentiers sont des coups de sabre donnés dans les arbres, où l'on marche vite, courant derrière ses guides assombris, avec la sensation d'un vaincu et d'un prisonnier entre les rangs pressés de l'armée immobile des végétaux géants ! Jamais mes sauvages n'entraient dans la prairie sans pousser des cris de joie, sans entonner quelque chant mystique de reconnaissance et d'allégresse. »

D'innombrables cours d'eau débouchent de ces solitudes ténébreuses. Sur les 500 kilomètres de côtes qui s'étendent entre le Maroni et l'Oyapock, on ne compte pas moins de vingt-deux fleuves ; ce sont, pour ne citer que les principaux : la Mana, la Sinnamary, le Kouron, le Cayenne, l'Approuague. Le plus long, la Sinnamary mesure 250 kilomètres ; le plus restreint, le Cayenne, 70 seulement. Navigables dans leur cours inférieur, ces fleuves cessent de l'être au-dessus de la zone du littoral où des roches granitiques, tantôt barrent, tantôt resserrent leur lit, ne laissant qu'un chenal étroit accessible seulement aux pirogues.

Sur ce sol, aux conditions physiques et climatologiques si particulières, la culture est limitée, l'exploitation des forêts peu développée ; l'or constitue la principale richesse, et aussi le plus important produit d'exportation. On le trouve surtout dans les bassins de l'Approuague, de la Sinnamary et de la Mana où il paralyse l'agriculture qu'il prive de bras. L'exploitation aurifère absorbe les forces vives du pays ; les capitaux et les bras délaissent les autres ressources naturelles de la colonie, la population reste stationnaire et n'atteint pas 30,000 âmes, dont la moitié habite la ville de Cayenne, unique centre de cette région.

Résidence du gouverneur, Cayenne est située sur l'Atlantique, à l'embouchure de la rivière qui lui donne son nom. Gracieuse et coquette, la ville s'étale dans un cadre de verdure et promet plus qu'elle ne tient. Lieu de déportation, Cayenne n'a pas eu la fortune réservée à Melbourne et à Sydney, colonies pénitentiaires comme elle et devenues depuis d'importantes cités commerciales. Son port d'ailleurs n'est pas sur la terre ferme ; sa rivière l'entoure et lui fait une position insulaire. Son commerce total se chiffre par environ 14 millions également répartis entre l'importation et l'exportation.

GUYANE HOLLANDAISE.

Si l'on évoque, par la pensée, le souvenir des terres basses, plates et à demi noyées de la mélancolique Hollande, on la retrouve dans ces Pays-Bas équinoxiaux, dans cette Hollande tropicale qui s'étend entre la Guyane française et la Guyane anglaise. Même sol indécis que la mer vaincue s'efforce de reprendre ; mais ici le paysage est autre. Le soleil torride de l'équateur remplace les froides brumes du nord ; ces terres basses sont couvertes de broussailles, jonchées d'arbres morts que les eaux charrient et déposent ; des millions de crabes habitent ces plages bourbeuses au-dessus desquelles errent d'épaisses nuées de moustiques et planent d'innombrables oiseaux aquatiques à la recherche de leur proie. Toutefois la mélancolie du site n'est pas moindre, le soleil lui-même ne la peut dissiper ; la plage brûlante se déroule, monotone et triste, inhospitalière et insalubre à l'homme.

Au travers de cette plage, des fleuves lents s'acheminent paresseusement à la rencontre de l'océan, ce sont le Maroni qui coule entre la colonie française et la colonie hollandaise, le Surinam aux eaux troubles que le flot de marée remonte jusqu'à 100 kilomètres de son embouchure et dont le large lit mesure 2 kilomètres de largeur en aval de sa jonction avec la Cottica, 3 kilomètres en aval de sa jonction avec le Commewyne. Le Surinam est la grande artère fluviale de la Guyane hollandaise qu'il sillonne du sud au nord et qui lui doit une rade vaste et sûre. A l'ouest du Surinam, s'ouvre un autre estuaire dans lequel débouchent le Saramacca, long de 350 kilomètres et inférieur seulement au Surinam, le Cosewine et le Coppename. A 125 kilomètres dans l'ouest, nous relevons l'estuaire du Nickerie, puis celui du Corentyn qui marque la frontière avec la Guyane anglaise. Larges et profonds, tous ces fleuves roulent des eaux abondantes, ont un régime régulier et se relient entre eux par des canaux.

Ici encore l'opiniâtreté de la Hollande a eu raison des obstacles que lui opposait la nature; ici encore elle a tourné contre la nature les moyens d'action dont celle-ci disposait, et créé des routes liquides à travers ce sol qui se dérobait sous les pas. Mais elle n'a pu avoir raison du climat, ni rendre salubre pour des Européens du nord ces terres inondées de chaleur et d'eau. Si, dans les plaines basses de la Cottica, du Commewyne, du Surinam et de la Saramacca, les plantations de cannes à sucre se succèdent au long des fleuves et des canaux, la colonie ne se maintient que par le travail des nègres, des Chinois et des coulies; ils ont remplacé les esclaves révoltés qui, pendant un siècle et demi, mirent l'existence de cette colonie en péril. La Guyane hollandaise leur dut toutefois une ère de prospérité, d'abondantes récoltes de sucre et de café; aujourd'hui ce dernier produit est remplacé par le cacao qui a pris le premier rang dans le commerce d'exportation.

Dans la Guyane hollandaise, de même que dans la colonie française, l'or a failli tuer l'agriculture. Si les Guyanes ont de l'or elles n'ont pas de quoi nourrir leurs habitants, et si l'or cessait brusquement il ne resterait plus dans ces pays, si riches en produits agricoles, que des fonctionnaires et leurs fournisseurs. L'industrie minière est celle qui accapare les bras. La recherche de l'or attire presque seule les quelques Européens qui affrontent les dangers du climat dans l'espoir d'une fortune promptement acquise. D'autre part l'or élève le taux des salaires et paralyse les exploitations agricoles. Les négociants qui fournissent des vivres et du matériel aux placers, de même que les chercheurs d'or, retournent en Europe, leur fortune faite. Enfin ces Européens, transportés sans transition des pays tempérés dans la zone torride de l'équateur, s'en éloignent malades ou affaiblis par leur séjour dans un pays non encore assaini et, par leurs véridiques récits, en détournent l'immigration.

Le nègre est le véritable colon de cette région. Mieux que le Chinois, et surtout que le coulie hindou, il résiste aux influences climatériques. Au physique, dit Palgrave, on serait tenté de croire que les statues des Rhamsès taillées dans le porphyre n'ont pas eu d'autres modèles. Au moral, ajoute M. Vivien de Saint-Martin, ils font tous preuve d'une égale loyauté, d'un même esprit de travail et d'une même aversion pour les liqueurs fortes. Ils ne s'allient ni avec les Chinois, ni avec les coulis. Ils vivent sans effort du travail de leurs mains, dans des jardinets délicieux à l'ourlet de la forêt, au bord d'une rivière, d'un ruisseau, d'un de ces canaux que la sagesse du peuple castor a tracés dans le vaste marécage appelé Guyane hollandaise.

Paramaribo, ville principale de la Guyane hollandaise, s'élève sur la rive gauche du Surinam, à 32 kilomètres de son embouchure; ses abords sont couverts par les forts de Nieuw-Amsterdam et de Zeelandia. Entre Paramaribo et la mer, les deux rives du fleuve sont bordées de plantations; elles se multiplient à mesure que l'on approche de la ville autour de laquelle elles forment un cadre de verdure. Paramaribo a grand air avec ses rues larges, ses places spacieuses, ses maisons entourées de jardins, ses résidences officielles et surtout son fleuve animé et vivant. Elle n'est pas seulement la capitale, mais aussi le port principal de la Guyane hollandaise. Sur les 70,000 habitants de la colonie, Paramaribo en renferme plus de 25,000.

GUYANE ANGLAISE.

Elle est la plus occidentale, la plus vaste comme superficie, et aussi la plus peuplée des trois Guyanes coloniales. Elle confine au Vénézuéla à l'ouest, au Brésil au sud, à la Guyane hollandaise à l'est; avec le Vénézuéla, comme avec le Brésil, ses limites sont encore indécises; telles qu'elles se comportent, elles renferment une superficie de 221,243 kilomètres carrés peuplée de près de 300,000 habitants.

De grandes et puissantes rivières, s'enchevêtrant dans un lacis de canaux qu'elles alimentent, de digues et d'écluses qui assouplissent leur cours et protègent le bas littoral, ont dessiné au long de la côte de vastes estuaires. Ce sont : l'Essequibo qui s'avance à la rencontre de l'océan sur une largeur de 30 kilomètres; le Demerara que les navires remontent jusqu'à 150 kilomètres dans l'intérieur des terres; le Berbice dont le lit mesure 5 kilomètres près de son embouchure, et enfin le Corentyn qui coule entre la Guyane anglaise et la Guyane hollandaise. Ses larges estuaires, ses fleuves profonds et sa fertile plaine d'alluvions font de la Guyane anglaise la plus riche des trois colonies européennes. Dans les hautes terres que nous ont fait connaître les explorations de Brown et de Webber, sur la frontière du Vénézuela, se dresse le Roraima, haut de 2,250 mètres et terminé par une paroi à pic de 450 mètres d'où tombent avec un bruit de tonnerre des cascades mugissantes dont les eaux vont rejoindre l'Amazone par le Rio Branco, l'Orénoque par le Caroni, l'Essequibo par le Cuyuni.

Sur la côte brûlante qui s'étend entre Demerara et Berbice, sous le ciel de feu et l'intense lumière, apparaît une Angleterre équinoxiale : hautes cheminées vomissant des nuages de fumée, vastes fabriques noires de houille et solidement assises sur un sol fangeux que l'homme a consolidé, et au travers duquel une voie ferrée, la seule des Guyanes, transporte les produits qu'un labeur opiniâtre arrache à ces plaines qu'il assainit. C'est le pays du sucre ; ces usines roulent la canne et fabriquent sucre, mélasses, rhum que les navires portent à l'Angleterre. Le Portugais, le plus résistant de tous les peuples européens aux chaleurs des tropiques, a commencé la prospérité de cette colonie ; Madère a envoyé ici de nombreux et solides émigrants. Ils ont ouvert la voie, exploité les forêts, peuplé de bétail les savanes, développé la culture vivrière et inauguré la grande culture. Les capitaux et l'esprit d'initiative de la race anglaise ont fait le reste. Plus de 100,000 Hindous et 15,000 Chinois ont apporté à l'œuvre entreprise le concours de leurs bras, concours largement rémunéré.

Actuellement 81,660 acres de terre sont mises en culture ; la canne à sucre en absorbe 78,000. L'exportation dépasse 55 millions dont près de 50 en sucre. A l'importation comme à l'exportation, dont le total réuni s'élève à 100 millions, l'Angleterre a de beaucoup la part la plus considérable.

IV. — LA RÉPUBLIQUE DE L'ÉQUATEUR.

Une frontière conventionnelle empruntée en grande partie à l'équateur dont la ligne idéale passe sur la cime majestueuse du Cayambé, sépare au nord la République de l'Équateur ou de l'*Ecuador* de celle des États-Unis de Colombie. Au sud, une ligne arbitraire et rigide coupant les affluents de gauche du Marañon et aboutissant près de l'embouchure du Rio Tumbez forme sa frontière avec le Pérou. A l'est elle confine au Brésil, à l'ouest, elle s'ouvre sur l'océan Pacifique.

L'Équateur affecte la forme d'une bande de terre plus longue que large. De l'ouest à l'est, il mesure 1,400 kilomètres, du nord au sud sa largeur moyenne n'excède pas 400. Cette bande de terre s'évase au long de l'océan où sa largeur est de 600 kilomètres, elle se rétrécit en s'enfonçant dans l'intérieur du continent où elle n'en mesure plus que 300. Sa superficie est de 299,600 kilomètres carrés, sa population de 1,225,000 habitants. Elle doit son nom à l'équateur qui la coupe en deux parties inégales, et ce nom s'est substitué à celui de royaume de Quicha, puis de Quito, sous lequel la désignait les Indiens.

Cinquante ans avant l'apparition des Espagnols sur le continent, Huaïna-Capac, souverain du Pérou, conquérait ce royaume de Quito occupé depuis cinq siècles par les Caras, tribu indienne de la côte, qui avait elle-même dépossédé les Quinchans et pris possession de leur capitale. Les descendants d'Huaïna-Capac ne devaient pas conserver aussi longtemps sa conquête. En 1531, les aventuriers espagnols relevaient les côtes de Guayaquil; en 1534, ils étaient maîtres de la région et, sous le nom d'*Audiencia de Quito*, une nouvelle province, vaste autant qu'un royaume, venait grossir le nombre des possessions de la couronne d'Espagne, qui garda celle-ci près de trois siècles. En 1811, l'occupation de l'Espagne par la France et le détrônement de la dynastie de Charles-Quint eurent ici, comme dans toute l'Amérique espagnole, un profond retentissement. Les soulèvements se multiplièrent et, en 1822, la bataille livrée par Bolivar sur le Pichincha, par la plus haute altitude qu'aient encore ensanglanté les luttes humaines, affranchit l'Équateur. Le sentiment des dangers communs, le souvenir des luttes communes resserrant les liens d'origine, amenèrent l'union de la Colombie et de l'Équateur, lequel forma trois des départements de la confédération. Avec les causes, l'effet cessa; l'Équateur reprit, en 1831, son autonomie et se constitua en État indépendant sous le nom de Republica del Ecuador.

Si, du dôme du Chimborazo, haut de 6,414 mètres, situé au cœur même des Andes et à distance presque égale des frontières septentrionale et méridionale de l'Équateur, l'œil pouvait embrasser l'ensemble de l'immense panorama qui se déroule devant lui, il découvrirait à l'ouest, à 180 kilomètres de distance, les flots bleus de l'océan Pacifique, puis une côte de médiocre hauteur, boisée au nord, sillonnée de chaînons et de rivières, sèche et sablonneuse au sud. En arrière de cette première ligne, apparaîtraient les longues pentes formant un mur de soutènement que surplombe la *Tierra fresca*, la « terre fraîche », vaste plateau de 2,000 à 3,000 mètres d'altitude, le plus anciennement peuplé et sur lequel s'élèvent les villes et se groupe la population. Plus près, autour du sommet du Chimborazo, se déroulerait la double chaîne des Andes, orientée du nord au sud, soulevant ses cimes volcaniques de 5,000 à 6,000 mètres de hauteur, remontant au nord vers la région isthmique, au sud descendant vers le Pérou, découpant sur le ciel des tropiques ses cimes étincelantes, ses pics chargés de neiges éternelles. A l'est, par delà les Andes et leur versant sillonné de torrents écumants, de cascades bondissantes, l'immense panorama se perdrait dans un lointain fuyant, dans une mer de forêts et de savanes au travers de laquelle les hauts affluents de l'Amazone roulent leurs eaux rapides à la rencontre du grand fleuve qui, traversant le continent de l'ouest à l'est, va porter à l'Atlantique les eaux qu'il puise à 5,000 kilomètres de son embouchure.

Les Andes séparent l'Équateur en deux régions d'inégale superficie. Celle de l'ouest, accidentée et montagneuse, de beaucoup la moins étendue, est la plus peuplée et la mieux cultivée. Sur le littoral la chaleur est intense, la végétation puissante. Sur les plateaux des terres fraîches, la température se maintient entre 14 et 20 degrés et l'altitude moyenne à 3,000 mètres ; plus au sud cette altitude s'accroît et par 4,200 mètres se déroulent des plaines désolées et froides. La région de l'est, la plus étendue et la moins peuplée, est couverte d'immenses forêts, arrosée par des pluies torrentielles et sillonnée de nombreux cours d'eau.

Le trait caractéristique de l'orographie de l'Équateur est la double chaîne des Andes et sa conformation. « Alors qu'en Bolivie, écrit M. J. Orton, la Cordillère orientale présente une succession de pics aigus et déchirés, contrastant avec les sommets coniques de la Cordillère de la côte, il n'y a pas de distinction de ce genre à faire dans les Andes équatoriales. La Cordillère de l'est a une plus grande élévation moyenne et une plus grande activité volcanique. Vingt volcans environnent la vallée et sur ce nombre douze appartiennent à la chaîne orientale. Trois cratères sur ces vingt sont en activité : le Cotopaxi, le Sangay et le Pichincha ; cinq autres ont fait éruption depuis la conquête et se sont rendormis : le Chiles, l'Imbatura, le Guamani, le Tunguragua et le Quitoa ; douze sont éteints. Le cône tronqué du Cotopaxi, la crête irrégulière et déchiquetée de l'Altar, le dôme du Chimborazo sont les types des sommets volcaniques. Les volcans éteints présentent d'ordinaire des dômes ou des pics géminés, tandis que les pics actifs se terminent en cônes élancés. L'Antisana et le Cayambé reproduisent les formes du Chimborazo, bien que le dernier offre un sommet tabulaire plutôt que convexe ; les autres sont irréguliers, rappelant, les uns l'Altar, les autres le Cotopaxi... Des 51 volcans de la Cordillère des Andes, 20 sont groupés autour du plateau de Quito, à côté de nombreux sommets qui ne sont pas volcaniques. »

Sur aucun point du monde, masses plus énormes ne sont réunies en un espace plus restreint, entassées en un plus pittoresque désordre. Sous ce ciel de feu, vingt-deux sommets s'élancent couverts de neiges éternelles, cinquante ont plus de 3,000 mètres d'altitude. Ici, les éruptions sont fréquentes et grandioses. Le Sangay, toujours couronné de flammes, vomit depuis un siècle et demi des torrents de lave, de boue et d'eau ; ses cendres ont formé, dans la plaine qui s'étend à ses pieds, une couche de 120 mètres d'épaisseur et le vent les emporte jusqu'à Guayaquil, à 160 kilomètres dans l'ouest, où retentit le bruit sourd de ses détonations. Le Cotopaxi, en 1877, a, par ses convulsions, bouleversé les fertiles vallées du Tumbaco et de Chilo, couvrant de ses cendres le littoral depuis Guayaquil jusqu'à Manta, lançant à 14 kilomètres des roches de 200 tonnes.

Le Chimborazo, que l'on a cru longtemps le pic le plus élevé du monde, est le mont géant de la chaîne occidentale. Il mesure, avons-nous dit, 6,414 mètres ; après lui viennent l'Iliniza 5,297, le Cotocachi 4,997, le Pichincha 4,866, le Chiles 4,788. Si la chaîne orientale n'a pas de cimes égales à celle du Chimborazo, plusieurs de ses sommets dépassent 5,000 mètres, tels : le Cayambé 5,954, l'Antisana 5,833, le Cotopaxi 5,755, l'Altar 5,291, le Sinchalagua 5,245, le Sangay 5,188, le Sara Urcu 5,185.

Peu de régions sont autant arrosées que l'Équateur. Ses cimes neigeuses donnent naissance à d'innombrables cours d'eau que grossissent, plus bas, des pluies diluviennes. La formidable muraille des Andes divise la région en deux versants dont l'un, celui du Pacifique, n'envoie que de rapides rivières, les Andes ne laissant qu'une distance de 160 à 180 kilomètres entre elles et l'océan Pacifique. Ces rivières sont : la Mira dont l'embouchure marque la limite entre l'Équateur et la Colombie, le Cayapas qui forme le havre du Pailon, l'Esmeraldas issue du pied du Cotopaxi et qui roule des eaux torrentueuses, le Chorres, puis le Rio Guayas, le Jubones et le Tumbez qui se déversent dans le golfe de Guayaquil. Bien autrement nombreux et importants sont les cours d'eau du versant oriental ; au premier rang figure le Marañon, l'une des branches maîtresses de l'Amazone ; il forme la limite du Pérou et de l'Équateur sur 1,200 kilomètres et reçoit le Rio Santiago, la Morona, la Pastasa, la Chambira, le Tigre, le Napo. A ces grands cours d'eau il faudrait ajouter des milliers de noms pour épuiser la nomenclature des cours d'eau secondaires qui arrosent cette région.

L'orographie montagneuse qui donne à l'Équateur toutes les altitudes connues, depuis les côtes plates et brûlantes de la zone torride jusqu'aux plateaux glacés des cimes alpestres, lui donne aussi une infinie variété de productions naturelles. La nature s'est montrée plus prodigue que l'habitant ne s'est, jusqu'ici, révélé apte à tirer parti des richesses dont elle le comble. Les produits tropicaux abondent sur ce sol privilégié : cacao, tabac, canne à sucre, vanille, tamarin, puis les fruits, les bambous et les bois de construction, le quinquina et la cochenille et aussi l'orge, le froment, le riz. Les pâturages sont aussi beaux qu'étendus et les animaux d'Europe prospèrent à côté des vigognes, des lamas, des alpagas. D'énormes testacés hantent les îles Galapagos et il n'est pas rare d'en trouver que six à huit hommes ont peine à soulever.

Charles Darwin a décrit ces îles et leurs hôtes. Le tableau vaut d'être retracé. « Quelques-unes de ces tortues, écrit-il, fournissent jusqu'à 200 livres de viande. La tortue aime beaucoup l'eau, elle en boit des quantités considérables et elle se vautre dans la boue. Les îles un peu grandes de ce groupe possèdent seules des sources qui

LE CHIMBORAZO.

sont toûjours situées dans la partie centrale et à une altitude considérable. Les tortues qui habitent les régions basses sont donc obligées, quand elles ont soif, de faire de longs trajets. A force de passer par le même chemin elles ont tracé de véritables routes qui rayonnent dans toutes les directions, depuis les sources jusqu'à la côte; c'est en suivant ces sentiers que les Espagnols ont pu découvrir les sources. En débarquant à l'île Chatham, je me demandais avec étonnement quel était l'animal qui suivait si méthodiquement les sentiers tracés dans la direction la plus courte. Il est fort curieux de voir auprès des sources une grande quantité de ces immenses créatures, les unes se dirigeant rapidement vers l'eau, le cou tendu, les autres s'en allant tranquillement leur soif étanchée. Quand la tortue arrive à la source, elle s'inquiète peu qu'on la regarde ou non, elle plonge la tête dans l'eau et avale rapidement d'immenses gorgées, environ dix par minute.. Les habitants de l'île affirment que chaque tortue reste trois ou quatre jours dans le voisinage de l'eau… On consomme des quantités considérables de la chair de cet animal, et comme viande fraîche et comme viande salée; les parties grasses fournissent une huile admirablement limpide. »

Affranchi par la prodigalité de la nature de l'obligation du travail, l'habitant de ces régions privilégiées, récoltant là où il n'a pas planté, moissonnant là où il n'a pas semé, vit sans que l'aiguillon de la nécessité se fasse sentir à lui. Ce n'est pas que l'ardeur du climat l'accable; les populations indigènes n'en souffrent point et travaillent sous le soleil comme dans un élément familier, mais un effort intermittent suffit à leur procurer le peu dont elles ont besoin. En quelques heures l'indigène construit sa maison de palmiers et de bambous près des cours d'eau peuplés de poissons, près des bois peuplés de pécaris ou cochons sauvages dont la chair succulente se vend sous le nom de *saïneté* ou « aliment sain ». L'*ardilla*, espèce d'écureuil, le *tatou*, au corps couvert d'écailles et à la tête de cochon, l'*iguane*, variété de lézard, puis le paon, le dindon, la tourterelle et les oiseaux aquatiques pullulent dans les forêts et les marais.

La population de l'Équateur se divise en Indiens, de beaucoup les plus nombreux et dont le chiffre dépasse 800,000, en blancs, 100,000, et en métis, un peu plus de 300,000. Descendants de la race conquérante, les *Quichuas* constituent parmi les Indiens la tribu la plus importante, ils n'ont plus rien des qualités guerrières de leurs ancêtres; des siècles d'assujettissement ont fait d'eux une population humble, inoffensive, résignée. Du plus loin qu'ils aperçoivent un blanc, ils se découvrent et le saluent de leur formule religieuse : *Bendito, alabado sea el santissimo sacramento del Altar*, « Béni et loué soit le très saint sacrement de l'autel, » auquel le blanc répond : *Asi sea siempre*, « qu'il en soit ainsi à jamais ». Ils peuplent le littoral, les pentes des terres fraîches et, mais en plus petit nombre, le versant oriental.

La population blanche et les métis se groupent de préférence sur les plateaux des terres fraîches, et dans les ports de mer du Pacifique, à Quito et à Guayaquil, à Cuenca et à Riobamba. Quito, capitale de la république, s'élève au pied du versant oriental du volcan de Pichincha dont l'un des deux cratères, mesurant 4,170 mètres, la domine d'une hauteur de 1,900 mètres, la ville étant située par

2,780 mètres au-dessus du niveau de la mer. A vol d'oiseau, la grande ville de l'Équateur n'est qu'à 160 kilomètres de distance de l'océan Pacifique. Assise sur le plateau des Andes, elle surplombe le double versant de l'Atlantique et du Pacifique et trône en souveraine sur le socle gigantesque qui la porte, et qui porta avant elle la capitale des souverains autochtones, puis des Incas conquérants. Sa température moyenne est de 15 degrés ; sa population dépasse 50,000 âmes. L'aspect de Quito est saisissant ; cette ville, où la population espagnole s'est superposée à la civilisation des Incas, apparaît comme un nid d'aigle dominant la région habitable, dominé lui-même par le prodigieux entassement des Andes. De son plateau, par les cours d'eau navigables, on pouvait envahir le bas pays ; l'attaque était facile, facile aussi la défense, vu les obstacles qu'opposait à un agresseur la violence des courants à remonter. Mais si sa position fait de Quito un centre stratégique de premier ordre, cette position n'est pas de nature à en faire une ville industrielle et commerçante. Elle reste une ville pittoresque et des plus attrayantes, grâce à son air pur, à sa température douce et constamment rafraîchie par la brise des montagnes, à l'abondance, la variété et le bas prix des choses nécessaires à la vie, à l'aménité de ses habitants, à leur accueil bienveillant et hospitalier.

Guayaquil, la seconde ville de la république et le port de Quito, dont 265 kilomètres la séparent, renferme 40,000 habitants. De la mer, elle se détache dans un cadre d'arbres et de prairies ; son aspect est celui d'un centre agricole autant que d'un port de commerce. « La ville, écrit M. Onffroy de Thoron, se déroule sur le quai et les maisons qui font face au fleuve ont une file de colonnades sous lesquelles sont les magasins les plus riches de la cité. Sur la rive opposée, les plages sont verdoyantes et au fond du port, sur la rive droite, s'élève une rangée de collines qui ferme la plaine où Guayaquil est bâtie. Dans son ensemble, ce port a un aspect pittoresque et à demi agreste ; mais les navires et la grande quantité de barques, de radeaux et de pirogues qui bordent sur trois rangées ses quais, lui donnent une physionomie commerciale pleine d'animation. Ce port est très fréquenté par les navires venant du Havre, de Bordeaux et de plusieurs ports de l'Espagne ; ils apportent des effets manufacturés et un grand nombre d'articles d'Europe, et ils s'en retournent généralement chargés de cacao. Enfin Guayaquil, qui est un arsenal, est un lieu de ravitaillement et de radoub pour les navires et il s'en construit aussi avec des bois très solides et presque incorruptibles. »

Cuenca, capitale de la province du même nom, est au sud de Quito et au sud-est de Guayaquil, entre deux affluents du Santiago, affluent important lui-même de l'Amazone. Elle est proche également du Balao et du Naranjal, tributaires du Guayaquil, lequel se déverse dans l'océan Pacifique. Il semble qu'il serait possible d'établir entre ces grands cours d'eau une communication en coupant l'isthme étroit qui sépare le bassin de l'Amazone de celui de Guayaquil ; on relierait ainsi, à travers toute l'épaisseur du continent, les deux océans par une grande voie fluviale ouvrant les régions peu connues du Brésil occidental et de l'Équateur oriental à l'immigration et à la culture européennes.

Cuenca, située par 2,690 mètres d'altitude, renferme 30,000 habitants. Les autres villes de l'Équateur sont, relativement, peu peuplées ; les deux plus importantes, après

Cuenca, sont Riobamba, au sud, sanatorium de Guayaquil, 18,000 habitants, et Latacunga 10,000. Les autres chefs-lieux de province renferment à peine quelques milliers d'âmes, parfois même quelques centaines : tel Esmeraldas, dont le gisement d'émeraudes est abandonné. Pizarre reçut des Indiens d'Esmeraldas un grand nombre de ces pierres précieuses dont il envoya la plus belle à la Reine d'Espagne, et les chroniqueurs espagnols racontent que, lorsque Pedro Alvarado, après s'être emparé de la province maritime d'Esmeraldas donna l'ordre de marcher sur Quito, ses soldats étaient à tel point chargés d'or et d'émeraudes que bon nombre d'entre eux durent jeter ou cacher leurs précieux fardeaux sur la route à travers les montagnes. Aujourd'hui, la province d'Esmeraldas est surtout renommée pour l'excellente qualité de son tabac, pour ses bois de construction et ses résines balsamiques.

Par son versant oriental, l'Équateur se relie au gigantesque bassin de l'Amazone. Cette région de l'Amazonie, de beaucoup plus vaste que la région occidentale, est à peine peuplée. Dans les forêts équatoriennes errent des tribus indiennes encore sauvages, les Jibaros, Encabellados, Cofanes, Aguaricos, Zaparros, Abigiras, Iquitos, Omaguas, représentant environ 100,000 âmes, et échappant, par leur éloignement et leur vie nomade, au contrôle et à l'autorité du gouvernement. Dans la province de l'Oriente, Amazonie équatoriale, des explorations récentes ont révélé l'existence de grandes richesses naturelles : essences forestières, bois odoriférants, baumes, résines, vanille, salsepareille, pêche et chasse abondantes, sol d'une rare fertilité. Toutes ces richesses entassées attendent encore le travail de l'homme pour le payer de ses peines au centuple.

La production de l'Équateur suit une marche ascendante. Les chiffres de l'exportation augmentent d'année en année : 24,500,000 francs en 1885, 32 millions en 1886, 50 en 1887, 60 en 1889. Au premier rang de ces exportations figure le cacao, pour 25 millions, puis le caoutchouc, les peaux, le café, l'ivoire végétal, les métaux précieux dont on n'exporte plus que pour 4 millions, le chinchona. Quant aux chiffres afférents à l'importation, ils font en grande partie défaut, les évaluations varient entre 30 et 35 millions.

Le mouvement commercial de l'Équateur s'effectue principalement par le port de Guayaquil et le port naissant de Coraquez avec l'Angleterre qui reçoit la majeure partie du cacao exporté. Depuis 1886 toutefois les chiffres de l'exportation à destination du Royaume-Uni sont en décroissance. Ce mouvement commercial est desservi par environ 600 navires, entrées et sorties réunies.

V. — LA RÉPUBLIQUE DU PÉROU.

De toutes les proies que la découverte du Nouveau-Monde livrait aux Espagnols, il n'en était pas de plus propre à tenter leur cupidité, à surexciter leurs convoitises que le riche et populeux Empire des Incas. Par la conquête récente du royaume de Quito, cet empire s'étendait alors de l'embouchure du Tumbez à celle du Maule dans le Chili ;

il mesurait 2,500 milles de longueur sur 500 de largeur et Pizarre, débarquant à Tumbez, restait confondu de l'étonnante richesse et du degré de civilisation de ce peuple qu'il devait conquérir, dépouiller et ruiner. Il le fut plus encore quand il reçut les présents que lui envoyait Atahuallpa, le Fils du Soleil, souverain de ce vaste empire, et qu'il put contempler les magnificences du palais d'Amaru. Pareil entassement d'or, d'argent et de pierreries dépassait tous les rêves de ce famélique soldat d'aventure, errant depuis trois années sur l'océan à la poursuite d'une fortune qui lui échappait et pour laquelle il était prêt à sacrifier sa vie et celle de ses compagnons.

Quand Atahuallpa le reçut, assis sur son trône d'or massif, paré d'émeraudes et de pierres précieuses, entouré de milliers de serviteurs et d'un peuple immense, Pizarre comprit que jamais proie aussi riche ne s'offrirait à lui, que l'heure était venue de jouer la partie suprême, et que la bravoure et la cupidité de ses soldats lui permettaient de tout oser. Il le fit, invitant impérieusement le Fils du Soleil à se faire chrétien et à se reconnaître vassal de la couronne d'Espagne. A cette sommation hautaine, Atahuallpa répondit par un refus dédaigneux. Pizarre s'y attendait et, disent les chroniqueurs, d'une voix de stentor il cria : « Par saint Iago, mes amis, sus à l'infidèle ». A cet appel, les Espagnols rangés sur la place du palais se mirent en selle, chargeant la foule épouvantée qui contemplait avec stupeur ces montures inconnues, ces hommes, un contre mille, qui se ruaient sur elle. La lutte fut courte, les Espagnols « fauchèrent cette foule comme des blés mûrs ». Vainement les nobles se groupèrent autour de leur roi, opposant comme autant de boucliers vivants leurs poitrines désarmées aux coups des agresseurs. Ils succombèrent et Atahuallpa, prisonnier dans une muraille de cadavres, fut emmené en captivité.

Les chroniqueurs ajoutent que, pour obtenir sa liberté, le monarque captif offrit un jour à Pizarre autant d'or qu'il en faudrait pour daller la salle de son palais d'Amaru. Pizarre souriant avec incrédulité, Atahuallpa croyant qu'il estimait cette rançon insuffisante, se leva et traça une ligne sur le mur aussi haut que son bras pouvait atteindre. Pizarre et ses lieutenants se hâtèrent d'accepter et les messagers d'Atahuallpa partirent dans toutes les directions, avec ordre de faire diriger sur Cassa-Amarca l'or des résidences royales. On vit alors, ajoutent les chroniqueurs, défiler des mules portant des plats d'or massif du poids de 75 livres ; de Cuzco seulement arrivèrent deux cents charges d'or, tasses, vases, ornements sacrés, meubles en or massif. Pour se partager ce colossal butin, Pizarre réquisitionna tous les ouvriers en or, qui durent convertir en briques d'or cette orfèvrerie artistique, ces ornements rares et précieux.

Sa rançon payée ne sauva pas Atahuallpa. Il lui restait de l'or ; aussi l'accusa-t-on de fomenter l'insurrection dans les provinces et le malheureux, traduit devant une cour martiale présidée par Pizarre, fut condamné à être brûlé vif. On lui offrit toutefois, s'il acceptait de se convertir au christianisme, de n'être que pendu. Atahuallpa consentit. Baptisé le jour de la fête de saint Jean, le 29 août 1533, sous le nom de Jean, il fut mis à mort le même soir. Pizarre lui fit de magnifiques funérailles ; avec lui le conquérant enterrait l'Empire des Incas.

La mort d'Atahuallpa fut le signal du pillage ; dans le palais de Cuzco on trouva

EMBARQUEMENT DU GUANO, AUX ILES CHINCHAS.

encore 30 millions en or ; ailleurs, des idoles en or massif et d'innombrables émeraudes. Mais, par un juste retour des choses d'ici-bas, quinze années plus tard,
en 1548, Pizarre, au comble de la fortune et des grandeurs, vice-roi du Pérou et sur le
point d'épouser une descendante des Incas, était, par ordre de Charles-Quint, dépouillé
de ses titres, jugé comme rebelle et condamné à mort.

Aujourd'hui, l'Empire des Incas est démembré ; le Pérou, qui en fut le cœur, forme
une république indépendante, l'Équateur et la Bolivie qui en firent partie ont conquis
leur autonomie ; le Chili s'est approprié les provinces du sud. Le Pérou actuel, tel que
l'a laissé sa guerre récente avec le Chili, n'occupe plus qu'une superficie de
1,137,000 kilomètres carrés, peuplée d'un peu plus de 2,600,000 habitants. Il a pour
limites, au nord, une ligne conventionnelle qui le sépare de l'Équateur. Cette ligne
part du golfe de Guayaquil, sur la côte du Pacifique, franchit les Andes, coupe les
affluents de gauche du Rio-Marañon et aboutit à l'Iça dont elle suit le cours. Obliquant
à l'est, la frontière s'infléchit du nord au sud, rejoignant l'Amazone à Tibatinga,
remontant le Rio Yakarana qui sépare le Brésil du Pérou. Au sud, le tracé emprunte le
versant oriental des Andes, abandonnant à la Bolivie la moitié du lac Titicaca et rejoignant les sources du Rio Loa entre le Pérou et la Bolivie. Dans l'ouest, le Pérou fait
face à l'océan Pacifique.

Il se déroule, au long de cet océan, en une bande de terre longue de 2,000 kilomètres, largement évasée au nord, où sa plus grande largeur est de 1,200, s'amincissant au centre, où par le travers de Lima, elle n'en mesure que 750, plus encore au
sud où, du lac de Titicaca à Islay, on ne compte que 300 kilomètres. Le Brésil et la
Bolivie semblent, par leur configuration, refouler le Pérou vers l'océan, l'étrangler
entre leurs frontières qui l'enserrent et le pénètrent et la haute muraille des Andes, le
rejeter vers l'ouest et lui fermer l'est, l'accès de l'Amazone et l'intérieur du continent.
Et cependant ce pays, en apparence essentiellement maritime, possédant un développement de côtes considérables, est en réalité orienté vers l'est. Bien, qu'à vol d'oiseau,
Lima, capitale du Pérou, soit à 4,400 kilomètres de l'Atlantique et que quelques kilomètres seulement la séparent du Pacifique, bien que les grands centres du Pérou soient
surtout des ports, que les autres villes s'élèvent sur le versant occidental des Andes, le
Pérou n'en est pas moins un long plateau incliné ouvert vers l'est, défendu et fermé à
l'ouest. Par une étrange anomalie il dresse sur l'océan deux murailles parallèles, d'inégale hauteur, mais toutes deux présentant à l'océan leurs faces mortes, leurs falaises à pic,
leurs hautes pentes abruptes, leurs éclatants névés. Ce pays maritime est, en réalité,
un pays continental, et l'étude de son orographie explique cette apparente anomalie.

Ici, en effet, la haute et froide chaîne de la Cordillère serre de très près le littoral ;
elle décrit une longue courbe parallèle à celle de la côte dont elle reproduit en relief
puissant les contours sinueux. Cette chaîne n'affecte pas la forme d'une unique série de
crêtes reliées par une muraille montagneuse, mais de deux et quelquefois trois chaînes
parallèles enserrant de hauts plateaux et de profondes dépressions, se réunissant à
certains points de jonction ou nœuds, au delà desquels la chaîne s'évase de nouveau. Le
premier de ces nœuds se trouve à Loja, sur la frontière de l'Équateur ; au-dessous de

Loja, la Cordillère, abordant le territoire péruvien, s'écarte, dessinant trois chaînes qui, 800 kilomètres plus bas, s'unissent au nœud ou Cerro de Pasco. A ce point la chaîne s'entr'ouvre de nouveau en deux lignes parallèles qui, 600 kilomètres plus au sud, se rejoignent au nœud de Cuzco. Ici, l'écartement des deux branches montagneuses ne dépasse pas 50 kilomètres; des rameaux perpendiculaires, des *contrafuertas* ou contreforts découpent cet espace en une série de grandes fosses ou de vallées reliées par des gorges étroites et profondes que se sont creusées les eaux bondissantes descendues des sommets.

Cette configuration naturelle du sol, ce soulèvement puissant dont les parois à pic se dressent à l'ouest et dont les longues pentes s'inclinent vers l'est ont déterminé l'orientation du plateau qui, tout entier, penche et s'affaisse vers l'intérieur du continent, vers l'Amazone, grande artère fluviale de toute cette région de l'Amérique méridionale. C'est dans cette direction que la nature appelle le Pérou à la suivre; elle l'invite à descendre dans la verte plaine où s'écoulent ses eaux, sur laquelle s'inclinent ses versants. En ramenant le Pérou vers la côte du Pacifique, en fondant Lima à quelques lieues de la mer, les Espagnols ont déplacé l'axe de gravité géographique, et, pour le faire, les raisons ne manquaient point. L'océan était la grande voie naturelle de communication; il était le seuil d'accès des conquérants, la porte d'issue de l'or et des produits.

De cette orographie particulière résulte, en outre, une division naturelle en trois zones longitudinales entièrement distinctes sous le rapport du climat, des produits, de la topographie et aussi de l'avenir industriel et commercial de cette riche contrée. La première, la *Costa*, région de la côte, se déroule entre la Cordillère et la mer, de la pointe de Payta au nord, à la baie d'Arica au sud. Les montagnes, taillées à pic du côté de l'océan, sont coupées de gorges ou de ravins dont le sol, couvert de plusieurs couches de galets, forme un plan incliné, triangulaire, qui descend vers la mer en s'élargissant. Cette formation géologique particulière est due à l'action des eaux et remonte à une époque postérieure au soulèvement des Andes ; la température moyenne de la Costa est de 19 à 20 degrés centigrades. Cette région est semée de déserts, *desiertos* ou *pampas*, vastes espaces dénudés au-dessus desquels la brise de mer soulève des tourbillons de sable; tels le Desierto de Sechura, entre Payta et Lambayaque, celui d'Islay, depuis Quilca jusqu'à Arequipa. Au sud de ce dernier s'ouvre la Pampa del Tamarugal, seuil d'accès du grand désert d'Atacama, aujourd'hui terre chilienne. L'absence de pluies est l'un des traits caractéristiques de la Costa. A Cobija, on ignore absolument ce que c'est que la pluie et à plusieurs lieues autour de cette localité, on ne rencontre qu'un filet d'eau saumàtre qui suffit à peine aux besoins des habitants.

· La *Sierra*, ou la région montagneuse, parallèle à la *Costa*, se déploie entre les chaînes de la Cordillère, à 120 kilomètres environ de la plage. Selon qu'elle s'adosse au versant des Andes ou à celui de la Cordillère, on la désigne sous le nom de Sierra orientale ou de Sierra occidentale; elle forme, en effet, deux zones distinctes, la *Sierra* et la *Puna*. La première jouit d'une température douce et salubre, elle est riche en

produits naturels ; dans ses chaudes vallées pousse la canne à sucre. Elle constitue la
région la plus peuplée du Pérou et p orte avec les fruits de la zone torride, ceux des
régions tempérées. Les plaines y sont rares et de peu d'étendue, mais on y trouve des
vallées assez vastes, comme la vallée de Jauja, qui mesure 50 kilomètres de longueur
sur 10 de largeur, ancien bassin lacustre dont les eaux se sont violemment ouvert un
passage à travers la gorge au fond de laquelle coule l'Yzuchaca.

Tout autre est l'aspect morne et d'une mélancolie grandiose de la *Puna*, d'une
altitude moyenne de 3,000 à 4,000 mètres. Sous un ciel terne, des lacs dormants ;
une végétation grêle et grisâtre couvre les hauts plateaux dénudés que balaie une bise
glaciale, les landes aux maigres graminées, pâturages du lama, intelligent compagnon
des rares habitants de cette région inhospitalière, de ces *Despoblados* comme les
appellent les Péruviens.

Au delà de cette ligne de crêtes apparaît la troisième zone, la *Montana* ou la
région des forêts qui, recouvrant les longues pentes du versant oriental de l'arête
dorsale du continent va se perdre à l'horizon lointain. « A peine a-t-on dépassé la ligne
des crêtes, écrit M. Marcel Monnier, que l'on est saisi du brusque contraste entre la
Puna désolée et la puissante végétation du versant oriental. A peine sorti de l'âpre
défilé j'étais en plein paradis tropical... Il n'est pas de terrain, si accidenté qu'on le
suppose, comparable aux pentes orientales de la grande Cordillère. La végétation y
recouvre un effrayant cataclysme. On dirait de gigantesques ruines, les débris amon-
celés d'une ville de Titans. Seulement les pariétaires et les ronces sont remplacées ici
par des colosses dont les plus basses branches, chargées de parasites, sont à 20 mètres
du sol et dont le pied disparaît sous le fouillis d'une broussaille arborescente à travers
laquelle il faut s'ouvrir passage avec la hache. Rarement un rayon de soleil y pénètre.
Il y règne un demi-jour de crypte, une humidité chaude entretenue par les abondantes
rosées nocturnes et les averses. Ajoutez à cela l'impossibilité presque absolue de
relever sa route autrement qu'à la boussole, aucune brèche dans le feuillage ne per-
mettant de découvrir un horizon suffisant, un point de repère quelconque. »

Axe central de cette triple zone que nous venons d'esquisser, la Cordillère,
orientée du nord au sud, soulève ses chaînes géantes et ses cimes volcaniques. Sur la
Cordillère de la côte se dresse, au sud, un groupe de volcans, aujourd'hui enclavé
dans le Chili, le groupe d'Isluga et de Tatajachura dont les sommets atteignent
5,200 et 5,181 mètres. Plus au nord, le Huallatiri dépasse 6,000 mètres, le Paranicota 6,300, le Pomorape 6,250, le Sajama 6,415, le Tacora 6,000. Puis l'Omate,
l'Ubinas, le Misti d'Arequipa, de 5,500 à 6,500 mètres, le Huascan 6,668. A l'est de
la Cordillère, les Andes, moins régulières, sont aussi moins connues ; on en a surtout
noté les cols et relevé les altitudes ; celui de la Roya est par 4,000 mètres, la passe
de la Llancagua par 4,440.

L'orographie du Pérou et le défaut de pluies sur la côte occidentale s'opposent à
la formation de cours d'eau importants. On y rencontre plus de *quebradas*, ou ravins
desséchés, que de rivières, et les habitants en sont souvent réduits à creuser le sable

pour y chercher l'humidité que la surface du sol leur refuse. Quelques petits fleuves côtiers sillonnent, à grands intervalles, de leurs minces filets d'eau cette longue région de la Costa, tels le Chira, le Sechura, le Zambayeque, la Magdalena, le Chicama, le Chao, le Santa, plus considérable et dont le cours tourmenté mesure 400 kilomètres, le Rimac, le fleuve de Lima et qui se déverse dans la baie du Callao, puis l'Iça, l'Ocona et le Tambo, et enfin la Sama.

Bien autrement arrosé, le versant oriental, celui de l'Amazone, porte au grand fleuve les eaux de la *Sierra* et de la *Montana,* eaux abondantes, descendues des glaciers de la double chaîne de la Cordillère et des Andes. Elles alimentent des cours d'eau considérables et forment les deux branches supérieures de l'Amazone : le Marañon et l'Ucayali. Le Marañon, issu d'un lac des Andes, le Lauricocha, descend de plus de 4,200 mètres d'altitude, traversant la gorge de la *Sierra.* Par une série de *pongos,* défilés étroits, il fraie sa route à travers les Andes et atteint le *pongo* de Masseriche, dernier obstacle par delà lequel il débouche dans le *Montana* grossi des nombreux affluents qu'il a ramassés dans son cours torrentueux. Il n'est plus alors qu'à 174 mètres au-dessus du niveau de l'océan. L'Ucayali le rejoint et les deux fleuves unis prennent le nom d'Amazone.

L'Ucayali, plus compliqué dans son hydrographie, descend du lac de la Raya, il est formé par deux branches, dont la plus méridionale a ses sources à 174 kilomètres de l'océan, de même que celle du Marañon n'en est distante que de 130. Rien ne prouve mieux l'inclinaison de toute cette partie du continent vers l'est, que l'orientation de l'Amazone dont les profondes et lointaines ramures vont puiser si près du Pacifique les eaux qu'il entraîne dans son cours puissant à travers tout le continent jusqu'à l'Atlantique. Par ses affluents : l'Apurimac, le Mantaro, il fouille le cœur de la *Sierra,* attirant et absorbant ruisseaux et torrents, sources inépuisables de l'un des plus grands fleuves du monde. Grossi de l'Apurimac, et sous le nom d'*Ene,* le Mantaro ramasse le Tambo et changeant encore une fois d'appellation, devient l'Ucayali et n'est plus alors qu'à 260 mètres au-dessus du niveau de l'océan. « Déjà si bas au-dessus des mers, écrit M. Vivien de Saint-Martin, mais si loin de la grande gouttière collectrice où il doit aller se perdre, l'Ucayali ne peut traîner ses eaux abondantes dans les plaines de la *Montana* qu'en y décrivant des méandres sans nombre. Aussi que de replis! Il hésite et revient sur ses pas, tant parfois la pente est indécise. Il double, il triple son parcours. Il s'attarde en énormes expansions latérales, dans des culs-de-sac aux eaux stagnantes, comme s'il en sondait l'horizon et s'orientait avant de prendre le nord. D'ailleurs, rien qui le guide. Des rives plates où ses crues déposent des alluvions humides et abandonnent des mares au milieu des bois. Il les remanie suivant son caprice, y fait des coupures pour raccourcir un méandre, se hâte lentement vers son but, quitte comme à regret les étincelants horizons de la montagne natale; l'infatigable scieur de roc, le fouilleur au soc d'acier, le vif éclair des Andes va se vautrer, monstre boueux, au sein des immensités plates. » Un dernier affluent, le Pachitea, vient le rejoindre, puis enfin il s'unit au Marañon et, devenu l'Amazone, il quitte avec son cortège d'eaux puisées à des centaines de sources, le sol du Pérou et débouche dans l'immense territoire du Brésil où nous le retrouverons.

LA VILLE DE CALLAO.

Au sud du Pérou et confinant à la Bolivie s'ouvre un vaste bassin fermé, celui du lac Titicaca, affectant la forme d'un ovale irrégulier, mesurant 200 kilomètres de longueur sur une largeur moyenne de 70 et occupant une superficie de plus de 8,300 kilomètres carrés. Il est situé par 3,900 mètres d'altitude au-dessus du niveau de l'Océan et découpé par les deux péninsules de Copacabana et de Tiquina. Sur cette mer intérieure, les tempêtes sont fréquentes et redoutables. Bordé de baies profondes, le lac est semé d'îles dont la plus grande, qui porte son nom, fut longtemps l'île sainte des Incas. Leurs traditions rapportent que de cette île partit Manco-Capac qui fonda l'empire des Incas et Cuzco, la cité du Soleil.

Dans l'étude hydrographique du Pérou, la première place appartient de droit à ce versant oriental que nous venons d'esquisser. On a vu à combien peu se réduisait, et comme étendue et comme volume des eaux, le bassin occidental, combien était déshérité ce littoral du Pacifique, sur lequel le Pérou déploie 2.400 kilomètres de côtes, et auquel, par son orographie, il tourne le dos et oppose sa barrière de rochers, en arrière de laquelle la Cordillère dresse ses cimes altières. Une mer houleuse règne au long de cette côte qu'elle fouette de ses vagues, accentuant encore les lignes perpendiculaires ' des falaises. Entre la mer irritée et les roches dénudées, la plage se déroule, aride et sèche, coupée de *barrancas* formant brèche dans la muraille; l'eau douce y fait défaut, la végétation y est maigre et rabougrie, et les déserts sablonneux se succèdent, semés çà et là de rares oasis, de raies de verdure que font surgir quelques rares filets d'eau descendus de la Cordillère.

Sinueuse, bien que faiblement articulée, cette côte dessine un assez grand nombre de caps et de promontoires. Les plus saillants sont le Malpelo, le Blanco, Punta de Agujas, Lechuza, Morro Solar. Les ports, assez espacés, sont d'inégale importance: lés uns comme Paita, San José, à l'embouchure du Lambeyeque, Huanchaco, le Callao, Islay, Arica, forment des seuils d'accès ouverts aux grands bâtiments; d'autres, tels que Tumbez, Pacasmayo, Cosma, Huacho, Chala, Ilo et Pisco sont d'ordre secondaire. Le Pérou ne possède pas d'îles habitées sur son littoral; celles que la nature a semées au long de sa côte ne sont pas cultivables, dépourvues qu'elles sont de terre végétale et n'étalant qu'une ossature rocheuse; mais, par contre, elles renferment de vastes gisements de guano. Ce sont : le groupe des îles Lobos, *Lobos de Afuera* et *Lobos de Adentro*, les Guahape, les Hormigas et surtout les trois îles Chincha situées en face de la baie de Pisco, et qui, pendant de longues années, fournirent aux navires des deux mondes le précieux engrais fossile accumulé sur leurs flancs dénudés. Nul guano n'égalait celui des îles Chincha et cela, par la raison qu'il ne pleut jamais sur ces îles et que les sels ammoniacaux s'y conservaient intacts. Aujourd'hui, ces îles qui ont enrichi le Pérou et avaient pour lui plus de prix que des mines d'or, sont à peu près épuisées.

Le Pérou est riche en productions naturelles. Le cacaoyer prospère jusqu'à 600 mètres d'altitude, le caféier jusqu'à 1,200, la canne à sucre au-dessous de 1,300. Outre les fruits des zones tropicales et des zones tempérées, on rencontre ici des produits spéciaux dont l'un des plus importants est la *coca*. C'est un arbuste de petite taille dont les feuilles rappellent celles de l'oranger. On le cultive surtout dans les environs de Huanuco et cette culture prend une grande importance commerciale, depuis que l'on extrait la cocaïne en Europe. Les Indiens faisaient, et font encore grand usage de la coca par suite de la propriété qu'ont ses feuilles de suspendre la faim et la soif pendant un temps assez prolongé, et d'aider à supporter les basses pressions des hautes altitudes. Pour assaisonner les feuilles de coca, les Indiens y mêlent une pincée de cendres, qu'ils appellent *llucta*, et qui est à la coca ce que le sel est aux aliments. Cette cendre est celle des épines d'un arbre appelé *molla*. A défaut de *llucta*, les Indiens se servent de chaux.

La coca est très nourrissante mais, prise à forte dose, elle devient préjudiciable. Elle opère comme un excitant sur tout l'organisme et permet, assure Weddel, de résister aux fatigues de la marche; il attribue à son usage les fortes étapes que franchissent aisément les Indiens pour qui la coca est un impérieux besoin. On les voit, dans la Sierra, entreprendre des voyages d'une longueur surprenante, munis d'un morceau de *charqui*, viande salée, découpée en longues et minces lanières, d'un peu de *cancha* ou maïs rôti, et d'un petit sac de coca accompagné de la calebasse de *llucta*.

Lorsqu'après avoir traversé les hauteurs glaciales des Punas, le voyageur descend les longues pentes du versant oriental, il aborde une des régions les plus caractéristiques du Pérou, la région botanique du précieux quinquina. Une odeur douce et parfumée l'avertit du voisinage des forêts de *Chinconas* fébrifuges. Les nombreuses espèces de ce genre recouvrent, sur les versants orientaux des Andes, une longue bande de terre qui comprend une partie de la Nouvelle-Grenade, de la Bolivie et traverse le Pérou dans toute sa longueur; on la désigne du nom de région des Chinconas, ou région de Humboldt. Chaque partie possède des espèces qui lui sont propres, mais le Pérou, plus favorisé, les réunit presque toutes.

La faune du Pérou n'est pas moins caractérisée que sa flore. L'une et l'autre figurent dans l'écusson de la république, la première représentée par le *lama*, la seconde par l'arbre à quina. Le lama, originaire du Pérou, est la bête de somme des hautes régions de la Puna, dont l'herbe maigre et sèche suffit à sa subsistance. Il vit et prospère là où tout autre mammifère mourrait de faim; il a la sobriété et la force de résistance du chameau. A côté de lui, la vigogne, le guanaco et l'alpaca se rencontrent encore à l'état sauvage par des altitudes de 5,000 mètres. Le *Calambo*, variété du boa, est un des curieux représentants de la faune péruvienne. Ce reptile domestiqué veille sur les jardins qu'il protège contre les animaux et les insectes destructeurs; il se vend à un prix assez élevé. Le *charapa*, grande tortue fluviale, hante les rives de l'Amazone et de l'Ucayali. Sa chair est blanche, saine et agréable. Parmi les poissons, nous noterons le *Paichi Vastres Gigas*, très abondant dans les rivières du littoral, notamment dans celle de Loreto. Il atteint une longueur de plus de deux mètres et pèse jusqu'à 200 livres. On découpe sa chair en longues et minces lanières que l'on fait sécher sur des claies au soleil. Le Paichi est l'un des principaux objets d'alimentation des habitants de la province de Loreto et des rives de l'Ucayali et l'on s'étonne à bon droit que l'énorme consommation qui en est faite ne se traduise pas par une diminution sensible de l'espèce.

Entre le lama et le quinquina, les richesses minérales du Pérou sont représentées dans ses armoiries par une corne d'abondance d'où se déversent des pièces d'argent. Ces richesses minérales sont grandes; le nom de Pérou fut longtemps synonyme de fabuleux trésors ; les récits des Conquistadores, l'énorme butin qu'ils tirèrent de ce pays prouvent que dans les temps qui précédèrent l'invasion espagnole l'or et l'argent abondaient au Pérou. Il résulte des calculs de Humboldt que depuis la conquête du pays jusqu'en 1803 les mines péruviennes ont fourni la somme colossale de 6,162,000,000 de francs, soit plus d'un dixième de la production totale du monde. Depuis un certain nombre d'années, cette production a décru et les mines du Pérou ont pâli auprès de celles des États-Unis. L'or ne se rencontre pas moins sur un grand nombre de points, sous forme, tantôt de pépites éparses dans les terrains d'alluvions, ou *lavaderos*, tantôt de paillettes charriées par les torrents et les rivières. L'argent abonde dans la Cordillère, dans la province maritime de Tarapaca devenue chilienne et dans le Cerro de Pasco.

Outre les métaux précieux, le Pérou possède d'importants gisements de cuivre, de fer, de plomb, de mercure, d'antimoine, de nickel, de cobalt et de manganèse. On ne saurait dire encore les découvertes que réservent les hautes régions des Punas, peu connues et explorées surtout au point de vue des passes qui traversent ces terres désolées. Le Pérou possède aussi une houille grasse de bonne qualité, notamment dans les départements de Moquegua, d'Aréquipa et de Junin, et aussi de vastes gisements de lignite et de houille anthraciteuse.

Les études ethnographiques sur les races du Pérou semblent indiquer, antérieurement à l'invasion espagnole, la juxtaposition de trois races : les *Chinchas* sur la côte, les *Aymaras-Quichas* sur les plateaux du sud, les *Huancas* au nord. On retrouve encore aujourd'hui, chez leurs descendants, les traits caractéristiques et différentiels de ces races. Les Aymaras-Quichas durent être les plus nombreux; ils formaient deux tribus, sœurs par la langue et les traditions, mais distinctes par la taille et la couleur. Les Aymaras étaient petits, massifs et trapus; les Quichas grands, minces, olivâtres. Ces derniers, plus intelligents, constituaient probablement la race dominante, celle dont sortit la famille royale des Incas, et dont leurs récits désignent comme berceau le lac Titicaca.

L'Indien du Pérou est triste et dans sa tristesse l'on sent une race déchue, opprimée pendant des siècles, courbée sous le rude joug espagnol. A cette race que l'on a tout lieu de croire aborigène, se sont superposés l'Européen, l'Africain, l'Asiatique; des croisements de ces derniers venus, tant avec l'Indien qu'entre eux, est résultée une ethnographie des plus compliquées. Du nègre sont issus les mulâtres, quarterons, requarterons, trigénis; de l'Indien, le Zambo métis de nègre, le cholo métis de blanc. L'Asiatique est venu le dernier, appelé par le blanc, maltraité, surmené, mais résistant. Nous retrouvons ici cette race chinoise dont la lente et silencieuse invasion s'étend, se propage et menace de submerger la race blanche. « Quelque malheureux que le Chinois ait été dans son pays, écrit M. Ch. Wiener, il est impossible qu'il ait même rêvé l'effroyable misère qui l'attend dans la servitude péruvienne. Aussi redoute-t-on le Chinois qui n'a remplacé ni l'Indien ni le nègre. Les maîtres d'aujourd'hui sentent vaguement un danger prêt de fondre sur eux. A côté de cette menace brutale suspendue sur le Pérou, une autre question non moins importante commence à préoccuper l'observateur. Partout où l'on jette le regard sur la côte, on voit le Chinois; dans les entreprises agricoles il représente la main-d'œuvre, et dans les villes nous le retrouvons partout et toujours ; coolie, il est domestique et cuisinier; libéré, il est hôtelier, restaurateur, négociant en détail et en gros et, depuis peu, même médecin. Il s'est infiltré dans cette société hispano-américaine, et il ne s'est nulle part assimilé, ce qui lui permet de se retrouver à tout instant. Les Chinois sont indispensables et, par là, ils sont les maîtres, malgré leur humilité. »

Si le Chinois n'a pas remplacé le nègre, il s'est substitué à lui. Après avoir, comme esclave, défriché et créé les plantations de café, de cacao, de tabac, de cannes à sucre, après avoir fait les travaux d'irrigation, remué le sol et résisté aux miasmes fiévreux qui s'en dégageaient, le nègre affranchi n'a pas résisté à l'indolence et aux vices qu'elle engendre. Partout où nous la rencontrons, cette race dure au labeur, au soleil, aux privations, aux mauvais traitements, s'étiole et dépérit du jour où le travail devient facultatif. En 1855 on comptait 55,000 esclaves représentés aujourd'hui par une poignée d'hommes.

Au-dessus de l'Indien fataliste et résigné, du Chinois envahisseur et du nègre qui disparaît, la race blanche constitue une double caste que séparent d'infranchissables barrières. D'une part : l'aristocratie intellectuelle, le savoir, la fortune, l'influence et le pouvoir; de l'autre l'ignorance et la pauvreté. Dans ce pays des contrastes, il semble que l'organisation sociale se modèle sur le relief du sol, que les transitions fassent défaut entre les classes comme elles font défaut entre les zones où l'oasis fertile confine à la stérilité, où Lima, la ville riche, élégante et policée, voit se dérouler par delà de son enceinte un désert monotone et dénudé.

On estime à près de 400,000 kilomètres carrés la partie cultivable du Pérou. Dans cette évaluation il n'est pas tenu compte de la *Montana*, la région des forêts et du versant oriental qui représente à elle seule la moitié de la superficie totale du Pérou, dont les soulèvements puissants de la Cordillère et des Andes occupent, en outre, une partie notable. Si l'agriculture fut très développée au temps des Incas, elle cessa de l'être sous la domination de l'Espagne, dont les édits restrictifs créaient des monopoles incompatibles avec tout progrès. Si l'Espagne l'eût pu, elle eut interdit toute culture, se réservant de fournir à haut prix aux colonies les produits nécessaires à leur consommation et les condamnant sans relâche à extraire du sol l'or et l'argent dont elle n'avait jamais assez. Il n'en est plus de même aujourd'hui, et l'agriculture fait, au Pérou, de notables progrès, mais la configuration du pays rend difficiles les moyens de communication et, sauf sur la côte, les produits naturels sont grevés de frais de transport considérables. Tel est surtout le cas pour la région amazonienne de la *Montana*, que

RUE DES MERCADERES, A LIMA.

les Andes et la double chaîne de la Cordillère séparent du littoral et à laquelle la navigation fluviale du bassin de l'Amazone ne permet pas encore d'écouler par l'Atlantique le sucre, le cacao, le coton, le tabac, la vanille, le riz, le maïs, l'indigo, la coca, les patates, le manioc, que l'on y récolterait en abondance. Force est à la production de se limiter à une consommation locale très restreinte.

Plus cultivée, la Sierra donne surtout les produits agricoles des zones tempérées. Elle a donné au monde l'un de ses aliments les plus précieux : la pomme de terre qui est originaire de cette région où on la retrouve à l'état sauvage par 2,500 et 3,000 mètres d'altitude. Près d'elle croissent d'autres tubercules : l'alluco, *ullucus tuberosus*, l'oca, *oxalis crenata*, l'*arracacha* et le *quinoa*. Sur la côte, on récolte les fruits des climats tropicaux : la banane, l'avocat, le cherimolia, goyave, papaya, mango, ananas, oranges, citrons, puis le riz, le maïs, l'orge et le coton, et surtout la canne à sucre pour laquelle le sol est admirablement adapté.

Divisé en 19 départements administrés par des préfets, le Pérou renferme un certain nombre de villes importantes. Lima, capitale de la République, est la plus considérable, elle possède plus de 100,000 habitants et s'élève au centre même du Pérou, à 1,200 kilomètres de la frontière nord et de la frontière sud, de l'Équateur et du Chili. Elle est l'une des grandes cités de l'Amérique méridionale, située sur les deux rives du Rimac, à 10 kilomètres en amont de son embouchure dans le Pacifique. Lima forme, avec Valparaiso, le grand port chilien au sud, et Panama au nord, l'une des trois étapes de la longue ligne de côtes qui relie la région isthmique de l'Amérique centrale au détroit de Magellan. Elle en occupe le centre, à distance égale de Panama et de Valparaiso, des hauts plateaux de la Bolivie et de ceux de l'Équateur ; 150 kilomètres seulement la séparent, avons-nous dit, des premiers affluents de l'Amazone. Pizarre la fonda en 1535 et la nomma *Ciudad de los Reyes*. Exempte de pluie mais non de brouillards, quelque peu insalubre, Lima jouit d'une température remarquablement égale, la vie y est dispendieuse, la société courtoise et distinguée.

Tout, à Lima, rappelle la vieille Espagne ; plus qu'aucune autre cité de l'Amérique du Sud, celle-ci est une ville du xvie siècle, pittoresque et curieuse, comme le sont, en Europe, nombre de villes d'Orient, mais, non plus qu'elles, Lima ne se prête à un examen minutieux. Sa cathédrale, dont l'aspect impressionne, est construite en bois, en bambous, en briques séchées au soleil. Il en est de même de ses 70 églises ; les façades charmantes de la Merced et des Nazarenas sont en stuc ; la tour monumentale de Santo-Domingo, faite de lattes et de plâtre, est peinte en blanc de façon à imiter le marbre, et ses piliers, qu'à distance on prend pour du lapis-lazuli, n'ont qu'un revêtement de stuc strié de veines jaunes. Puis l'on retrouve partout ici les stigmates de la guerre avec le Chili ; la façade de la cathédrale est trouée de boulets ; à l'intérieur, les objets d'or et d'argent ont été fondus et le couvent de San-Francisco menace ruine.

Lima, surnommée la *perle du Pacifique*, est aujourd'hui une perle ternie. Les Chiliens l'ont mise à feu et à sac et non seulement elle, mais ses villes de plaisance, Chorillos et Miraflores, Baranco et Ancon, et Callao, son grand port.

Une voie ferrée relie Lima au Callao, qui en est le faubourg maritime et aussi l'une des escales les plus fréquentées de la côte américaine du Pacifique. L'îlot du Fronton et l'île San-Lorenzo mettent sa baie sûre et profonde à l'abri de la *Mar Bravo*, de l' « Océan sauvage » dont la longue houle se fait sentir jusque dans le port, toujours agité. « Le port du Callao, écrit M. Ch. Wiener, se présente sous un aspect particulièrement civilisé. Une société industrielle française y a construit un port avec de grands bassins. Des murs énormes ont été élevés dans l'eau. Sur les môles en fer on entend le grincement métallique des grues à vapeur et le bruyant va-et-vient de petites locomotives ; une forêt de mâts et de cheminées ondoie sous l'influence de la houle comme le chaume sous le souffle d'une brise légère : les transatlantiques, les vaisseaux de guerre étrangers et la flotte péruvienne, cuirassés, batteries flottantes et autres engins meurtriers, se balancent paisibles sur la vague qui entoure les carènes d'un clapotis, sorte de brisant endormi. Ils semblent sommeiller au milieu des centaines de barques qui dansent sur l'onde et des remorqueurs sillonnant le port et la rade. » Une interminable rue de petites maisons basses traversée par la voie ferrée transporte en vingt minutes les voyageurs d'une ville à l'autre.

Arequipa, à 900 kilomètres au sud de Lima, est la seconde ville de la République, autant par sa population, qui atteint 50,000 âmes, que comme centre industriel, scientifique et agricole. Sa situation est merveilleuse ; Arequipa s'élève par 2,300 mètres d'altitude, sur le versant oriental d'une fertile vallée dominée par le pic solitaire du Misti que deux vastes dépressions isolent de la chaîne neigeuse du Chaconi. Le Chile aux ondes froides baigne la ville et, grossi de nombreux ruisseaux, va s'épancher dans le Pacifique, distant de 120 kilomètres. Fondée par Pizarre, la ville jouit, grâce à son altitude, d'une température moyenne de 17 degrés et d'une grande salubrité. Une voie ferrée relie Arequipa à Puno et au lac de Titicaca dans l'est, à Islay et à Mollendo sur la côte.

Islay a beaucoup perdu de son importance depuis que les mouvements de fond de la mer lui ont fait préférer Mollendo, devenu le port d'importation de la Bolivie et aussi des provinces méridionales du Pérou. Moquegua, plus au sud et près de la frontière du Chili, est un centre viticole et aussi une ville aristocratique. Puno, ville plus indienne qu'espagnole et peuplée surtout d'*Aymaras* et de *Quichas*, confine au grand lac de Titicaca que l'on n'aperçoit pas de Puno, caché comme il l'est par un rideau de roseaux que peuplent des nuées d'oiseaux aquatiques. Cette localité fut célèbre autrefois par ses mines d'argent, mais les puits d'extraction de Cancharani et de Laycaycota, qui ont donné des millions, sont aujourd'hui abandonnés et l'on n'exploite plus que les galeries de San-Antonio-de-Esquilache, situées à 25 kilomètres de Puno.

Cuzco est plus au nord, par 3,460 mètres d'altitude, dans une haute vallée des Andes, au point de rencontre du Tullmayo, du Huatanay et de l'Almodena dont les eaux réunies forment le Vilcamayo, affluent de l'Apurimac. Peuplée de 40,000 habitants, en grande majorité Indiens, elle est, après Lima et Arequipa, la troisième ville de la République. Elle fut la première de l'empire des Incas ; Manco-Capac la fonda peu après l'an 1000 et la baptisa « le nombril du monde ». Détruite et reconstruite par les

Espagnols, Cuzco repose encore sur les solides assises que lui donna son fondateur ; son temple du Soleil subsiste, converti en église, et le temps a respecté les débris des monuments astronomiques et religieux, des temples et des palais accumulés dans cette ville sainte des Incas. Cuzco est l'un des seuils d'accès de la *Montana*, de l'immense région forestière qui s'abaisse vers l'est et se déroule à travers le Brésil. Les corps de Pizarre et d'Almagro reposent dans l'une des nombreuses églises de Cuzco. Cette terre qu'ils ont conquise garde leurs tombeaux. Ayacucho, au sud-ouest de Cuzco, renferme 20,000 habitants. Elle eut nom *Huamanja*, « rocher du Faucon, » et fut, elle aussi, une création de Pizarre. Elle prit, après la victoire que les Péruviens remportèrent près de Quinoa sur les troupes espagnoles, le nom d'Ayacucho donné à cette bataille mémorable dans les annales de la République. Centre policé et cultivé, Ayacucho possède une excellente université.

En remontant vers Lima, et au sud de la capitale, Chorillos, la ville de bains de mer de la capitale, déploie au long de la baie ses riantes villas et ses maisons de plaisance. Ce site charmant fut le théâtre du combat suprême qui, le 13 janvier 1881, livrait Lima et le Pérou au Chili victorieux. Acculée dans Chorillos, l'armée péruvienne résistait héroïquement aux attaques de Baquedano. Les fenêtres, les terrasses, les toits plats couverts de tirailleurs faisaient de chaque maison une citadelle qu'il fallait emporter d'assaut. Recaberren, officier péruvien, conduisait pas à pas cette résistance obstinée. Incertain du succès, décidé à en finir à tout prix, voyant ses troupes décimées, Baquedano fit avancer l'artillerie chilienne à portée de mousquet; les bombes, les obus éclatent sur la ville, l'incendie s'allume, les Chiliens l'activent, les maisons s'écroulent dans les flammes entraînant avec elles leurs défenseurs. Aujourd'hui les traces de la grande lutte ont disparu, mais le nom de Chorillos atteste l'héroïque résistance des Péruviens.

Huanuco, au nord-est de Lima, chef-lieu de province, est située sur la rive gauche du Huallaga, affluent du bassin de l'Amazone, dans une riche vallée couverte de plantations de coca, de café, de cacao et de canne à sucre. Au nord-ouest se trouvent les ruines de Huanuco-Viejo, vieille cité des Incas qu'entourait une muraille cyclopéenne. Xérez affirme que, de son temps, cette muraille mesurait trois lieues de circonférence. Une avenue de près d'un kilomètre, bordée de constructions et aboutissant à trois portes monumentales, donnait accès au *Castillo*, temple ou palais dont il ne subsiste plus que des débris. Truxillo, 15,000 habitants, est plus au nord, sur la côte; fondée par Pizarre, cette ville a beaucoup souffert des tremblements de terre. Salaverry, au sud de Truxillo et Pacarmayo au nord, sont des havres d'exportation. Payta, près de la frontière de l'Équateur et au sud du cap Blanco, est l'un des meilleurs ports du Pérou. Situé au fond d'une baie bien abritée, Payta offre, sur cette côte sans cesse agitée, des eaux dormantes et paisibles ; elle semblerait appelée à un grand avenir, n'était l'effrayante stérilité de la région environnante, dépourvue de toute végétation. Payta confine au *Desierto de Sechura*, l'un des plus arides de cette côte. Lambayeque, à l'extrémité méridionale du désert de Sechura, possède des plantations de tabac et de coton et écoule ses produits par son port de San-José, estuaire de la rivière torrentueuse dont Lambayeque porte le nom.

Pays de mines et de culture, le Pérou produit encore pour dix ou douze millions d'argent annuellement. L'exploitation des minerais s'est concentrée dans les mines de Cerro de Pasco, de Castrovireina et de Recuay. Le haut prix de la main-d'œuvre a fait abandonner d'anciens gisements autrefois très productifs avec le travail servile. L'Angleterre absorbe la plus grande partie du commerce du Pérou, dont l'exportation consiste surtout en sucre, caoutchouc, quinquina, coton, laine, coca, café et cacao. Ce commerce se chiffre par un total d'environ 150 millions de francs à l'année ; il est desservi par un mouvement maritime assez important dont Callao est le centre, et qui emprunte en outre les ports de Payta, Mollendo, Pisco et Salaverry.

Vaincu par le Chili et dépouillé de ses arides mais riches provinces méridionales de Tacna et d'Atacama, le Pérou, replié sur lui-même, panse les plaies d'une guerre malheureuse. Il ne peut plus demander à ses riches gisements de guano, en partie épuisés, à ses mines d'or et d'argent, en partie abandonnées, l'opulence factice qui fit longtemps de son nom le synonyme d'une inépuisable mais dangereuse prospérité. Il en trouvera sa large compensation dans l'intelligente exploitation de ses autres ressources naturelles. La *Montana*, le bassin supérieur de l'Amazone, est sa terre d'avenir, terre merveilleusement riche et féconde et dont les productions rendront au Pérou son antique prospérité, assise, cette fois, sur des bases plus solides.

Ce pays n'est pas un pays neuf, mais vieux, offrant avec l'Espagne de singulières analogies. Il a, lui aussi, une plèbe dégénérée et indolente et, pour lui aussi, la politique est le pire des ennemis. Cette politique, qui se préoccupe moins des questions de principes que des questions de personnes, de développer le pays que d'enrichir le parti au pouvoir, a plus fait de mal au Pérou que ses guerres malheureuses. Ses ressources naturelles sont grandes, mais il n'en tirera parti que le jour où une administration active et probe gérera les affaires publiques, rétablira l'ordre dans les finances et la discipline dans l'armée.

VI. — RÉPUBLIQUE DE BOLIVIE.

Bizarrement découpée, arbitrairement modifiée par la diplomatie, la guerre et les traités, la République Bolivienne affecte sur la carte l'apparence d'un trapèze irrégulier formé de lignes conventionnelles et rigides au nord-est et au sud, ailleurs de lignes sinueuses dessinant des angles saillants et rentrants, des contours tourmentés qui, longeant à distance l'océan Pacifique, semblent s'ingénier à lui en fermer l'accès. Elle ne communique avec la mer que par une porte étroite, entre l'embouchure du Rio Loa et le 24e degré de latitude, et encore cette porte s'entr'ouvre-t-elle à l'extrémité méridionale de la Bolivie et donne-t-elle sur une zone aride et déserte. Refoulée sur les hauts plateaux des Andes, la Bolivie, à laquelle, autant que la politique, la Cordillère occidentale barrait le seuil maritime, est enserrée entre le Chili au sud et au sud-ouest, le Pérou à l'ouest, le Brésil au nord et à l'est, le Paraguay au sud-est, la République Argentine au sud.

Entre elle et le Chili, la frontière, remaniée par la guerre et les traités commence
au Rio Desaguadero, traverse le lac Titicaca et la chaîne des Andes, empruntant
ensuite le cours du Rio-Inambari qu'elle suit jusqu'au 73° degré de longitude. Au delà,
ce n'est plus qu'une ligne conventionnelle courant en ligne droite du sud au nord dans la
direction de la vallée de Javari. Vainement la Bolivie a réclamé la possession de la zone
inexplorée que le traité du 7 mars 1867 a laissée au Brésil, sa frontière du nord-est
s'arrête au confluent du Rio Beni et du Mamoré, qui, réunis, prennent le nom de
Madeira.

Ramenée de 300 kilomètres en arrière de la borne de marbre posée en 1750 comme
limite immuable de la Bolivie et du Brésil, la frontière, obliquant au sud, contourne
ensuite les marais de la rive occidentale du Paraguay, les villages et les forts brésiliens
qui l'isolent du fleuve ; elle rejoint le confluent du Rio Bermejo et du Rio Tarija, remonte
le cours du premier et, coupant la Cordillère orientale, suit une ligne imaginaire
empruntée au 24° degré de latitude sud. La superficie approximative de la Bolivie, dont
en maints endroits les limites restent encore indécises, est de 1,334,000 kilomètres
carrés ; sa population est de 2,300,000 âmes, répartie entre un million d'Indiens,
800,000 métis et 500,000 habitants de race blanche.

De toutes les régions de l'Amérique, la Bolivie est la plus montagneuse et la plus
élevée. Les Andes y atteignent leur maximum d'altitude ; elles s'y déploient dans toute
leur majestueuse grandeur et s'y étalent dans toute leur ampleur. Orientées du nord au
sud, elles soulèvent entre la Bolivie et le Pérou méridional leurs cimes neigeuses qui
séparent les deux États et qui, mesurant 5,000 et 6,000 mètres de hauteur, atteignent
jusqu'à 6,500, se maintenant à une hauteur moyenne de 4,500. Au sud du volcan de
Gualatieri et du Nevado de Parinacotcha, s'ouvre une haute plaine de 3,800 mètres
d'altitude, la Pampa de Huasco ; la chaîne qui l'enserre se divise en deux Cordillères qui, plus au sud, se rejoignent au nœud de Mino, mais de nouveau s'évasent ; la
chaîne orientale se déroule en un chaos montagneux duquel surgissent les pics d'Aucar-
quilcha, 6,170 mètres, de Tapaquilcha, 5,890, puis les cimes volcaniques d'Atacama,
Licancau, Toconado, Hlascar, Llallayacu, de 6,200 à 6,400 mètres d'élévation. Moins
régulière et moins élevée, la Cordillère occidentale descend parallèlement à la chaîne
maîtresse. Dans le large sillon qui se creuse entre elles s'allongent des marais et des
lagunes, des plaines de sable et de sel ; dans l'ouest, longeant la Cordillère, le désert
d'Atacama s'étend dans la direction du Chili.

D'une altitude moyenne de 4,700 mètres, la chaîne maîtresse, prolongement des
Andes, déploie sur 850 kilomètres de longueur son merveilleux panorama de pics
étincelants, d'arêtes aiguës, de dômes recouverts de neiges et de glaces. Par le travers du lac Titicaca, son épaisseur moyenne est de 150 kilomètres, elle dépasse
200 plus au sud. Ici les colosses se succèdent : la Merada 5,600 mètres, le Huanna-
Potosi 6,180, le Chachacomani 6,204, le Nevado de Sorata 6,480, l'Illimani, la plus
haute cime de la Bolivie, 6,700. A l'est de la grande chaîne orientale apparaît un énorme
massif montagneux, mesurant 600 kilomètres du nord au sud, 400 de l'est à l'ouest.
Ce puissant renflement, dont certaines cimes dépassent 5,500 mètres, domine les

grandes plaines orientales dans lesquelles il saillit comme un gigantesque éperon, séparant les affluents de l'Amazone de ceux du Parana par ses longs plissements de sol et ses chaînons de collines.

Enserré entre la double chaîne des Andes et de la Cordillère occidentale, le plateau bolivien occupe une superficie d'environ 100,000 kilomètres carrés. Le lac Titicaca en marque l'extrémité septentrionale. Son émissaire, le Desaguadero, coule du nord-ouest au sud-est, dans une direction parallèle à celle des Andes et, après un cours de 320 kilomètres, se déverse dans la Pampa Aullagas, bassin lacustre, situé par 3,700 mètres d'altitude et d'une superficie de 2,800 kilomètres carrés. D'une grande profondeur, ce lac n'est pas alimenté seulement par le surplus des eaux du lac Titicaca que lui amène le Desaguadero, mais aussi par de nombreux ruisseaux et torrents des hauteurs. L'évaporation le maintient à un niveau constant, car un seul émissaire s'en détache, et si faible est son volume qu'à quelques kilomètres il se perd dans la plaine sablonneuse pour reparaître plus loin sous le nom de Rio Laca-Ahuira et porter ses maigres eaux à la Cianega de Coipasa, vaste dépression marécageuse que les pluies abondantes convertissent en lac. Il paraît vraisemblable qu'autrefois la Cianega se déversait dans l'est, amenant à l'Amazone les eaux du lac Titicaca que 280 kilomètres seulement séparent de l'océan Pacifique, attestant ainsi l'inclinaison générale du plateau vers l'est.

C'est dans cette direction d'ailleurs que s'épanchent la plupart des ruisseaux et des cours d'eau de la Bolivie. Ils descendent des hautes vallées, coulant au nord pour rejoindre le bassin de l'Amazone, au sud vers le Rio de la Plata, et alimentent le Rio Beni, le Rio Mamore, affluents du Madeira, le Guapay, le Rio Blanco, le San-Miguel, le Guapore, vastes rivières de la haute Amazonie, puis, le Pilcomayo, la Palaya, tributaires du Rio de la Plata. Toute cette haute plaine de l'Amazone est sillonnée de puissants cours d'eau, solitaires et encore peu connus. Ils descendent de la Colombie, de l'Équateur, du Pérou et de la Bolivie, portant les eaux froides des Andes dans l'immense plaine au travers de laquelle ils déroulent leurs cours sinueux, formant un réseau de voies de pénétration qui aboutissent au grand fleuve et sur lui se greffent, ainsi que les ramures sur un tronc gigantesque.

Région intertropicale, la Bolivie, très montagneuse, possède toutes les variétés de climats. La température, élevée sur les côtes et dans les terres basses, décroît à mesure que l'on s'élève. Au-dessus de la zone brûlante, on rencontre, dans une gradation successive, les *yungas*, zone ainsi nommée d'après la fertile vallée de Yungas qui en réunit les traits caractéristiques. Dans les *yungas* règnent un perpétuel printemps, une température toujours égale, une régulière alternance de soleil et de pluie. Le climat y est idéal et le sol fécond se prête à toutes les cultures tropicales. A 1,600 mètres d'altitude commence la *medio yunga*, la zone des fruits, chaude encore, mais plus tempérée; elle cesse par 3,000 mètres et fait place à une troisième zone, dite *Cabecera de Valle*, tête de vallée ou haute vallée, où l'on cultive les céréales et plantes d'Europe; c'est la région salubre entre toutes et la plus peuplée. Entre 3,500 et 4,000 mètres apparaît la *puna*, terre de pâturages et d'élevage de troupeaux de brebis et de lamas; les arbres y deviennent rares. Au-dessus de la *puna*, la *puna brava*, froide et rude, déroule ses longues pentes que la *Llareta*, mousse épaisse, recouvre ainsi qu'un tapis jaune. Dans cette région, d'une altitude moyenne de 4,000 mètres et qui remonte jusqu'à 5,200, où commencent les neiges perpétuelles, la population est rare et clairsemée; les villages s'abritent dans les creux des montagnes; la vie animale est représentée par les lamas, les alpagas, les vigognes et les guanacos qui errent dans ces solitudes, par les grands oiseaux de proie qui planent sur ces hauteurs. Ici finit la vie animale et végétale, l'hiver éternel succède aux chaleurs torrides de la côte, à l'idéal printemps des *yungas*, et partout l'œil ne rencontre que pics sourcilleux, dômes neigeux et champs de glace.

Étant donnée cette gradation savante de zones et de climats, on comprend que la Bolivie soit, comme le Mexique, un microcosme de tous les climats et de toutes les zones, et que ses produits soient infiniment variés et divers. Elle est surtout riche en écorces et plantes médicinales; la chinchona y abonde et surtout la *Chinchona calisaya*, qui fournit la meilleure quinine; on y trouve le *Yaravisca*, très efficace contre les fièvres intermittentes, le *Chiriguano*, employé dans les cas d'hémorragies, le gaïac, et de nombreuses essences pour la teinture.

La Bolivie n'est pas moins riche en gisements métallifères; elle a déversé sur le monde des milliards en argent et, encore aujourd'hui, le nom de *Potosi* est synonyme d'incalculables trésors. La montagne argentifère, le *Cerro Hatun Potocchi*, dresse, à 30 lieues de la Paz, dans un vaste bassin, sa cime solitaire et rougeâtre, haute de 4,865 mètres. Isolé des autres monts, le Potosi apparaît comme une gigantesque pyramide dans le désert. De son sommet, l'œil ne découvre que des mornes arides, des cônes volcaniques, un horizon de sables, de pierres et de roches. Trouée, forée, fouillée en tous sens, la haute montagne semble une ruche dans laquelle des générations humaines ont percé leurs alvéoles. Partout des galeries étroites et basses, à peine suffisantes pour permettre à un corps humain de s'y glisser en rampant, s'enfoncent dans les flancs du géant, dont le labeur obstiné de dix-huit générations n'a fait qu'entamer l'écorce. La plupart de ces galeries sont des tombeaux où gisent les ossements des malheureux que les gaz ont étouffés, que les éboulis ont engloutis. De misérables et silencieux Indiens errent sur ces pentes, creusant, fouillant les filons, arrachant à grand'peine les minerais qu'ils traînent à l'entrée des galeries, les concassant et les chargeant sur leurs patients et mélancoliques lamas qui les transportent jusqu'aux usines qui bordent la Ribera de Potosi. Là, les pilons de fer les écrasent, les tamis séparent les parcelles et, par de primitifs procédés, on extrait le métal pur, non sans un déchet énorme et non sans une terrible dépense de vies humaines.

Aujourd'hui, l'on exploite surtout les mines de Huanchaca, situées dans le département de Potosi. Commencée en 1873, cette exploitation, bien dirigée, a déjà donné un rendement de 350 millions d'argent, dont près de 125 ont été distribués aux 200 actionnaires, porteurs des 6,000 actions de la Compagnie. On n'attend pas moins des gisements d'Aullagas situés dans le même district, au pied du Cerro-Hermoso et contenant un riche filon de *rosieler*, mine d'argent rouge, et d'argent natif, connu sous le nom d'Embudo. Les mines d'or, moins importantes, se trouvent dans la partie nord de la République, dans la province de la Paz.

Nous retrouvons, dans la Bolivie, les mêmes populations aborigènes qu'au Pérou, les *Quichas* et les *Aymaras*, ces derniers cantonnés de préférence au nord et dans le bassin du lac Titiçaca, berceau de leur race et de leur dynastie, de leurs souvenirs et de leurs traditions. Débris dégénérés d'une race qui fit de grandes choses, ils n'ont gardé de ses antiques vertus qu'un fatalisme résigné et le culte mélancolique d'un passé glorieux. Ce sont leurs ancêtres qui fondèrent le grand empire des Incas, qui édifièrent les temples, les palais, les forteresses dont les ruines jonchent le sol du Pérou, de la Bolivie et de l'Équateur, qui créèrent ces aqueducs et surtout ces grandes routes militaires dont les vestiges attestent encore l'ancienne magnificence. Les deux plus considérables étaient celles qui reliaient Quito à Cuzco et qui, dans le sud, se prolongeaient jusqu'au Chili.

La première sillonnait le plateau, l'autre suivait le bord de l'Océan. Toutes deux rappellent les grandes voies qui, de Rome, atteignaient les extrémités de l'Empire. La route du plateau traversait des sierras inaccessibles et ensevelies sous la neige, à l'aide de galeries de plusieurs lieues taillées dans le roc vif; elle franchissait les rivières par des ponts aériens, escaladait les précipices par des escaliers creusés dans les rochers. Au long de ravins d'une profondeur effrayante s'élevait une maçonnerie solide; toutes les difficultés de l'art de l'ingénieur avaient été abordées et vaincues et cette route ne mesurait pas moins de 2,500 kilomètres de longueur. Il n'en reste que des fragments interrompus, mais on retrouve encore les lourdes dalles de pierre qui formaient la chaussée et aussi les colonnes, semblables à des bornes milliaires, espacées d'une lieue. Au long de ces grands chemins s'élevaient des *Tambos*, caravansérails destinés à l'Inca, à ses fonctionnaires et aux porteurs de messages; des forteresses se dressaient sur les points stratégiques, et ce qui subsiste de ces étonnants travaux justifie l'assertion que les routes des Incas doivent compter parmi les ouvrages les plus utiles et, en même temps, les plus gigantesques que les hommes aient exécutés.

Certes, cette race était parvenue à un remarquable degré de civilisation et, comme le constate Prescott, grâce à ces immenses travaux, les parties les plus éloignées de l'empire des Incas étaient étroitement reliées entre elles. Tandis que les capitales de l'Europe, séparées par des distances de quelques centaines de kilomètres, demeuraient alors aussi étrangères les unes aux autres que si des mers les eussent isolées, les cités de l'empire étaient directement rattachées les unes aux autres par les grandes routes des Incas. Les nouvelles des nombreuses provinces étaient rapidement transmises à la métropole, foyer central où convergeaient toutes les lignes de communication. Pas un mouvement insurrectionnel ne pouvait éclater, pas un ennemi ne pouvait franchir la frontière la plus lointaine avant que la nouvelle ne parvînt à la capitale et que les armées impériales fussent en marche pour les arrêter. Les dispositions imaginées par les despotes américains rappellent les institutions analogues de Rome, alors que, sous les Césars, Rome possédait la moitié du monde connu.

VUE GÉNÉRALE DE LA VILLE DE SUCRE.

Pour ramener si bas une race qui s'était élevée si haut, il fallut le joug cruel et oppresseur de l'Espagne et l'intolérable travail des mines auquel la cupidité de la métropole condamna longtemps l'Indien soumis. Il y perdit ses antiques vertus et l'esclavage eut raison de ses velléités de résistance. Seules, les tribus que la distance affranchissait du contact des blancs, conservèrent à tout le moins leurs traits distinctifs, avec une férocité en plus que leur donna la haine de l'envahisseur. Tels les *Yuracarès* qui ont donné leur nom à une province de la Bolivie et dont d'Orbigny trace le portrait suivant: « Ils ont de belles formes, les épaules larges, la poitrine bombée, le corps svelte, les membres replets et bien musclés. Tout annonce chez eux la force et la souplesse. Leur démarche fière et arrogante s'accorde parfaitement avec leur caractère et la haute idée qu'ils ont d'eux-mêmes. Hautains, insolents, hardis, entreprenants, ils ne redoutent rien. Cruels autant pour eux-mêmes que pour les autres, ils s'habituent à se couvrir de blessures. Ennemis de tout espèce de société qui pourrait leur ôter un peu de leur indépendance, ils ne vivent que par familles, et encore dans celles-ci ne connaît-on point les égards mutuels, chaque individu ne vivant que pour soi. Les femmes ont le caractère des hommes et chez elles on ne trouve même pas toujours le sentiment maternel ; elles immolent fréquemment la moitié de leurs enfants, tout en restant esclaves de ceux qu'elles élèvent. » Aussi fiers et aussi indépendants sont restés les Guarayos, riverains du San-Miguel. Ils sont grands, bien faits, presque blancs et très barbus, fait rare parmi les Indiens ; fiers d'allures ils possèdent des traits réguliers et doux et leur caractère répond à leur extérieur.

Divisée en huit départements subdivisés eux-mêmes en provinces et en districts, la Bolivie compte peu de grands centres. Le plus important, La Paz, capitale de la République, ne renferme pas 30,000 âmes ; elle est située au fond d'un immense pli de terrain, et c'est d'une hauteur de 300 mètres, au débouché d'une plaine aride, que l'on aperçoit, au-dessous de soi, la ville déroulant ses toits rouges que surplombent les clochers des églises. En face se dresse l'Illimani ; ses roches déchirées par les éruptions volcaniques, son sommet recouvert de neiges éternelles donnent à la capitale bolivienne un aspect sévère et grandiose. La profonde vallée d'alluvions dont elle occupe le bord supérieur, *Cabecera de Valle*, est sillonnée par le ruisseau torrentueux de la Paz qui traverse la ville. La cathédrale de la Paz est la plus somptueuse de toute l'Amérique méridionale. « La Paz, écrit M. Castelnau, possède plusieurs établissements d'instruction publique, une université, deux lycées, un collège des sciences et une école des arts mécaniques. Son commerce est très considérable, c'est là que se trouve le centre de tous les échanges entre les denrées des *Punas* et les marchandises d'Europe et des États-Unis venues par la voie du Pacifique... Ce qui attire et retient surtout les yeux, c'est la magnifique vue de l'Illimani qui présente dans le lointain sa cime neigeuse et ses flancs verdoyants. »

Chuquisaca, seconde ville de la République, fut, avant La Paz, la capitale de la Bolivie ; elle n'est plus qu'un chef-lieu de département et a reçu le nom de *Sucre* en souvenir de l'un des chefs de la guerre de l'Indépendance. Située sur un plateau de

2,840 mètres d'altitude, Chuquisaca occupe l'emplacement d'une vieille cité indienne, *Choquechaka* ou « Pont d'Or », ainsi nommée autant à cause des convois d'or, d'argent et de pierres précieuses qui la traversaient se rendant à Cuzco, que de l'emploi que l'on y faisait de l'argent pour les usages vulgaires. Peuplée d'environ 20,000 habitants, la ville s'élève dans un cirque de montagnes, sur un plateau uni qu'entourent de profonds ravins. Propre, coquette et gaie, Chuquisaca offre un aspect charmant. Elle renferme de nombreuses églises, un archevêché et d'importants établissements scolaires. Dans les vallées qui l'entourent, on cultive, vu l'altitude, la plupart des plantes d'Europe et notamment les céréales.

Cochabamba, *Plaine du Lac*, chef-lieu du département du même nom, est située par 2,570 mètres d'altitude, dans un bassin lacustre aujourd'hui desséché, converti en une vallée fertile et que traverse un affluent du Rio Grande. Pendant près de neuf mois de l'année, Cochabamba jouit d'un ciel sans nuages et d'une température idéale ; elle est une des rares villes industrielles de la Bolivie et possède des filatures de coton et de laine, des savonneries, tanneries et poteries. Elle est aussi un important entrepôt agricole ; les terres qui l'avoisinent sont remarquablement fécondes et propres à la culture des céréales dont Cochabamba approvisionne, outre les départements adjacents, le Pérou méridional, aussi est-elle, à bon droit, considérée comme le grenier d'abondance de la République.

Potosi, la vieille cité légendaire des mines d'argent, est située par 4,058 mètres d'altitude, dans un cadre de montagnes au milieu duquel le *Hatun Potocchi* dresse sa tête chauve et ses flancs dénudés au long desquels errent les Indiens silencieux et mornes absorbés dans leur incessant labeur. Potosi eut, à l'époque de sa prospérité, une population de près de 100,000 âmes, elle n'en renferme plus que 10 à 12,000 et la plupart de ses maisons sont vides. L'altitude à laquelle elle est construite en rend le séjour très désagréable aux Européens ; non seulement il y pleut ou il y neige presque chaque jour, mais la raréfaction de l'air y est telle qu'elle affecte douloureusement les poumons. La *soroche* ou la difficulté de respirer, accompagnée de nausées, règne constamment à Potosi et décime les enfants de blancs dont deux sur trois périssent peu après leur naissance. Potosi ne possède qu'un monument important : son hôtel des Monnaies qui occupe un quartier entier de la ville, puis les nombreuses usines qui servaient et dont quelques-unes servent encore à l'exploitation des minerais argentifères du Cerro. Leurs grands bâtiments et leurs longs aqueducs forment une ligne ininterrompue sur les deux côtés de l'énorme ravin qui traverse la ville et son faubourg du Cantumarca. Cette ville, aujourd'hui si déchue de ce qu'elle était autrefois, fut le centre d'un formidable mouvement de métaux. On évalue à *dix milliards* de francs la quantité d'argent extraite du Cerro de Potosi depuis 1545 jusqu'à ce jour.

En dehors de ces villes, la Bolivie ne possède pas de centres importants ; les seuls à noter sont Santa-Cruz, 10,000 habitants, Oruro, 9,000, Tarija, 6,000, chefs-lieux des départements de mêmes noms, et Trinidad, dans le département de Beni.

Le mouvement commercial de la Bolivie se chiffre par un total de 75 millions dont 30 à l'importation et 45 à l'exportation. Les deux tiers de l'exportation consistent en

argent. La moitié des produits importés sont de provenance anglaise et empruntent
le port péruvien d'Arica ; la France et l'Allemagne se partagent l'autre moitié. L'exportation consiste, outre l'argent en barres, en quinquina, gomme, cacao, café, cuivre,
étain et autres minerais, et aussi en caoutchouc et coca, deux des produits les plus
appréciés de la Bolivie.

Depuis que l'issue malheureuse de la guerre avec le Chili a fermé à la Bolivie
l'accès de l'Océan, force lui est de chercher à s'ouvrir, au sud-est, une voie vers le
grand réseau fluvial du Rio de la Plata. En ce faisant la Bolivie obéit autant aux conditions nouvelles qui lui sont faites qu'au relief de son sol qui, par ses longues pentes et
ses eaux, l'entraîne vers l'intérieur du continent, vers les terres fertiles qu'arrosent les
hauts affluents du Rio Paraguay. Déjà les chemins de fer argentins remontent jusqu'à
Jujuy, effleurant la frontière méridionale de la Bolivie dont ils attirent à eux une partie
du trafic.

Indiens Pongos.

La côte de Bahia.

VII. — LA RÉPUBLIQUE DU BRÉSIL

Après la Russie et la Chine, après les États-Unis et le Canada, le Brésil est le plus vaste des États du monde. Sa superficie totale, de 8,361,350 kilomètres carrés, égale seize fois celle de la France; du nord au sud, de la barre du Chuy aux sources du Cotingo, le Brésil mesure 4,280 kilomètres de largeur; de l'est à l'ouest, de la pointe de Pedra aux sources du Javary, il en a 4,353 de longueur.

Au nord-est, à l'est et au sud-est, il se déploie en une énorme façade de 7,000 kilomètres sur l'océan Atlantique; au sud, il confine à l'Uruguay qui, sur 600 kilomètres le sépare de la République Argentine; le cours du Parana forme sa frontière avec le Paraguay, de même que le cours de l'Uruguay et celui du Madeira dessinent sa limite avec la Bolivie orientale. Au-dessus du 10e degré de latitude, la frontière géographique fait place à un tracé arbitraire qui remonte vers l'ouest, coupant le cours du Parus, du Jurua, du Julay, longeant celui du Javary, du Marañon, du Putumayo et qui, franchissant le Rio Negro et ses multiples affluents, oblique à l'est, rejoignant les Sierras Parima, Pacaraima, Tumuc-Hamac et la mer. Entre les sierras et l'océan, la frontière avec les Guyanes est encore indécise. Il en est de même au nord-ouest; de vastes territoires sont réclamés par la France et l'Angleterre au sud des Guyanes et, dans le nord-ouest, l'Équateur, le Pérou et la Colombie contestent au Brésil la possession de grands espaces qu'occupent seuls des Indiens nomades.

« Si, sur cette terre, il fut un paradis terrestre, écrivait Américo Vespucci, il dut être, sans nul doute, en ces lieux. » Il venait alors, en 1502, de débarquer au cap Frio, au nord de la baie de Rio, et d'explorer le pays jusqu'à 40 lieues dans l'intérieur des terres. Deux années s'étaient écoulées depuis que Cabral avait quitté Lisbonne à la tète d'une escadre portugaise, ayant sous ses ordres des navigateurs tels que Barthélemy Dias et Nicolas Coelho; Vasco de Gama avait rédigé lui-même les instructions de Cabral; elles portaient qu'au delà des îles du cap Vert l'escadre devait faire route au sud et au sud-ouest. Vasco de Gama soupçonnait, dans cette direction, l'existence d'une terre; son routier en faisait foi, il y avait noté à la date du 22 août 1497, alors que, sans le savoir, il longeait le Penedo de Saô-Pedro : « Ce soir, vu des oiseaux qui se dirigeaient vivement et à tire-d'aile vers le sud-sud-ouest, comme font oiseaux qui vont à une terre. »

Cabral se conforma à ces instructions, grâce auxquelles il évita les calmes de la côte de Guinée et put suivre l'onde des vents alisés et du courant équatorial; Parti de Lisbonne le 9 mars 1500, il relevait la terre le 23 avril et mouillait le 25 dans la baie de Porto-Seguro, à 380 kilomètres au sud de l'emplacement actuellement occupé par San-Salvador de Bahia. A cette terre nouvelle qu'il venait de découvrir, Cabral donnait le nom de *Terra de Santa-Cruz*, ainsi qu'en fait foi la notification officielle de prise de possession adressée aux souverains catholiques par Emmanuel, roi de Portugal, mais cette appellation fut de courte durée; on lui substitua celle de *Brazil*, donnée par les commerçants à un bois de teinture rouge, l'*Ibira Pitang* des Indiens, et qui abondait sur la côte. Ce nom figure déjà, dès 1503, dans la relation que fit Empoli de son voyage aux Indes avec Albuquerque et Pacheco.

A dater de 1503, les expéditions portugaises se multiplièrent sur ce littoral si riche en bois de teinture et en précieuses essences forestières. En 1504, Pommier de Gonneville, marin de Honfleur, aborde successivement sur trois points différents. En 1505 une flottille portugaise explore la côte sud, découvre le Rio de la Plata et pousse jusqu'en Patagonie. Dès 1506 les escadres à destination des Indes font escale au Brésil. Enfin, Solis, Pinzon, Magellan, Diego Garcia et Sébastien Cabot achèvent le relevé des côtes.

Ce ne fut toutefois qu'en 1531 qu'eurent lieu les premières tentatives de colonisation, si l'on peut donner ce nom à des expéditions comme celles d'Alfonso de Souza qui, avec une escadre montée par 400 soi-disant colons, les employa à capturer des navires marchands français sur la côte de Pernambuco et en expédia une partie à la recherche de l'or dans l'intérieur du pays où les Indiens Guaranys les exterminèrent. Ces tentatives isolées aboutirent à la création de colonies espacées, sans liens entre elles. Sur cette immense côte bien des points restaient vides; ils étaient pour tenter les chercheurs d'aventures parmi lesquels figura Nicolas Durand de Villegaignon, chevalier de Malte qui, fort de l'appui de Henri II et de l'amiral de Coligny, vint s'établir avec des colons français sur l'île de Serigype, située dans la baie de Rio-de-Janeiro, y éleva un fort et conçut le projet de fonder une vaste colonie de la *France antarctique*. Les Portugais rasèrent le fort, mais l'île a gardé le nom de Villegaignon.

Cette première tentative fut suivie de plusieurs autres. La France n'était pas seule à envier cette riche proie ; l'Angleterre, la Hollande la convoitaient, et la réunion du Portugal à l'Espagne fournissait un prétexte aux nombreux ennemis de l'Espagne pour envahir le Brésil. La cause disparue, les effets subsistèrent. Ce ne fut qu'en 1808, lorsque la famille royale de Bragance, chassée d'Europe par Napoléon, vint occuper le trône du Brésil, que les incursions cessèrent, mais quand, en 1821, le souverain rentra dans Lisbonne, le Brésil se déclara indépendant et appela au trône don Pedro Ier, fils de Jean VI, roi de Portugal. De 1822 au 15 novembre 1889, le Brésil, seul des États de l'Amérique du Sud, conserva ses institutions monarchiques, auxquelles une révolution militaire a substitué les institutions républicaines.

Le Brésil offre l'aspect d'un gigantesque plateau de 300 à 1,000 mètres de hauteur, que limitent au nord et à l'ouest les vastes dépressions de l'Amazone et du Paraguay. Le Madeira et son tributaire le Guapore relient presque les deux bassins. Ce plateau occupe la plus grande superficie du pays et en constitue le trait caractéristique. Une autre zone est formée par le plateau de la Guyane, une troisième par la dépression de l'Amazone, une quatrième par celle du Paraguay supérieur, une cinquième, enfin, par la région maritime, étroite mais longue bande de terre qui longe l'Océan. Si montagneux qu'il paraisse, le plateau brésilien renferme d'immenses plaines nivelées par les fleuves nombreux qui le sillonnent ; c'est au centre et à l'est que se trouvent la région montueuse et les grands soulèvements du sol ; ils ont formé deux chaînes distinctes que séparent les hautes plaines du Rio Paraguay et du Rio San-Francisco coulant en sens contraire.

La chaîne centrale se déroule à l'est du San-Francisco, dans la province de Goyaz ; orientée du sud-ouest au nord-est, cette chaîne pénètre dans la province de Minas-Geraes d'où une saillie transversale, courant vers l'ouest, la relie à la chaîne orientale. Cette saillie appartient à la grande ligne de partage des eaux du continent sud-américain, à laquelle on a donné le nom de *Serra das Vertentes*, « chaîne des versants. » Plus longue que large, la chaîne orientale sillonne de ses renflements les provinces de Parana, Saô-Paulo, Rio-de-Janeiro, Espirito-Santo, Minas-Geraes ; elle se bifurque en deux ramifications parallèles, dites la Serra do Mar et la Serra de la Mantiqueira ; leurs sommets les plus élevés sont, pour la première, la chaîne maritime, les pics des Orgues, dans la baie de Rio-de-Janeiro, et dont l'altitude atteint 2,230 mètres ; pour la seconde, la Serra de Mantiqueira, l'Itatiaia, 2,712 mètres. L'Itatiaia constitue le point culminant du Brésil.

Au nord-est, le massif de la Guyane s'étend depuis les bouches de l'Orénoque jusqu'à celles de l'Amazone, soulevant, dans la Guyane française, hollandaise et anglaise, ses crêtes et ses sommets isolés. Le massif déborde sur le Brésil dont il occupe près d'un million de kilomètres carrés, mais qui ne possède de lui que les versants méridionaux. Sa longueur totale, qui dépasse 1,500 kilomètres, constitue, au nord-est du

Brésil, une région de hauts plateaux, coupés de ravins profonds, envahis par une exubérante végétation. Les forêts vierges, çà et là interrompues par des savanes, recouvrent cette région d'où surgissent des crêtes de granit, des escarpements de schistes dénudés, des lignes de hauteurs désignées du nom de Serras Roruima, Pacaraima, Parima, Imery, Aracacora. Quelques-uns de leurs sommets dépassent 2,000 mètres, tels le Duida 2,475 mètres, le Macaragua 2,508 mètres. A l'est, le massif de la Guyane s'affaisse, comme écrasé sous le poids de sa riche parure de forêts ; il s'allonge en longs renflements d'une altitude inférieure à 500 mètres et que l'on désigne des noms de Serra Acaray et Serra Tumucumaque.

Au sud-ouest du massif de la Guyane, apparaît la vaste dépression de l'Amazone, terre d'alluvions dont la superficie n'est pas moindre de cinq millions de kilomètres carrés. Dans l'ouest, elle se relie à la plaine de l'Orénoque, dans le sud à celle de la Plata, formant ainsi l'une des régions planes les plus étendues et les plus uniformes qui soient.

Dans son gigantesque périmètre de plus de huit millions de kilomètres carrés, le Brésil est à la fois une région continentale par excellence, celle des plaines illimitées, des fleuves puissants, des forêts sombres et mystérieuses, des vastes plateaux, et aussi l'une des régions maritimes les plus considérables, son développement de côtes dépassant 7,000 kilomètres de longueur. Au nord, son littoral, profondément échancré par les bouches de l'Amazone, est semé d'îles et de passes ; au-dessous de la pointe Tijoca, la côte se raidit, décrivant une courbe vers le sud-est, s'entr'ouvrant à la baie de San-Marcos où débouche le Rio Mearim. Par delà, elle s'étend, basse, stérile et blanche, offrant l'aspect de draps déployés, d'où son nom de *Lançoes*, « draps de lit », et coupée par les six bouches du Parnahyba. Jusqu'au cap San-Roque, ce ne sont que côtes plates et à demi noyées dans la saison des pluies, sur lesquelles s'ouvrent le port de Parahyba et celui de Natal, à l'embouchure du Rio Grande. Au cap San-Roque, la côte s'infléchit brusquement au sud. A Céara commence un long récif, banc de corail qui longe le littoral à 300 et 400 mètres de distance et se déroule au sud jusqu'à Bahia. Sur quelques points, ce récif offre des solutions de continuité, des passes profondes accessibles aux grands navires ; sur d'autres, il forme lui-même, par ses courbes infléchies, des ports comme ceux de Pernambuco et de Maceio, dans la baie du même nom. Au-dessus du golfe de Todos-Santos débouchent le Rio San-Francisco, le Rio Cotindibo, le Sergipe et le Réal.

Entre Bahia, située sur la baie de Todos-Santos, et Rio-de-Janeiro, la côte, orientée perpendiculairement du nord au sud, forme trois régions distinctes. La première, assez élevée, est traversée par des rios découpant dans le littoral rigide des anses et des baies : baie de Saò-Paulo, à l'embouchure de l'Uña, baie de Camamu, des Contas, d'Ilhéos, d'Olivença, de Canavieiras, de Santa-Cruz, où débarqua Cabral, et de Porto-Seguro. Cette région finit au mont Paschoal, qui s'élève à 536 mètres au-dessus du niveau de la mer ; ce fut celui que Cabral aperçut du large et qui lui révéla l'approche de la terre. Ces baies et ces anses sont moins des seuils de pénétration que des seuils d'accès ; presque nulle part elles n'offrent de cours d'eau navigables jusqu'à une certaine distance et se reliant au grand système hydrographique du Brésil.

Au-dessous du mont Paschoal, la côte s'abaisse, semée de barres, barre du Prado,
à l'embouchure du Jacurucu, ports de Caravellas et de Porto-Alègre, barre du Rio
Doce, d'Almeida, d'Aldeia-Velha, d'Espirito-Santo, d'accès difficile, bien que l'une des
meilleures entre Bahia et Rio-de-Janeiro. A Espirito-Santo commence une autre zone
côtière, zone montagneuse ; le sol se soulève en renflements puissants, isolés d'abord,
puis reliés en massifs et dessinant enfin une longue ligne ininterrompue de sommets
que l'on distingue du large à 15 ou 20 lieues de distance. Au long de cette côte s'ouvrent le golfe de Guarapari, que creuse le rio du même nom, la baie de Benevente,
l'estuaire de l'Itabapoana, la baie de Santa-Anna. Au sud du cap Frio, la côte se creuse
vers l'ouest, dessinant les contours de la splendide baie de Rio-de-Janeiro, semée
d'îles pittoresques et encadrée de montagnes.

A partir de la baie de Rio-de-Janeiro, le littoral s'infléchit ; la pointe de Guaratiba
forme l'extrémité du contrefort montagneux. De nouveau, le sol s'abaisse, la plage
uniforme et basse descend jusqu'au Rio Grande do Sul, affectant les contours d'un
isthme étroit composé de dunes qui séparent de la mer la longue lagune des Patos.
Navigable jusqu'à Porto-Alegre, cette lagune reçoit de nombreux cours d'eau. Du Rio
Grande do Sul au Rio Chuy, qui forme la limite du Brésil avec l'Uruguay, la côte oblique
au sud-ouest, dessinant une zone de dunes, presque inabordables et presque inhabitables,
que l'on désigne du nom d'Albardao. Les bancs de sable en rendent l'accès dangereux ;
seule, la lagune Mirim est navigable, le Rio Chuy la mettant en communication avec
la mer et le Rio San-Gonçalo la reliant à la lagune des Patos.

En décrivant ce littoral étendu, nous avons signalé l'existence de groupes d'îles.
Ce sont, au nord, celles de l'estuaire de l'Amazone ; les unes, terres d'alluvions,
baignées de ses eaux, émergent de son lit, basses, plates, couvertes d'une exubérante
végétation ; les autres, découpées dans la terre ferme, affectent de plus vastes dimensions et un relief plus accentué : telles l'île de Paricatuba d'une superficie de 160 kilomètres carrés, celle de Tupinambarana qui en recouvre 2,453, l'étendue du grand-
duché de Luxembourg, celle de Marajo, incomparablement plus grande que Madère,
les Açores et Malte réunies, et dont la superficie dépasse 5,300 kilomètres carrés.
Plus au sud on rencontre les îles de Maranhao, d'Itamaraca, d'Itaparica, de Gover-
nador, la plus grande des îles de la baie de Rio-de-Janeiro, de Villegaignon dont nous
avons parlé plus haut, puis des Porcos-Grande, de San-Sebastiao, de San-Francisco et
de Santa-Catharina ; plus bas : l'archipel des Abrolhos, celui de Fernando de Noronha
et enfin l'îlot de la Trinidad et les îlots adjacents de Martim-Vaz.

La vraie, l'indéniable supériorité du Brésil sur tous les autres pays, celle qui fera
de lui, un jour, la région la plus riche et peut-être la plus peuplée du monde, c'est son
merveilleux système hydrographique. Nulle terre n'est à ce point favorisée ; il suffit
d'un coup d'œil jeté sur sa carte physique pour reconnaître combien richement la
nature l'a doté de ces chemins qui marchent et quel grand avenir lui est réservé. Si
grandiose que soit le Mississippi, si étendu que soit son bassin, qu'est-il, ce *père des
eaux*, comparé à l'Amazone ? Doublez, triplez, quadruplez son volume, il est encore

LE JARDIN BOTANIQUE DE RIO-DE-JANEIRO.

inférieur à cette mer d'eau douce issue des Andes, dont la source avoisine l'océan
Pacifique et qui, dans son cours de 5,600 kilomètres, coupe en deux l'Amérique méridionale, portant à l'Atlantique les eaux froides des torrents de la Cordillère, celles des
llanos de la Colombie, et qui ouvre à la navigation, par ses affluents, par ses *furos*
et ses *igarapés*, fausses rivières et bras latéraux, un parcours de 50,000 kilomètres.
Dès 1540, Francisco de Orellana l'appelait « la grande mer d'eau douce »; l'Amazone
en a les tempêtes et les ressacs, les hautes vagues qui se succèdent en un majestueux
mouvement rythmique, les profondeurs et les poissons gigantesques. Si distantes sont
ses rives, près de son estuaire, que les oiseaux hésitent à passer de l'une à l'autre;
les grands navires peuvent le remonter jusqu'à mille lieues de son embouchure,
et des fleuves, de dimensions inconnues en Europe, déversent dans son lit gigantesque d'incalculables masses d'eau. L'océan, à l'encontre duquel il les roule, reculé
devant lui, et jusqu'à 300 kilomètres au large on peut puiser dans cet océan qu'il
sillonne une eau dépourvue d'amertume.

Dans ses crues, l'Amazone recouvre des espaces plus vastes que la France entière;
l'homme est impuissant à lutter contre elles, et sur le sol nivelé le fleuve promène triomphalement ses eaux débordantes. Telle est sa puissance fécondante que
l'excès de végétation qu'elle détermine est le plus redoutable obstacle à la colonisation. Ses forêts vierges opposent une barrière impénétrable aux efforts des explorateurs; derrière eux se referme le sentier à peine entr'ouvert et il semble que ce ne
serait pas trop de toute l'artillerie de l'Europe pour saper et renverser la muraille
d'arbres serrés et touffus qui se dresse au long de ses rives et que le fleuve puissant
emporte comme des brins de paille jusqu'à l'océan, quand élargissant brusquement
son lit trop plein, l'Amazone écarte, d'un puissant coup d'épaule, la forêt qui l'envahit
et vainement s'efforce de lui limiter l'espace.

Son bassin mesure 7 millions de kilomètres carrés et, de son cours de 5,600 kilomètres, le Brésil en possède 3,200. S'il n'a pas l'Amazone supérieure, ni la région de la
Cordillère où, sous le nom de Marañon, le grand fleuve prend sa source, s'il ne possède
pas ses hauts affluents, l'Huallaga et l'Ucayali, le Brésil en détient le cours moyen et le
cours inférieur, la vaste porte de 300 kilomètres de largeur ouverte sur l'océan entre
le cap Raso do Norte et le cap Maguary. C'est au fort de Tabatinga, en amont de sa
jonction avec le Javary, que le fleuve, débouchant du Pérou, pénètre sur le territoire
brésilien; il mesure déjà près de 3 kilomètres de largeur; orienté du sud-ouest au
nord-est, il décrit une vaste courbe de 700 kilomètres, reçoit le Porus et se déroule
en méandre sinueux vers l'est. Plus haut, il s'appelait le Marañon; ici il prend le
nom de Solimoes; il semble que son cours soit trop gigantesque pour ne comporter
qu'une seule et même désignation, et là même où il prend celle d'Amazone, l'usage a
longtemps prévalu de l'appeler *les Amazones*.

En aval de sa jonction avec le Javary, le fleuve gonflé élargit son lit qui mesure
5 kilomètres; vainement il déverse une partie de ses eaux dans des criques latérales,
dans des lacs et des marécages, dans des *furos* qui se relient à d'autres rivières,
dans des *panaramirins*, larges et longs canaux parallèles, son volume n'en paraît

pas diminué: Il coule silencieux et grandiose au travers des forêts qu'il troue et dans lesquelles, seul, il a su se frayer un passage, des prairies qu'il submerge, jusqu'au confluent du Trombetas, au détroit d'Obydos, où se produit un étranglement de son cours. Ce qu'il perd en largeur il le reprend en profondeur; l'obstacle franchi, il s'évase et s'étale. Entre le confluent du Tapajoz et celui du Xingu, sa largeur est de 13 kilomètres. Il en mesure 40 à Macapa, et par trois bouches se vide dans l'océan où son estuaire est de 300 kilomètres. Le *Tocantins*, qui mêle ses eaux aux siennes, donne son nom à l'embouchure méridionale qui mesure 61 kilomètres. La masse d'eau qui s'en échappe est évaluée à près de 100,000 mètres cubes par seconde, plus que tous les fleuves d'Europe réunis.

Ses affluents se comptent par centaines, nous n'indiquerons ici que les plus importants; ils seraient, partout ailleurs, des fleuves considérables. Sur la gauche, ce sont : le Rio Iça, navigable sur 2,000 kilomètres de parcours; le Rio Negro dont les tributaires ont plus de 500 kilomètres, l'Urubu, le Trombetas, le Para, le Jary. Sur la droite, descendent le puissant Javary, le Purus aux ondes blanches, le Madeira, long de 3,500 kilomètres et dont le lit est encombré de bois flottés, le Guaporé grossi du Mamoré, le Tapajoz, le Xingu 2,000 kilomètres, et enfin les Tocantins 2,600, peut-être le plus considérable des affluents·de l'Amazone. Pusieurs de ces fleuves, tels que le Guaporé qui se déverse dans l'Amazone, le Jauru, l'un des grands bras du Paraguay, et aussi d'innombrables cours d'eau, sortent du Matto-Grosso, le véritable cœur du Brésil, le nœud hydrographique des artères fluviales qui·portent la vie jusqu'aux points les plus extrèmes de ce grand corps. C'est dans la province de Matto-Grosso, limitrophe de la Bolivie, que se trouve la ligne de partage des eaux qui s'acheminent vers les deux bassins de l'Amazone et de la Plata.

N'eût-il que la grandiose artère de l'Amazone et de ses centaines d'affluents, le Brésil serait déjà l'un des pays les plus favorisés du monde, mais il possède en outre ciuq autres bassins, d'inégale importance, mais qui complètent merveilleusement son système hydrographique. Au nord, c'est le bassin du Grand Massif; il comprend : le Gurupy, le Pericuman, le Méarim 1,000 kilomètres, l'Itapicura 1,600, le Parnahyba 1,700, puis le Jaguaribe, le Piranhas, le Rio Grande do Norte et le Parahyba do Norte. Vient ensuite le bassin du Sao-Francisco que la Serra dos Pireneos sépare du bassin de l'Amazone. Dans son cours de 2,900 kilomètres, le Saô-Francisco reçoit le Rio das Valhas, le Paracatu, le Rio Pardo, le Rio Verde, le Carinhanha, puis le Rio Grande au confluent duquel sa largeur est de 1,800 mètres. Fleuve paisible, régulier, il offre dans tout ce parcours une grande voie navigable, que vient brusquement interrompre une série de chutes et de rapides. Encaissé entre deux massives murailles de granit, le Sao-Francisco se tord et se débat en redoutables tourbillons. De Sobradinho à Piranhas, les chutes se succèdent, puis le fleuve, enfin dégagé, redevient navigable jusqu'à son embouchure, soit sur 240 kilomètres; Piranhas marque le terme de la navigation maritime.

Le versant oriental du Grand Massif brésilien n'est pas moins riche en fleuves. Ce sont, au nord, l'Itapicuru et le Vasa Barris, le Paraguassu embarrassé de rapides, le

Rio.de Contas et le Rio Pardo ; puis, au centre, le Belmonte, issu de la région diamantifère, de la Serra de Pedra Redonda, et mesurant plus de 1,000 kilomètres, le Mucury, et le Rio Doce, 750 kilomètres. Au sud du Grand Massif, les fleuves côtiers forment un bassin distinct. Le Parahyba do Sul en est l'artère principale, mesurant 1,060 kilomètres. Né à 30 kilomètres seulement de la côte, le fleuve, orienté d'abord au sud-ouest, fait un brusque détour et, revenant sur ses pas, coule au nord-est, parallèlement au littoral, dans la vallée qu'il s'est creusée entre la Serra do Mar et la Serra de Mantiqueira. Ses principaux affluents sont le Parahybuna, le Rio Preto, le Rio Novo, le Pomba et le Muriahe. Quand au rio Grande do Sul, il est beaucoup moins un fleuve qu'un canal reliant la grande lagune dos Patos, des Canards, à l'océan. Il est le déversoir de cette vaste nappe d'eau d'une superficie de 65,000 kilomètres carrés qu'alimentent le Jacuhy, rivière majestueuse de 700 kilomètres de parcours, grossie de nombreux affluents, et le Camaquam.

Le bassin de la Plata complète au sud ce merveilleux ensemble hydrographique. Le Brésil en possède la partie orientale et aussi le cours supérieur des trois grands cours d'eau qui le forment : le Paraguay, l'Uruguay et le Parana. Le Parana est le plus vaste et le plus important. De sa source à la Plata il mesure 4,290 kilomètres dont 1,871 sur territoire brésilien. Le Parana, dont le nom signifie « semblable à une mer », a pour branches maîtresses le Rio Grande et le Paranahyba. Issu de la Serra de Mantiqueira, dans la province de Minas-Geraes, et à peu de distance de l'Atlantique, le Parana supérieur, ou Rio Grande, rejeté dans l'ouest par la chaîne montagneuse, tourne le dos à l'océan et s'enfonce dans l'intérieur des terres, décrivant une vaste courbe et ramassant les nombreux affluents descendus du Matto Grosso au nord et de la Serra do Mar au sud. Les plus considérables sont le Rio das Mortes, le Sapucahy, le Mogy-Guassu. Le Paranahyba le rejoint, venant de la Serra da Canastra, plus au nord, et lui apporte les eaux septentrionales du Rio de Saô-Marcos, Rio Verissimo, Rio Corumba, issues de la Serra dos Pireneos. En aval du confluent du Rio Grande et du Paranahyba, le fleuve, sous le nom de Parana, s'engage dans un défilé où il roule, dans une série de rapides, ses eaux écumantes. Ce défilé franchi, il reprend un cours normal et redevient navigable sur 400 kilomètres. Au Salto Grande de Guayra, un nouvel obstacle se dresse devant lui ; pour le franchir il concentre ses eaux, son lit de 2 kilomètres de largeur ne mesure plus que 70 mètres et le fleuve glisse impétueux sur les roches polies à la rencontre du Pequiry ; plus loin, il recueille l'Iguassu et, quittant le Brésil dont il forme la frontière avec le Paraguay, il trace celle du Paraguay et de la République Argentine.

L'Uruguay, sur 1,390 kilomètres de parcours total, en compte 833 dans le Brésil. Il a pour branches maîtresses le Rio das Canoas et le Rio das Pelotas ou Uruguay supérieur. Tous deux naissent sur le versant occidental de la Serra Geral. Les principaux affluents de l'Uruguay sont le Chapaco et le Popiri Guassu, le Piratiny et le Camaquam. Navigable à partir de sa jonction avec le Piratiny et à l'époque des crues, il est, dans la période des sèches, semé de rapides, et sa navigation maritime, qui n'atteint pas le Brésil, s'arrête à Salto Oriental.

Le Rio Paraguay, plus étendu et mesurant 2,800 kilomètres, est le principal affluent du

Parana. Descendu du plateau d'Arinos, le grand cours d'eau occidental court du nord au sud, formant, dans une partie de son cours, la frontière entre la Bolivie et le Brésil. Il reçoit de nombreux cours d'eau ; le Sepotuba, le Cabaçal, le Jauru, le Saô-Laurenço et l'Apa sont les plus importants ; divers lacs alimentent aussi son bassin, servant de déversoir au Paraguay, lui rendant ses eaux dans la période des sécheresses, où ils se convertissent en bassins lacustres et marécageux que recouvre une maigre végétation. En aval de son confluent avec l'Apa, le Paraguay quitte le territoire brésilien.

Situé presque entièrement entre l'équateur et le tropique du Capricorne, le Brésil possède un climat chaud, aux températures très élevées sur la côte et dans le bassin de l'Amazone, où la moyenne oscille entre + 27° et + 28° avec des maxima de 37 et de 38. Ces fortes chaleurs sont un sérieux obstacle à la colonisation européenne ; mais il n'en est pas de même dans le Grand Massif brésilien et dans la zone tempérée qui s'étend au sud du tropique. Dans le Massif, la température, plus égale, varie entre 27° et 21° ; si parfois elle s'élève à 32 dans les jours les plus chauds elle s'abaisse aussi considérablement dans la nuit et descend à 10 et même 5. Sur les plateaux, qui constituent la plus grande partie du Massif, le climat se rapproche beaucoup de celui de l'Europe méridionale ; les moyennes de 21, 20, 19, 16 se rencontrent à Uberaba, Ouro-Preto, Barbacena, Lagoa-Santa, Saô-Paulo, avec des minima de 5 à 3. Il gèle en hiver sur les hauts plateaux de la province de Rio-de-Janeiro et la neige tombe parfois dans la zone tempérée.

On a beaucoup exagéré l'insalubrité de certaines parties du Brésil. La fièvre jaune, qui sévit à intervalles irréguliers à Rio-de-Janeiro, y a été importée en 1850 ; elle n'est guère à redouter que dans la ville basse, dans les quartiers pauvres et mal aérés. Agassiz vante l'excellence du climat de la région des Amazones, région, dit-il, parfaitement salubre et d'une température plus modérée qu'on ne croit généralement.

Il en est de même de la province de Para, située sous l'équateur, et dont la capitale Para ou Bélem, a longtemps été tenue pour malsaine. Elle est, cependant, affirme M. F. Denis, l'une des villes les plus salubres du Brésil, et le naturaliste anglais Wallace déclare, qu'après un séjour de trois ans dans le haut Amazone, et sur le Rio Negro, il fut frappé, en arrivant à Para, de la merveilleuse fraîcheur et de l'éclat de l'atmosphère ainsi que de la douceur balsamique des soirées, qui n'ont d'égales dans aucun des pays qu'il a visités. « Je répète, dit-il en terminant, qu'un homme peut travailler aussi bien ici qu'en Angleterre pendant les mois chauds de l'été ; s'il veut se donner la peine d'y travailler seulement trois heures le matin et trois heures l'après-midi, il produira, pour le besoin et le confort de sa vie, beaucoup plus qu'en douze heures de rude labeur en Angleterre. »

Étant données l'orographie, l'hydrographie et la climatologie du Brésil, la merveilleuse fécondité de cette vaste région s'explique. Elle a tout pour elle, le soleil et les eaux, la chaleur et les terres d'alluvion, les plaines, les vallées, les plateaux et les montagnes ; elle a aussi l'étonnante variété de sa flore et de sa faune, celle de ses innombrables productions, ses voies naturelles de communication intérieure, sa gigan-

LA RADE ET LA VILLE DE RIO-DE-JANEIRO.

tesque façade maritime. Tout concourt à sa prospérité; il semble que la nature ait amené à pied-d'œuvre tous les matériaux nécessaires à l'homme pour achever et compléter son travail.

L'étude de la flore brésilienne constituerait à elle seule tout un traité de botanique. L'opulence de la vallée de l'Amazone en plantes ornementales est véritablement inouïe. On y rencontre une infinie variété de palmiers, de fougères, d'aroïdées et les plus beaux arbres connus, entre autres le Sumaumeira, *Oriodendron Suamauma*, de la famille des malvacées; ce géant végétal rivalise en hauteur et en dimensions avec le *Sequoia gigantea* de la vallée californienne du Yosémite.

Sur les eaux du grand fleuve flotte la plus gigantesque plante connue, le *Victoria Regia*; ses fleurs ont la dimension d'un petit canot et ses feuilles arrondies, d'un mètre de diamètre, peuvent soutenir un enfant à flot. Ici, les orchidées, si recherchées en Europe, abondent. La vallée de l'Amazone fournit les plus rares et les plus précieuses : la *Catleya superba*, la *Catleya eldorado*, le *Cypripedium*, la *Talnoayana*, la *Paricivalima*, la *Nossiæ* et l'*Oncidium Papilio*, que les amateurs se disputent à prix d'or. On les trouve dans ces forêts équatoriales qu'Humboldt désigna du nom charmant d'*Hylœa* et à travers lesquelles le fleuve roule ses flots silencieux et puissants. Cette immense zone boisée comporte deux formations végétales distinctes, deux types particuliers à cette région : la forêt immergée, le *Cad-ïgapo* des Indiens, sur le sol de laquelle l'eau du fleuve débordé séjourne parfois pendant des mois, et la forêt émergée, le *Cad-eté*, la « vraie forêt », le *Matta Virgen*, la « forêt vierge » par excellence, dont le sol plus élevé n'est que rarement inondé. Ces deux formations végétales comportent des essences diverses. La forêt immergée se reconnaît, dès le premier coup d'œil, aux troncs nus des arbres, à leur ramure d'un vert sombre, à la prédominance des Myrtacées, Guttifères, Méliacées, Chinchonées et Mimosées, à l'absence presque complète des lianes. Dans la « vraie forêt », les arbres sont plus élevés; entre les troncs élancés, les lianes jettent leurs ponts de feuillage semés de fleurs sans nombre; les Myrtacées, les Anonacées, les Bignoniacées dominent.

Sur le littoral, les palétuviers plongent dans la vase leurs monstrueuses et difformes racines qui s'enchevêtrent en un inextricable fouillis. En arrière de cette zone végétale côtière, apparaissent sur les versants de la Serra do Mar, les fougères arborescentes, puis les *Pinheiras* ou sapinières de l'*Araucaria bresiliensis*; elles s'étendent du Rio Grande do Sul au Minas Geraes, à travers les provinces de Saô-Paulo, de Santa-Catharina et de Parana. A mesure que l'on s'élève sur les plateaux, les savanes alternent avec les forêts, les graminées tenaces disputent le terrain à l'envahissante végétation forestière dont elles étouffent les germes et qu'elles maintiennent à distance. L'homme leur vient en aide et, par le fer et le feu, lutte, lui aussi, pour le maintien de ces clairières, berceaux de colonies futures.

Sous ces forêts exubérantes, la vie animale est intense. Les dauphins d'eau douce se jouent sur les flots de l'Amazone comme leurs congénères sur ceux de l'océan. Les singes sont nombreux et leurs espèces variées; par contre, les fauves sont rares, on n'y rencontre guère que l'*Onça*, presque aussi redoutable que le tigre. Les loups, les chiens sauvages, le puma, l'ocelot sont assez nombreux, moins cependant que les rongeurs. La gent ailée est largement représentée; elle se distingue surtout par l'éclat de ses couleurs et l'étonnante variété de son plumage. Les oiseaux-mouches, les tanagras, les perroquets, les toucans, les cotingas, étalent les nuances les plus brillantes et rivalisent avec l'éclat des fleurs.

Dans les hautes broussailles rampent d'énormes et de redoutables reptiles, le *Boa constrictor* qui atteint ici des proportions considérables, le *Boa anaconda* qui mesure jusqu'à 6 mètres, puis les crotales venimeux et les *Tortricidæ* aux couleurs éclatantes. Sur les rives du fleuve s'étalent les crocodiles; et les tortues de l'Amazone rivalisent de taille et de poids avec celles de l'océan. Les poissons, comme le fleuve qu'ils habitent, sont souvent démesurés; le *Pirarucu* mesure jusqu'à 3 mètres; les anguilles et les raies d'eau douce sont de grande taille. Quant au monde des insectes, il est innombrable; dans l'atmosphère humide et chaude de la forêt, les *Longicornes* pullulent, les *Buprestidæ* étalent leurs corselets d'acier bruni, les *Pyrophoris* s'illuminent de lueurs phosphorescentes et, sous l'épaisse ramure, promènent leur vol capricieux et leurs étincelants zigzags.

Si, en raison du climat et de la situation géographique, les zones végétales sont moins distinctes au Brésil qu'elles ne nous sont apparues dans les autres régions de l'Amérique et surtout au Mexique où elles sont si nettement dessinées par les différences d'altitude, on y distingue toutefois trois grandes régions bien caractérisées. La première s'étend des frontières de la Guyane jusqu'à Bahia; c'est la région forestière et fluviale, celle des produits naturels, du caoutchouc et des gommes infiniment variées, des écorces médicinales, de la résine, de la vanille, des fibres textiles et des bois d'essences multiples. La seconde, de Bahia à Santa-Catharina, est, par excellence, la région du café. La troisième, de Santa-Catharina au Rio Grande do Sul, en y comprenant les hauts plateaux de l'ouest, est la région des céréales et aussi celle de l'élevage du bétail.

Le caoutchouc constitue l'une des grandes richesses de la zone amazonienne et son principal produit d'exportation. L'extraction s'en fait encore d'une manière primitive et défectueuse; les forêts de caoutchouc, les *Seringaes* comme on les désigne au Brésil, sont exploitées sans nul souci de la qualité du produit, sans nul souci de l'avenir; elles apparaissent inépuisables mais, bien aménagées, elles donneraient, à plus bas prix, un rendement bien supérieur. Les prix de vente varient entre 3 et 10 francs par kilogramme selon les demandes de l'Europe.

Le cacao est ici à l'état sauvage, il recouvre de grandes étendues de terrain; le travail de l'homme se borne à récolter et à transporter les fruits qu'il n'a même pas la peine de cultiver. Il en est de même de la vanille et des châtaignes de Para dont on extrait une excellente huile pour l'industrie. Quant aux bois, on sait que nul pays n'en possède de comparables. C'est dans la vallée de l'Amazone, dans la forêt émergée, que ces innombrables essences forestières atteignent leur maximum de résistance, de densité, de coloration et de beauté. Telle est, sous ce rapport, la richesse de l'Amazonie que la classification forestière actuelle comporte déjà 22,000 espèces et que l'*Indice geral das madeiras do Brazil* de Jose Rebonças se compose de trois volumes de 300 pages chacun! Les plus recherchées de ces essences sont le *Pau-Rosa,* « bois rose », le *Pau-Satim,* « bois de satin », le *Pau-Tartaruga,* « bois écaille », le *Jacaranda* ou le palissandre, très riche en espèces et en variétés, puis le cèdre du Brésil, bien différent du nôtre. Rien n'égale la majestueuse beauté des cèdres du Brésil que l'on voit souvent flotter, déracinés, sur les eaux du grand fleuve qu'ils sèment d'îles verdoyantes.

Le café est la vraie richesse du Brésil; il enrichit plus encore les intermédiaires que le planteur qui le récolte. Le café qui se vend 5 francs le kilogramme à Paris n'atteint pas à Rio le prix de 1 fr. 50 prêt à être embarqué. « Grâce à leur persévérance et aux conditions favorables résultant de la constitution du sol, écrit M. Agassiz, les Brésiliens ont obtenu une sorte de monopole du café. Plus de la moitié de ce qu'on en consomme dans le monde est de provenance brésilienne. Et cependant le café du Brésil a peu de réputation, il est même coté à un prix inférieur. Pourquoi? Simplement parce qu'une grande partie des meilleures sortes produites par les *fazendas* brésiliennes est vendue sous le nom de Java, de Moka, de Martinique ou de Bourbon. Presque tout le café vendu sous ces dénominations, quelquefois même sous celle de Java, provient du Brésil, et le soi-disant café de Moka n'est le plus souvent rien autre chose que les petits grains ronds des caféiers brésiliens, cueillis à l'extrémité des branches et soigneusement triés. »

Il fut un temps où le sucre était la grande source de revenus du Brésil, et Lisbonne le marché sucrier de l'Europe. Les Antilles ont dépossédé le Brésil, et Lisbonne n'importe plus que ce qui est nécessaire à une consommation locale restreinte. De mauvais procédés de fabrication ont ruiné cette industrie et cependant peu de sols se prêtent mieux que celui du Brésil à la culture de la canne. Un document officiel affirme que dans la province de Matto-Grosso la canne prend un tel développement sur le bord des rivières qu'il est souvent nécessaire d'émonder les plantations afin de combattre cette exubérante production et qu'on y voit des champs de cannes de quarante années d'existence et qui conservent encore une vigueur suffisante. Aujourd'hui, l'exportation du sucre par le port de Pernambuco se chiffre par un total d'un peu plus de 100,000 tonnes.

Non moins florissante et également déchue fut pendant un temps la production du coton. Dès la fin du xviiiᵉ siècle, le Brésil en approvisionnait les fabriques naissantes de la Grande-Bretagne et, malgré la concurrence formidable des États-Unis, il maintint sa culture, grâce à la demande toujours croissante des manufactures. Aussi, quand éclata la guerre de Sécession qui ferma les ports des États-Unis du Sud à l'exportation, le Brésil prit-il le premier rang, multipliant ses plantations, et réalisant d'énormes bénéfices. La paix mit un terme à cette prospérité passagère; de 78 millions de kilogrammes en 1869 l'exportation tombait à 13 millions en 1875; elle se relève à près de 35 millions par an. L'exportation du tabac est en progrès; elle atteint 25 millions de kilogrammes et l'on estime au même chiffre celui de la consommation locale.

Les produits du règne minéral sont nombreux au Brésil. L'or y fut longtemps le plus recherché et l'on évalue à trois milliards de francs le rendement total des mines aurifères du Brésil de l'époque de leur découverte au xviie siècle jusqu'en 1820. Depuis, la production a beaucoup baissé, tombant à 7 puis à 5 et enfin à 3 millions par année. Les principaux gisements se trouvent dans les provinces de Minas-Geraes, Goyaz, Sao-Paulo et Matto-Grosso. C'est également dans cette dernière qu'existent les gisements diamantifères.

Leur découverte date de 1746 et, dès que l'attention fut éveillée sur leur valeur, on recueillit de telles quantités de diamants dans le petit Rio d'Ouro que l'ouvidor Manuel Nogueira expropria les habitants, confisqua les terres au profit de la couronne et qu'en 1809 un ordre royal établit à Coyaba une *junte* spéciale, pour surveiller l'exploitation, édictant en même temps les peines les plus sévères contre la contrebande des pierres précieuses. Cette contrebande ne s'en fait pas moins sur une vaste échelle, malgré les précautions les plus minutieuses, et l'on estime à près de 50 0/0 du rendement total la valeur des diamants soustraits à la vigilance des surveillants.

Les diamants du Brésil sont rarement volumineux, peu dépassent 10 et 15 carats, toutefois l'on peut citer des trouvailles importantes, telle l'*Étoile-du-Sud* recueillie dans les gisements de Bagazem. A l'état brut, elle pesait 254 1/2 carats et, après la taille, 125. La production de diamants du Brésil est très inférieure à celle du Cap qui dépasse 2 millions de carats, alors qu'au Brésil elle n'atteint pas 100,000 carats, mais les diamants du Brésil sont très supérieurs comme éclat à ceux du Cap et rivalisent avec ceux de l'Inde.

Outre l'or et les pierres précieuses, le Brésil possède des gisements de cuivre dans le Rio Grande do Sul, de fer dans l'Ouro-Preto et le Minas-Geraes, de houille dans le sud, de sel gemme dans le Matto-Grosso, et aussi de nombreuses sources thermales, gazeuses et sulfureuses.

Quand l'Européen fit, au commencement du xvie siècle, son apparition sur les côtes du Brésil, il y rencontra une race indienne, conquérante mais non autochtone, divisée en tribus nombreuses, et juxtaposée à des peuplades dont quelques-unes passaient pour être anthropophages. Cette race conquérante se désignait elle-même du nom de *Tupys* ou *Guaranys;* elle parlait la langue guarany que les jésuites ont retrouvée et étudiée au Paraguay et que les Portugais nommèrent *lingua geral dos Brazis,* « langue générale des Brésiliens ». Hostiles aux Portugais, les Guaranys leur disputèrent l'accès des côtes. Tamoyo, leur chef, fut l'implacable ennemi des envahisseurs et s'allia même aux Français contre eux. Plutôt que de se soumettre, les Guaranys, après des luttes sanglantes, abandonnèrent le littoral et, s'enfonçant dans l'intérieur des terres, émigrèrent dans la haute Amazonie où, pendant longtemps, les Portugais hésitèrent à les suivre.

Les forêts des provinces de Minas-Geraes, d'Espiritu-Santo et de la partie méridionale de Bahia servaient d'abri à la tribu des *Aymores* ou *Botocudos*, rebelles à tout contact avec les blancs et que la civilisation n'a encore qu'effleurés. Quelques-uns d'entre eux sont considérés comme *traitables*, suivant le mot des Brésiliens, mais la majorité, nomade et pillarde, est très redoutée des colons. On n'évalue qu'à un peu plus de 200,000 le nombre des Indiens de toute race qui subsistent encore au Brésil. Par contre l'accroissement de la population blanche, nègre et métisse est considérable. Du chiffre de 1,900,000 habitants en 1776, cette population s'est élevée à 3,817,000 en 1817, à 5 millions en 1840, à 9,930,000 en 1872, à plus de 14 millions actuellement. De 1871 à 1890 plus de 600,000 immigrants, en majorité Italiens, Portugais, Espagnols et Allemands, ont débarqué dans les ports de Rio et de Santos. Enrayée, en 1889, par l'épidémie de fièvre jaune, cette immigration tend à reprendre sa marche ascendante.

Les blancs et les métis figurent dans le total de la population pour un chiffre à peu près égal : 38 0/0, les nègres pour 20 0/0 et les Indiens 4 0/0. Émancipés le 13 mai 1888 par un vote à peu près unanime du Congrès brésilien, les nègres représentent presque exclusivement la classe des travailleurs agricoles ; les blancs, sauf dans quelques provinces du sud moins rapprochées de l'équateur, ne peuvent affronter, pour travailler la terre, les ardeurs du soleil des tropiques. En forçant donc toute évaluation, on peut estimer que la tâche de mettre en valeur plus de 8 millions de kilomètres carrés repose sur un peu plus de 2 millions d'ouvriers. Mais l'esclave devenu libre cesse souvent tout labeur manuel ; le nègre a peu de besoins, quelques fruits recueillis sur un sol qui les produit en abondance et sans culture suffisent à sa subsistance et l'oisiveté lui apparaît comme la consécration de son indépendance. L'immigration seule pourra-t-elle combler le vide que la suppression du travail servile crée dans la production du Brésil ?

On serait tenté de le croire en présence des chiffres afférents à l'un des principaux produits du Brésil, au café. La production s'élevait, de 1835 à 1840, à l'époque du trafic des négriers, à 40 millions de kilos ; de 1855 à 1860, date à laquelle la traite a cessé complètement, elle atteignait 120 millions ; de 1872 à 1877, pendant la première période quinquennale qui a suivi le vote de la loi émancipant les enfants d'esclaves : 177 millions ; pendant la période de l'agitation abolitionniste : 350 milions ; enfin après la loi d'émancipation : 400 millions. « Il est impossible, écrit M. de Santa-Ana Néry, de ne pas être frappé de cette progression constante et rapide, qui a fait du Brésil le fournisseur de tous les grands marchés à café des deux mondes. On ne peut l'attribuer à des causes étrangères au sujet qui nous occupe, car il est évident que s'il y a eu plus de café produit, c'est que plus de terres ont été mises en culture et que les anciennes plantations ont été mieux soignées. Or, ou ces progrès ont été réalisés par des esclaves affranchis demeurés attachés au sol et, en ce cas leur travail a été plus fructueux que lorsqu'ils étaient asservis et l'on a bien fait de les émanciper ; ou ces merveilleux résultats ont été obtenus par l'intervention graduelle du travail libre et rémunéré des émigrants et alors il est prouvé que l'agriculture nationale peut se passer, dès maintenant, sans trop de souffrances, du travail servile. »

Divisé en vingt provinces administrées par un président, ou préfet, et un municipe neutre, celui de la capitale, relevant du gouvernement central, le Brésil est, en outre, subdivisé en 910 municipes. Sur cette immense étendue, les grands centres sont rares encore. Douze villes possèdent plus de 20,000 habitants, trois seulement dépassent 100,000. Nous indiquerons quelles sont, dans chacune de ces provinces, en commençant par le nord, les agglomérations principales, et aussi les productions spéciales.

De toutes les provinces brésiliennes, celle de l'*Amazonas*, ou de l'Amazone, est la plus vaste. Elle mesure 360 lieues du nord au sud, 300 de l'est à l'ouest; sa superficie de 1,897,000 kilomètres carrés est supérieure à celle de l'Angleterre, de la France, de l'Allemagne, de l'Italie, de la Belgique, de la Hollande et du Portugal *réunis*. Aussi peuplée que la Belgique, elle renfermerait 370 millions d'habitants. Mandos, sa capitale, est située sur le Rio Negro, entre le Purus au nord et le Madeira au sud. C'est une ville pittoresque et un port fluvial important que peuplent 20,000 habitants. Parintino, sur la rive droite de l'Amazone, Serpa, en face de l'embouchure du Madeira et Taffé, petites villes bien situées, semblent appelées à un grand avenir. L'Amazonas se peuple et l'exploitation forestière y attire de nombreux émigrants; plus de 70,000 colons s'y sont établis dans la dernière période décennale. La province est riche en productions spontanées : bois, gomme, caoutchouc, baume, résine, cacao, essences ; riche aussi en poissons, parmi lesquels le *Pirarucu* alimente, desséché, une exportation considérable.

La province de *Grao-Para* mesure 1,150,000 kilomètres carrés, presque autant que le Pérou, et deux fois et demie autant que la France ; elle est, en partie, située sous l'équateur. Para ou Belem, sa capitale, grande et belle ville de 80,000 habitants, occupe un rang important comme port de commerce, Grao-Para figurant au sixième rang parmi les provinces du Brésil avec un chiffre annuel de plus de 100 millions d'échanges. Bragança, sur la rive gauche du Caete et à 16 kilomètres de l'océan, Vizeu sur le Rio Gouroupy, Cintra dans la région haute, Santarem sur le Tapajoz, sont des centres commerciaux et agricoles. La province de Grao-Para exporte le cacao, le coton, riz, sucre, caoutchouc, les cuirs, le girofle, l'ivoire végétal, le tabac et les graines oléagineuses. Comparée au chiffre de sa population, son exportation représentait déjà, il y a peu d'années, 188 francs par tête d'habitant, chiffre très supérieur à celui des États-Unis.

La superficie de la province de *Maranhao* est de 459,884 kilomètres carrés. San-Luiz, son chef lieu, est un port de mer actif, escale des lignes de bateaux à vapeur entre New-York et Rio-de-Janeiro; Alcantara, qui lui fait face, occupe un site des plus pittoresques ; Caxias, sur l'Itapicuru, est l'entrepôt du commerce avec l'intérieur. Le Maranhao produit du sucre, du café, du coton et du cacao. Theresina est le chef-lieu de la province de *Piauhy* dont la superficie de 301,797 kilomètres carrés égale celle de la Grande-Bretagne et de l'Irlande. Theresina, ville commerçante, est, avec Amarante, l'entrepôt des produits du Piauhy, riche surtout en bétail que l'on exporte dans les Guyanes.

Moins étendue, 158,000 kilomètres carrés, la province de *Ceara* est plus riche et plus peuplée. Elle a pour chef-lieu Fortaleza, jolie ville et port de mer dont un récif rend l'accès difficile. Aracaty, centre industrieux, sert d'entrepôt au commerce de la vallée du Jaguaribe. Les principales productions du Ceara sont le *Carnauba* dont les racines fournissent un dépuratif puissant ; le tronc, des fibres excellentes, des planches et des voliges recherchées ; la moelle, une substance farineuse analogue au sagou ; l'écorce, du liège ; les feuilles, de la cire. Le coton, le caféier, la canne à sucre donnent d'excellents résultats, mais le Ceara est exposé à de redoutables sécheresses.

Il n'en est pas de même de la province du *Rio Grande del Norte*, moins étendue, mais mieux arrosée ; elle occupe une superficie de 57,485 kilomètres carrés. Comme le Ceara, elle produit le *Carnauba,* et renferme d'importantes fabriques de sucre. Natal, son chef-lieu, s'élève sur une presqu'île formée par l'océan et le Potenguy et qu'une voie ferrée relie à Nova-Cruz. Ses autres centres sont Assu, Jardim et Macao. Parahyba est la capitale du *Parahyba do Norte,* renfermant 71,731 kilomètres carrés. Le limon fertilisant du Rio Parahyba produit d'excellentes cannes à sucre et de beaux caféiers ; les bois de construction et d'ébénisterie abondent dans cette province que son port de Parahyba met en communication avec tout le littoral. Elle a peu de grands centres ; les seuls à noter sont, outre le chef-lieu, Areia, entrepôt agricole, Souza et Pombal.

La province de *Pernambuco* occupe une superficie de 128,395 kilomètres carrés. Elle comporte deux zones distinctes : la zone maritime, chaude et humide, la zone montagneuse, saine et tempérée. Au premier rang de ses productions figure le sucre et ses dérivés, eaux-de-vie et mélasses, puis le coton et les essences forestières. Recife ou Pernambuco, la Venise brésilienne, est son chef-lieu et son port de mer, situé au confluent du Capiberibe et du Beberibe et peuplé de 140,000 habitants. Recife est le port d'escale de toutes les lignes de l'Europe au Brésil, à la Plata et au Pacifique. La province de Pernambuco occupe le troisième rang parmi les provinces brésiliennes, le chiffre de ses échanges annuels atteignant 135 millions. En dehors de Recife, les centres les plus considérables sont Caruaru, sur l'Ipajuca, renommée pour ses foires, Cabo, sur le Pirapama, Goyana, commerçante et populeuse, Limœiro, entrepôt agricole.

Située au centre du littoral brésilien, la province d'*Alagoas* mesure 58,491 kilomètres carrés. Comme la province de Pernambuco elle possède une zone maritime et une zone intérieure plus élevée et plus salubre. Elle produit la canne à sucre, le manioc, le coton et le tabac et renferme d'excellents pâturages. Maceio, son chef-lieu et son port de mer, compte 10,000 habitants. Les autres agglomérations, moins importantes, sont surtout agricoles, telles Penedo, Alagoas qui fut chef-lieu de la province, Pilar et Porto Calvo, centres sucriers. La province de *Sergipe* ne mesure que 39,040 kilomètres carrés. Le climat en est chaud, mais salubre, sauf dans les terres basses du littoral ; les productions en sont variées : tabac, coton, sucre et café, essences forestières, marbres, salpêtre. Le mouvement des échanges se chiffre par 22 millions à l'année. Région agricole, la province de Sergipe possède peu de centres : Aracaju, son chef-lieu, situé sur la rive droite du Cotinbida, Larangeiras, Lagarto et San-Christovdo sont les plus importants.

Beaucoup plus vaste, 426,427 kilomètres carrés, la province de *Bahia* est aussi plus importante et plus peuplée ; elle occupe le quatrième rang par son mouvement commercial qui dépasse 130 millions annuellement. Arrosée par de grands cours d'eau.

dont le Saô-Francisco est le plus considérable, sillonnée par des chaînes montueuses riches en minerais d'or et en gisements de diamants, la province de Bahia produit un tabac renommé, d'excellent café, puis le coton, manioc, cacao et sucre. On y exploite les forêts qui bordent le Saô-Francisco et aussi des carrières de granit, d'argile et de schiste bitumeux. Bahia, son chef-lieu et son port de mer, peuplée de plus de 200,000 habitants, s'élève à l'entrée de la baie de Todos-Santos, et se divise en deux villes distinctes : la ville basse qui longe la plage et est le centre commercial, la ville haute, administrative et luxueuse, d'où l'on découvre un beau panorama. Seconde ville de la république, Bahia est le centre d'un commerce actif et le point de jonction de plusieurs voies ferrées. Autour d'elle gravitent quelques agglomérations importantes : Barra, au confluent du Rio Grande et du Saô-Francisco, Caeteté, Caravellas, port fluvial, Nazareth, Santo-Amaro et Valença.

La province d'*Espirito-Santo* renferme 44,839 kilomètres carrés. Encore peu peuplée, elle est merveilleusement arrosée, relativement salubre, très fertile et sillonnée de chaînes montagneuses dont quelques sommets, comme ceux de l'Itapemirim, atteignent 2,000 mètres. Ses productions sont les mêmes que celles de la province de Bahia ; Victoria, son chef-lieu, est une ville d'avenir située dans une île et pourvue d'un excellent port. San-Matheus, Serra et Itapemirim sont des ports fluviaux très actifs.

Rio-de-Janeiro, capitale de la république et municipe neutre, est enclavée dans la province du même nom dont le chef-lieu est Nithérohy. Peuplée de 450,000 habitants, 700,000 en y comprenant les faubourgs, Rio-de-Janeiro s'élève sur la rive occidentale de la baie du même nom, dont les contours reproduisent fidèlement la configuration générale du Brésil. Cette baie, l'une des plus merveilleuses qui soient au monde, mesure 30 kilomètres de longueur sur 28 de largeur et renferme 30 îles d'inégale grandeur. Peu de sites offrent un spectacle plus grandiose que celui de cette nappe d'eau à la fois riante et sévère, au long de laquelle Rio-de-Janeiro, la seconde ville de l'Amérique méridionale, déploie en amphithéâtre ses palais et ses monuments, ses universités et ses églises, ses quais, ses docks, ses magasins où chaque année se vendent pour des millions de pierres précieuses, ses immenses entrepôts où puisent sans relâche les navires du monde entier, greniers de sucre et de café, de coton et de cuirs, de caoutchouc et de tabac.

Au pied des collines, la ville marchande s'étend, contournant la baie, projetant dans l'eau calme et profonde ses quais démesurés comme les bras de Briarée. Sur les hauteurs, noyées dans la verdure, les riantes villas aux couleurs harmonieuses dominent la baie majestueuse, semée d'îles, et le port affairé où fourmillent plus de 300,000 habitants, où les navires affluent de tous les points du monde ; ville riche, monumentale, populeuse et élégante, commerçante et studieuse à laquelle les préoccupations matérielles ne font pas négliger la culture intellectuelle, ainsi que l'attestent son Université, son école des Beaux-Arts, ses musées, ses bibliothèques, son jardin botanique, l'un des plus riches du monde en collections végétales, animales et minérales.

Ville maritime, industrielle et commerçante, Rio-de-Janeiro est en communication
constante avec l'Europe par ses lignes de bateaux à vapeur ; des voies ferrées la
relient à l'intérieur du pays et de nombreux tramways sillonnent la ville en tous sens.
Son port, le premier du Brésil, est le centre d'un grand mouvement d'échanges qui
se chiffre, pour la province, par un total de 670 millions. En dehors de Rio-de-Janeiro,
les villes principales sont : Nithérohy, chef-lieu de la province et que de nombreux
petits vapeurs relient à Rio, Angra-dos-Reis, puis Araruama, centre agricole important ; il en est de même de Barra-Mansa, de Cabo-Frio, Campos et Cantagallo, où
domine la culture du caféier, de Parahyba-do-Sul, de Petropolis, autrefois le
Versailles du Brésil, séjour d'été de la cour impériale, de Pirahy et de Rezende, autour
desquelles se groupent de grandes plantations.

Plus vaste que l'Italie entière, la province de *San-Paulo* recouvre une superficie
de 312,283 kilomètres carrés ; peuplée comme l'Italie, elle posséderait plus de 30 millions d'habitants et n'en compte encore que 1,500,000. Ici, la température se rapproche
de celle de l'Europe méridionale, aussi 400,000 émigrants y sont-ils établis, exploitant
les plantations de café dont cette province produit annuellement plus de 90 millions de
kilogrammes. C'est au sud et à l'ouest de Rio-de-Janeiro que s'étendent ces immenses
plantations de café dites *fazendas* qui sont l'un des traits caractéristiques du Brésil et
qui constituent la principale source de richesse de ce vaste territoire.

On désigne du nom de fazenda l'habitation du planteur ou *Fazendero*, les séchoirs,
hangars, magasins, et aussi la plantation et les forêts qu'elle comporte. Certaines
fazendas occupent jusqu'à 2,000 ouvriers, presque tous nègres, mais la plupart n'en
emploient que de 200 à 500. « Pour faire une plantation de café, écrit M. le comte de
Robiano, on sème d'abord une pépinière où les jeunes plants se développent durant une
année. Ce temps écoulé, on les arrache avec précaution pour les transporter à l'endroit
qu'ils doivent définitivement occuper. Cet endroit est toujours un carré de forêt auquel
on a mis le feu, moyen primitif mais pratique et avantageux à la fois ; car, laissées sur
place, les cendres mêmes font l'office d'engrais et servent à féconder le terrain. A trois
ans, le nouveau caféier commence à donner quelques fruits ; passé cet âge, il est en
plein rapport. Il fournit même quelquefois deux récoltes par an, et cela durant trente
ans, mais alors l'arbuste et le sol paraissent également épuisés. Quoiqu'on puisse en
fort peu d'années, au moyen des engrais, rendre à la terre sa fécondité première, on
aime généralement mieux abandonner la plantation pour en refaire une toute nouvelle
sur un autre carré de forêt. »

C'est un pittoresque coup d'œil que celui des collines couvertes de caféiers soigneusement alignés. Les arbustes taillés en ballons dépassent rarement la hauteur d'un
homme ; ils portent un feuillage luisant, d'un vert foncé ; leurs fruits nombreux poussent sur la tige même des branches et ressemblent à de petites cerises qui, de vertes,
deviennent successivement rouges, puis noires à l'époque de la maturité. Chacun de
ces fruits contient, juxtaposés dans une même enveloppe, deux grains de café. Le
principal travail du planteur consiste à récolter les grains, les sécher, les séparer de
leur enveloppe et les trier pour en déterminer la qualité.

San-Paulo, chef-lieu de la province de ce nom, renferme 60,000 habitants, dont 25,000 sont des colons étrangers, Italiens, Portugais et Allemands surtout. En dehors de Saô-Paulo et de Santos, port de mer, on ne rencontre que des agglomérations agricoles telles que Campinas, Capivary, Lorena, Sorocaba; d'autres industrielles : Ru, Jundiahy, Tatuhy et Tanbaté.

La province de *Parana* s'étend sur une superficie de 221,330 kilomètres carrés. Elle appartient à la zone tempérée par ses hauts plateaux de la Serra do Mar, par ses cultures de céréales, de seigle et d'avoine; à la zone tropicale par ses terres basses dans lesquelles on cultive le caféier, et l'on récolte le *maté* ou thé du Paraguay. Ses principales villes sont : Coritiba, son chef-lieu, Antonina, bon port sur la baie de Paranagua, Campo-Largo, centre de la culture du maté. On compte aussi de nombreuses colonies étrangères : Antonio-Rebouças, où des Italiens cultivent la vigne, Angelina, peuplée de Français, Dom-Augusto et Lamanha, agglomérations polonaises, Nova-Italia et Novo-Tyrol, centres de Tyroliens.

La culture vivrière domine dans la province de *Santa-Catharina*, dont le climat doux et tempéré est très salubre. Sa superficie est de 74,156 kilomètres carrés et sa population d'environ 250,000 âmes. Desterro, son chef-lieu, situé sur la plage occidentale de l'île Sainte-Catherine, possède un bon port. Ici, nous retrouvons encore des agglomérations étrangères appelées à devenir des villes importantes; les Allemands ont colonisé Blumeneau et Doña-Francisca; les Italiens : Azambuja, Angelina et Grao-Para.

Située à l'extrémité sud du Brésil, la province de *Rio Grande do Sul* confine à l'Uruguay, au Paraguay et à la République Argentine; sur une superficie de 236,553 kilomètres carrés, elle renferme 950,000 habitants. Son climat tempéré attire l'immigration étrangère; si les Italiens et les Portugais s'accommodent des régions chaudes du nord, il n'en est pas de même des Allemands qui émigrent de préférence dans la zone moins brûlante du sud. Ce sont eux surtout qui sont en voie de peupler le Rio Grande do Sul, terre favorable à la culture de la vigne, des céréales et à l'élevage du bétail. La pisciculture y offre de grandes ressources et aussi l'exportation des viandes conservées par les procédés frigorifiques. Porto-Alegro, chef-lieu de la province, est situé sur le Rio Jacuby, près de la lagune de Los-Patos; Rio-Grande, port de mer, est fréquenté par 6,000 navires à l'année; Alegrete est un centre d'élevage et Pelotas, plus importante, est un centre commercial.

Outre ces dix-sept provinces maritimes, le Brésil renferme trois provinces centrales, dépourvues de seuils d'accès sur l'océan. La première est celle de *Minas-Geraes*, plus vaste que la France entière et recouvrant une superficie de 571,855 kilomètres carrés. Le climat en est tempéré dans les plaines, relativement froid dans les montagnes dont quelques-unes, comme l'Itatiaia, mesurent près de 3,000 mètres d'altitude. « S'il existe un pays, écrivait A. Saint-Hilaire, qui puisse se passer du reste du monde, ce sera certainement la province de Minas-Geraes. » On y trouve en effet l'or, le fer et les diamants, toutes les productions des pays tropicaux et des pays tempérés : le sucre, le café, le coton et le tabac, les céréales, la vigne et les bois, le bétail, les chevaux et les mulets. Les centres y sont nombreux. Ouro-Preto, son chef-lieu, est situé dans la région minière du même nom ; il fut fondé en 1700 par les *Paulistas*, ou habitants de San-Paulo, dont le type caractéristique s'est maintenu jusqu'à ce jour.

Dans leurs écrits sur le Brésil, Spix et Martins ont tracé du *Paulista* un portrait des plus ressemblants. « Les Paulistas purs, disent-ils, ont des traits largement sculptés, un regard ferme, les yeux couleur de noisette, pleins de feu, d'épais cheveux noirs et lisses, des muscles solides, une grande vivacité dans la démarche. On les considère à bon droit comme les Brésiliens les plus vigoureux, les plus forts et les plus actifs. La facilité avec laquelle ils domptent les chevaux et prennent au lasso les taureaux sauvages n'est pas plus étonnante que la force avec laquelle ils supportent le travail, la fatigue, le froid, la chaleur, l'humidité et les privations. Un amour extrême des voyages les porte à s'expatrier en foule : on les rencontre dans toutes les provinces du Brésil. »

Ils sont particulièrement nombreux dans la province de Minas-Geraes où l'élevage du bétail et des chevaux les attire. Ici les agglomérations sont plus multipliées que populeuses, comme dans toutes les régions spécialement agricoles. Les plus importantes après Ouro-Preto, sont Araxa, Caldas sur le Rio Verde, Curvello sur le Santo-Domingo, Grao-Mogol, centre d'usines, Juis-de-Fora, Mar-d'Espanha, et Minas-Novas sur le Rio Fanado.

Plus vaste que l'Espagne et l'Italie réunies, la province de *Goyaz* recouvre une superficie de 747,311 kilomètres ; elle pourrait nourrir 50 millions d'habitants et n'en compte pas 200,000. Égypte brésilienne arrosée par deux Nils : les Tocantins et l'Araguya, elle a la fertilité de l'Égypte sans ses déserts de sable ; elle a des mines d'or et des gisements de diamants, de hauts plateaux, les plus belles forêts du monde, un climat sec et salubre, de grands fleuves et de grandes ressources. Elle sera l'une des plus riches provinces du Brésil, le jour où l'immigration et les capitaux s'y porteront. Goyaz, son chef-lieu, est une ville d'avenir, pittoresquement située sur le Rio Vermelho affluent de l'Araguaya ; Joragua s'élève près des sources des Tocantins.

Démesurée dans ses proportions, la province de *Matto-Grosso* ne mesure pas moins de 1,379,651 kilomètres carrés, peuplés de 100,000 habitants. Elle en pourrait nourrir 60 millions, grâce à son sol fertile, à son climat tempéré, à ses productions infiniment variées. Les deux principaux articles d'exportation de cette riche région sont l'ipécacuanha et les cuirs verts et salés. L'ipécacuanha ou *poaia* pousse spontanément dans les forêts du haut Paraguay, à Villa-Maria, Matto-Grosso et Diamantino, mais les terres à *poaia* sont insalubres et l'Européen ne pourrait les exploiter sans danger. Les centres manquent dans cette province inhabitée. Cuyaba, son chef-lieu, Corumba, son port fluvial, Matto-Grosso, Villa-Maria ne renferment que fort peu d'habitants. La vie se concentre dans les provinces du littoral et, si riches soient-elles, les provinces centrales sont encore en dehors du mouvement commercial et des entreprises agricoles.

Les renseignements précis et les statistiques font défaut pour établir exactement la valeur de la production et des échanges du Brésil. Dans les évaluations il convient de laisser de côté les chiffres afférents aux provinces centrales de Minas-Geraes, Goyaz et

Matto-Grosso qui ne sont qu'approximatifs. Déduction faite du rendement de ces provinces on arrive à un total d'un milliard et demi de francs, dont les 4/5, soit 1,295 millions,
se répartissent entre six provinces : Rio-de-Janeiro, San-Paulo, Pernambuco, Bahia,
Rio Grande do Sul et Para. « La place de Rio-de-Janeiro seule, écrit M. de Santa-Anna
Nery, en revendique plus de la moitié, soit 666 millions de francs. Ce grand port occupe
d'ailleurs une place tout à fait à part dans notre mouvement commercial et maritime,
soit à cause de sa qualité de siège du gouvernement central, soit à cause de sa position
comme entrepôt général naturel d'une partie du commerce de San-Paulo et d'Espirito-
Santo et de la plus grande partie du commerce de Minas-Geraes, province qui n'a pas
de débouchés sur la mer. »

Les six principaux produits d'exportation du Brésil sont le café, le sucre, le coton,
les cuirs, le tabac et le caoutchouc. De ces produits divers, deux, le café et le caoutchouc,
ont vu leur exportation s'accroître considérablement depuis un demi-siècle. Le café,
dont on exportait en moyenne pour 53 millions de francs en 1842, dépasse 443 millions.
Le caoutchouc figurait dans les statistiques de 1850 pour 4 millions, aujourd'hui
l'exportation atteint 26 millions, et tend à augmenter considérablement. Le sucre
donnait 29 millions en 1840, aujourd'hui, malgré la concurrence du sucre de betterave,
l'exportation dépasse 50 millions.

Les États-Unis absorbent la plus grande partie des cafés et des caoutchoucs du
Brésil. Ils occupent le premier rang pour l'exportation, la France le second, l'Angleterre
le troisième, l'Allemagne le quatrième. A l'importation, le classement est autre :
Angleterre, France, Allemagne, États-Unis. Ce commerce d'échanges est desservi par
un mouvement maritime de 8,000 navires à l'entrée et d'environ autant à la sortie, par
plus de 10,000 kilomètres de voies ferrées et par le plus merveilleux réseau fluvial
dont la nature ait doté un pays. Terre d'avenir, le Brésil semble appelé à devenir
l'une des régions les plus riches et les plus prospères de cette Amérique du Sud dont
il recouvre une si vaste superficie.

Négresses de Rio-de-Janeiro

Embarquement d'oranges, à San-Antonio.

VIII· — LA RÉPUBLIQUE DU PARAGUAY

Mésopotamie américaine, le Paraguay occupe une vaste presqu'île fluviale formée
par deux grands fleuves, le rio Parana et le rio Paraguay. Cette presqu'île est située au
cœur du continent, sous le tropique du Capricorne, à 650 kilomètres de l'Atlantique,
à 900 du Pacifique, sans autre seuil d'accès sur la mer que les grands fleuves qui
l'environnent. Au nord le Paraguay confine à la Bolivie et au Brésil, à l'ouest et au sud
à la République Argentine, à l'est au Brésil. Avec la Bolivie, ses frontières sont encore
incertaines et représentées par une ligne conventionnelle qui emprunte le 22ᵉ degré
de latitude sud; le Pilcomayo et le Paraguay le séparent du Chaco Argentin, de même
que le Parana forme au sud et à l'ouest sa limite avec le Brésil et les provinces
argentines de Corrientes et des Missions occidentales. Sa superficie est de 238,290 kilomètres carrés, sa population de 346,000 habitants; elle était de 1,337,000 en 1857,
avant la guerre terrible qui décima le Paraguay.

L'existence de ce pays est un miracle, miracle de ténacité, de courage et d'énergie.
Enclavé au centre de l'Amérique méridionale, accessible seulement par le Rio de la
Plata que l'on remonte en six jours de Buenos-Ayres ou de Montevideo et que l'on
redescend en trois, le Paraguay semblait devoir étouffer faute de communications
avec le reste du monde. Il en était à ce point isolé que ce ne fut qu'en 1535 que

Juan de Ayolas reconnut son existence, en remontant, à la tête d'une troupe d'aventuriers, le fleuve de la Plata découvert en 1528 par Sébastian Cabot, alors au service
de l'Espagne. Ayolas construisit un fort destiné à tenir les Indiens en échec sur
l'emplacement même où s'élève aujourd'hui l'Asuncion, capitale de la république.

Ici, les Espagnols rencontrèrent encore les Guaranys, dont nous avons parlé plus
haut et qui constituaient l'une des plus grandes nations aborigènes de l'Amérique du
Sud. A l'époque de la conquête espagnole, cette race s'étendait des côtes de l'Atlantique
au versant des Andes, et des confluents des grands tributaires de la Plata jusqu'à
l'estuaire de l'Orénoque. Elle n'est plus représentée au Paraguay que par quelques
tribus nomades du versant oriental des Cordillères, mais de ses croisements avec la
race conquérante est issue une race robuste et bien conformée, de taille moyenne, au
teint mat et clair, souvent un peu basané. Cette race, qui peuple aujourd'hui le
Paraguay, est sobre et adroite, brave, patiente, pacifique et sociable. Si le type indien
prédomine chez les hommes, les femmes ont conservé beaucoup du type castillan ; elles
sont jolies et gracieuses, mais plus actives et plus industrieuses que ne le sont
d'ordinaire les Espagnoles.

Nul ne contribua plus à cette fusion de la race conquise et de la race conquérante
que l'*Adelantado* Martinez de Irala, le premier représentant de la domination espagnole
au Paraguay. Il ouvrit au pays la route du Pérou, dont la suzeraineté s'étendit sur cette
terre nouvelle. Après lui, et sur d'autres bases, les pères Maceta et Cataldino reprirent
et étendirent l'œuvre commencée. En 1611, la cour de Madrid avait autorisé les
Jésuites à fonder, sur ce sol isolé et à peine connu, les Missions, célèbres depuis sous le
nom de *Reducciones* et qui, peuplées d'environ 170,000 Indiens, réalisèrent un moment
le rêve de Chateaubriand, celui d'une *république chrétienne*. Cet âge d'or fut de courte
durée. En 1767 les Jésuites étaient expulsés des colonies espagnoles et leurs établissements disparaissaient avec eux. En 1811, le Paraguay suivait l'exemple des colonies et
se déclarait indépendant, mais ce fut pour tomber sous le joug dictatorial de Rodriguez
de Francia, auquel succéda son neveu don Carlos Antonio Lopez, que remplaça, en 1862,
son fils Solano Lopez, dont l'ambition démesurée déchaîna l'effroyable tourmente dans
laquelle le Paraguay faillit disparaître. En 1865, il déclara la guerre au Brésil, à l'Uruguay et à la République Argentine. Cette guerre inégale, il la soutint cinq ans, enrôlant
tous les hommes de 14 à 72 ans, tenant, dans son camp retranché de Humaïta, le
Sébastopol paraguayen, tous ses ennemis en échec, succombant enfin le 1ᵉʳ avril 1870,
à la sanglante bataille d'Aquidabon.

Jamais pays ne fut plus complètement à la merci de ses vainqueurs que ne le fut alors
le Paraguay. Les villes étaient dépeuplées, les campagnes ravagées, les bestiaux détruits,
les terres incultes et, d'une population de 1,337,400 âmes, il restait 220,000 habitants,
dont 28,000 hommes, 106,000 femmes et 86,000 enfants. Asuncion, la capitale, avait
perdu 32,000 habitants sur 50,000 ; dans le département de Villa-Rica il n'en restait
que 11,000 sur 109,000, et celui de Pilar, plus éprouvé encore, avait vu disparaître
159,422 de ses habitants sur 169,441. Le Paraguay semblait anéanti ; il s'est relevé

cependant et l'œuvre de régénération est en bonne voie, mais il faudra bien des années
encore pour panser d'aussi profondes blessures.

Le Paraguay se divise en deux sections distinctes. La première, la section orientale, forme un vaste delta intérieur compris entre le Brésil au nord et à l'est, le Parana
au sud et le Paraguay à l'ouest. La section occidentale se compose des territoires du
Chaco ; ils s'étendent sur la rive droite du rio Paraguay et se prolongent au nord-ouest,
sans limites certaines, vers la Bolivie. La superficie de cette annexe est considérable
mais encore indéterminée ; la décision de M. Hayes, président des États-Unis, choisi
comme arbitre par le Paraguay et la République Argentine, a adjugé au Paraguay le Chaco
Boréal ; le Rio Pilcomayo est devenu la limite des deux pays et le Paraguay a conservé
la possession de Villa-Occidental, autrefois colonie française, de Nueva-Burdeos, aujour-
d'hui dénommée Villa-Hayes. C'est d'ailleurs le seul établissement sérieux qui existe
encore dans le Chaco Boréal dont le sol, couvert de riches pâturages et rayé d'interminables lignes de forêts, se déroule en longues pentes ascendantes jusqu'aux premiers
échelons des Andes.

Dans la région orientale apparaissent les traits caractéristiques de la faune
paraguayenne : les *campos quebrados*, plaines ondulées et gazonnées que découpent
des séries de saillies, de proportions moyennes, et envahies par une végétation
luxuriante qui encadre de sa verdure plus foncée le vert tendre des prairies. Ces crêtes
alternent avec des mornes et des buttes isolées entre lesquels serpentent des vallées
en pentes douces, arrosées par des ruisseaux ou traversées par des eaux paresseuses,
arroyos, esteros, banados. Les vertes savanes succèdent aux forêts ombreuses et les
splendeurs de la zone tropicale se fondent harmonieusement avec le feuillage des
zones tempérées.

Es como el Paraiso, — « on se croirait dans le paradis », s'écriait à la vue de ces
sites enchanteurs le guide d'Humboldt et de Bonpland, et, depuis, nombre de
voyageurs ont redit le même mot, en parcourant ce pays aux molles ondulations, aux
contours gracieux, dans lequel la nature se pare de tant de charmes. L'on ne retrouve
ici ni les sauvages et grandioses paysages des Andes, ni les traces des convulsions
volcaniques de l'Équateur, de la Bolivie et du Pérou, ni les monts sourcilleux et les
cimes neigeuses de la Cordillère. La chaîne montueuse qui, du nord au sud, sillonne la
section orientale du Paraguay sous le nom de Cordillère d'Amanbay, s'allonge en longs
plissements affectant des formes régulières et coniques que l'on désigne d'appellations
diminutives : *Cordillierita, Cerro, Cerrito*, selon leur importance et leur structure.
Nulle part cette chaîne n'affecte de grandes altitudes ; la région n'en comporte pas ;
Asuncion est à 77 mètres au-dessus du niveau de la mer, Villa-Rica, au cœur même
des plateaux, est à 185, et la chaîne du Cuaguassu, qui fait suite à celle d'Amanbay et à
laquelle succèdent les *Altos*, affecte les mêmes courbes sinueuses et les mêmes ondulations de terrain.

Deux puissantes artères fluviales mettent le Paraguay en communication avec
l'océan Atlantique : ce sont le Rio Paraguay et le Haut-Parana qui se réunissent pour

former le Bas-Parana lequel devient ensuite le Rio de la Plata. Descendu du Brésil, au travers duquel nous avons, plus haut, retracé son cours, le Rio Paraguay reçoit, sur sa gauche et dès son entrée dans le pays auquel il donne son nom, le Rio Apa, qui, par son cours et celui de l'Estrella, l'une de ses branches, marque la frontière entre le Brésil et le Paraguay; plus bas, il se grossit du Bariego, de l'Aquidaban, de l'Ypane, du Yeguy, de l'Aguaracaty et du Tepicuary, le plus considérable de ses affluents. A droite, ses tributaires sont : le Galbon, le Verde, le San-Fuego et le Pilcomayo, issu de la Bolivie et dont le cours sépare le Chaco Argentin du Chaco Paraguayen.

Les affluents de rive droite que le Paraguay envoie au Parana sont moins importants que ceux qu'il déverse dans le Rio Paraguay; du nord au sud ce sont : l'Ygurey, l'Acaray, le Munday, puis le Guirapay, le Pirapo, le Tuquaray, l'Aguapay, le Tapi, le Santo-Antonio et le Yabebury. Le Parana est l'une des plus grandes rivières du monde, le rival du fleuve des Amazones par son bassin dont la superficie dépasserait 4 millions de kilomètres carrés. A partir de sa jonction avec le Rio Paraguay, il ne mesure pas moins de 10 kilomètres de largeur, arrive parfois à 50 et atteint 170 à son embouchure. Dans son cours de 4,700 kilomètres, le Parana est navigable aux grands vapeurs transatlantiques jusqu'à Rosario, à 640 kilomètres de son embouchure; les bateaux à vapeur de moindre tonnage remontent son cours et celui de ses affluents jusqu'à Cuyaba, au Brésil, à 3,800 kilomètres de son delta.

Inférieur au Parana pour le volume de ses eaux, le Rio Paraguay a sur lui les avantages d'un cours moins capricieux, d'un lit plus profond bien que moins large, de crues plus fixes et plus régulières. Son canal est mieux orienté et mieux ouvert; il est au Parana ce que la Saône est au Rhône, la principale voie navigable, l'axe du bassin du fleuve.

Descendu de la province brésilienne de Matto-Grosso, le Rio Paraguay, dans son cours de 2,500 kilomètres, est accessible aux grands vapeurs du Parana jusqu'à Corumba, 1,500 kilomètres, et à des navires de moindre tonnage jusqu'à Cuyaba. La plupart des localités un peu importantes de l'État sont échelonnées sur ses rives et, jadis, il formait la première et la principale étape de cette fameuse route du Pérou, ouverte par les conquérants espagnols.

Le climat du Paraguay, chaud mais sec, n'offre aucune analogie avec celui du Brésil, plus brûlant mais surtout plus humide. La température moyenne est de 24 degrés avec des maxima de 38 et des minima de 5. Les deux saisons principales, bien accentuées, sont à l'inverse de celles de l'Europe. Décembre, janvier et février sont les mois chauds; juin, juillet et août les mois froids. Fortes au printemps et en automne, les pluies ne sont pas de longue durée; on compte en moyenne 84 journées pluvieuses par année, 75 nuageuses, 206 sereines; les brouillards sont rares, la grêle presque inconnue, les rosées abondantes. Le Paraguay jouit, et avec raison, d'une réputation de salubrité; le choléra, le typhus et la fièvre jaune n'y existent pas, la longévité est commune et ce n'est que dans les régions basses et marécageuses que l'on rencontre quelques cas de fièvres intermittentes.

LE JOUR DU MARCHÉ, A ASUNCION.

Cette région est le paradis du chasseur et du pêcheur. Le règne animal y est nombreux et varié. Les hautes forêts abritent le jaguar, le chat-tigre, le loup, les cerfs, daims et chevreuils, le sanglier et l'agouti, la loutre et le tapir, puis les perroquets, aras, perruches et les oiseaux aquatiques. Les fleuves ne sont pas moins peuplés; on y pêche le *surubi* dont la chair rappelle celle de l'esturgeon; le *pacu,* analogue au turbot et pesant jusqu'à 20 kilogrammes, le *dorado,* aux écailles dorées, d'un poids de 25 kilogrammes, des aloses, des raies, soles, éperlans et sardines.

La flore est merveilleuse. Ici, comme dans les forêts du Brésil, l'orchidée, que la mode a sacrée reine des fleurs, balance dans les hautes ramures sa tige souple et nerveuse, ses fleurs étranges, aux capiteux parfums, aux couleurs éclatantes, aux calices inquiétants, yeux ouverts qui, dans l'ombre, semblent voir et suivre, avec une singulière fixité, les mouvements du chasseur qui, pour les vendre à prix d'or aux amateurs passionnés, s'aventure dans les bois. Sur les ruisseaux et les étangs, la *Victoria Regia,* gigantesque nymphéacée, se déploie dans toute sa beauté. Partout, des cédratiers, bananiers, orangers, cacaotiers, goyaviers, se mêlent aux tamariniers, aux figuiers, aux amandiers, aux arbres des vergers européens. Puis, les bois de construction, de teinture et d'ébénisterie, parmi lesquels le plus remarquable est peut-être le *quebracho colorado,* bois rouge et élastique d'une merveilleuse solidité et d'une étonnante incorruptibilité.

Les deux cultures spéciales du Paraguay sont le tabac et la *yerba maté.* Le tabac y est de qualité supérieure et pourrait rivaliser avec les meilleures provenances de la Havane, grâce aux terres rouges, très chargées de fer, sur lesquelles on le cultive. La production en augmente rapidement et atteint 6 millions de kilogrammes à l'année. Quand à la *yerba maté,* « herbe par excellence, » elle constitue une culture spéciale au Brésil et au Paraguay dont nous dirons quelques mots. L'*Ilex paraguayensis* appartient à la famille des Ilinicées ; il en existe de grandes forêts au Paraguay. Ses feuilles, grillées et concassées, donnent, par l'infusion, un breuvage auquel on reconnaît des vertus nutritives toutes particulières. Le maté est, pour les Américains du Sud, ce que le thé est pour les Chinois, une boisson nationale. Le maté se déguste au moyen d'un chalumeau généralement en argent, nommé *bombilla.* Ce furent les Guaranys qui en apprirent l'usage aux conquérants espagnols. Aujourd'hui, le Brésil et le Paraguay en exportent près de 40 millions de kilogrammes, mais le maté du Paraguay est plus estimé et plus recherché. Plus de 10,000 ouvriers sont actuellement employés à la récolte de ce produit du Paraguay.

On exporte annuellement 50 millions d'oranges par les ports du Rio Paraguay. Le pays renferme d'immenses vergers d'orangers. Vers les mois d'avril et de mai on voit partir, d'Asuncion surtout, toute une flottille de petits navires à voiles chargés de ces fruits dont on fait une énorme consommation à Buenos-Ayres et à Montevideo. L'élevage du bétail n'est pas moins fructueux que l'agriculture; il paraît appelé à prendre une grande importance au Paraguay, bien que l'on n'y rencontre pas les vastes pampas de la République Argentine. Avant la guerre, le pays possédait plus de 2 millions de têtes de gros bétail ; en 1870, après la guerre, il n'en restait pas 15,000.

Ce chiffre s'est rapidement accru et atteint déjà 600,000. Quant à l'industrie, d'ailleurs très limitée, elle ne s'est pas encore relevée des terribles épreuves traversées.

Étant donné le dépeuplement du Paraguay, et sa perte de plus d'un million d'habitants, on ne saurait s'attendre à y trouver d'importantes agglomérations. La seule ville du pays est l'Asuncion, sa capitale, fondée par Juan de Ayolas, le 15 août 1536. Elle est située sur la rive gauche du Rio Paraguay, dans une position admirable, sur le penchant d'une colline d'où l'on embrasse un panorama des plus pittoresques. Au premier plan, s'étendent des vergers, des jardins, des métairies séparées par des bosquets d'orangers. Au-delà se déroule le fleuve majestueux, puis les plaines sans fin du Chaco que les grandes forêts plaquent de taches sombres. Asuncion, qu'une voie ferrée relie à Paraguari, renferme 25,000 habitants. Villa-Rica en contient 11,000; Concepcion, sur le Rio Paraguay, 12,000; ces chiffres comprennent, outre la population locale, celle du district.

Le commerce du Paraguay a subi le contre-coup de l'effroyable guerre qui a dévasté et dépeuplé le pays; il ne dépasse pas 17 millions à l'importation, 13 à l'exportation; mais tout présage un relèvement prochain. La valeur des propriétés augmente, un sérieux courant d'immigration se dessine, et cette terre, le joyau de l'Amérique du Sud, ne tardera pas à devenir, grâce à la fécondité de son sol, à la salubrité de son climat et aux facilités d'acclimatation qu'il offre à l'Européen, l'une des plus belles régions de l'Amérique du Sud.

IX. — LA RÉPUBLIQUE DE L'URUGUAY.

Situé dans la zone tempérée de l'Amérique méridionale, sur la rive gauche du Rio de la Plata, l'Uruguay déploie entre le Brésil au nord, la République Argentine à l'ouest, l'estuaire de la Plata au sud et l'océan Atlantique à l'est, son plateau triangulaire de 186,920 kilomètres carrés peuplés d'environ 625,000 habitants.

Juan Diaz de Solis fut le premier à remonter le grand fleuve qui baigne l'Uruguay; le premier il y déploya l'étendard de Castille et y reçut la mort au moment où il en prenait possession. Après lui, Magellan, obsédé de son rêve de se frayer à travers le continent un passage pour gagner l'Inde, crut le découvrir dans cette « mer d'eau douce ». Il la remonta jusqu'au Parana, et, déçu dans son attente, voyant « la mer » se resserrer et devenir fleuve, il reprit sa course vers le sud, longeant la Patagonie, fouillant les anses et les baies, jusqu'au jour où s'ouvrit devant lui le détroit qui devait immortaliser son nom. Après Magellan, Cabot aborda dans l'Uruguay, entra en relations avec les Indiens et reçut d'eux des pièces d'argent venues du Pérou; il les rapporta en Espagne où l'on donna à la « mer d'eau douce » de Solis le nom inexact de Rio de la Plata, « rivière de l'argent », qui lui est resté.

Ces Indiens, qui tuaient Diaz de Solis prenant possession de leur territoire et faisaient bon accueil à Cabot remontant le fleuve, étaient les Guaranys que nous avons retrouvés plus au nord, dans le Paraguay. Ils devaient opposer une sérieuse résistance aux envahisseurs, leur disputer pied à pied le sol et les contraindre longtemps à se cantonner dans des fortins, qui, plus tard, devinrent des villes, tels celui qu'éleva Juan Romero sur la rivière San-Juan, aujourd'hui San-Juan-Bautista, celui de Bernardo-de-Guzman près du Rio Negro, depuis Santo-Domingo de Soriano.

Après les Indiens soumis ou rejetés au nord et à l'ouest, après la conquête et la pacification, vinrent les agressions extérieures. En février 1807 les Anglais emportent d'assaut Montevideo fondée en 1726, par Bruno de Zabala; ils ne la gardèrent que sept mois. En 1817 les Portugais s'en emparent à leur tour et l'occupent huit ans, jusqu'au soulèvement de Lavalleja et la proclamation d'indépendance du 25 août 1825, à la suite de laquelle la République Orientale de l'Uruguay était constituée en nation indépendante; elle ne comptait alors que 80,000 habitants.

Terre de transition entre le Brésil chaud et montagneux, entre le riant et gracieux Paraguay et les plaines immenses qui se déroulent, à l'ouest jusqu'aux Andes, au sud jusqu'à la triste et froide Patagonie, l'Uruguay, plus ondulé qu'accidenté, n'offre nulle part un relief orographique net et précis. Les monts du Brésil viennent y mourir en collines de faible élévation; la plus élevée, la Cuchilla-Grande, n'excède pas 500 mètres, celle de Santa-Anna en mesure 490 et le Haedo atteint à peine 400 mètres. Au-dessous de ces hauteurs centrales, le sol s'affaisse en longs plissements orientés du nord au sud : les *campos* qui annoncent les *pampas*. Moins vastes, moins grandioses que les *pampas*, les *campos* en ont déjà les traits caractéristiques, que nous retrouverons, bien autrement accentués, par delà la Plata, dans la République Argentine : les graminées abondantes et l'absence de haute végétation, les grands espaces ouverts à tous les vents, le paysage monotone mais non sans beauté, les fleuves coulant larges et nus entre des rives plates, l'aspect du steppe, mais du steppe verdoyant sous un ciel d'un bleu pâle.

Si le relief du sol est encore aujourd'hui ce qu'il était il y a quatre siècles quand l'Européen aborda sur ces plages, si la nature immuable a conservé son immuable aspect, elle a perdu la végétation spontanée qui lui fit donner son nom de *Pampa*, elle s'est peuplée d'animaux inconnus des aborigènes et à tel point acclimatés qu'on a peine à croire que les grands troupeaux de bœufs de l'Uruguay, avant-garde de ceux de la République Argentine, n'aient pas de tout temps erré dans ces plaines et qu'ils proviennent des huit vaches et du taureau que les Espagnols importèrent il y a quatre cents ans.

La plate orographie de l'Uruguay explique l'excessive variabilité de son climat. Tour à tour balayé par les vents brûlants du Brésil et par les bises glacées de la Patagonie, l'Uruguay est, contre eux, sans défense et sans abri. Ni hautes montagnes ni larges ceintures de forêts ne ralentissent leur course rapide, ne modèrent leur violence; le climat y gagne en salubrité mais y perd en douceur; il est extrême et passe brusquement de 2 degrés à 34; on y voit des écarts journaliers de 17 degrés, aussi ne retrouve-t-on pas ici la végétation luxuriante du nord; l'humidité disparaît et, au perpétuel printemps des tropiques, succèdent deux saisons distinctes : celle des chaleurs, de novembre à avril, celle de la fraîcheur, de mai à octobre. Le ciel s'y maintient beau, et les observations météorologiques d'une période décennale donnent en moyenne à Montevideo 244 jours sereins, 85 couverts et seulement 36 pluvieux.

De vastes rivières sillonnent en sens divers le territoire de l'Uruguay; on n'en compte pas moins de seize, alimentées par plus de 500 cours d'eau. De ces rivières, les plus importantes sont la Plata et l'Uruguay qui forment ses limites et le Rio Negro qui le traverse. Le Rio de la Plata, dont le cours est de 361 kilomètres, en mesure plus de 160 de largeur à son embouchure entre le cap San-Antonio et le cap Sainte-Marie; sa superficie est évaluée à 6,000 kilomètres carrés. Le Rio Uruguay, issu du Brésil, compte 550 kilomètres de parcours; navigable jusqu'à Paysandu aux navires d'outre-mer, il l'est jusqu'à Salto pour le cabotage. A Salto, le rapide de Salto-Chico oppose à la navigation une barrière que les embarcations de faible tonnage peuvent seules franchir et encore aux époques de grandes crues. Depuis Guazu jusqu'à Fray-Bentos, la largeur de la rivière varie entre 7 et 12 kilomètres; plus haut les îles découpées par les eaux rétrécissent le Rio Uruguay au point de ne lui laisser, à la hauteur de Salto, que quelques centaines de mètres de largeur.

Le Rio Negro, issu de la colline de Santa-Técla, dans le Brésil, traverse, dans son cours de 463 kilomètres, le territoire de l'Uruguay du nord-ouest à l'ouest et débouche dans le Rio Uruguay à Yaguaron. Les navires de faible tonnage peuvent le remonter jusqu'à 75 kilomètres au-dessus de son embouchure. Des treize autres rivières qui complètent le réseau hydrographique de l'Uruguay, cinq : le San-Salvador, le Queguay, le Dayman, l'Arapey et le Cuareim sont tributaires du Rio Uruguay; deux : le Tacuarembo et le Yi, se déversent dans le Rio Negro ; le Yaguaron, le Tacuari, l'Olimar et le Cebollati se vident dans le lac Mérim, et la Santa-Lucia dans la Plata. La plupart de ces grands cours d'eau sont navigables jnsqu'à une certaine distance au-dessus de leurs embouchures.

La République de l'Uruguay possède un développement de côtes fluviales et maritimes de 832 kilomètres, dont 200 sur l'océan, de la pointe del Palmar à Maldonado, 300 de Maldonado à Colonia sur le vaste estuaire du Rio de la Plata, le reste au long du fleuve. Le littoral maritime, bas, marécageux et bordé de lagunes au nord, se relève au sud par le travers des Islas de Torres où de faibles hauteurs donnent du relief à la côte dont elles dessinent les contours. Les ports maritimes importants sont Maldonado, Montevideo et Colonia ; viennent ensuite Paloma, Coronilla et Castillo-Grande. Le port de Maldonado est le premier qui s'offre à l'entrée de la Plata, après avoir doublé le cap Sainte-Marie; de forme semi-circulaire, il s'ouvre au sud-ouest, ainsi que celui de Montevideo situé à 125 kilomètres plus à l'ouest. Réputé le meilleur port de la république, celui de Montevideo offre un abri sûr et un bon mouillage. Son canal d'entrée, large de cinq kilomètres, mesure 15 à 17 pieds de profondeur ; les paquebots maritimes mouillent à l'entrée du canal où la profondeur est plus grande. Le port de Colonia, situé plus avant en remontant la Plata, fait face à Buenos-Ayres de l'autre côté du bras de mer. En remontant l'Uruguay, les petits ports se succèdent: Carmelo et Palmira qui s'ouvrent sur une large baie; Mercedes à 40 kilomètres de l'embouchure du Rio Negro; San-Salvador sur le Rio Negro,

Independencia sur l'Uruguay ; enfin Paysandu, puis Salto, terme de la grande navigation.

L'agriculture n'occupe qu'un rang secondaire dans l'Uruguay, région essentiellement pastorale, où l'élevage du bétail est la principale industrie des habitants. Toutefois, le haut prix des terrains dans les environs des villes refoulant plus avant dans les terres les *estancias*, qui exigent de vastes espaces, l'agriculture s'empare peu à peu des terrains dont elle tire un excellent parti ; on voit se multiplier les centres agricoles et s'étendre la culture des céréales dont l'Uruguay produit déjà plus que la quantité nécessaire à sa consommation. Les vergers sont une source sérieuse de revenus ; les poires de l'Uruguay sont renommées et aussi ses pommes dont on exporte de grandes quantités au Brésil et dans la République Argentine ; l'horticulture est également très développée aux environs de Montevideo.

Le sous-sol est riche en métaux précieux, en or et en argent ; on exploite les gisements de Cunapiru dans le département de Rivera ; celui de Maldonado possède des mines de cuivre et de plomb ; l'agate se trouve dans le département de Salto et le granit à La Paz, près de Montevideo. Mais la grande industrie de l'Uruguay, sa principale source de richesses, c'est l'élevage du bétail à cornes et à laine et des chevaux ; quelques chiffres donneront une idée de son importance. En 1852 l'Uruguay possédait 3,858,176 têtes de bétail de toutes espèces ; huit ans plus tard, en 1860, ce chiffre s'élevait à 6,159,909 ; en 1886, il était de 23,967,263 ; il dépasse aujourd'hui 32 millions, dont 8 de bêtes à cornes et 24 de brebis et d'agneaux, d'une valeur de 407 millions de francs.

Toute cette région de l'Uruguay est un immense abattoir. Chaque année les *saladeros* abattent plus de 600,000 têtes de gros bétail pour leur peau, leur graisse et leur suif. De ces *saladeros*, le plus considérable est celui de Fray-Bentos ou Independencia, siège de la fabrication d'extrait de viande de Liebig. L'usine, située au fond d'une crique du Rio Uruguay, a pour dépendances un terrain de neuf lieues carrées renfermant les bœufs que les acheteurs de l'usine vont quérir dans les *estancias* environnantes et dont, pendant une saison de trois mois, de décembre à mars, on égorge près de 200,000. « Le travail, écrit M. de Robiano, commence de fort grand matin. Les animaux sont successivement chassés des *corrales* dans d'autres plus petits ; ils arrivent ainsi jusqu'au *butte*, dernière enceinte circulaire. Une porte à guillotine n'y laisse pénétrer que vingt bœufs à la fois ; ils y trouveront des dalles inclinées et glissantes qui les priveront de résistance quand le lasso viendra s'abattre sur eux. Le lasso, dont le nœud coulant est lancé par un *gaucho* debout sur une petite estrade, passe dans une poulie pour aboutir par l'autre extrémité à la selle d'un cheval monté. Aussitôt le lasso lancé, le cheval est mis au galop et le bœuf, violemment amené, vient donner de la tête contre une grosse poutre qui l'arrête. Le *dernucador*, l'homme spécialement chargé du coup de couteau, est assis sur cette poutre. Il se sert, pour cette besogne, d'un petit poignard et frappe la bête à la nuque d'un coup qui la foudroie. Comme la place sensible n'a guère que la largeur d'une pièce de cent sous, ce coup suppose une très grande adresse, qu'on reconnaît d'ailleurs en payant cet employé spécialiste à raison de dix francs par cent têtes de bœufs. La bête ainsi frappée tombe sur un wagon à rails qui dépose ce corps encore presque vivant aux pieds de celui des travailleurs qui a fini son bœuf et qui attend une nouvelle besogne. L'animal disparaît comme par enchantement : sa tête va d'un côté, son cuir et ses membres d'un autre, ses chairs, habilement découpées, prennent une troisième direction; bref, en moins de cinq minutes, sur ces dalles qu'on lave à grande eau, il ne reste plus trace de l'animal qui vient d'y tomber palpitant. »

Plus loin, les *charqueadores* découpent les chairs en longues lanières d'un pouce et demi d'épaisseur, dimension que l'expérience a prouvé nécessaire pour préserver ces chairs de la corruption d'une part, de la dessiccation de l'autre. Ces lanières, séchées au soleil, puis plongées dans un bain de saumure et soumises de nouveau à l'action de l'air, ressemblent à de la morue desséchée. C'est la *carne secca*, dont on fait une grande consommation au Brésil et qui constitue le fond de l'alimentation des nègres. Pour l'*extractum carnis*, fabrication spéciale de l'usine Liebig, on emploie des morceaux de viande dont on détache les os et la graisse et que l'on hache très menus. Au sortir des chaudières on les soumet à une forte pression pour en extraire le jus, que l'on fait bouillir plusieurs heures; on le laisse ensuite congeler et on l'exporte dans des boîtes de fer-blanc. L'usine a peine à suffire au nombre de ses commandes, et ses bénéfices se chiffrent annuellement par plusieurs millions.

On agite beaucoup la question de savoir dans quelle mesure la *carne secca* pourrait être utilisée en Europe, surtout pour l'alimentation des armées en campagne. On ne saurait se dissimuler que le mode de préparation, souvent négligé, et l'apparence de la *carne secca* nuisent à sa consommation dans nos pays; d'autre part, son excessif bon marché, ses qualités nutritives, son transport facile et sa conservation indéfinie en feraient un aliment précieux. M. Couty a plaidé cette cause avec conviction et aussi avec compétence. « Contrairement, dit-il, aux salaisons et aux autres conserves, la *carne secca* se transporte sans aucune précaution; on en garnit la cale d'un navire, on la charge sur le dos d'un mulet, et ce transport de viandes réduites à un petit volume se fait à peu de frais. Elle peut attendre des semaines et des mois sans nécessiter des soins particuliers. Elle peut se débiter en fractions minimes. Elle serait le plus commode de tous les aliments pour les armées en campagne; avec un morceau de *carne secca* plié sur son sac ou sur sa selle, un soldat serait assuré de sa nourriture pendant plusieurs jours. De même aussi, l'ouvrier, qui ne peut acheter tout un baril de salaisons et pour lequel les autres conserves sont trop chères, trouverait dans la viande sèche les avantages d'une provision commode et assurée. »

Montevideo, capitale et port principal de la République de l'Uruguay, s'élève à l'embouchure de la mer d'eau douce; une presqu'île rocheuse sert de socle à la grande ville, qui domine la mer et le port, déployant sur son vaste plateau ses rues tirées au cordeau, ses seize cents *quadras* ou blocs construits et à construire, dont l'aspect uniforme charmerait l'œil d'un géomètre épris de la ligne droite et des proportions mathématiques. Vue du Cerro, qui la domine à l'ouest, la ville a grand air, avec sa rade largement ouverte, incessamment sillonnée de navires, ses quais espacés, ses rues droites qui fuient à l'horizon, jalons d'une cité immense à laquelle une ambitieuse prévoyance a ménagé l'espace. De ces seize cents quadras, la moitié tout au plus sont construites et habitées, les autres attendent encore maisons et habitants. Ils viendront peupler ces larges avenues, accroître le mouvement et l'animation de la grande ville dans laquelle se croisent de nombreux tramways et à laquelle aboutissent plusieurs voies ferrées la reliant à l'intérieur.

Ville essentiellement cosmopolite, Montevideo, peuplée de 140,000 habitants, renferme presque autant d'étrangers que de nationaux, 45 0/0 des premiers, 55 0,0 des seconds. Rien ne frappe plus le visiteur qui débarque à Montevideo que cette proportion anormale d'étrangers. Dans le port, on pourrait se croire sur une plage italienne, et de fait, les Italiens y sont en majorité. L'Europe est en voie de peupler cette ville, dans laquelle, en vingt années, elle a déversé 287,781 Espagnols, Italiens, Français, Anglais, Suisses, Portugais, Allemands; beaucoup il est vrai, ont gagné l'intérieur. Ils y ont pris racine, et partout on retrouve leurs colonies éparses, dont plusieurs ne laissent pas que d'avoir une certaine importance, telles la colonie vaudoise du département de Colonia, comprenant 1,700 âmes, la colonie Quevado peuplée de 450 familles, celle de Riachuelo, essentiellement italienne, celle du Nouveau-Berlin, allemande, et nombre d'autres, qui constituent des centres agricoles et, quelques-unes, des villes d'avenir.

Le mouvement commercial de l'Uruguay se chiffre par un total de près de 200 millions à l'importation et de 130 millions à l'exportation. Les principaux objets d'importation sont les articles de consommation, 46 millions; les tissus, 25; les machines et matières premières, 24. A l'exportation, les viandes et produits animaux figurent pour 120 millions. L'Angleterre tient le premier rang dans ce mouvement commercial avec un total de 80 millions; la France est au second avec 53 millions; le Brésil au troisième, puis la Belgique, les États-Unis, l'Allemagne et la République Argentine: Ce commerce est desservi par 3,300 navires de haute mer et de toutes provenances et par une flotte fluviale de 7,000 bâtiments.

Un rancho.

Le port de Rosario.

X. — LA RÉPUBLIQUE ARGENTINE

Après le Brésil, la République Argentine est, de tous les États de l'Amérique du Sud, le plus vaste ; sa superficie, diversement estimée, par suite du tracé incertain des frontières de son territoire patagonien, n'est pas inférieure à 2,900,000 kilomètres carrés, cinq fois et demie celle de la France ; sa population, dont le recensement de 1869 portait le chiffre à 1,736,922, dépasse actuellement 4,100,000.

C'est en 1515, avons-nous dit plus haut, que Juan Diaz de Solis reconnut le vaste estuaire du Rio de la Plata et y fut tué par les Indiens. Douze années plus tard, Jean Cabot remontait le cours de la Plata et, sur ses rives, élevait deux forts, mais ce ne fut qu'en 1529 que Pedro de Mendoza, riche gentilhomme de Cadix, offrit à Charles-Quint d'explorer à ses frais ces terres nouvelles et d'en achever la conquête. Sa proposition fut acceptée et Pedro de Mendoza partit en 1534 à la tête d'une flottille. En face du fort sur l'emplacement duquel devait plus tard s'élever la ville de Montevideo, de l'autre côté du vaste estuaire large de 120 kilomètres, il posa les premiers fondements de ce qui devait être un jour la grande ville de Buenos-Ayres. Mais il avait trop présumé de ses forces et de ses ressources. Les vivres manquaient à sa colonie naissante et aussi les approvisionnements de toute nature. Force lui fut d'en aller quérir en Europe. Épuisé de fatigue et de soucis, il mourut pendant la traversée, mais son insuccès ne découragea pas ses successeurs ; l'œuvre commencée se poursuivit avec des alternatives de succès et de revers ; des expéditions armées refoulèrent les Indiens ; des colonies fortifiées les tinrent en échec et Buenos-Ayres, mise à l'abri d'un coup de main, devint le centre d'où, peu à peu, par ses missions et par ses armes, l'Espagne étendit sa domination sur la rive droite du Rio de la Plata.

Sur la rive gauche, l'Uruguay se colonisait ; plus au nord, le Rio Grande do Sul se peuplait et les Jésuites pacifiaient le Paraguay. La civilisation remontait la vallée du Parana, navigable jusqu'à 1,600 kilomètres au-dessus de son embouchure, et du Rio Paraguay, accessible jusqu'au Matto-Grosso. Ces deux fleuves, aux cours parallèles, enserraient les deux provinces actuelles d'Entre-Rios et de Corrientes, la Mésopotamie Argentine qui, au nord, confinait à la Mésopotamie du Paraguay ; par leur double réseau ils atteignaient à l'est au cœur du Brésil, à l'ouest la Bolivie. Ce ne fut que plus tard que la République Argentine s'étendit dans le sud, déplaçant son centre de gravité, se reportant dans la région des Pampas où l'attendait une rapide et prodigieuse fortune.

Toutefois, avant d'en arriver là, l'État de la Plata devait traverser une série d'épreuves, une période agitée et tourmentée de guerres extérieures et de luttes intérieures qui, plus d'une fois, mirent son existence en péril. En 1806-1807 les Anglais s'emparèrent de Buenos-Ayres d'où les expulsa un officier français au service de l'Espagne, Jacques de Liniers, qui, à la tête des troupes locales, reprit la ville et contraignit la garnison anglaise à se rembarquer. L'invasion de l'Espagne par Napoléon I fut, en 1808, l'occasion impatiemment attendue et ardemment saisie par la colonie de revendiquer son autonomie tout en reconnaissant la suzeraineté nominale de Ferdinand VII. En 1811 la guerre éclate avec le Paraguay et les troupes argentines capitulent à Paraguary. Les provinces de Santa-Fé, Corrientes, Cordova, Entre-Rios se séparent et s'érigent en États indépendants ; il fallut la rude main du plus rude des dictateurs, de Rosas, qui pendant vingt ans se maintint au pouvoir, malgré les révoltes locales, malgré la France et l'Angleterre, pour arrêter le progrès des idées séparatistes. Sa chute, en 1852, fut suivie de luttes intestines sanglantes, puis d'une nouvelle et terrible guerre entreprise avec le Brésil et l'Uruguay contre le Paraguay. Nous avons dit comment, engagé par Solano Lopez dans cette lutte inégale, le Paraguay en était sorti dépeuplé et ruiné. Moins éprouvée, la République Argentine, malgré de nouvelles dissensions intestines, vit enfin un calme relatif succéder à ses troubles, et prit tout à coup le rapide essor qui devait faire d'elle l'une des contrées les plus prospères de l'Amérique méridionale.

Bornée à l'ouest par la longue et étroite bande de terre du Chili qui la sépare de l'océan Pacifique, la République Argentine confine au nord à la Bolivie et au Paraguay, à l'est aux provinces méridionales du Brésil, à l'Uruguay et à l'océan Atlantique ; au sud, au détroit de Magellan et au cap de Horn. Dans sa plus grande longueur, elle mesure, du nord au sud, près de 4,000 kilomètres ; dans sa plus grande largeur 1,000 kilomètres. Évasée au centre, elle s'effile en pointe dans sa partie méridionale et, au nord, elle affecte la forme d'un angle saillant dessiné par les contours du Chili et du Paraguay et dont le sommet aboutit à la Bolivie. Sa frontière septentrionale emprunte le cours du Rio Uruguay et du Guazu son affluent, elle redescend vers l'Iguazu, tributaire du Parana, longe ce dernier jusqu'à sa jonction avec le Rio Paraguay, remonte au long de celui-ci et du Pilcomayo, son affluent, traverse les hautes vallées du Rio Vermejo et les plateaux des Andes Orientales. La Sierra Esmoraca et la Cordillère lui servent de limites avec le Chili ; au sud, sa frontière est encore incertaine ; le traité de 1881 lui laisse toute la région patagonienne à l'est des Andes, réservant au Chili le détroit de Magellan et partageant entre le Chili et la République Argentine la Terre-de-Feu.

Ici, comme dans les États-Unis de Colombie, dans l'Équateur, le Pérou et la Bolivie, nous retrouvons l'inclinaison du plateau vers l'est, vers l'océan Atlantique. La longue chaîne des Andes, au sud comme au nord, serre de près le littoral occidental ; elle semble avoir pour mission de fermer l'accès du continent aux ports du Pacifique. De son côté elle hérisse ses pentes abruptes, elle suit les contours du Grand Océan, ne s'en éloignant çà et là, semble-t-il, qu'à regret, mesurant l'espace au Chili enserré entre la mer et la Cordillère. Autant elle se raidit à l'ouest, autant à l'est elle se déroule en longues pentes verdoyantes, en vallées largement ouvertes sillonnées d'eaux abondantes qu'elle rejette dans l'intérieur des terres, ne laissant filtrer au long de la côte que de maigres filets promptement taris par les sables.

A l'est : toutes les merveilles d'une exubérante végétation, les forêts vierges et les précieuses essences forestières, les fleuves immenses et les vastes prairies, une flore et une faune incomparables, les grands estuaires et les grands ports, l'Orénoque, l'Amazone, le Parahyba, le San-Francisco, le Rio de la Plata, le Rio Negro et aussi les seuils d'accès : Pernambuco, Bahia, Rio-de-Janeiro, Montevideo, Buenos-Ayres. A l'ouest : les plages arides et sablonneuses, les anses étroites, les déserts de Séchura, d'Aréquipa, d'Iquique, d'Antofagasta, les côtes battues par la houle, une mer sans cesse agitée et, derrière cette zone, la haute et longue muraille, ici droite et sourcilleuse, ailleurs multipliant ses failles, dédoublant, quadruplant, sextuplant ses chaînes parallèles creusées de profondes vallées, semées de *barrancas* et n'ouvrant qu'à de grandes altitudes ses rares cols dénudés et fouettés par l'aigre bise.

La chaîne des Andes qui, sur 2,000 kilomètres de longueur, forme, du nord au sud, le rebord occidental de la République Argentine, la rejette brusquement à l'est, vers lequel ses eaux sont orientées. De l'inclinaison du plateau et de la configuration de cette région, quatre fois plus longue que large, résultent trois zones longitudinales et distinctes : le littoral, la zone intérieure et le versant des Andes. De même qu'au Mexique, nous retrouvons ici encore les trois gradins successifs qui, de l'Atlantique, s'élèvent vers les hauts plateaux ; mais ici, les hauts plateaux sont les Andes et plus de 1,000 kilomètres séparent Buenos-Ayres des sommets andins.

Au long de l'océan Atlantique, la côte méridionale est inhospitalière, elle se déroule sur 500 lieues, tantôt basse et sablonneuse, tantôt hérissée de falaises, semée d'îles inhabitées, hantées par les pingouins et les lions de mer qui en ont fait des dépôts de guano de qualité médiocre, vu les pluies qui les appauvrissent en les délavant. Les ports sont rares et les anses ouvertes ne sont accessibles qu'à des bâtiments de faible tonnage. Sur cette côte où l'influence des tropiques ne se fait plus sentir, où, plus au sud, celle du grand courant du cap de Horn domine, les orages et les coups de vent sont fréquents, les pluies abondantes mais inégales, les gelées rares, mais les brusques variations de température très sensibles ; le thermomètre oscille entre + 33 et 4.

Les traits caractéristiques de cette région du littoral sont, d'une part, les nombreuses dépressions du sol dans lesquelles se rassemble l'eau de pluie qui les transforme en lagunes, de l'autre, le *pampero*, ou vent des pampas, descendu des froids plateaux des Andes et qui va se perdre au large sur l'océan Atlantique. Très multipliées dans le sud-est où on les compte par centaines, les lagunes ne sont souvent que des nappes d'eau accidentelles dont l'existence se révèle par l'épais tapis verdoyant qui les entoure, par la vase noirâtre que laisse dans le fond de leur cuvette sans profondeur l'évaporation des eaux. Souvent aussi, la lagune se transforme en lac, là où le sol de marne diluvienne fait obstacle à l'infiltration. On désigne du nom de *cienegas* ces lacs en formation, vastes marécages que recouvrent des roseaux épais et dont le centre seul contient une surface liquide ouverte, et de celui de *pajalones* les parties déprimées et humides.

Le *Pampero*, redouté des navigateurs qui longent cette côte interminable et basse, souffle du sud-ouest. L'horizontalité du sol, sa pente même et la siccité de l'atmosphère semblent accroître sa violence. Le pampero s'annonce par une nuée noire qui se lève à l'horizon lointain ; elle se rapproche et apparaît illuminée d'éclairs, sillonnée de zigzags, soulevant sur son passage d'épais tourbillons de poussière, pendant que, du milieu de cette masse sombre, se dégagent de sourds grondements de tonnerre. « On voit, écrit le Dr Burmeister, les animaux inquiets regarder la nuée, dresser les oreilles, se rassembler en groupes et, enfin, s'enfuir devant la tempête hurlante. Non seulement les bestiaux et les moutons, mais encore les cerfs et les autruches des parties encore inhabitées, se précipitent en désordre pour échapper à l'orage. Ils croient pouvoir se sauver, mais ils se trompent. L'orage va plus vite que leurs jambes, il les devance et bientôt ils sont au milieu de la tempête qui se déchaîne sur eux. Les animaux s'arrêtent alors, comprenant leur impuissance à lutter. Ils tournent le dos à la tempête et la laissent passer en s'abandonnant à leur sort. »

La région du littoral comprend la partie maritime de la province de Buenos-Ayres et des *gobernaciones* ou territoires du Rio-Negro, du Chubut et de Santa-Cruz. La région intérieure ou moyenne renferme la Mésopotamie argentine, entre les fleuves du Paraguay et du Parana : provinces d'Entre-Rios, Corrientes et Missiones et aussi les *Pampas* qui vont du Pilcomayo au nord jusqu'au Rio Negro au sud. Les pampas recouvrent, outre le Gran-Chaco, les provinces de Santiago, Santa-Fé, Cordoba, San-Luis, Buenos-Ayres et la Gobernacion de la Pampa. Cette immense plaine centrale du continent se déroule sur 3,000 kilomètres de longueur, des régions chaudes du Brésil tropical aux terres froides de la Patagonie. Au nord, le Pilcomayo et le Vermejo décrivent, au travers de bosquets d'arbres peu élevés, leurs méandres sinueux, débordant périodiquement sur les terres basses qu'ils convertissent en lagunes. C'est la région du Gran-Chaco, des terrains de chasse des Incas, des savanes monotones entrecoupées de forêts de palmiers, de mimosas et de gaïac, refuges d'Indiens nomades.

De l'autre côté du Parana, la Mésopotamie argentine s'étend au long du Brésil méridional, des provinces brésiliennes de Santa-Catharina, du Rio Grande do Sul et, plus au sud, de l'Uruguay. Ce fut la région primitivement occupée et colonisée, celle où aborda Cabot, où des Français et des Suisses créèrent, sous le nom d'Esperanza, un campement devenu une ville connue sous celui de Santa-Fé. Dans l'étude détaillée des provinces argentines et de leurs productions, nous aurons l'occasion de décrire cette région à laquelle son climat et sa situation interfluviale donnent une physionomie distincte.

Au sud et à l'ouest de l'estuaire du Rio de la Plata, commence la Pampa proprement dite. Elle diffère tout d'abord des provinces fluviales par l'absolue cessation de la forêt, même de la forêt clairsemée qui a succédé, dans la Mésopotamie Argentine, aux immenses forêts vierges du Brésil. A sa place apparaissent, dans les parties creuses, de chétifs arbrisseaux mesurant tout au plus deux mètres de hauteur. Dans les parties défrichées et cultivées, autour des habitations, là où l'on a cherché à remplacer la forêt absente par des bouquets d'arbres, on n'a que partiellement réussi. La couche d'humus est trop peu profonde et quand les racines, plongeant dans le sol, l'ont dépassée, elles rencontrent une couche de sable durci qui arrête la végétation arborescente. L'arbre, dont on admirait la croissance rapide, cesse de grandir, puis se tord sur lui-même et se découronne.

Bien différent toutefois est l'aspect de la Pampa sauvage où errent les Indiens, et celui de la Pampa colonisée et exploitée, semée d'*Estancias* et peuplée d'immenses troupeaux. Dans la première, le sol est envahi par l'herbe haute et dure, connue sous le nom de *gynerium argenteum* ou de Pampa; c'est elle qui a donné son nom à ces vastes solitudes. Elle recouvre de son pelage, roux l'été comme l'hiver, une terre sablonneuse et poussiéreuse, monotone et triste, entrecoupée de lagunes et de marécages, offrant çà et là de grands espaces vides, des déserts pampéens aux efflorescences salines formant une croûte grise qui s'étend sur des lieues carrées. Entre les steppes salins et le sol mobile des marais, l'Européen a peine à s'orienter. Pas d'autres sentiers que ceux que l'Indien se fraie, d'une lagune à l'autre, à la poursuite du gibier, et ces sentiers mêmes sont souvent loin d'être praticables aux blancs.

Il faut, pour les discerner, un œil exercé. « L'Indien, seul intéressé à les tracer, écrit M. Émile Doireaux, ne leur demande qu'une fermeté suffisante pour porter son cheval. Ce sentier étroit se nomme, dans le langage local, *rastrillada*, proprement la traînée d'un râteau ; il faut prendre soin de ne pas s'en écarter, non seulement parce qu'il aboutit aux seuls points où l'homme et son cheval puissent trouver ce qui leur est nécessaire, mais parce que de chaque côté existent, le plus souvent, des terrains mobiles et fangeux qui ensevelissent facilement cheval et cavalier ; ce sont les *guadales*. Combien de fois, dans les opérations militaires, courant à la poursuite des Indiens, une colonne entière n'a-t-elle pas disparu, entraînée derrière le goum poursuivi qui, lui, connaît le

guadal et, loin de le redouter, sait s'en servir pour échapper à son ennemi! Son cheval
est dressé à ce dangereux exercice, il sait ne pas enfoncer, se relever s'il tombe et,
par un effort vigoureux, s'éloigner au milieu du bourbier sans crainte d'être atteint. Que
le guadal soit de sable, de boue liquide, de glaise humide ou sèche, l'Indien en connaît
les secrets, s'y jette et le traverse le plus souvent; s'il y meurt, il a du moins évité de
mourir sous le sabre d'un chrétien. »

Si la Pampa, exploitée et colonisée, déroule, elle aussi, son interminable plaine qui
fuit à l'horizon, si les rares plissements de son sol retiennent, çà et là, des eaux mortes,
si les pluies l'inondent et si le soleil l'assèche, on n'y retrouve ni le jonc flexible et dur
de la pampa sauvage, ni l'Indien hostile. Le lent travail des siècles, le piétinement des
troupeaux a purgé le sol de la plante absorbante qui le recouvrait. Le *gynerium
argenteum* a disparu, remplacé par les graminées plus nourrissantes dont les semences
ont été importées avec le foin venu d'Europe, dont les animaux ont multiplié les germes
qui, peu à peu, ont étouffé le jonc. A mesure que ces troupeaux descendent plus au sud,
s'étendent plus à l'ouest, l'herbe apparaît et aussi les plantes fourragères. La pampa
verdoie; le steppe aride et nu recule devant la civilisation envahissante, représentée
moins encore par les *estancieros* et les *gauchos* que par l'herbe savoureuse et par les
immenses troupeaux issus des quelques animaux importés par les Espagnols. En
première ligne figuraient les chevaux; Mendoza avait débarqué en 1535 sur la rive
de l'estuaire de la Plata, avec 2,000 hommes et 500 chevaux. Ici, comme au
Mexique et au Pérou, comme dans toute l'Amérique, cet animal était inconnu et la
terreur qu'il inspirait aux Indiens explique, au moins autant que l'incontestable bravoure
des *conquistadors*, leurs rapides et merveilleux succès. Plus tard, familiarisé par
l'accoutumance, l'Indien se prit à convoiter, lui aussi, la possession de ce précieux
auxiliaire d'une conquête dont il était la victime.

Quand l'expédition de Mendoza, à court de vivres et à bout de forces, dut se rembarquer, les Indiens qui la harcelaient réussirent à capturer quelques-uns de ses chevaux,
cinquante tout au plus. Mais ceux-ci se multiplièrent si rapidement que, lorsqu'un demi-
siècle plus tard, les Espagnols reprirent possession de la Pampa, refoulant devant eux les
Indiens, ils estimèrent à 40,000 environ le nombre des chevaux répandus dans ces
plaines; depuis, ce nombre n'a fait que s'accroître. Après le cheval, apparurent les
bêtes à cornes, d'acclimatation non moins facile, de reproduction non moins rapide,
puis enfin les moutons. Ce sont, avons-nous dit, ces armées innombrables d'animaux
domestiques qui ont fait la conquête de la Pampa, de même que, plus au nord, ils
avaient fait celle de l'Amérique septentrionale; ce sont elles qui constituent encore la
principale richesse des habitants de ces régions.

Ce point de départ explique l'importance du cheval au Mexique, au Pérou, au Chili
et dans toute l'Amérique méridionale, le grand rôle qu'il y a joué et qu'il y joue encore.
Lors de l'Exposition de 1889, le cheval et l'équipement du cheval figuraient en place
d'honneur dans le Palais du Mexique et dans celui de la République Argentine. La foule
se pressait autour de ces selles rehaussées de plaques d'argent, de ces *sombreros* aux
lourdes ganses d'argent, de ces costumes pittoresques du *caballero* classique, de ces

souples *lassos*, de ces mors et éperons d'argent massif, de ces élégants *ponchos*. On sentait la part qu'occupe le cheval dans la vie de l'Hispano-Américain dont il est resté l'inséparable compagnon après avoir été le principal instrument de conquête, piédestal de l'homme auquel il donne toute sa valeur, qui fait corps avec lui, cavalier infatigable, dompteur émérite, médiocre agriculteur, intelligent éleveur, dédaigneux du travail manuel, qu'il estime servile, qu'il abandonne à l'Indien, mettant son orgueil et sa joie à parader dans les rues de sa capitale ou à courir dans les pampas.

Parallèle à la région de l'intérieur ou des Pampas, la région Andine se déroule au pied du versant oriental de la Cordillère ; elle comprend les provinces de Jujuy, Salto, Tucuman, Catamarca, Rioja, San-Juan et Mendoza. Encore peu peuplée, sauf dans le nord, cette partie de la République Argentine, moins appropriée à l'élevage du bétail, paraît appelée à un grand avenir agricole. Au pied des monts sourcilleux, s'étendent un pays fertile, des terres grasses qu'arrosent des canaux d'irrigation, les *acequias*, construits par les Incas. Le paysage change ; dans la plaine accidentée apparaissent de vastes champs de blé et de maïs ; le climat plus doux se prête ici à la culture du citronnier et de l'oranger dont les rideaux verts dessinent les limites des champs. L'eau abonde, ruisselant sur les flancs de la Cordillère qui arrête les nuages de l'Atlantique ; canalisée, elle éveille autour d'elle la vie végétale ; elle alimente de vastes plantations de cannes à sucre, au milieu desquelles, majestueuses comme des obélisques, se dressent les hautes cheminées aux noirs panaches. La forêt reparait et, avec elle les exploitations forestières. Tucuman est un centre sucrier ; Frias est un centre forestier ; Frias fournit à Tucuman le combustible et le bois ouvré, aux voies ferrées leurs traverses de *quebracho colorado*, aussi résistantes que le fer à l'humidité et qui, sous l'action de la scie se révèlent striées de veines de toutes couleurs. Ce bois constitue l'un des principaux produits de la région Andine septentrionale. Au sud, si la région Andine n'a plus le caractère tropical qu'elle garde encore dans le nord, elle conserve son cachet agricole. Le plus beau blé de la république se récolte dans la province de Mendoza ; la vigne y réussit admirablement et si l'on y élève peu de bétail, par contre, on y engraisse celui que l'on achemine sur le Chili par les cols des Andes.

L'orographie de cette immense contrée, dont nous venons de décrire les zones principales, est relativement peu compliquée. La chaîne des Andes en dessine à l'ouest la puissante saillie, qui sépare la République Argentine du Chili, et au long de laquelle se dressent les cimes géantes du volcan de Tinguirica, 4,478 mètres, de celui de San-José 6,096, du Tupungato 6,178, du Juncal 5,942, de la Cima del Mercedario 6,798, de la Cima del Cobre 5,584 et enfin l'Aconcagua 6,834. Au sud, la chaîne affecte la forme d'une saillie unique et de faible largeur ; sa hauteur moyenne se maintient à 2,500 mètres ; au-dessus du 36ᵉ degré de latitude, elle s'accroît rapidement en ampleur et en hauteur. De 2,500 mètres d'altitude moyenne elle s'élève à 3,000, 4,000, 5,000, et se maintient à 6,000 sous le 32ᵉ degré. Ici, apparaît le massif Andin ; il commence au nord-ouest de Mendoza ; son renflement puissant déborde sur la République Argentine en longues pentes semées d'immenses quantités de cailloux roulés. Pour former ce plateau des Andes, vaste triangle dont la base est au nord et la pointe au sud, la chaine se dédouble, puis se quadruple et se sextuple, multipliant ses murs de soutènement dont la pente abrupte fait face à l'océan Pacifique. Sur cet énorme piédestal dont la hauteur moyenne atteint 4,000 mètres, s'élèvent les sierras de Los Patos, del Tontal, de los Paramillos, de Londa, de Jachal, de Vinchina, de Tinogasta dont la haute cime mesure 6,294 mètres. Dans l'angle nord-ouest de la République Argentine, le plateau Andin déroule d'immenses *punas* mesurant des centaines de kilomètres et que surplombent les sierras de Gualampaja, de Zenta, d'Humaguaca, de Quilmes ; le Nevado d'Aconquija en forme l'éperon méridional, l'axe d'où se détachent les chaînons secondaires qui vont mourir en longs plissements de sol dans les lagunes et dans les Pampas.

A 450 kilomètres à l'est de la chaine des Andes et à même distance à peu près au sud du plateau Andin, s'élèvent, au milieu de plaines basses, une série de hauteurs que l'on désigne du nom de Sierra de Cordova. Orientée du nord au sud, comme la Cordillère, elle fut probablement l'un de ses contreforts. Elle en a les pentes occidentales abruptes, le versant oriental mollement incliné ; ses sommets, de faible altitude, ne dépassent pas 2,000 mètres. Au sud, la Sierra de Cordova se relie, par un haut plateau, au massif occidental de la Punta, par un autre à une rangée volcanique dont le plus haut sommet, la Yerba Buena, atteint 1,645 mètres. Plus à l'est enfin, on voit surgir parfois dans les grandes plaines horizontales de légères saillies nommées *Revenzarones de la Sierra*, « éclats ou débris de la montagne ». Elles rappellent, en effet, ces ruines basses, effritées et nivelées par le temps, d'édifices écroulés ou de collines effondrées. Partout ailleurs, le sol se déroule, uniforme et plat, sans relief, mais non sans grandeur et sans poésie.

Cette grandeur et cette poésie, la plaine Argentine les doit à son immensité, à ses horizons lointains, à l'étonnant contraste que présente ce sol fuyant avec les colosses neigeux qui l'enserrent à l'ouest. Cette plaine rappelle l'océan ; elle en a les ouragans soudains : ses *pamperos;* elle en a les périls : ses lagunes et ses marais, ses terres molles qui se dérobent sous les pas. Elle est le trait caractéristique de cette région ; ce n'est ni le steppe nu et dévasté de l'Asie, ni la région ondulée des prairies de l'Amérique du Nord ; c'est une terre à part que l'on ne rencontre qu'ici : c'est la terre prédestinée de l'élevage, la vraie patrie des animaux que l'homme y a importés ; ils y croissent et se multiplient, pétrissant et façonnant le sol à leur usage, formant déjà pour les besoins de l'humanité une gigantesque réserve de nourriture.

Si haute et si large que soit cette muraille des Andes dont nous venons de décrire l'aspect, elle est traversée par des cols qui mettent la République Argentine en communication avec la Bolivie et le Chili. M. Martin de Moussy en cite 32, sans compter ceux dont l'existence n'est connue que des contrebandiers. « Les principaux, écrit M. Lanier, sont les passages d'Antuco qui conduit de Concepcion à Mendoza, 2,100 mètres ; ceux de Planchon, de Talca, de Curiço, 3,000 ; le col de las Damas, 2,800 ; le col de Portillo qui s'élève jusqu'à 4,127 ; la passe de la Cumbre, grande route de la Plata au Chili, 2,900 mètres ; le col de los Patos, entre San-Juan et Valparaiso ; les cols de Copiapo et Piedras-Negras, le passage du Despoblado, de Salta à Cobijo. » Les plus grandes difficultés que rencontrent les voyageurs proviennent du mauvais temps, de l'absence de maisons de refuge et de la sensation pénible résultant de la raréfaction de l'air. Une autre, qui n'affecte que les animaux, est connue sous le nom de *trembladera*. Elle consiste en un frisson qu'ils éprouvent en certaines localités et qui peut causer leur mort si on ne se hâte de les déplacer. Les Indiens attribuent ce frisson aux léthifères exhalaisons du sol.

Malgré les obstacles que présentent le passage de ces cols et la longueur d'un voyage qui n'est pas moindre de 80 lieues par les routes les plus courtes et dépasse quelquefois 200, ils sont très fréquentés et le transit y est très actif. De grands troupeaux de bœufs à destination du Chili empruntent constamment cette voie. On les engraisse, avons-nous dit, au pied des Andes, puis on les expédie sous la conduite de muletiers exercés. Les troupeaux franchissent en moyenne huit lieues par jour, mais force est de suivre les routes les plus longues et les moins escarpées, celles où les *quebradas* offrent le plus d'herbe. Expédiés en bon état, ces animaux souffrent peu de ce long voyage, à moins qu'ils ne soient surpris et arrêtés par les mauvais temps. De l'autre côté des Andes on les laisse reposer quelques jours dans les *alfalfares* du Chili avant de les envoyer à la boucherie. Les moutons ne peuvent marcher qu'à raison de quatre lieues par jour et encore faut-il leur donner un jour entier de repos sur six. Le froid les éprouve peu, mais ils souffrent des terrains pierreux et, pour leur faciliter la marche, il faut souvent recouvrir leurs sabots d'un morceau de peau.

Un voyageur peut franchir les Andes en quelques jours, à raison de 13 ou 14 lieues par jour. Les guides se paient 60 francs l'été, 85 l'hiver, non compris les frais de nourriture. « En résumé, écrit M. Martin de Moussy, les passages des Andes sont plus fatigants par leur longueur que par leurs difficultés matérielles; et il n'y a réellement pas de danger quand on les passe dans la bonne saison et avec les précautions voulues. Malheureusement quelques personnes, même habituées à ces voyages, deviennent trop hardies et se hasardant dans des circonstances défavorables, succombent au froid. Lorsqu'une caravane est assaillie par l'ouragan sur les plateaux, et qu'on n'a pas le temps de gagner quelque *quebrada*, quelque roche voisine, ce qui arrive presque toujours, car la neige tourbillonne avec tant de violence qu'en un instant tous les sentiers sont effacés, on s'arrête immédiatement; on empile les charges de manière à former un rempart contre le vent, et on y attache les animaux. Enveloppés de leur mieux, les voyageurs attendent la fin de la tempête; mais la position est fort critique si le mauvais temps se prolonge. » La construction projetée du chemin de fer transandin par Junin et Mercédès de San-Luis, mettra Valparaiso à cinq jours de Buenos-Ayres et abrégera de dix jours le voyage d'Europe au Chili.

L'hydrographie de la République Argentine présente une certaine analogie avec son orographie. De même que le trait caractéristique de cette dernière consiste dans le contraste entre le colossal soulèvement des Andes et l'uniformité des plaines, de même le trait caractéristique de son hydrographie consiste dans le contraste que présente le tronc monstrueux du Rio Parana, large de 50 kilomètres par le travers de

Rosario, et les maigres eaux des rivières et des fleuves secondaires. C'est à ses tributaires du Brésil que le Parana, dont le cours inférieur seul est argentin, doit la puissance et le volume qui font de lui l'un des grands fleuves du monde, et de son estuaire le seuil d'accès grandiose d'un continent. Les eaux qu'il roule, il va les puiser dans la Sierra de Mantiqueira et dans celle des Pyrenées, et c'est grossi des pluies diluviennes et tropicales du Brésil, qu'il débouche sur le territoire argentin à Corrientes.

Sur son tronc puissant se greffe le Rio Paraguay et les navires peuvent remonter ce réseau fluvial jusqu'à Villa-Maria, au cœur même du Brésil et à 4,500 kilomètres de son embouchure. En amont de Corrientes, où le Paraguay rejoint le Parana, le fleuve s'étale en un lit de 15 kilomètres de largeur, et, sauf à Obligado où la passe, rétrécie, ne mesure que 633 mètres, mais où l'impétuosité du courant a affouillé son lit à 45 mètres de profondeur, le Parana n'offre nulle part moins de 5 kilomètres de largeur. Il coule entre des îles nombreuses, formées de ses alluvions, terres basses qu'il recouvre et découvre alternativement, modifiant leurs contours et changeant leur aspect. A l'époque des crues, le Parana gonflé exhausse de six à huit mètres le niveau de ses eaux; les terres basses disparaissent sous ses flots rapides et, dans son lit démesuré, le feuillage des saules courbés, minces îlots de verdure, indique seul la place qu'elles occupent.

Près de l'île Martin-Garcia, l'Uruguay, large de 10 kilomètres, rejoint le Parana et tous deux réunis débouchent dans le vaste estuaire dénommé Rio de la Plata, véritable mer d'eau douce dont la superficie dépasse 40,000 kilomètres carrés. « Dans une période géologique récente, écrit M. Vivien de Saint-Martin, cette nappe d'eau s'étendait sur un espace encore bien plus vaste; alors le Parana n'avait pas comblé de ses alluvions toute la partie supérieure de l'estuaire et probablement aussi le sol des immenses pampas était recouvert par les eaux marines. Actuellement le golfe rétréci n'en est pas moins toujours une véritable mer. Le fond, qui continue en pente douce la surface de la plaine Argentine se creuse jusqu'à 20 et 30 mètres au-dessous de la surface de l'océan. Des courants et des contre-courants rapides, semblables à ceux de la haute mer, parcourent le golfe dans tous les sens ; des vents furieux qui soulèvent la masse liquide tout entière, y produisent des tempêtes plus redoutables que celles du large, à cause des bancs de sable et des écueils qui bordent les chenaux. Les crues les plus fortes de l'Uruguay et du Parana n'ont aucune influence appréciable sur le niveau du Rio de la Plata et se perdent comme de simples filets dans l'énorme estuaire. » Il résulte, des études hydrologiques de M. l'ingénieur Révy, sur le Parana, que le débit moyen du fleuve, dans les eaux basses, dépasse 14,000 mètres cubes par seconde.

Si le cours inférieur du Parana est argentin, le fleuve est brésilien par ses eaux; ses maigres tributaires de la République Argentine ne contribuent presque pour rien à son volume et, comparés à lui ils ne sont que d'insignifiants ruisseaux. Même le Pilcomayo, le Vermejo, le Salado ne lui arrivent qu'appauvris; ils ont perdu en route une grande partie de leurs eaux, déversées dans les lagunes et les marécages, absorbées par les terres sablonneuses du Chaco. Plus au sud, même pauvreté; le Rio Dulce, descendu des Andes, de la Sierra de Aconquija, ne peut traverser le continent; il va se

perdre, au nord-est de Cordova, dans la *Mar Chiquita;* les cours d'eau des provinces
Andines n'alimentent plus le lit desséché du fleuve qui portait leurs eaux au Rio Colorado; de ce fleuve il ne reste plus que le marécage vaseux du *Bebedero,* du « Boit-
tout » ; les sables absorbent ces rivières. Il n'est pas jusqu'aux rios du massif de
Cordova, qu'une faible distance cependant sépare du Parana et dont quelques-uns
seulement le rejoignent. Le Rio Primero et le Rio Segundo s'évaporent en ce court
trajet. Le Rio Tercero et le Rio Cuarto n'atteignent le Parana qu'à la condition de réunir
leurs eaux et de former, sous le nom de Rio Carcarana, une seule rivière. Le Rio Quinto
qui, autrefois, se déversait dans l'océan, au sud de l'estuaire de la Plata, s'égare, après
avoir franchi la moitié de son parcours antérieur, dans des lagunes qui ne laissent plus
suinter qu'un mince filet d'eau. Il faut descendre jusqu'à la Patagonie pour retrouver
des cours d'eau comme le Rio Colorado et le Rio Negro portant directement à l'océan
les eaux des plateaux neigeux des Andes.

Dans cette partie de l'Amérique, plus tardivement colonisée que le nord et le centre,
l'Européen se heurta, dès le premier jour, à une population indigène assez résistante
pour le tenir en échec et rejeter hors de son territoire Mendoza et ses 2,000 colons.
Les historiens espagnols ne se sont pas fait faute d'accuser de perfidie et de trahison
les Indiens de la côte que l'impartial récit de l'un des compagnons de Mendoza présente
cependant sous un tout autre aspect. Il nous les montre accueillant les Espagnols, partageant avec eux leurs maigres approvisionnements, mais bientôt, hors d'état de
satisfaire les exigences de leurs hôtes qui les menacent, les pillent et détruisent leur
campement. « On en tua mille, dit-il, mais dans cette lutte périt Diégo de Mendoza,
frère du chef de l'expédition. »
Tel était le mépris des Espagnols pour ces hommes d'une autre race, telle leur
indifférence pour leurs lois, leurs coutumes et leur langue qu'ils les englobaient tous
sous la même appellation d'*Infieles,* les tenant pour inférieurs, les traitant en
esclaves. Ils les désignaient souvent aussi par le nom des localités qu'ils habitaient,
source constante de méprises avec des tribus dont beaucoup étaient nomades; parfois
sous celui de *Naciones* qui impliquait l'idée de grandes agglomérations. Ce fut le cas
pour les populations Andines, et ici la classification était juste; les Incas au Pérou, les
Guaranys au nord-est de la Plata, les Araucans à l'ouest et les tribus nomades de la
Pampa constituaient, en effet, quatre groupes distincts.
Le dernier était plus confus, plus subdivisé, et les documents espagnols fourmil-
laient d'erreurs sur ces tribus auxquelles ils assignaient tantôt le nom de leur habitat,
tantôt celui de leurs chefs; d'Orbigny fut le premier à débrouiller ce chaos. De ses
travaux et de ceux qui ont suivi il est résulté que les Indiens de la République Argen-
tine, presque tous nomades, se répartissaient en huit tribus : les Patagons, les
Charruas, les Pampas, les Quilmes, les Querandies et les Mocobies; au nord, les
Moxos et les Chiquitos. Plus indépendants, plus réfractaires à toute assimilation et à
toute civilisation, ces derniers semblent condamnés à disparaître les premiers. Les
Charruas et les Querandies étaient les plus belliqueux. C'est aux Querandies que vint

se heurter Mendoza, ce furent les Charruas qui tuèrent Solis et ses compagnons. Les Charruas ont disparu ; il ne reste d'autre souvenir d'eux que les quelques lignes que leur a consacrées Azara : « Les Charruas, dit-il, ont coûté plus de sang à l'Espagne que les nombreuses armées de l'Inca et de Montezuma, et cependant leur nombre ne dépasse pas le chiffre insignifiant de quelques centaines. On a essayé contre eux, mais toujours en vain, de petites et de grandes expéditions. Sobres, agiles, vigoureux, plus grands en moyenne que les Européens, tous coulés dans le même moule, ils ont le visage bronzé, les traits énergiques, la tête couverte de cheveux longs et touffus, ils ont aussi l'œil perçant, l'ouïe remarquablement fine, les dents blanches, la main et le pied petits. »

Leur sort sera celui des derniers survivants des tribus des Pampas, de la Patagonie et des vallées Andines du sud. Ils sont peu nombreux et chaque année leur chiffre décroît, mais ce chiffre devait être considérable, à en juger d'après l'acte de donation de Buenos-Ayres par Juan de Garay, en 1582, lequel répartit, entre les colons, les Indiens établis sur le territoire limité et, sans en préciser le nombre, constate qu'il comprenait soixante-six caciques et leurs tribus. Cette répartition qui, sous un autre nom, faisait de l'Indien l'esclave du blanc, fut suivie d'une telle mortalité des indigènes qu'en 1611, 29 ans plus tard, les colons réclamaient de la métropole l'importation de nègres de Guinée pour remplacer les Indiens qui faisaient défaut.

Les tribus nomades avaient pu se soustraire à l'esclavage en se réfugiant dans la Pampa ; celle-ci se peuplait de chevaux à demi sauvages, de bétail errant, fonds commun sur lequel, l'Espagnol au nord, l'Indien au sud prélevaient les animaux qui leur étaient nécessaires. Encouragé par la tolérance et la distance, l'Indien, qui se considérait comme légitime propriétaire du sol et de ce que ce sol portait, ne tarda pas à trafiquer avec les tribus des Andes des animaux que ces derniers vendaient aux Européens établis sur la côte du Chili. Ce trafic prit une telle extension que la Pampa se dépeupla ; les incursions des Indiens se multiplièrent ; ils se rapprochèrent des colonies. Une répression devenait nécessaire ; elle fut sanglante et amena le soulèvement et l'invasion des Indiens en 1748, suivis d'une boucherie froide et méthodique des tribus même inoffensives et amies. Ce fut le début de la guerre d'extermination, sans pitié ni merci, telle que la comprirent et la pratiquèrent Rauch, Rondeau, Rosas et qui, poursuivie sans interruption, ne peut avoir d'autre terme que la suppression complète de la race inférieure.

Comment eût-elle pu se maintenir en présence de l'accroissement du nombre des Européens, de l'importation des nègres et d'une immigration qui menace, ainsi qu'une marée montante, de submerger l'élément espagnol lui-même ? Nulle part, en effet, si ce n'est aux États-Unis, on n'a vu autant d'immigrants déborder sur un pays, y prendre racine, y faire souche. En 1881 ils sont venus au nombre de 47,284 ; en 1885 leur chiffre s'élevait à 130,186 ; il dépassait 177,000 en 1888 ; 200,000 en 1889 ; si, depuis, une crise commerciale et financière a ralenti ce mouvement, ce temps d'arrêt ne sera que momentané et cette collaboration de toutes les races du globe à la formation d'une nationalité argentine s'impose à l'attention des hommes d'État, en même temps qu'elle soulève de graves problèmes sociaux.

De 1882 à 1890, l'Europe a déversé sur la République Argentine 1,110,000 colons. Dans ce total, l'Italie figure pour 70 °/₀, l'Espagne et la France 10 °/₀ chacune, l'Allemagne et la Suisse réunies 4 °/₀, l'Angleterre 2 °/₀ ; le reste, soit 4 °/₀, se compose de nationalités diverses. Aux États-Unis, le chiffre des immigrants est plus considérable encore, mais les 1,200 ou 1,500 émigrants qui arrivent chaque jour se perdent dans les rangs serrés d'une population qui dépasse 65 millions. Dans la République Argentine il n'en va pas de même. Il faut, disent ses hommes d'État, vingt ans pour augmenter d'un adulte la population nationale, il ne faut qu'un arrivage de steamer pour en jeter un millier sur la plage, prêts à produire, à procréer, à contrebalancer l'influence des nationaux. On suppute ; on observe déjà que la propriété se distribue, dans les villes, pour deux tiers aux étrangers, un tiers seulement aux nationaux, et encore, parmi ceux-ci figurent, en grand nombre, des créoles dont les pères restent étrangers.

De ces conditions anormales de peuplement résulte la singulière mosaïque de colonies agricoles européennes établies sur le sol de la République et que nous retrouverons groupées par nationalités dans les diverses provinces, ainsi que nous les avons déjà vues dans l'Uruguay, mais sur une moindre échelle.

Terre d'élevage par excellence, la République Argentine fut longtemps tributaire du Chili, considéré comme le grenier naturel de l'Amérique du Sud, pour les farines qu'elle consommait. Son affranchissement date de 1864, de la guerre du Paraguay, pendant laquelle, mis en demeure de pourvoir aux besoins des armées alliées, incités à le faire par les hauts prix des céréales, les habitants des provinces platéennes plantèrent leurs terres en blé et vendirent leurs produits à bon compte. Quand, la guerre terminée, les farines du Chili affluèrent de nouveau sur le marché de Buenos-Ayres, elles ne trouvèrent plus acheteurs ; la production locale suffisait déjà à la consommation locale.

Cette production ne devait pas s'en tenir là. Encouragés par ce premier résultat, les cultivateurs ensemencèrent de plus grands espaces. Déjà, en 1883, les bras manquaient pour emmagasiner les récoltes de la province de Santa-Fé : il eût fallu 160,000 moissonneurs dans une région qui ne contenait encore que 60,000 colons. Depuis, la population a quadruplé, mais la production s'est encore accrue et il a fallu suppléer au travail manuel par celui des machines. C'est par milliers qu'on les importe chaque année et les 247,000 colons de Santa-Fé avaient déjà mis en culture, en 1888, 780,000 hectares produisant 6,250,000 hectolitres de blé, 21,000 tonnes de graines de lin et donnant plus de 50 millions de bénéfices, soit une augmentation nette de richesse de 500 francs par tête d'habitant, non compris la plus-value des propriétés en rapport et celle des terres adjacentes. Ce n'était qu'un point de départ et ce point de départ explique l'hyperbole de M. Sarmiento, ex-président de la République, disant que les astronomes de la lune, s'ils existent, doivent être surpris de voir toute une partie de notre globe dépouiller sa terne couleur grise et passer du vert le plus tendre au jaune le plus doré. Aujourd'hui, on estime à 2,500,000 hectares la superficie des terres affectées à la culture des céréales dans les quatorze provinces et les

GAUCHOS DE LA RÉPUBLIQUE ARGENTINE.

cinq territoires; ce n'est pas même encore un pour cent de la superficie totale de la République, laquelle représente 289,420,341 hectares. Plus localisée, la culture de la canne à sucre est limitée aux terres du nord-ouest; elle ne commence qu'à 1,200 kilomètres au-dessus de Buenos-Ayres, dans les provinces de Tucuman et de Santiago, où cinquante-six usines produisent annuellement 50 millions de kilogrammes de sucre.

Si la production agricole de la République Argentine dépasse actuellement 500 millions de francs dont 100 millions pour l'exportation, c'est à plus de 2 milliards de francs qu'est estimée la valeur du bétail que nourrissent ses vastes pâturages, et par 450 millions que se chiffre l'exportation qu'alimentent 23 millions de bêtes à cornes, 4,500,000 chevaux et 71 millions de moutons. Cette exploitation date de loin déjà; nous avons indiqué ses débuts, suivons-la dans ses développements, car elle a donné à cette région la prodigieuse impulsion qui fait d'elle une des plus riches contrées de l'Amérique du Sud; celle qui attire le plus les capitaux et l'immigration de l'Europe.

Le cheval, avons-nous dit plus haut, a été le principal auxiliaire de la conquête de la Pampa. Jusqu'à lui elle n'était qu'une solitude stérile et inhabitée; grâce à lui le Blanc et l'Indien ont pu pénétrer plus avant dans la plaine immense; sous ses sabots, le sol s'est durci, l'herbe parasite a disparu, d'autres graminées l'ont remplacé. Encore aujourd'hui, la première chose que fait un colon pour conquérir une zone de terres vierges est d'y lâcher des troupeaux de chevaux sous la surveillance des gauchos : 3,000 à 4,000 bêtes pour un espace de 10 à 20,000 hectares. En trois années ils ont foulé, pétri, façonné le sol sur lequel on peut amener les bœufs. Ceux-ci, de leur pied patient, achèvent l'œuvre commencée; ils multiplient la fumure et l'ensemencement; ils se multiplient eux-mêmes, élargissant la zone conquise; en huit ou dix ans la partie de la Pampa qu'ils occupent est acquise à l'élevage; on y peut introduire le mouton; les graminées couvrent le sol, les places vides qui dénotent la terre vierge; ont disparu, la période largement rémunératrice commence.

Rien de plus curieux à suivre que cette conquête pacifique de la Pampa, que cette éradication du jonc sec et dur qui la recouvre, que son remplacement par l'herbe savoureuse. Instruments inconscients de cette métamorphose qui, chaque jour, étend la zone de leur domaine, le cheval, le bœuf et le mouton ont chacun leur tâche à remplir, l'homme n'a qu'à surveiller et diriger. Parfois, dans la Pampa, l'on voit s'élever à l'horizon un nuage de poussière, des milliers de chevaux passent, emportés dans un galop furieux, suivis par des gauchos qui activent leur course. Sous leurs sabots le sol tremble, le vent balaie les débris de jonc pulvérisés, le sol se nivèle; c'est la première prise de possession; on continuera ainsi pendant des mois. Alors apparaissent çà et là des plaques vertes, des graminées dont les racines chevelues se croisent, se fixent et s'étendent; isolées, au début, elle semblent devoir être étouffées par le *gynerium argenteum*, depuis des siècles maître de la Pampa; il n'en est rien, ce sont elles qui l'étouffent et le tuent. Le vent les a semées à la surface de la Pampa, les pieds des animaux les ont enfouies, elles germent et la prairie remplace la Pampa; le désert recule devant la civilisation ouvrant à l'activité humaine un nouveau champ d'action.

Plus limité, le rôle de l'homme n'est pas moins important. Ici ce rôle incombe à l'*estanciero*, propriétaire ou locataire de la terre, propriétaire du bétail, et au *gaucho*. L'estanciero habite au centre de son exploitation d'élevage ; elle occupe d'ordinaire deux ou trois lieues carrées ; quelques hectares avoisinant sa demeure sont, d'ordinaire, clôturés et cultivés ; le reste, enclos en fil de laiton, *alhombrados*, est réservé au bétail. Son personnel se compose du *capataz*, sous-chef de l'exploitation, de quelques *peones* qui travaillent les animaux, et de *posteros* qui parcourent la plaine, ramènent les bêtes égarées et surveillent les clôtures. On les désigne du nom générique de *gauchos*.

Ce sont les rois de la Pampa et, dans leur rude tâche, ils déploient de merveilleuses aptitudes. Ils vivent à cheval. Métis d'Indienne et d'Espagnol, le gaucho a haute taille, figure anguleuse, teint bronzé, rude chevelure noire. Sa carrure solide, ses muscles d'acier révèlent son origine indienne ; cavalier aussi intrépide que gracieux, il est irascible et sobre, joueur et vindicatif comme un Espagnol. Il ne ferait pas une lieue à pied, mais en selle c'est un vrai centaure. S'il déploie une activité aussi dévorante au travail, c'est que ce travail est aussi sa passion. A cheval, il ne craint et ne redoute rien. Sa monture, qu'il néglige mais qu'il aime, il la couvre de cuirs artistement tressés, de plaques et d'étriers d'argent ; elle et lui portent sur leurs dos tout ce qu'il possède.

Étranges gens, insouciants et vivant de peu, satisfaits de leur sort, n'enviant rien en dehors de leur domaine qui leur suffit, ne comprenant l'existence qu'à cheval, dans la plaine sans limites, au milieu d'innombrables troupeaux qu'ils font évoluer avec une merveilleuse adresse. « La position des gauchos sur leurs montures ne rappelle en rien celle que l'on enseigne dans nos manèges, écrit M. Daireaux, mais de combien n'est-elle pas plus vraie ! En effet, ils montent tout à fait droits et, de la cuisse au talon adhèrent à leurs montures ; mais aussi, de ces montures, ils font tout ce qu'ils veulent et n'en connaissent point de force à leur faire vider les arçons. A cheval, que ne font-ils point ? Ils ouvrent avec le pied des barrières tombantes ; ils passent une rivière sur un tronc renversé ; ils portent avec aisance et sans modifier leur allure, des bancs, des poutres, des tonneaux ; j'en ai vu ramener sur le pommeau de leur selle des veaux déjà d'un certain âge, auxquels l'équitation devait sembler chose bizarre. » Le jour approche où l'effort combiné de l'homme et de ses obéissants auxiliaires achèvera la conquête de la Pampa, que peupleront alors cent millions de bêtes à cornes, inépuisable réserve de viande pour les générations futures.

La République Argentine est, administrativement, divisée en quatorze provinces et neuf territoires. Ces derniers, encore peu peuplés, comprennent le Chaco, la Pampa non colonisée et la Patagonie. Les provinces se répartissent, géographiquement, entre les trois zones longitudinales que nous avons précédemment indiquées : 1° provinces du littoral, Buenos-Ayres, Santa-Fé, Entre-Rios et Corrientes ; 2° provinces centrales : Cordova, San-Luis, Santiago del Estero et Tucuman ; 3° provinces des Andes : Jujuy, Salta, Catamarca, Rioja, San-Juan et Mendoza, nous les parcourrons successivement, en commençant par le littoral.

PROVINCES DU LITTORAL : BUENOS-AYRES. — SANTA-FÉ.
— ENTRE-RIOS. — CORRIENTES.

De ces quatre provinces, la première seule est absolument maritime; les trois
autres forment la Mésopotamie Argentine, mais, par leurs grands fleuves et le vaste
estuaire du Rio de la Plata, elles participent au mouvement maritime et si la république de l'Uruguay les sépare de l'océan Atlantique, le Rio Parana et le Rio Uruguay
les y relient.

La province de Buenos-Ayres occupe une superficie de 188,989 kilomètres carrés;
sa population est de près de 900,000 habitants, non compris celle de la grande ville du
même nom, capitale de la République et peuplée, en 1890, de 561,000 âmes. La Plata,
chef-lieu de la province, en renferme 60,000 ; elle est située à 50 kilomètres au sud-
est de Buenos-Ayres.

Cette province, la plus importante de la République, formait naguère un État séparé
de la Confédération de la Plata, dont elle est devenue la tête et le centre commercial.
Nonobstant le rang qu'elle occupe, elle confine aux limites extrêmes de la colonisation ;
dans l'ouest, ses frontières indécises forment une *marche*, un terrain neutre, que les
Indiens disputent encore aux Blancs; au sud, le Rio Negro est considéré comme sa
limite, mais la province revendique comme sien tout le territoire de la Patagonie. Terre
plate, dénudée et semée de lagunes, la province de Buenos Ayres est coupée çà et là de
dunes sablonneuses ; on les désigne des noms de sierras de Vulcan et de Tandil, mais
leur hauteur n'excède pas 350 mètres. Plus au sud, apparaît le renflement de la
Ventana, d'une altitude d'environ 1,000 mètres. Partout ailleurs le sol argilo-sableux
se déroule, parfaitement horizontal, cultivé autour des villes, converti en pâturages
hors de leur rayon. La situation qu'occupe la province de Buenos-Ayres, à l'entrée de
la Plata, sa vaste étendue de côtes sur le fleuve et sur l'océan, l'inépuisable fertilité de
son sol et la douceur de son climat attirent et retiennent une immigration nombreuse
qui menace peu à peu de se substituer à la race espagnole.

Buenos-Ayres, capitale de la République, est située sur le Rio de la Plata, en face de
Montevideo, capitale de l'Uruguay, dont 180 kilomètres la séparent. Peu de villes au
monde, sauf Chicago, offrent l'exemple d'un aussi rapide accroissement que celui qui a
porté de 187,000 en 1869, à 561,000 en 1890, le chiffre de la population de cette ville.
L'immigration l'envahit et déjà, dès 1887, l'équilibre entre les étrangers et les
Argentins était rompu en faveur des premiers qui figuraient pour 52,8 0/0 dans le
chiffre total de ses habitants. Elle a grand air, avec ses maisons à terrasses, ses nombreux dômes d'églises, son grand mouvement commercial; mais ses interminables rues
droites manquent de largeur, ses monuments manquent de caractère, ses places
publiques sont trop rares, les tramways trop nombreux pour les chaussées trop étroites.
six compagnies de tramways sillonnent déjà la ville d'un réseau de 200,000 kilomètres,
et transportent près de 50 millions de voyageurs à l'année.

La Plata, chef-lieu de la province de Buenos-Ayres, ne compte pas encore douze années d'existence et renferme déjà une population de 60,000 âmes. Ville d'aspect monumental, elle possède, contrairement à Buenos-Ayres, des rues larges mais qui se perdent dans une plaine ouverte et déserte; elle s'élève à neuf kilomètres d'Ensenada, son port, situé sur le Rio de la Plata, à l'estuaire de la rivière Santiago. Ce port, qui se pose en rival futur de celui de Buenos-Ayres dont les bassins nord et sud n'offrent qu'un abri précaire par les grands vents, semble appelé à un grand avenir. Il justifiera peut-être la création de cette cité grandiose que M. Th. Child considère comme un curieux exemple d'extravagance provinciale, affirmant, non sans logique, que les villes commerciales se fondent et grandissent là où elles sont nécessaires, à preuve Buenos-Ayres et Rosario. « Point de villes pastorales, ajoute-il, attendu que l'industrie pastorale n'exige même pas des villages, et, pour ce qui est de l'industrie agricole, elle a ses débouchés le long des fleuves et des lignes de chemin de fer. Dans l'organisation écono-mique actuelle de la République Argentine, les centres d'affaires commerciales et agricoles qui fournissent aux ports importants de quoi alimenter leur activité, sont les seules villes dont l'existence ait sa raison d'être et dont la création et le développe-ment soient normaux. »

Tel est le cas de Rosario, grand port et centre commercial des plus importants, seconde ville de la République, renfermant plus de 60,000 habitants, située à 320 kilo-mètres de l'embouchure du Parana, et à 600 de la mer. Escale de la navigation maritime, point de départ de la navigation fluviale, et tête de ligne des voies ferrées qui relient les provinces des Andes aux provinces maritimes, Rosario est, en outre, l'entrepôt des terres de culture, le grenier à blé de la Plata. Ville principale de la province de Santa-Fé, elle n'en est pas la capitale; ce rôle est réservé à Santa-Fé, ville plus ancienne, de longue date résidence des pouvoirs publics. Rosario est le port de la province, le centre commercial où banquiers et négociants de Buenos-Ayres ont leurs succursales, où affluent les céréales et les sucres; son port fait déjà à celui de Buenos-Ayres une concurrence redoutable.

De l'autre côté du Parana, s'étend la province d'Entre-Rios, plus vaste et plus peuplée que celle de Santa-Fé, dont la superficie de 55,977 kilomètres carrés ne ren-ferme que 250,000 habitants. Entre-Rios mesure 134,992 kilomètres carrés et compte plus de 300,000 âmes. Sa situation entre deux grands fleuves navigables, son sol fertile feront un jour de cette province l'une des plus riches de la République; les collines basses qui la sillonnent dessinent, au centre, de larges vallées abondamment arrosées; au sud, les crues du Parana accumulent les terres d'alluvions et dans le nord-ouest, la forêt de Montiel déborde sur la province de Corrientes.

Parana, chef-lieu d'Entre-Rios, s'élève sur la rive gauche du Parana, en face de l'embouchure du Rio Salado. Cette ville, qui fut pendant huit ans, de 1853 à 1861, la capitale de la République, date de 1730 et offre un aspect des plus pittoresques. Bâtie sur une terrasse, elle domine le fleuve, large de près de 20 kilomètres, et semée d'îles boisées, par delà desquelles apparaît Santa-Fé. Dans son port, distant de la mer de 900 kilomètres, les plus grands navires peuvent jeter l'ancre et la navigation fluviale y entretient une grande activité. Le climat de Parana est doux et salubre, la température moyenne se maintient à 18 degrés et la végétation, activée par les eaux abondantes et le soleil, encadre la ville de magnifiques vergers et de riantes prairies. Au nord-est de Parana, Concordia, sur la rive droite de l'Uruguay, fait face à la ville uruguayenne de Salto. Entourée, elle aussi, de bosquets d'orangers et d'arbres fruitiers, elle est le centre du commerce du *maté* dont nous avons parlé plus haut.

La province de Corrientes, au-dessus de l'Entre-Rios, occupe une superficie de 161,900 kilomètres carrés et renferme 300,000 habitants. Au nord, elle confine au Paraguay dont le Parana la sépare, à l'ouest aux plaines solitaires du Chaco dans lesquelles coule le grand fleuve. Ce fut la terre des Guaranys; leur langue subsiste dans cette région dont ils ont été dépossédés et où ils ne sont plus représentés que par des métis. Le sol, parfaitement uni, est semé de bois, de bouquets d'arbres, de lagunes et d'*esteros*, bas-fonds souvent inondés. La plaine nourrit de grands troupeaux de bestiaux et ce n'est qu'autour des centres que ce sol fertile, véritable domaine de l'agriculteur, est mis en valeur. Corrientes, chef-lieu de la province, est située sur la rive gauche du Parana, en aval du confluent de ce fleuve et du Paraguay. Le remous des eaux du fleuve se heurtant aux promontoires rocheux a donné à la ville et à la province leur nom significatif. Le port de Corrientes, distant de 1,000 kilomètres de Buenos-Ayres, est le troisième port de la République; il renferme des ateliers de construction, des fonderies, et il fut, pendant la guerre avec le Paraguay, la principale base d'opérations des armées alliées.

Au nord de Corrientes et au long du Parana se succèdent d'anciens villages guaranys : Itape, Itaqui, Itapua, comme l'indique la racine du nom *ita*, signifiant pierre. Dans le nord-est se trouve Posadas, ville d'attente et d'avenir, comme le sont beaucoup des villes de ces régions que peuple l'immigration.

PROVINCES CENTRALES : CORDOVA. — SAN-LUIS. — SANTIAGO. — TUCUMAN.

Situées au cœur même de la région Platéenne, entre le Chaco au nord et la Pampa au sud, entre les provinces des Andes à l'ouest et la Mésopotamie Argentine à l'est, primitivement isolées du mouvement commercial auquel les relient aujourd'hui les voies ferrées, ces provinces centrales sont encore au nombre de celles où la densité de population est plus faible, sauf la province de Tucuman où cette densité dépasse 17 habitants par kilomètre carré; elle se maintient, en moyenne, à 6 dans les autres.

Cordova, la plus étendue, occupe une superficie de 161,990 kilomètres carrés; sa population est de 380,000 âmes. Au centre de la province se dresse le massif détaché de la sierra Cordova, dont la crête divise en deux parties la grande plaine qu'elle sillonne et domine. A l'ouest, cette plaine se déroule solitaire et coupée de marais.

salins; à l'est son aspect est autre, de grands troupeaux paissent l'herbe abondante des Pampas. Les rivières qui l'arrosent se perdent dans des lagunes, sauf le Rio Tercero qui atteint le Parana. La double industrie de cette province consiste dans l'élevage du bétail et dans l'exploitation des gisements de cuivre et de plomb argentifère du massif montagneux. L'immigration européenne envahit peu à peu cette région centrale dont les jésuites avaient fait le siège administratif de leurs immenses possessions.

Ils y ont laissé leur empreinte. On la retrouve surtout dans le chef-lieu de la province, dans l'aristocratique cité de Cordova, ville d'Église et des églises, dont elle possède encore plusieurs de grandes proportions. L'expulsion des jésuites, en 1767, n'a rien changé à l'aspect de Cordova. Les jésuites n'y étaient pas seuls; tous les ordres d'Espagne y étaient représentés. L'arrêt d'expulsion n'atteignait que 271 Pères; les autres restèrent. Si l'Université fondée par eux devint nationale, elle resta théologique, et Cordova continua de vivre dans son atmosphère de dogmes et d'encens. Au long des larges rues paisibles s'alignent des murs de couvents; de nombreux ruisseaux alimentés par la sierra répandent partout la fraîcheur et entretiennent la végétation. Dans la grande plaine, Cordova se détache comme un nid de verdure d'où surgissent des dômes d'églises et le *Cabildo* construit par le marquis de Sobremonte.

Au sud-ouest de la province de Cordova, celle de San-Luis, plus petite et moins peuplée, confine au territoire de la Pampa. Sur une superficie de 63,997 kilomètres carrés elle renferme un peu plus de 100,000 habitants. La principale industrie est l'élevage du bétail, aussi les centres sont-ils rares et San-Luis, chef-lieu de la province, ne compte-t-il pas 10,000 habitants. L'exploitation des minerais de cuivre, de fer, de plomb argentifère y est toutefois en progrès et détourne à son profit une partie de l'immigration étrangère.

Au nord de Cordova, la province de Santiago, d'une superficie de 94,494 kilomètres carrés, confine au Chaco à l'est, aux provinces Andines à l'ouest. Ici, le sol est riche, mais l'eau est rare et les bois recouvrent une partie du sol. De Santiago del Estero, chef-lieu de la province, à Frias sur la route de Tucuman, la voie ferrée traverse 172 kilomètres de forêt où l'eau manque absolument; le train la transporte et la distribue aux habitants. « Santiago, écrit M. Daireaux, est une capitale de province d'État; elle a son gouverneur, sa chambre des députés, son sénat, sa constitution, ses passions politiques, sa police, sa milice, son *cabildo*, tout ce qui constitue le matériel d'un État; il ne lui manque plus qu'une chose : la vie. L'aura-t-elle un jour? Son sol pauvre ne lui permet pas même des destinées agricoles. Le seul élément de progrès qu'elle possède, c'est le Rio Dolce, cours d'eau lent et plat, de plus d'un kilomètre de large, entrecoupé de bancs de sable et n'ayant pas de profondeur, hors l'époque des crues. »

Sur une superficie de 42,387 kilomètres, la province de Tucuman renferme 220,000 habitants. Elle a joué un rôle important dans l'histoire de la Plata dont elle est l'une des plus riches régions; elle fut aussi l'une des contrées occupées par les Indiens *Quichas* dont la civilisation primitive dépassait de beaucoup celle des autres peuplades sud-américaines. C'est sous les murs de sa capitale que le général Belgrano, à la tête d'une poignée de colons, battit le général espagnol Pio Tristan; c'est dans ses murs que fut proclamée l'indépendance de la Plata. Située au pied du massif neigeux de l'Aconquija, nœud central de la sierra parallèle aux Andes et qui s'étend de Catamarca à Salta, la ville de Tucuman, encadrée de montagnes et de verdure, est l'une des plus pittoresques de la République Argentine. Elle est aussi le centre d'une industrie sucrière qui prend chaque jour de grands développements, grâce à l'intelligence des hommes qui la dirigent et dont la plupart sont des Français.

On voit fonctionner, dans les usines qui avoisinent Tucuman, les appareils les plus perfectionnés. On les importe d'Europe, mais ce qui est pour surprendre, c'est la singulière composition du personnel employé pour la fabrication. M. Daireaux l'a notée en quelques lignes très exactes : « Non seulement, écrit-il, les manœuvres, mais ceux qui surveillent les appareils les plus compliqués, sont de simples Indiens qui, naturellement, n'ont aucune notion de ce que peut être une chaudière, la vapeur ou le vide, un moteur ou une turbine, qui sont là, remplissant, vidant, alimentant les foyers, surveillant l'évaporisation, turbinant, comme s'ils comprenaient. Il suffit de leur donner un mot d'ordre : tu vois bien cette horloge, dit-on au chauffeur, en lui montrant un manomètre : si l'aiguille va de ce côté, tu charges; si elle va de l'autre, tu ne charges plus. Le brave Indien fait ce qu'on lui dit, et les chaudières ne sautent pas; c'est ainsi que deux ou trois hommes instruits, sortis de nos écoles, suffisent à mener un établissement important qui, pendant trois mois, n'arrête ni jour ni nuit, qui emploie l'électricité pour son éclairage et dont les appareils de fabrication résument toutes les notions des connaissances humaines en chimie, en physique et en mécanique. » Les résultats obtenus sont, d'ailleurs, de nature à encourager les planteurs. Les frais d'installation et le prix d'achat payés il reste un bénéfice net de 450 francs environ par hectare. Ces chiffres expliquent la prospérité de la province et de son chef-lieu, devenu le centre d'un commerce considérable.

PROVINCES DES ANDES : JUJUY. — SALTA. — CATAMARCA. RIOJA. — SAN-JUAN. — MENDOZA.

Quand, après avoir traversé la région pampéenne, aux lointains fuyants, aux longues lignes plates, le voyageur voit se dresser à l'horizon les cimes des Andes entrevues comme en un rêve, se détachant ainsi que des nuages blancs sur le ciel d'un bleu pâle, il a peine à se rendre compte de la réalité du spectacle qui s'offre à lui. Ses yeux, habitués à ces interminables plaines dont le centre se déplace à mesure qu'il avance et sans que la circonférence change d'aspect, se heurtent à l'imposante muraille dont les contours s'accentuent et se précisent à mesure qu'il s'en rapproche. Le paysage change, les longs plissements du sol se creusent et se renflent alternativement comme des vagues terrestres, les vallées se dessinent et se perdent dans l'ombre, les eaux murmurantes sont plus fraîches et plus rapides, les ruisseaux et les torrents remplacent les larges fleuves au cours lent et paresseux creusant à travers la plaine unie leur interminable sillon argenté. Les accidents de terrain se multiplient et, çà et là, des déserts de cailloux roulés s'allongent en longues pentes, projetant dans la plaine leurs raies blanches, dessinant sur sa page verte de fantastiques arabesques.

La plus septentrionale des provinces argentines, celle de Jujuy, est au cœur même des Andes. Elle confine à la Bolivie, dont la sépare une frontière conventionnelle; sa superficie est de 93,195 kilomètres carrés et sa population de 100,000 habitants, en grande partie Indiens ou métis d'Indiens de la tribu des *Hamahuaca*. Du nord au sud, le rio San-Francisco, l'une des branches maîtresses du Vermejo, traverse la province, arrosant la fertile vallée de Hamahuaca, en aval de laquelle il prend le nom de Rio Grande de Jujuy. Hamahuaca est par plus de 3,000 mètres d'altitude, et Jujuy, chef-lieu de la province, par 1,230. Dans l'ouest, la Sierra de Zenta dresse à 4,500 mètres ses sommets neigeux dont les eaux alimentent le Rio San-Francisco; au centre s'étend un vaste plateau aride, la *Puna* de Jujuy, d'une élévation moyenne de 3,500 mètres; il recouvre près d'un tiers de la province, dont les terres basses se prêtent à la culture de la canne à sucre, du maïs et des fruits, dont les terres hautes produisent les céréales et l'orge.

Ici, l'élevage des bêtes de charge, chevaux, ânes, mulets, est la principale industrie des habitants. Longtemps isolés dans leur cirque de montagnes, sans contact avec le Blanc qu'ils n'aiment pas, les Indiens de Jujuy voient l'immigration européenne pénétrer dans leur région où l'attire la découverte récente de sources d'asphalte et de pétrole, de riches gisements métallifères. Jujuy, chef-lieu de la province, est à 1,320 kilomètres au nord-ouest de Buenos Ayres, sur la rive droite du Rio Grande de Jujuy. Elle ne renferme guère plus de 7,000 habitants, en partie Boliviens, le principal commerce de Jujuy consistant dans la vente des bêtes de somme à la Bolivie.

Au sud de la province de Jujuy, celle de Salta, d'une superficie de 134,992 kilomètres carrés, renferme plus de 200,000 habitants; montagneuse et accidentée, son orographie est celle de Jujuy, qu'elle enveloppe au sud-ouest, au sud, à l'est et au nord-est, mais ses pâturages sont plus riches, ses terres basses plus étendues et sa densité de population quelque peu supérieure. Elle fait, elle aussi, un commerce actif avec la Bolivie, et le sous-sol est riche en minerais d'or, de cuivre, de fer et d'argent. Salta, son chef-lieu, autrefois dénommé San-Felipe de Tucuman, est depuis longtemps une résidence épiscopale peuplée de 20,000 habitants.

Limitrophe au Chili, dont la sépare la crête de la Cordillère occidentale, la province de Catamarca confine, au nord, à la Bolivie. Sur une superficie de 109,247 kilomètres carrés, elle renferme 140,000 habitants. Située entre les Andes à l'ouest et le massif d'Aconquija à l'est, elle est sillonnée de plateaux et de montagnes, ramifications des deux chaînes dont elle occupe le centre et dont elle forme le nœud orographique. Sur ses pentes rapides les eaux ne séjournent pas; elles descendent dans la plaine où les cultivateurs les captent pour l'irrigation de leurs champs. Ce qu'ils en laissent se perd dans les déserts salins qui occupent une partie du centre et du sud de la province.

Les gisements métallifères abondent dans le Catamarca, et les résultats de l'exploitation des mines de cuivre de la Sierra de l'Atajo encouragent des tentatives nouvelles. Il se fait avec le Chili et la Bolivie un commerce actif consistant principalement en cuivre, bêtes de somme, moutons, bétail et figues sèches. La viticulture donne ici de bons résultats.

Les habitants, d'origine Quicha et métis d'Espagnols, sont actifs et laborieux; on recrute parmi eux des travailleurs pour les terres basses et aussi des conducteurs pour les troupeaux qui franchissent la Cordillère. Catamarca, chef-lieu de la province, est située près de la plaine, sur une pente doucement inclinée. Fondée en 1679, elle s'étend au long du Rio del Tala, au milieu de champs et de vergers. Sa population s'accroît assez rapidement et l'immigration commence à l'envahir.

Moins étendue : 94,494 kilomètres carrés, et moins peuplée : 100,000 habitants; la province de Rioja est riche en minerais. La Sierra de Famatina la sillonne à l'ouest, formant, après les Andes, la plus grande chaîne de la République Argentine. Au *Nevado* de Famatina son altitude dépasse 6,000 mètres, puis la sierra s'incline brusquement au sud-est, dessinant le *Valle Fertile*, longue vallée abondamment arrosée et très cultivée. Le sous-sol est toutefois plus riche encore. Au centre de la sierra et près de son sommet principal on exploite des mines d'or, d'argent, de cuivre et de bismuth. « C'est là, écrit M. Vivien de Saint Martin, que se trouve l'une des plus grandes mines de la région, *San-Tomas del Espino;* une autre mine d'argent, celle de *Santo-Domingo*, est à 3,833 mètres. Le *Cerro Negro*, la *Caldera, el Aransazu, el Tigre*, sommets isolés et pittoresques, avec escarpements et cônes, entourés à leur base de chaînons onduleux, coupés de ravins, sont tous fameux par leurs mines d'argent exploitées ou abandonnées. Entre ces massifs s'étendent des chaînes intermédiaires, étroites, allongées, se terminant par une crête dentelée avec des contours arrondis. La *Mexicana* et *los Ballos* ont des filons d'or et d'argent. La mine nommée la *Verdiona*, dans la Mexicana, donne une bonne production d'or; elle est entre 4,000 et 5,000 mètres, elle est aussi la plus importante et la plus riche. » C'est là probablement, ajoute Hunickend, dans cette mine au-dessous des nuages, que se trouvent les habitations les plus élevées de la terre.

Adossée au Cerro de Mercenario, la province de San-Juan s'étend, au sud et à l'ouest de la Rioja, sur 89,095 kilomètres carrés; elle renferme 130,000 habitants. Le Mercenario, la seconde cime des Andes du Sud-Amérique, atteint 6,797 mètres d'altitude. Avec même orographie que la province de Rioja, celle de San-Juan est, elle aussi, riche en mines d'or et d'argent. San-Juan de la Frontera, son chef-lieu, possède près de 20,000 âmes. La ville s'élève sur le Limari, petit fleuve dont le cours moyen et inférieur appartient au Chili. San-Juan, très rapproché de la frontière, entretient avec le Chili un important trafic d'échanges.

Après la province de Buenos-Ayres, celle de Mendoza est la plus considérable de la République Argentine. Elle recouvre une superficie de 175,490 kilomètres carrés; sa population est de près de 200,000 âmes. A l'ouest et au nord-ouest, ce vaste territoire confine aux Andes, mais à l'est et au sud-est il avoisine la Pampa, aussi y retrouve-t-on, avec les industries particulières aux provinces andines, l'agriculture et l'élevage du bétail. Dans l'angle nord-ouest, hérissé de montagnes, creusé de vallées profondes, la population est rare et clairsemée ; elle se groupe au long des passes qui communiquent avec le Chili et que suivent les grands troupeaux de bœufs engraissés dans les *potreros* de la plaine et destinés au ravitaillement des marchés chiliens. Les cours d'eau qui descendent des Andes sont utilisés pour l'irrigation des terres basses ou se perdent dans des lagunes sans issue. Les pluies sont rares ; Burmeister évalue à 63 par année la moyenne des heures pluvieuses et à 195 millimètres l'épaisseur de la tranche pluviale.

Trois rivières, la Mendoza, le Diamante et le Tunuyan arrosent cette région, mais, sous un ciel aussi sec, elles sont loin de suffire aux besoins de l'agriculture. Partout où pénètrent leurs eaux la végétation est luxuriante, les récoltes sont abondantes, mais là où leur influence ne se fait pas sentir on ne voit que terres sèches et arides, *Traversias* ou déserts salins. Dans la région montagneuse, on rencontre des mines de toute espèce, des gisements houillers et des sources de pétrole, mais on commence à peine à exploiter ces richesses naturelles, l'attention des mineurs s'étant jusqu'ici concentrée sur les mines de cuivre et d'argent.

L'agriculture est, avec l'élevage du bétail, la principale occupation des habitants de Mendoza, dont le blé est réputé le plus beau de la République Argentine ; le maïs et la vigne réussissent admirablement. Quant à l'élevage, il consiste surtout dans l'entretien des troupeaux expédiés par delà les Andes. Mendoza, chef-lieu de la province, située au pied des premiers contreforts de la Cordillère, est le centre de ce transit. Dans les *potreros* ou champs de luzerne qui font à la ville un cadre verdoyant, on compte parfois jusqu'à 40 et 50,000 têtes de bétail à l'engrais, attendant un temps propice pour gravir les longues pentes et les sentiers pierreux. Bien que fondée en 1559 par don Mendoza, qui lui donna le nom de son père, vice-roi du Chili, Mendoza est une ville moderne bâtie sur l'emplacement de la ville ancienne détruite par le tremblement de terre du 21 mars 1861, qui ensevelit sous ses ruines plus de 15,000 habitants.

Ces ruines subsistent encore aujourd'hui, encastrées dans la ville nouvelle, construite cette fois en *adobes*, terre cuite au soleil. « On conçoit, écrit M. de Robiano, que l'aspect d'une ville élevée dans de semblables conditions soit plutôt empreint d'une tristesse et d'une sévère mélancolie ; cependant, la longueur et la largeur de ses rues, l'étendue de ses places, ses grandes allées de peupliers y forment encore une note assez gaie. De plus, merveilleusement placée au pied des Andes et sous une de leurs chaînes avancées, Mendoza jouit d'un climat salubre et tempéré qu'attestent surabondamment ses vignes et sa végétation. » Il y pleut à peine, mais la Cordillère fournit une abondance d'eau qui entretient autour de la ville une végétation unique dans cette partie de la Plata. Les travaux d'irrigation, parfaitement compris, s'étendent jusqu'à une grande distance, multipliant autour de Mendoza les gras pâturages et les riches vergers.

Au sud de la province de Mendoza commencent les territoires argentins de la

Pampa, Neuquen, Rio-Negro, Chubut, Santa-Cruz et Tierra del Fuego. Trop peu
peuplés pour être érigés en provinces, ils constituent, comme les territoires des
États-Unis, des terres d'attente et d'avenir; ils occupent toute la région connue sous
le nom de Patagonie, et ils prolongent, jusque par delà le détroit de Magellan, dont le
Chili possède presque tout le littoral, l'immense superficie de la République Argentine
qui, mesurant mille lieues de longueur et confinant, au nord, au tropique, aboutit,
au sud, aux mers inhospitalières du cap Horn.

TERRITOIRES ARGENTINS ET PATAGONIE : PAMPA. — NEUQUEN. — RIO-NEGRO.
CHUBUT. — SANTA-CRUZ. — TIERRA DEL FUEGO.

Entre la province maritime de Buenos-Ayres à l'est, et la Cordillère à l'ouest,
s'étend une plaine longue de 650 kilomètres ; du nord-ouest au sud-est, de l'État de
Mendoza à l'embouchure du Rio Negro, elle en mesure 600 dans sa plus grande
longueur et forme le double territoire de la Pampa et de Neuquen. Adossé aux Andes,
ce dernier offre l'aspect accidenté des provinces andines, les longues pentes creusées
de vallées, sillonnées de rapides cours d'eau dont le Rio Neuquen, affluent du Rio
Negro, est le plus considérable. Plus à l'est, se déroule le vaste territoire de la Pampa ;
par la province de Buenos-Ayres et par celle de Mendoza, la colonisation s'en rapproche
et enserre l'Indien inquiet, menacé dans les solitudes où il s'est réfugié.

Plate et monotone au nord, cette région offre tous les caractères de la Pampa
primitive : sa végétation rabougrie, son herbe sèche et dure, son sol aride; au sud,
se dessinent quelques hauteurs, longues et maigres sierras orientées de l'ouest à l'est ·
et semées de lagunes. Le Rio Colorado forme la limite méridionale du territoire de la
Pampa. Issu du versant oriental des Andes, si près de la ligne de partage des eaux
que l'une de ses sources, le Rio de los Ciegos ou Planchon, naît à quelques centaines
de mètres des ruisseaux qui s'épanchent dans le Pacifique, le Rio Colorado, dénommé
d'abord le Rio Grande, mesure plus de 800 kilomètres et se déverse dans l'Atlantique
à 80 kilomètres au sud de Bahia-Blanca. Crawford, l'ingénieur anglais, a parcouru son
bassin supérieur jusqu'à 228 kilomètres de ses sources, mais le manque de vivres et
de fourrage ne lui permit pas de le descendre jusqu'à la Pampa.

Si le Rio Colorado constitue la frontière administrative du territoire, sa véritable
frontière géographique est plus au sud, au Rio Negro, par delà lequel commence la
Patagonie, divisée en territoires du Rio-Negro, du Chubut, de Santa-Cruz et de Tierra
del Fuego. Très différent, et par sa constitution et par son aspect général, du territoire
pampéen, le territoire patagonien, plus resserré entre les deux océans, affecte un
autre caractère. Le continent s'effile, allongeant vers le sud sa longue pointe; plus
échancré sur les côtes, il se creuse à l'est de baies profondes, il s'émiette à l'ouest en
îles nombreuses. Par la latitude du Rio Negro, il ne mesure déjà plus que 1,000 kilomètres de largeur, 650 entre l'Atlantique et le pied des Andes.

A la plaine monotone et nue de la Pampa, succède une série de plateaux ou de gradins échelonnés entre la Cordillère et l'Atlantique, au nombre de huit, et dont le plus élevé forme le socle de la chaîne montagneuse. Ces plateaux étagés et longitudinaux se prolongent du Rio Negro au détroit de Magellan où, plus rapprochés les uns des autres par suite de l'espace plus restreint, on peut, d'un point élevé, suivre leur gradation successive. Les pluies sont rares; plus rares aussi les eaux sur ces plateaux desséchés par les vents du cap Horn. Une maigre végétation recouvre le sol dur et compact d'une sorte de toison grise et terne qu'interrompent seuls des arbustes épineux de quelques pieds de hauteur; cette terre n'est habitée que par des Indiens nomades et des guanacos. Dans l'ouest seulement, dans la région des Andes qui confine à l'Araucanie chilienne, on rencontre de sombres forêts de bois résineux.

Suivant Darwin, les huit plateaux successifs de la Patagonie correspondent à huit périodes de repos dans le travail de soulèvement de cette région émergée. La mer aurait, à chacun des temps d'arrêt, façonné ces longues lignes, nivelé le sol inférieur exhaussé plus tard par un puissant effort et formant une nouvelle terrasse à son tour travaillée et polie par les eaux. Sur les terrasses supérieures, que les Indiens désignent du nom de *Pampas Hautes*, la végétation est plus vivace que sur celles de formation relativement plus récente, et, sur les plus basses, apparaît la couche tertiaire que l'on ne retrouve, dans les Pampas hautes, qu'à d'assez grandes profondeurs. Sur la plage actuelle, on peut suivre le même travail des flots, prélude probable d'un nouvel exhaussement.

Cette longue série de terrasses, régulièrement étagées du nord au sud, est traversée, de distance en distance, par des fleuves orientés de l'ouest à l'est et qui, suivant l'inclinaison générale du plateau, portent à l'océan Atlantique les eaux de la Cordillère; ce sont, outre le Rio Colorado, le Rio Negro, le Chubut, le Rio Deseado, le Rio Chico et le Santa-Cruz.

Formé par deux branches maîtresses, le Limay et le Neuquen qui, s'unissant à 500 kilomètres de leur embouchure, prennent le nom de Rio Negro, le fleuve s'est creusé une vallée profonde, mais qui n'est fertile que dans son cours inférieur où elle s'élargit. L'étroite vallée du Limay remonte jusqu'au cœur des Andes; c'est elle que les Indiens empruntent pour conduire au Chili les animaux volés par eux dans les Pampas. Trois peuplades indiennes : les Tehuelches, les Mapunches et les Pampos ou Tehuelches du Nord, habitent cette région déshéritée, encore peu connue, assez toutefois pour que les explorations entreprises aient dissipé les légendes trop facilement accueillies et propagées par les aventuriers espagnols que le pillage du Mexique et des trésors des Incas portaient à tout croire.

Ils affirmaient, sur les récits des Indiens, que dans ces plaines stériles de la Patagonie existaient une ou plusieurs villes opulentes du nom de *Césarès*. Fondées par des Blancs, venus on ne savait d'où, probablement naufragés, elles renfermaient des richesses, des temples et des monuments somptueux. Entourées de murailles et de fossés, elles étaient habitées par une population considérable, dont le langage était inintelligible pour les indigènes et dont le costume rappelait celui des Européens.

LA PLACE SAN-MARTIN, A BUENOS-AYRES.

Nul n'avait franchi le seuil de ces villes ; mais la nuit, l'Indien égaré dans leur voisinage, entendait des clameurs et des bruits de cloches. A plusieurs reprises, la cour de Madrid ordonna d'explorer le pays pour découvrir ces villes, mais sans succès. Le père Falkner, jésuite irlandais, expliqua enfin ce mystère. « Il découvrit, écrit M. Daireaux, après de nombreuses questions faites aux Indiens de toutes les régions, que chaque fois qu'il demandait à un Chilien s'il avait connaissance de ces villes, il obtenait une réponse affirmative, mais que tous les détails qu'il recueillait désignaient clairement Buenos-Ayres et les villes fondées sur l'Atlantique ; s'il faisait les mêmes questions à un Indien pampa, celui-ci répondait de même, mais désignait, sans en avoir conscience, les villes espagnoles de la côte du Pacifique. Cette confusion réciproque avait donné naissance à des récits que la fantaisie de chacun avait amplifiés. Malgré les révélations de Falkner, six ans après, en 1781, la Cour ordonnait encore une exploration ; elle ne se fit pas, elle eût été, du reste, inutile : on ne déracine pas les légendes, et celle-là, aujourd'hui encore, a ses croyants. »

Entre le Rio Negro et le Chubut, la distance est de 500 kilomètres. Le Chubut descend, non des Andes, mais d'une chaîne secondaire et parallèle, aussi le volume de ses eaux, la profondeur de son lit et la largeur de son estuaire sont-ils inférieurs à ceux du Rio Negro. Le fleuve n'est pas navigable et son embouchure de 40 mètres n'offre un seuil d'accès qu'à des bateaux plats. Une colonie galloise s'est établie sur les rives du Chubut, mais, nonobstant le climat sain et la bonne qualité des terres là où l'irrigation est possible, les résultats obtenus ne sont pas encore de nature à encourager de nouveaux colons à suivre cet exemple. Outre les difficultés inhérentes à la sécheresse de cette région, l'hostilité des Indiens et leurs constantes déprédations entravent le développement de l'agriculture et de l'élevage.

Au sud du Chubut, le Rio Deseado coule entre deux rives solitaires, bandes étroites de terre que recouvrent d'assez bons pâturages, mais au delà de la zone de pénétration des eaux du fleuve, le sol sec et aride est le domaine exclusif de l'autruche et du guanaco. Au-dessus de la pointe Deseado ou Désiré s'ouvre la baie de Saint-Julien où Magellan hiverna en 1520. Sur cette côte inhospitalière, qui s'étend au long de l'océan Atlantique, depuis Bahia-Blanca jusqu'au cap des Vierges, plane encore le souvenir du grand navigateur qui laissa son nom au détroit dont il força la porte et qui eut la gloire de diriger la première expédition qui ait fait le tour du monde.

Cette gloire, Magellan l'a payée de sa vie et cette vie, courte et si remplie, atteste l'intrépide audace de ces hommes qui découvrirent un nouveau monde et que nul obstacle ne put arrêter. Entre eux tous, Magellan est peut-être celui en qui s'incarnent au plus haut degré le génie, la volonté, la persévérance de cette race espagnole, qui fut si grande et s'éleva si haut au XVIe siècle. C'est au sud du territoire de Santa-Cruz que s'ouvre le détroit célèbre par lequel Magellan déboucha dans l'océan Pacifique. Vainement ses prédécesseurs l'avaient cherché au nord et au centre du continent américain qui leur barrait la route des Indes. Comme eux, Magellan croyait à cette communication des deux océans, mais, avec la prescience du génie, il la devina au sud. Pas plus que l'Afrique, l'Amérique ne devait se souder au pôle Antarctique ; entre elle et ce pôle devait exister un passage : mer libre ou détroit. Convaincu, il persuada. Il obtint de Charles-Quint une flottille de cinq vaisseaux montés par 250 hommes, avec laquelle il mit à la voile le 15 septembre 1519. Il longea les côtes de l'Afrique, puis, à la hauteur du cap Blanc, brusquement il fit route à l'ouest, s'engageant dans cette *mer des Sargasses*, dont l'aspect avait frappé de stupeur les hardis compagnons de Christophe Colomb en 1492 et ceux de Pedro Arias en 1514. Les anciens l'avaient connue, cette mer étrange, dont la superficie égale celle de la France, suivant Arago, lui est cinq ou six fois supérieure d'après Humboldt, « mer semblable à un pré, le plus beau et le plus verdoyant que nous ayons vu par deçà au printemps », écrit Jean de Léry ; « mer herbue, jonchée de grandes herbes grenues, de graines rondelettes s'entretenant par de grands filaments », raconte Gonneville. Ils l'avaient entrevue et en avaient eu peur. Pindare et après lui Euripide affirmaient que la navigation était impossible au delà des colonnes d'Hercule. La mer changeait de couleur, et cette mer ils la décrivent d'une plume épouvantée ; ses eaux, disaient-ils, sont épaisses et sombres ; elle roule des vagues monstrueuses. Sa profondeur est insondable, on navigue dans une nuit ininterrompue, au milieu des vents impétueux, des écueils menaçants, des orages constants.

Christophe Colomb la retrouva et se crut près d'une terre. Dans son journal de bord il en fait une description exacte. La surprise ne produit pas chez lui d'effets de grossissement. Il dit ce qu'il a vu, comme il l'a vu. Avec le temps, cette mer s'est reculée et s'est éloignée des côtes ; mais, en changeant de place, elle n'a pas changé de nature. Dans l'immense espace qu'encerclent le Gulf-Stream et le grand courant équatorial, sur une mer en apparence immobile, s'étendent les Sargasses, forêt vierge de l'océan, plantes dépourvues de racines, projetant à grande distance leurs interminables filaments, dont la longueur dépasse celle des plus grands arbres connus. On a trouvé plusieurs de ces algues qui mesuraient 200 mètres de longueur ; une, entre autres, atteignait 336 mètres de longueur. Masse épaisse et flottante, elle se déroule comme un gigantesque tapis ondulant à la houle de l'océan, revêtant toutes les teintes connues du vert, depuis le vert tendre jusqu'aux tons les plus foncés de l'olive. Sur cette masse chatoyante éclatent des fruits jaunes, rouges et roses, au milieu d'un inextricable fouillis de tiges, de feuilles, de fibres emmêlées comme des lianes, souples et visqueuses comme des serpents.

Longtemps on crut que cette étrange végétation naissait et croissait sur des écueils sous-marins ; que, déracinée par les vents, elle flottait comme une épave sur les eaux. La mer des Sargasses recouvrait, affirmait-on, l'Atlantide engloutie. Sous ce verdoyant linceul dormait le beau continent disparu avec sa merveilleuse et vivace végétation. La science, depuis, a rectifié les faits. Les sondages exécutés par Lee révélèrent une profondeur de 6,999 mètres maxima et 2,671 minima. Si donc l'Atlantide a jamais existé dans ces parages, le cataclysme qui l'engloutit fut effrayant et ses débris se sont effondrés dans de véritables abîmes.

Pareils obstacles n'étaient pas pour arrêter Magellan. Creusant son lourd sillon à travers cette mer herbacée qui ralentit sa marche, il vint relever les côtes d'Amérique à la hauteur du Brésil. Le cap au sud, fouillant les anses, parfois rejeté au large, revenant à la première accalmie, cherchant obstinément un passage qu'il ne trouvait pas, il poursuit sa route.

A Rio-de-Janeiro, déjà visité par Cabral, le manque de vivres. L'épuisement de son équipage, le mauvais vouloir de ses lieutenants, Quesada, Luis de Mendoza et Juan Cartagena, le forcent à relâcher. Il sent gronder autour de lui une irritation, sourde encore, mais menaçante. Rien ne l'arrête. Il repart et les entraîne plus au sud, descendant lentement, s'enfonçant toujours plus avant dans ces mers inconnues, laissant derrière lui la chaleur et les longs jours, luttant, au travers du Rio de la Plata, contre les redoutables pamperos, affrontant les pluies glacées, côtoyant les falaises rocheuses de l'hospitalière Patagonie, jusqu'au jour où il doit chercher dans la baie de Saint-Julien un abri précaire.

Il s'y est à peine réfugié, que la révolte éclate dans son escadre. De ses lieutenants, un seul, Serrano, lui reste fidèle. Quesada, Mendoza, Cartagena refusent de le suivre plus loin et entraînent leurs matelots découragés. Sans hésiter, il fait poignarder Mendoza, mettre à mort Quesada, abandonne Cartagena sur la plage et donne l'ordre d'appareiller. Domptés, ses hommes obéissent. Il reprend la mer ; la fortune cède à sa persévérance, et, quelques jours plus tard, il voit s'ouvrir devant lui l'étroite passe qui devait garder son nom ; il s'engage dans ce détroit sourcilleux de 600 kilomètres de longueur.

Pendant des jours, il en suit les détours sinueux et voit se dresser devant lui le cône menaçant du cap Froward qui borne l'horizon. Aux eaux calmes et cristallines bordées de glaciers azurés a succédé une forte houle ; la marée dépasse 13 mètres, les vagues se brisent sur des hautes falaises noires. Serrano lui-même hésite à pousser plus avant. Il croit la route fermée ; il est d'avis de revenir en arrière ; mais Magellan devine qu'il atteint le point de jonction des deux océans, qu'au pied de ce cap de granit le Pacifique refoule les flots de l'Atlantique, que la passe va s'ouvrir. Il commande, persuade, entraîne. Le cap doublé, le goulet se rétrécit encore ; sa largeur, qui mesurait jusqu'à 33 kilomètres, n'en a plus que 10, puis 5. Il avance, côtoyant sur le versant nord des forêts de hêtres, de bouleaux, de chênes. Entré dans le détroit le 24 octobre, il double enfin, le 28 novembre, le cap de la Victoire et débarque dans le Pacifique, agenouillé sur le pont, rendant grâces à Dieu qui a couronné ses efforts.

Alors, comme aujourd'hui, cette région de la Patagonie était habitée par des peuplades indiennes, descendants des Tehuelches, auxquels les compagnons de Magellan donnèrent le nom de Patagons, à cause de la grandeur de leurs pieds qui leur parurent énormes, enveloppés qu'ils étaient de peaux de bêtes superposées. Ils les dépeignirent de taille gigantesque, hauts de 8 à 10 pieds. Les explorations successives ont mis à néant ces légendes. Elles ont constaté, en outre, qu'aucune des parties de ce pays n'offre à la colonisation de sérieux avantages. Les seuls établissements qui y aient été créés sont des établissements pénitentiaires : Carmen de Patagones, où le gouvernement de la République Argentine déporte ses condamnés ; Punta-Arenas, dans le détroit de Magellan, où le gouvernement chilien relègue les siens. Punta-Arenas, escale des bateaux à vapeur qui traversent le détroit, renferme près de 2,000 habitants.

Au sud du détroit de Magellan, la République Argentine détient une partie de l'archipel de la Terre de Feu et celle des États, peuplées de hordes nomades, misérables et rabougries par l'inclémence du climat. Les *Pêcherais*, comme on désigne les Fuégiens, ont de nombreux traits communs avec les Esquimaux, les Lapons et les habitants des régions polaires. Ils sont de petite taille, au teint basané, aux membres obèses, aux cheveux noirs, plats et graisseux. Tout leur avoir consiste en quelques peaux de bêtes, en pirogues faites d'écorce d'arbre, en huttes légères qu'ils transportent sur la plage là où la pêche offre les chances les plus favorables. A cette pointe extrême du continent américain, finit la République Argentine; ses possessions se confondent presque avec celles du Chili qui, dans l'ouest, et par delà des Andes, la borna dans toute sa longueur.

Terre d'avenir, la République Argentine, malgré ses progrès rapides est loin encore de rendre ce que l'on peut en attendre. L'agriculture n'occupe que 2,500,000 hectares, à peine un pour cent de la superficie totale; son rendement total pour 1890 ne dépassait que de peu 500 millions de francs.

Terre d'élevage, on estime à deux milliards la valeur du bétail réparti entre les provinces et les territoires. Au premier rang figure la province de Buenos-Ayres avec près d'un milliard; puis Entre-Rios, Santa-Fé, Cordova et Corrientes.

L'importation et l'exportation se chiffrent par un total d'environ un milliard et demi, dont 880 millions à l'importation et 628 à l'exportation. Les principaux articles d'importation sont les tissus et machines, les fers et les bois. A l'exportation figurent en première ligne le bétail et les dérivés, laines et peaux, puis les produits agricoles et forestiers. Dans ce commerce d'échange, l'Angleterre tient le premier rang avec 360 millions; la France suit de près avec 345 millions; viennent ensuite l'Allemagne avec 160, les États-Unis 115, la Belgique 100. Dans ce mouvement total, le port de Buenos-Ayres figure pour 600 millions à l'importation, et 395 à l'exportation.

Le mouvement maritime est représenté par 24,000 navires à l'entrée et à la sortie; 38 °/₀ sont sous pavillon anglais, 30 °/₀ sous pavillon national, 9 °/₀ sous pavillon français.

Les progrès rapides accomplis par la République Argentine, de 1880 à 1890, sont dus à l'immigration des colons et des capitaux de l'Europe. L'Europe latine a fourni les travailleurs, l'Angleterre l'argent. L'Europe latine a envoyé par delà l'océan un million d'êtres humains, l'Angleterre a envoyé sans compter des millions aux banques, aux compagnies de chemins de fer, aux sociétés financières, à l'État pour ses emprunts. Aussi le développement de la richesse a-t-il été considérable dans les provinces du littoral envahies par l'immigration européenne, mais le progrès politique et le progrès social n'ont pas marché du même pas. De là, le temps d'arrêt subi, et le discrédit temporaire de la République Argentine. Elle traverse en ce moment une crise redoutable. Il

dépend d'elle et de la sagesse de ses hommes d'État d'en sortir à son honneur et d'en
abréger la durée, de relever son crédit ébranlé, de rétablir l'ordre dans ses finances,
d'étendre et de développer son agriculture. Son sol est assez riche et assez fertile pour
nourrir une population bien autrement considérable que celle qu'elle possède. Le jour
où le grand courant d'immigration de l'Europe, un instant ralenti et détourné, se
portera de nouveau vers la Plata et mettra en valeur ses immenses ressources, cette
terre deviendra l'un des centres d'approvisionnement, le grand parc à bétail du
monde.

La Terre de Feu.

Une cabane d'Indiens araucaniens.

XI. — LA RÉPUBLIQUE DU CHILI

La longue bande de terre qui forme le territoire du Chili se déroule en une étroite façade de 4,500 kilomètres de longueur sur l'océan Pacifique, depuis la baie d'Arica jusqu'à la pointe extérieure du continent sud-américain. Resserrée entre la Cordillère des Andes et l'océan, cette bande de terre ne mesure, dans sa plus grande largeur, par le travers d'Antofagasta, que 400 kilomètres, partout ailleurs elle se maintient entre 150 à 200. « Le territoire du Chili, déclare l'article premier de la Constitution du 25 mai 1833, s'étend depuis le désert d'Atacama jusqu'au cap Horn et depuis les Cordillères des Andes jusqu'à la mer Pacifique, comprenant l'archipel de Chiloé, toutes les îles adjacentes et celles de Juan-Fernandez. » Depuis, une guerre heureuse a considérablement accru, dans le nord, le territoire du Chili. Vainqueur du Pérou et de la Bolivie, il a reporté sa frontière depuis le Rio Loa jusqu'à la baie d'Arica, s'annexant, avec les provinces d'Atacama et d'Antofagasta, plus de 800 kilomètres de côtes.

Le Chili est aujourd'hui la première des républiques du Sud-Amérique, la plus riche et la plus prospère. Heureux dans la guerre, il ne l'a pas moins été dans la paix. A ses extensions territoriales qui reculant de près de 10 degrés ses limites septentrionales, lui donnent les riches gisements d'or, de salpêtre, de nitre et de guano d'Antofagasta et d'Atacama, ont correspondu pendant dix années, des excédents annuels de recettes :

115 millions en 1882, 105 en 1883, 50 en 1884, 135 en 1886. Même accroissement dans le mouvement des échanges qui passaient de 455 millions à 650. Favorisé sous le rapport du sol et du climat, le Chili, après avoir prouvé, pendant la guerre, sa vitalité puissante, son esprit d'ordre et d'organisation, a vu affluer chez lui les capitaux étrangers attirés autant par sa stabilité financière que par sa stabilité politique, par la facilité avec laquelle, la guerre terminée, il a licencié son armée, désarmé sa flotte et consacré ses efforts au développement de ses ressources naturelles.

Si, en 1891, la guerre civile, provoquée par le président Balmaceda et terminée par sa défaite et sa mort, a ralenti la marche du Chili, par contre un nouvel ordre de choses se dégage de la fumée des champs de bataille, des complications politiques et des négociations diplomatiques des dernières années. L'évolution qui date de l'extension territoriale du Chili a déterminé des tendances et des aspirations nouvelles. Longtemps vagues et confuses, elles se précisent et s'accentuent. Inféodé à l'Angleterre, dont la sympathie n'avait pas peu contribué à assurer son indépendance, dont il avait copié les institutions, tout en gravitant dans son orbite commercial, le Chili a tenté de se dégager, en 1882, de ces liens du passé pour se rapprocher de la grande république des États-Unis. Les efforts du cabinet de Washington ont tendu à renouer ces nœuds ; il n'a rien épargné pour gagner à ses vues la plus puissante des républiques du sud, pour l'amener à fermer ses ports au commerce européen et à les ouvrir aux produits de l'Union. Mais, au point de vue commercial, le Chili n'avait qu'à perdre à une ligue douanière que dissimulaient mal les grands mots de *Pan-Américanisme* et de l'*Amérique aux Américains*. Il n'avait qu'à perdre à se fermer le monde pour s'ouvrir les États-Unis où, vu la similitude du sol et du climat, ses produits, se heurtant à la concurrence des produits nationaux, ne rencontraient qu'un débouché restreint.

Puis, au point de vue politique, le Chili sent qu'il ne pourrait jouer qu'un rôle secondaire dans cette union des trois Amériques présidée et dirigée par les États-Unis. Ce rôle cadre mal avec ses hautes visées d'avenir. Il aspire à prendre, dans l'Amérique du Sud, la place prépondérante qu'occupent les États-Unis dans l'Amérique du Nord. Par un revirement naturel il se retourne vers l'Europe avec laquelle son mouvement commercial, comparé avec celui qu'il entretient avec les États-Unis est, à l'importation, comme 46 est à 3 et, à l'exportation, comme 32 est à 1. L'étude géographique de cette région nous révélera les causes qui ont porté si haut la fortune de cet État que sa superficie classe au dixième rang parmi les républiques américaines, sa population au huitième et son commerce au deuxième.

Sur une superficie de 776,000 kilomètres carrés, le Chili renferme une population de 2,720,000 habitants. Il confine, au nord, au Pérou et à la Bolivie ; à l'est, à la République Argentine dont le sépare la longue chaîne des Andes ; à l'ouest, à l'océan Pacifique. Au premier aspect, peu de pays offrent une orographie aussi tourmentée et aussi compliquée ; parallèlement et perpendiculairement aux Andes, des chaînes et des chaînons de montagnes se croisent et s'enchevêtrent dessinant de hauts plateaux, des vallées encaissées que surplombent des crêtes orientées en tous sens et en un apparent désordre. Vu à vol d'oiseau, le Chili ne présente plus cet aspect chaotique ; il apparaît adossé à la gigantesque muraille des Andes et fortement incliné vers l'océan Pacifique. Au long de la côte, dont une faible distance la sépare, une chaîne côtière, la *Cordillera de la Costa*, court, parallèlement aux Andes, dessinant un long bourrelet montueux, çà et là troué par les impétueux cours d'eau qui s'épanchent dans le Pacifique.

Entre les Andes et la Cordillère de la côte, se dessine un renflement puissant, une série de massifs reliés par des chaînons secondaires. Ce renflement, orienté du nord au sud, affecte la forme d'une troisième chaine à laquelle on donne le nom de *Cordillera del medio*. Ces chaines longitudinales sillonnant une longue bande de terre large de 100 à 300 kilomètres, présentent, dans les parties les plus étroites, une succession de cimes, une complication de lignes qui donnent au Chili son apparence étrangement tourmentée ; la hauteur des cimes l'accroît encore. Si la chaîne côtière, d'une altitude moyenne d'environ 1,000 mètres, atteint son point culminant, 2,212 mètres, au Curichilonco, 2,043 au Pajonal, 1,908 à la Campana de Quillota, la Cordillère du Milieu et ses chaînons transversaux se maintiennent, au nord, à 1,500 mètres ; au centre, ils se renflent, dépassant 2,000 mètres à Agua-Amarga, 2,300 au Guatulami, atteignant leur maximum d'altitude au Patorca, 3,456, au Chincolco, 3,111, puis s'abaissant à 2,480 à la Jarilla, 2,315 aux Altos de Putaendo, 2,210 au Robla, 2,230 au Coliguai, 2,238 à l'Alhue, par le 34ᵉ degré de latitude, au sud duquel ils décroissent rapidement, tombant à 1,180 au Cerro del Tambo, puis à 300 et 200 mètres par le travers du 35ᵉ degré, au-dessous duquel ils vont mourir en longue pente jusqu'au 40ᵒ.

En arrière de ce double et parallèle rideau montueux, se dresse la formidable muraille des Andes fermant l'horizon, dominant, à l'ouest, le montagneux Chili ; à l'est, les pampas de la République Argentine. Au nord, ses sommets dépassent 4,000 et 5,000 mètres : 5,580 au Cerro del Potro, 5,584 au Cobre, 4,747 au col de la Laguna. Sous le 31ᵉ et le 32ᵉ degré de latitude, le Cerro del Mercenario dépasse 6,790 mètres, l'Aconcagua, 6,800 ; plus bas, les cimes décroissent : 5,942 au Junical ; les volcans se succèdent : Tupungato, 6,178 mètres ; San-José, 6,096 ; Maipo, 5,384 ; Tinguiririca, 4,478 ; Peteroa, 3,630 ; la longue chaine volcanique s'étend du 33ᵉ au 43ᵉ degré, se maintenant au-dessus de 2,000 mètres, dépassant 3,000 au Descabezado-Chico, au Cerro-Azul, à Las Yeguas, se relevant à 4,875 au volcan de Villarica, retombant entre 2,000 et 3,000 du 37ᵉ au 43ᵒ degré, s'abaissant encore plus au sud et soulevant, dans la Terre de Feu, le Sarmiento et le Darwin à 2,000 mètres d'altitude.

A mesure qu'elle se déroule vers la pointe extrême du continent, la Grande Cordillère change d'aspect ; sa longue chaîne ne se dessine plus, massive et compacte, hérissée de cimes et de crêtes serrées et pressées ; le cordon s'allonge, s'abaisse et s'amincit ; les pics se dressent, isolés, chargés de neige ; les *cerros descabezados*, les « sommets décapités », se succèdent, espacés, soulevant avec effort ici leurs dômes tronqués, là leurs cônes réguliers, comme le Villarica, le volcan araucanien dessinant en relief puissant et majestueux sa cime couronnée de flammes et de fumée et ses flancs neigeux.

Sur 2,500 kilomètres de longueur, de la baie d'Arica, au nord, à Valdivia, au sud, la côte du Chili se déroule, perpendiculaire et rigide, sans îles, sans golfes profonds, sans puissantes saillies. Çà et là s'ouvrent des baies et des anses, dont la plupart sont mal abritées par des caps aigus trop espacés. Au sud de Valdivia, le littoral change d'aspect, il apparaît brisé et émietté ; le long bourrelet de la Cordillère de la côte ne le défend plus contre la forte houle de l'océan et contre le ressac des tempêtes du cap. La vallée longitudinale qui creuse l'intérieur du Chili tombe ici au-dessous du niveau de l'océan dont les eaux l'ont envahie ; ces eaux l'ont convertie en un canal semé d'îles, représentant les rares plateaux qui subsistent, et ce canal va lui-même se relier au détroit de Magellan.

Du nord au sud, ces îles se succèdent, fragments détachés du continent; ce sont : l'île de Chiloé, l'archipel des Chonos, les îles Wellington, de la Madre de Dios, du Duc-d'York, d'Hanovre, l'archipel de la Reine-Adélaïde, de la Désolation, de Sainte-Inès et d'innombrables îlots semés à la surface des eaux. Le détroit de Magellan fait une île de la Terre de Feu, celui de Lemaire en fait une autre de la Terre des États et c'est dans une île que s'élève le cap de Horn. Sur cette côte, mais surtout au centre, apparaissent des traces de soulèvements géologiques. Poppig les signala en 1827 ; après lui, Darwin et de nombreux observateurs les ont constatées. « Au pourtour de maint promontoire, écrit M. Vivien de Saint-Martin, à l'issue de mainte vallée, on distingue. d'immenses plages marines sur lesquelles des coquillages de l'époque actuelle, semblables à ceux qui vivent aujourd'hui dans les baies voisines, sont parsemés ou même entassés en couches épaisses. Ces plages, que des berges de hauteurs diverses séparent les unes des autres, ressemblent aux marches d'escaliers gigantesques. D'après Darwin, c'est aux environs de Valparaiso que ces anciennes lignes de niveau marin se montreraient à la plus grande hauteur; là, on les voit à 395 mètres d'altitude. Au nord et au sud de cette ville, l'effort de soulèvement semble avoir été moindre. A Coquimbo, où les terrasses sont espacées de 20 mètres en 20 mètres, la plus haute est de 111 mètres; sur la frontière de la Bolivie, elle atteint de 60 à 75 mètres seulement. De même, de Valparaiso à l'île de Chiloé, la plus haute ligne de niveau s'abaisse graduellement vers la surface actuelle de la mer. »

L'hydrographie du Chili est moins compliquée que son orographie. Cette étroite bande de terre, toute en longueur et fortement inclinée de l'est à l'ouest, ne saurait offrir un espace suffisant à la formation et au développement de grands cours d'eau. Nous avons parlé plus haut de l'orientation du plateau central, nous avons montré comment tout le continent incliné vers l'est appelait à lui les eaux des Andes qui alimentaient ses grands fleuves : l'Orénoque et les Amazones, l'Uruguay et le Paraguay ; les quelques torrents neigeux que la Cordillère déverse par son versant occidental atteignent rapidement la mer, étant données la distance qui les en sépare et la pente abrupte sur laquelle ils glissent.

Au nord du Chili, le désert de l'Atacama est dépourvu d'eaux courantes et, jusqu'au 33ᵉ degré de latitude, on ne signale aucune rivière de quelque importance. Elles n'apparaissent que plus au sud, mais gardant, avec leur aspect torrentueux, un régime irrégulier : tel le Huasco, long de 200 kilomètres, alimenté par les neiges des Andes, saigné dans son cours supérieur par des canaux d'irrigation, appauvri au-dessous de Vallenar et auquel ses *quebradas* affluentes, taries par le sol, n'apportent que de maigres filets d'eau; tels aussi le Rio de Elqui, qui se déverse dans la baie de la Serena; le Limari, le Choapa et l'Aconcagua descendue du pied de la montagne géante. Sur ses rives s'est livré, en 1891, une bataille sanglante, prélude de la chute de Balmaceda. Plus bas, coule le Maïpo, fleuve historique aussi, et qui vit triompher, le 5 avril 1818, la cause de l'indépendance du Chili. Plus riches en eaux, le Maule et l'Itata, en partie navigables, arrosent des régions fertiles. Le Biobio marque, au nord, la frontière de l'Araucanie, que sillonnent le Laja, le Cauten et le Tauten, le Rio Valdivia, le Rio Bueno et le Rio Maullin.

Les lacs sont nombreux dans la région méridionale à l'orographie plate et au sol déprimé, mais dont l'hydrographie, bien autrement développée, semble destinée à donner une grande impulsion à l'industrie et au commerce de cette partie du territoire, dont nous décrirons plus loin les ressources multiples. Ces lacs ou *lagunas*, comme on les désigne, se divisent en zones parallèles à l'océan et aux Andes. Parmi les lacs andins, les plus importants sont celui de Huchultué, qui donne naissance au Rio Biobio; celui de Malleco, qui alimente le rio du même nom, et le Lacar, large de 100 kilomètres. La seconde zone comprend la lagune marécageuse de Los Sauces, au sud d'Angol; le lac de Villarica, au pied du volcan du même nom et sur les rives duquel s'élevait l'antique cité de Tolten; le lac de Guanchuc et celui de Rinihue, dont les eaux se déversent dans le Rio Valdivia. Plus près de la côte s'étendent la pittoresque lagune de Lanalhue qui s'épanche dans l'océan par le Paicavi, celles de Llenllen, de Budi et de Chille.

Par le double fait de son orientation, toute en longueur et parallèle au méridien, et de son altitude variable, le Chili réunit tous les genres de climat. Si, au nord, il s'étend vers le tropique du Capricorne, au sud il confine au 55ᵉ degré et aux mers du pôle. Sa partie centrale, sa région agricole, est heureusement située dans la bonne moitié de la zone tempérée, assez rapprochée du tropique pour en sentir les chauds effluves, assez abritée par les Andes à l'est, par la Cordillère de la côte à l'ouest, pour se soustraire aux vents des Pampas et de l'océan. La température moyenne oscille entre 7 degrés à Punta-Arenas, dans le détroit de Magellan, et 17°66 à Copiapo. Les provinces septentrionales, particulièrement favorisées, jouissent d'un climat très égal, et, pendant les neuf mois où prédominent les vents de sud et de sud-est, le ciel se maintient constamment beau. Les pluies sont abondantes l'hiver; mais, sur le littoral, la neige est inconnue; dans les Andes, par contre, elle tombe d'avril à novembre.

Les tremblements de terre sont fréquents au Chili, mais les éruptions volcaniques y sont rares. La plupart des volcans chiliens sont intermittents ou éteints; selon Houzeau, leur violence éruptive diminuerait avec leur hauteur; nous avons constaté, en Océanie, le phénomène inverse. Quoi qu'il en soit, les quatorze volcans intermittents du Chili ont de longues périodes de repos et leurs éruptions sont moins redoutables que les secousses qu'ils impriment au sol. Ici, ces secousses sont généralement oscillatoires ; dans la Bolivie, le Pérou et l'Équateur, elles sont alternativement verticales, horizontales ou gyratoires, affectant quelquefois et simultanément toutes ces formes que l'on vit réunies dans l'épouvantable cataclysme du 13 août 1868 qui coûta la vie à 110,000 personnes et anéantit pour 1,500 millions de propriétés. On se souvient encore à Valparaiso du terrible tremblement de terre du 7 juillet 1873 qu'accompagnèrent de formidables grondements souterrains et qui causa de graves désastres.

Magellan découvrit le Chili et, le premier, aborda l'île de Chiloé en 1520, mais il ne s'y arrêta pas, impatient qu'il était de gagner l'Inde. Ce n'était pas d'ailleurs par le sud que l'Espagne devait conquérir le Chili et ajouter cette nouvelle province à son immense empire colonial, mais par le nord, par le Pérou, où Diégo de Almagro organisa à Cuzco, en 1535, sa première expédition destinée à compléter la conquête du royaume des Incas. Un siècle avant lui, Chinchiruca, général inca, avait, en six années, triomphé de l'héroïque résistance des tribus indiennes et reculé jusqu'au fleuve Maule la limite méridionale du grand empire. Comme lui, Almagro franchit les Andes par la voie qui porte encore le nom de *Camino del Inca ;* comme lui, il vint se heurter aux tribus araucaniennes des Quillotas, des Mapochos, des Purumanchas dont le courage lassa sa persévérance qu'ébranlait encore la rumeur de l'immense butin que Pizarre entassait au Pérou. Il accourut pour en prendre sa part que Pizarre lui refusa. Vaincu sous les murs de Cuzco, Almagro fut mis à mort par son rival heureux, et Pedro de Valdivia lui succéda dans le commandement des forces espagnoles destinées à conquérir le Chili. Ses débuts furent heureux et sa fin misérable, ainsi que celle de la plupart de ces *Conquistadors*, grands capitaines, aventuriers et pillards. Il fonda des villes : Santiago de Nueva Estramadura, aujourd'hui capitale de la République, la Serena, Concepcion, Valdivia qui porte son nom, Villarica, Angol ; il éleva des forts : Arauco, Puren, Tucapel ; il entassa des trésors, mais vaincu par Caupolican, chef araucanien, et fait prisonnier, il mourut dans les supplices. Une légende indienne raconte que son vainqueur lui fit verser dans la bouche de l'or fondu, pour le rassasier de ce métal dont il s'était montré affamé.

Après lui, François de Villagran ne fut guère plus heureux. Inhabile à triompher de Caupolican, il le fut plus encore à déjouer les intrigues d'Aguirre. C'était à don Garcia Hurtado de Mendoza, fils du vice-roi du Pérou, qu'était réservée la gloire de briser la résistance des Araucans. Ce ne fut toutefois que pour un temps. En 1604 les Araucans se soulèvent, pillent et détruisent Valdivia, Villarica, Concepcion, Angol, Santa-Cruz ; après eux les Hollandais menacent les côtes, s'allient aux Araucans et la guerre reprend avec fureur. Curignancu, chef des Indiens, dirige l'insurrection et impose à l'Espagne, en 1766, une paix honorable pour sa nation. Un demi-siècle plus tard éclatait la guerre de l'Indépendance. Carrera, O'Higgins, San-Martin, Manuel Blanco, Cochrane arrachèrent le Chili à l'Espagne en 1826.

Une race capable d'aussi puissants et persévérants efforts que la race araucanienne ne devait pas, comme tant d'autres races indigènes, s'éteindre rapidement au contact de ses vainqueurs. Si le temps a fait son œuvre et si la fusion suit son cours, l'Arau-

canie subsiste encore en tant que territoire distinct et quasi indépendant, et les Araucaniens de race pure représentent encore une population de 70 à 80,000 àmes.
L'Araucanie proprement dite s'étend du Biobio à la rivière de Valdivia et comprend
une superficie d'environ 65,000 kilomètres carrés. Les Araucaniens, divisés en tribus
gouvernées par des chefs que l'on désigne encore du nom de caciques, empruntent
aux localités qu'ils habitent leurs appellations diverses et aussi les traits qui les différencient. C'est ainsi que les *Arribinos,* « ou ceux d'en haut », cantonnés sur les
flancs de la Cordillère, sont restés plus belliqueux et plus sauvages ; on leur attribue
les nombreuses déprédations dont les éleveurs de la République Argentine sont victimes,
et les vols de bestiaux commis à leur préjudice. Moins réfractaires à la civilisation, les
Abajinos, ou « ceux d'en bas », établis sur le versant oriental de la Cordillère,
s'adonnent à la culture et à l'élevage.

Au long du littoral, vivent les *Costinos,* « ceux de la côte ». Surveillés par les postes
militaires, ils ont renoncé à toute lutte et adopté des mœurs plus pacifiques. Entre le Rio
Cautin et le Rio Tolten résident les tribus *huilliches ;* elles sont les plus nombreuses et
les plus prospères de l'Araucanie, occupant, comme elles le font, la région fertile du
territoire, s'adonnant à l'agriculture et aussi à l'industrie. Les Huilliches sont orfèvres,
ferronniers et tisseurs d'étoffes ; c'est par eux que la civilisation européenne pénètre
dans l'Araucanie ; tout indépendants qu'ils soient, ils aspirent au maintien de la paix,
et sont, par leur commerce d'échanges, les intermédiaires naturels entre les Chiliens
et leurs compatriotes

Ainsi que le Peau-Rouge, l'Araucanien pur sang est fatalement condamné à
disparaître dans un temps donné ; mais, contrairement au Peau-Rouge, il laissera
derrière lui une race hybride vigoureuse et résistante, celle des *peones* chiliens. Le
Chili leur doit sa suprématie militaire, les éclatants succès qui ont fait de lui la
première des républiques du Sud-Amérique. Il leur doit aussi l'essor donné à son
agriculture, à son industrie, à son commerce. Si les *peones* ne sont ni le cerveau qui
conçoit, ni le chef qui commande, ils sont les bras qui exécutent. « Les *peones*
chiliens, écrit M. Th. Child, et principalement les ouvriers d'industries diverses les
plus intelligents, désignés sous le nom de *rotos,* ou hommes en haillons, sont vraiment
de merveilleux types de force et de résistance à la fatigue ; nul Européen ne saurait
rivaliser avec eux. Rien n'est plus curieux que de les voir travailler dans les mines.
Ils courent, demi nus, le long des basses galeries, grimpant à une perche dentelée, et
montent le misérable escalier rocailleux des vieux et tortueux puits espagnols, chargés,
pendant toute la durée de leur ascension, d'un quintal de minerai qu'ils portent dans
une poche de cuir jetée sur l'épaule. Ils travaillent de la sorte pendant neuf ou dix
heures par jour. Il en est de même dans les ports des débardeurs qui sont des *rotos.*
Ces hommes ont une énorme force physique, dédaignent tout secours mécanique et
portent sur leur tête et sur leurs épaules des fardeaux extrêmement pesants. »

On les retrouve partout, dans les rangs de l'armée et dans les champs, dans les
villes, dans les ports, dans les usines et dans les mines ; ils sont l'outil indispensable,
l'infatigable travailleur, docile, patient, capable toutefois de colères terribles et d'actes

de férocité. On le vit pendant la guerre avec le Pérou et la Bolivie, et plus récemment encore pendant la guerre civile qui a désolé le Chili. C'est le peon qui a donné à ces luttes le caractère d'atrocité qui les distingue. L'Araucanien reparaissait dans le métis.

Tel que l'ont aujourd'hui constitué ses succès militaires et ses négociations diplomatiques, le Chili se divise en quatre grandes zones distinctes : 1° la zone minérale ; elle s'étend du 18e degré de latitude sud au 27e ; elle comprend les provinces de Tacna, de Tarapaca, d'Antofagasta et une partie de celle d'Atacama conquises par le Chili sur le Pérou et la Bolivie ; 2° la zone minérale et agricole ; elle s'étend du 27e degré au 32e, sur la partie méridionale de la province d'Atacama, sur les provinces de Coquimbo et d'Aconcagua ; 3° la zone agricole proprement dite. Située entre le 32e degré et le 41e,30, elle comprend les provinces de Valparaiso, Santiago, O'Higgins, Colchagua, Curico, Talca, Linares, Maule, Nuble, Concepcion, Biobio, Arauco, Malleco, Cautin, Valdivia et Llanquihue ; 4° la zone boisée et poissonneuse qui s'étend du 41e,30 au 55e degré et embrasse toute la partie méridionale de la République. Nous étudierons séparément chacune de ces zones particulières.

RÉGIONS MINÉRALES : PROVINCES SEPTENTRIONALES.

Cette région, en apparence déshéritée, aride et sèche, dans laquelle il pleut à peine une fois tous les cinq ans, sans herbe et sans végétation, sillonnée de collines brunes et semée de dunes de sable, est la région riche entre toutes. Elle fournit au Chili ces énormes recettes qui, en dépit de toutes les dépenses, constituent chaque année un surplus dans le Trésor public et classent le Chili, au point de vue du crédit et de la solvabilité, parmi les nations les plus prospères. Les trésors qu'on en retire subviennent aux dépenses d'extension des voies ferrées, aux écoles, aux armements, aux travaux publics, à la flotte, et ces dépenses ne les épuisent pas. Le nitrate suffit à tout et c'est ici qu'on l'extrait. Après les gisements de pétrole de la Caspienne, il n'est peut-être pas de région plus curieuse et plus étrange que ce vaste laboratoire de chimie qui s'étend entre Copiapo et les Camarones.

Ici, la côte s'élève abruptement jusqu'à 1,000 mètres d'altitude pour s'abaisser et former une vallée longitudinale qui se redresse en pentes douces au long desquelles se rencontrent les dépôts de nitrate. Les plus riches sont ceux de la province de Tarapaca. Ils sont exploités par des capitalistes anglais, dont les *oficinas* se multiplient dans ce désert qu'elles peuplent d'ouvriers et que sillonne la *Nitrate Railways Company*, mesurant déjà 355 kilomètres de longueur, reliant Pisagua à Poso-Almonte et, par la Noria, au port d'Iquique. M. Th. Child a bien rendu la physionomie de cette région où le vent soulève des tourbillons de poussière, où le sol réflète des tons métalliques, passant du brun au rouge et au violet, où les cadavres restent secs et ratatinés, ainsi que des momies, gardés de toute putréfaction par les sels et ne tombant pas en poussière comme l'exige la destinée humaine. « C'est l'après-midi. Le train avance lentement. Au loin, s'élevant au-dessus de l'immensité de sable éblouissant, on voit les pitons neigeux des Andes; sur l'horizon de la plaine, d'innombrables colonnes de fumée s'élèvent en spirale jusqu'à une grande hauteur. De l'autre côté de la ligne se montrent les déclivités colorées en brun rouge des collines inférieures de la Cordillère de la côte et la bande de poudingue et de sable gris qui recouvre le lit de nitrate. De temps en temps, apparaissent deux ou trois cheminées qui fument, des terrasses bizarres de citernes s'élevant les unes au-dessus des autres sur une substruction de bois de charpente à nu, des rangées successives de petits monticules formés d'une grossière poussière neigeuse, un village naissant composé de longs hangars en tôle galvanisée, des hommes et des mules à l'ouvrage, avec, tout autour, la plaine qui ondule, déchirée çà et là de trous et de tranchées irrégulières, couverte de blocs de poudingue et d'immenses galets bruns et biscornus qui ont l'air de truffes gigantesques. C'est une *oficina*. »

Dans ces *oficinas* se traite le nitrate de soude, excellent engrais artificiel dont l'exportation s'accroît chaque année. Le nitrate de soude, riche en azote, est très recherché aux États-Unis où on en expédie plus de 3 millions de quintaux chaque année. L'exportation totale dépasse 200 millions de francs et s'effectue par les ports de Pisagua, Iquique, Buena, Junin, Tocopilla, Antofagasta, Taltal et Puerto-Oliva. Les principaux ports de destination, en dehors de ceux des États-Unis, sont Liverpool et Hambourg. L'impôt sur l'exportation du nitrate rapporte au gouvernement chilien plus de 100 millions chaque année; à cette somme, il convient de joindre un chiffre à peu près égal de droits de douane à l'importation. En outre, loin de diminuer en tant qu'élément fiscal et que chiffre de vente, le nitrate augmente d'importance et de quantité. Étant donnée la situation actuelle du Chili, dit le rapport du ministre de l'Intérieur, le nitrate est devenu le principal article d'exportation et la base sur laquelle repose le commerce international du Chili. Ce rapport ajoute également que, dans la crainte de découvertes qui pourraient se produire en matière de fertilisation artificielle, il importe de transformer, aussi promptement que possible, les richesses encore improductives que contiennent les couches de nitrate de Tarapaca, d'Antofagasta et d'Atacama en « une source de bien-être national, de force et de progrès ».

La guerre civile de 1891 a montré quelle est l'importance de ces gisements. Si la *Junte* congressiste a pu tenir en échec le président Balmaceda, solder les troupes levées par elle et le renverser du pouvoir, elle l'a dû à ce fait que, maîtresse de la plus grande partie de la flotte, elle a, dès le début, occupé toute cette région minérale qui lui a fourni, avec l'argent dont elle avait besoin, un vaste champ de recrutement, en même temps que cette occupation privait le pouvoir exécutif des revenus considérables que fournissaient les droits à l'exportation. Le nitrate n'est pas d'ailleurs l'unique source de richesses de cette région minérale; le désert d'Atacama renferme en outre d'importants gisements d'argent, de cuivre, fer, plomb, nickel, cobalt et sel gemme; plus au nord existent de riches mines d'or; on trouve les améthystes sur les rives du Rio Maule et les turquoises près de Copiapo, dont le nom indien, *Copaiapu*, signifie « semis de turquoises ».

Iquique est la grande ville de cette région, sa capitale et son port principal; bien que, par le chiffre de sa population, 20,000 âmes, elle ne soit que la septième ville de la République, par l'importance de son commerce elle est la seconde, le marché central où se traitent les grosses affaires d'exportation du nitrate. Ville aussi primitive que son port, l'une et l'autre sont d'origine comparativement récente; puis Iquique, dévastée pendant la guerre civile par les troupes de Balmaceda, se relève à peine de ses ruines. Son aspect étrange est plutôt celui d'un vaste campement que d'une cité permanente; les maisons basses, construites en bois, sont toutes à toits plats, la pluie étant inconnue, et aérées par de grands ventilateurs. La végétation y est nulle, sauf quelques pins maritimes sur la plaza; dans les larges rues le vent soulève une poussière grise. Sur l'eau vitreuse du port se balancent de nombreux navires, sur les quais s'entassent les sacs de nitrate et, plus au sud, s'élèvent les hautes cheminées d'usines où l'on affine l'argent. L'uniforme teinte grise qui recouvre les maisons, les rues, les quais et l'horizon lointain ajoute à l'impression de tristesse de cette ville, cependant très active et très affairée.

Au sud d'Iquique et au long de la côte se succèdent de petits ports : Cobija, autrefois port bolivien, centre de mines d'argent, de cuivre et de fer. Ici, comme à Iquique, l'eau potable fait défaut; force est de se contenter d'eau de mer distillée. Mejillones est, elle aussi, une ville nouvelle, comptant à peine 20 années d'existence. Elle doit son existence aux mines d'argent de Caracolès, à ses gisements de guano, et aussi à sa vaste baie dans laquelle des centaines de navires peuvent mouiller à l'aise. « Il n'en est pas de plus belle, dit l'ingénieur Bresson, de plus hospitalière sur toute la côte occidentale de l'Amérique du Sud, de l'isthme de Panama au cap Horn. Dans cette immense étendue d'eau de 172,495 hectares, abritée par une presqu'île pittoresque, il n'existe pas une roche, pas un récif; la mer y est éternellement calme; les flots bleus viennent déferler en vagues paisibles sur des plages en pente douce; le flux et le reflux des marées sont à peine sensibles. Pendant le jour, le ciel garde toute l'année un inaltérable azur; les nuages, les brouillards sont inconnus. De mémoire d'homme il n'y a eu qu'une averse restée célèbre et qui a illustré le mois de mai 1848. » Plus au sud, Antofagasta, tête de ligne de la voie ferrée de Caracolès, ligne destinée à relier la Bolivie à la mer, prend chaque jour une plus grande importance. Blanco-Encalada, Botija, Taltal se succèdent au long du désert d'Atacama, au-dessous duquel s'ouvre la région minérale et agricole.

RÉGION MINÉRALE ET AGRICOLE : PROVINCES CENTRALES
ET MÉRIDIONALES.

D'une superficie de 98,000 kilomètres carrés, trois fois celle de la Belgique, la province d'Atacama, sablonneuse et nue dans sa partie septentrionale, change d'aspect au sud où quelques rivières, plus ou moins abondantes et permanentes, réveillent la végétation. Ici se trouvent les mines d'or, d'argent et de cuivre dont la découverte a peuplé cette partie de la province. On y compta plus de 500 mines d'argent en exploitation, 116 de cuivre et 17 d'or. Un grand nombre ont été abandonnées ou épuisées, mais celles de Chanarcillo, à 80 kilomètres de Copiapo, sont encore travaillées. Elles ont fait la prospérité de cette petite ville située sur la rive droite de ce qui fut le rio Copiapo. La rivière a disparu depuis plus d'un siècle, épuisée par les canaux d'irrigation creusés dans sa vallée supérieure.

Si, au début de la découverte de ses mines, la province d'Atacama apparut, aux yeux éblouis des explorateurs, comme une mer d'or, d'argent et de cuivre, celle de Coquimbo ne semblait lui céder en rien comme valeur matérielle. Le cuivre y dominait et les riches filons de la Higuera, Brillador, Tamaya, Panulcillo, la Loja attiraient toute une population de mineurs. Le cuivre est en effet l'une des plus importantes productions du Chili. On l'y rencontre partout; il n'a ni gangue, ni formation géologique fixe; toutes les montagnes en contiennent, et parfois en telle abondance, qu'il semble qu'un fleuve de cuivre suinte de leurs flancs, marquant de larges taches vertes les parois rocheuses. A travers l'Atacama méridional, le Coquimbo et l'Aconcagua, le filon se déroule presque sans interruption, saillant çà et là en *vetas*, « cuivre de minerais » ou en *mantos*, « cuivre de couches »; de grande richesse. Les minerais ne renferment pas de corps étrangers tels que le plomb, l'arsenic ou l'antimoine qui nuisent à la bonne qualité du cuivre, ils sont toujours très purs.

La province de Coquimbo, située au sud de l'Atacama, recouvre une superficie de 34,523 kilomètres carrés; sa population est d'environ 190,000 habitants. Serena, sa capitale, en renferme 20,000; elle est située sur la rive gauche du Rio de Elqui, à 8 kilomètres de Coquimbo; son port, l'un des plus importants du Chili, est le centre de l'exportation du cuivre. Ce port, très sûr, est abrité par un promontoire qui s'étend entre la ville et la mer.

Ici commence la région agricole; elle se confond encore avec la région minière dont elle va se détacher plus au sud. Elle s'annonce par la culture des vallées supérieures, par les travaux d'irrigation qui, tarissant les rios, les empêchent d'atteindre la plaine. Les eaux sont moins rares à mesure que l'on avance plus au midi, la végétation reparaît, maigre encore là où l'eau manque, pleine de promesses là où elle se rencontre. L'humidité est encore faible, les pluies sont encore rares, mais si le ciel est presque constamment clair, si les rayons lumineux sont trop intenses, par contre les nuits sont

INDIENS DU GRAND CHACO.

fraîches à cause du rayonnement nocturne et, sur le bord de la mer, les rosées sont abondantes. Le climat est tempéré, les gelées et les neiges sont inconnues, inconnus aussi les orages, les grêles et les ouragans. Partout où l'on peut amener l'eau, ce sol donne d'abondantes récoltes.

La haute montagne de l'Acongagua donne son nom à la province, dont la superficie de 15,400 kilomètres carrés renferme environ 150,000 habitants; San-Felipe, son chef-lieu, en contient 15,000. Région minière et agricole, la province de l'Aconcagua participe à la fois de la province de Coquimbo qui la borne au nord et de celle de Valparaiso qui la limite au sud. Le voisinage des deux grandes cités de la République, de Santiago, la capitale, et de Valparaiso, le grand port commercial, s'y fait sentir, détournant au sud le trafic et la population.

A mesure que l'on descend vers le Chili agricole, le pays change d'aspect; l'humidité s'accroît, les pluies tombent, abondantes l'hiver, le climat se maintient encore modéré, mais les gelées se produisent et les chaleurs de l'été deviennent supportables. Si le ciel est plus souvent clair que nuageux, si la lumière solaire reste puissante, les nuits sont plus fraîches; ici non plus l'on n'a encore à redouter la grêle, les orages et les coups de vent. S'ils ne sont pas inconnus, ils sont rares et causent peu de dégâts.

L'irrigation a métamorphosé cette partie du Chili. La longue plaine montueuse que bordent la Cordillère des Andes et celle de la Côte se déroule parallèlement à l'océan dont elle est abritée par la chaîne côtière. M. Ginoux donne, et non sans raison, le nom de bassin à cette plaine qui, avec ses ports, constitue le cœur même du Chili. « Ce bassin, dit-il, commence au pied de la *Cuesta* ou côte, dans le sens de montée, de Chacabuco, et coupe du nord au sud la partie méridionale du Chili, sans en excepter l'Araucanie même. Il est bordé à l'est par la chaîne des Andes, à l'ouest par la Cordillère dite de la Côte... Cette Cordillère de la Côte est formée de groupes arrondis, peu élevés en comparaison des masses de l'est. La chaîne des Andes, aux flancs escarpés, sillonnés en tous sens de précipices épouvantables, aux crêtes aiguës et hachées, présente à une certaine hauteur des signes de stratification appartenant à diverses époques géologiques; viennent ensuite les neiges éternelles. Au-dessus des neiges, brillent, comme d'énormes phares semés sur un rivage rempli d'écueils, les volcans qui couronnent avec majesté cette merveilleuse charpente de la terre. Le bassin intermédiaire est un fond plat, accidenté de collines verdoyantes, de cônes basaltiques aux teintes sombres, et traversé dans toutes les directions par une multitude de cours d'eau qui fertilisent un sol d'une qualité rare. »

Cette large et haute vallée se déroule, depuis Huasco au nord jusqu'à Valdivia au sud, sur une longueur de 1,300 kilomètres. Elle n'apparaît pas sous l'aspect d'un large sillon uniforme, mais d'une série de fonds de lacs, aujourd'hui asséchés, qui se reliaient, au nord, aux déserts d'Atacama et de Tarapaca, au sud aux lacs méridionaux. Il semble qu'autrefois les eaux remplissant ce vaste bassin parallèle à la mer, creusé entre la Cordillère des Andes et celle de la Côte, formaient une succession de lacs séparés par des seuils peu élevés et de niveaux irréguliers. Le voyageur qui se rend du nord au sud en suivant cette voie médiane, distingue sans peine les contours de chacun de ces lacs convertis en plaines fertiles, les bourrelets de terre qui les séparaient, les voies d'écoulement indiquées par les affaissements du sol et par les rios qui ont drainé leurs bassins.

Les alluvions charriées par les eaux descendues du double versant avaient lentement exhaussé le fond de chacun de ces lacs; les eaux écoulées, les terres d'alluvions restaient humides et riches, arrosées et non plus immergées. Ces terres constituent aujourd'hui le Chili agricole; cette longue et féconde vallée est devenue la zone cultivée et peuplée, le grenier d'abondance de la côte du Pacifique qui, pendant des années, a fourni à l'Amérique centrale, à la Californie naissante, à l'Océanie tropicale, les blés et les farines que ces contrées ne produisaient pas.

Cette contrée n'est pas seulement fertile elle est aussi des plus pittoresques; elle rappelle la Suisse et l'Italie du nord, mais dans un cadre plus vaste et plus grandiose; les Andes sont plus majestueuses que les Alpes, et leurs sommets neigeux enveloppés parfois de tourbillons de fumée, éclairés la nuit par des lueurs fantastiques, ajoutent, à l'impression que produisent sur l'imagination humaine les hautes solitudes glacées, celle qu'éveillent les forces volcaniques en action. Puis les sites frais et riants succèdent aux tableaux grandioses; les cours d'eau murmurants, les collines verdoyantes, les ravins boisés se déploient en un panorama changeant. Le Rio Biobio, le plus large des rios du Chili, déroule, à travers la vallée méridionale, son ruban moiré, de 350 kilomètres de longueur, dans un cadre de verdure et de vallons ombreux.

De Huasco au nord à Valdivia au sud, la viticulture s'étend, conquérant chaque année de nouvelles terres. L'introduction de la vigne remonte aux premiers temps de la conquête espagnole, et le muscat de Huasco est très estimé. De 1850 datent les premiers essais de vinification française. Ils ont donné d'excellents résultats dans la province de Santiago et aussi dans la vallée d'Itata, province de Concepcion. C'est dans les provinces de Santiago, de Valparaiso, de Talca et d'Aconcagua que l'on récolte le plus de vins, de chicha et d'eaux-de-vie; c'est dans celles de Santiago, Colchagua, Talca, Nuble, Maule, Aconcagua et Valparaiso que l'on moissonne le plus de blé.

La première impression qu'éprouve le voyageur par mer, lorsqu'il débarque à Valparaiso, et que nous ressentîmes nous-même, est une impression de désappointement. Même au sortir des mers inhospitalières des côtes de la Patagonie, du cap de Horn et des plages déchiquetées du Chili méridional, l'aspect du port chilien ne répond nullement à l'idée qu'éveille inconsciemment son nom de *Vallée du Paradis*. Vainement l'œil interroge la côte et les hauteurs qui la dominent; partout il se heurte à d'abruptes falaises, à des collines pelées, à une végétation maigre et rabougrie, à des arbrisseaux épineux poussant comme à regret sur un sol aride. A travers le voile de poussière qui enveloppe la ville on entrevoit, derrière un cirque de montagnes, un entassement de pics neigeux fermant l'horizon : ce sont les Andes lointaines. Au premier plan se creusent des *quebradas*, rides profondes, ravins étroits et sombres au long desquels se groupent les masures mal étayées du quartier pauvre et populeux de la grande ville. Sur les *Cerros*, éperons de la chaîne montagneuse, se dressent les villas des résidents riches ; entourées de jardins créés et entretenus à grands frais, elles offrent une apparence plus riante et dominent la vaste baie ouverte aux vents du nord et bordée d'une longue ligne de quais.

Cette baie sans abri est exposée à de violents coups de vent suivis d'accalmies profondes. Ici, le climat est perfide et les tremblements de terre fréquents. Le vent du nord et celui du sud y sont également redoutables. L'un vient de la mer et fait déferler jusque sur les quais ses vagues énormes, l'autre, soufflant de terre, balaie sur la ville et le port une poussière fine et brûlante. Cette ville est anglaise, par son commerce, par sa population étrangère, par ses nombreux comptoirs, de même que, plus au sud, Valdivia apparaît comme une colonie allemande. C'est en arrière de la côte, dans les villes situées à l'intérieur des terres, que l'on trouve le vrai Chili et la population chilienne.

Sur la côte du Pacifique nous constatons le même fait que sur la côte de l'Atlantique ; dans toutes les colonies espagnoles, les grandes villes, les capitales se sont élevées dans l'intérieur, et cependant ces colonies vivaient du commerce maritime. Il semblerait donc que les ports aient dû, tout d'abord, prendre une grande extension et que les villes isolées de la mer ne se soient peuplées que plus tardivement. C'est le phénomène inverse qui s'est produit. La crainte des pirates, des agressions maritimes soudaines et imprévues ont retenu les populations dans l'intérieur ; elles se sont groupées à portée d'un seuil maritime, mais hors de portée des descentes des flibustiers ; quand, plus tard, la mer fut devenue sûre, les ports se peuplèrent ; avec la sécurité, le commerce s'étendit et les agglomérations côtières dépassèrent parfois en population et en importance les cités de l'intérieur. Ce fut le cas dans l'Amérique du Nord, ce ne l'est pas encore dans celle du centre et du sud. Guatemala, San-José, San-Salvador, Bogota, Quito, Lima, Santiago sont plus peuplées que leurs ports de mer.

Santiago renferme plus de 200,000 habitants, alors que Valparaiso n'en compte encore que 110,000. Santiago est une véritable capitale, le centre et le cœur du Chili, la grande cité sur laquelle le pays a les yeux fixés, où tout Chilien riche veut vivre, où se concentrent le mouvement intellectuel, la vie politique et sociale, les élégances mondaines et le luxe moderne. Son climat est aussi beau que sa situation est agréable ; la température s'y maintient à 18° en été, à 10° en hiver. Les pluies y sont rares, sauf pendant quatre mois. Adossée au Cerro Santa-Lucia, rocher abrupt que l'on a converti en jardin de plaisance, Santiago, dominée par ses tours et ses clochers, s'étend à l'extrémité d'une grande plaine que ferment, à l'horizon, de gigantesques montagnes. Du sommet du Cerro, la vue embrasse le merveilleux panorama des Andes, dessinant sous un ciel pur et dans un air presque toujours transparent leurs pics grandioses et leurs neiges d'une blancheur immaculée. Ainsi que presque toutes les villes de l'Amérique méridionale, celle-ci est découpée en *cuadras*, ou blocs uniformes, qui lui donnent l'aspect d'un vaste échiquier.

Miroir dans lequel se reflètent les traits caractéristiques et les aspirations du Chili,

Santiago a moralement changé d'aspect depuis qu'une guerre heureuse a valu à la République les riches provinces septentrionales. La ville insouciante et luxueuse est devenue, disent les habitants des États rivaux, orgueilleuse et hautaine ; les préoccupations militaires y dominent et volontiers on l'appelle le *Berlin de l'Amérique*. On ne saurait nier en effet que le Chili s'estime la première puissance militaire et maritime de l'Amérique du Sud ; on ne saurait nier non plus l'intrépidité de ses soldats et la vaillance de ses marins. Si l'éclat de ses succès et un excès de présomption l'ont rendu antipathique à ses voisins et menaçant pour eux, si ses coûteux établissements militaires et l'accroissement de sa flotte les inquiètent, il convient toutefois de noter que les cadres militaires ont été considérablement réduits et que l'armée régulière ne dépasse pas 7,000 hommes soutenus par une réserve de 48,000. Quant à la flotte, elle est certainement la plus puissante de toute l'Amérique du Sud, la mieux montée et elle pourrait même tenir tête à celle des États-Unis. Nulle part, non plus, dans l'Amérique du Sud, l'instruction n'est autant répandue qu'au Chili. L'*Instituto nacional* de Santiago, affecté à l'enseignement supérieur et secondaire, compte 1,200 élèves ; les *liceos* de province, au nombre de 25, en renferment 4,000 et 1,000 écoles, reportées sur toute la surface du territoire, donnent à 60,000 enfants l'enseignement primaire.

Les meilleures terres du Chili sont situées entre le Rio Aconcagua et le Rio Maule. L'irrigation en est merveilleusement entendue et les cultures les plus diverses y prospèrent : céréales, plantes fourragères, vergers et vignes. Tantôt plane, tantôt ondulée, la grande vallée se déroule semée de fermes encadrées de rideaux de peupliers, séparées par de larges fossés d'eaux courantes, sillonnée de *regadores* qui portent ces eaux à grande distance. Au long de cette plaine, les petites villes se pressent et rapidement se peuplent ; telles : Rancagua, Rengo, San-Fernando, Talca, Chillan, 21,000 habitants, située au pied du volcan du même nom et dont les sources d'eau sulfureuses attirent de nombreux visiteurs.

Concepcion est plus au sud et renferme 26,000 habitants. Elle apparaît comme la grande ville future du Chili méridional. Elle a les fières allures d'une cité d'avenir ; elle en a l'esprit d'entreprise, les larges et belles voies, les vastes magasins, les banques, les tramways, la lumière électrique, le mouvement et l'activité. Elle aussi s'est développée avant son port, Talcahuano, dont elle est séparée par une courte distance que la vapeur franchit en vingt minutes. Talcahuano, appelée à devenir le point terminus et le port transandin qui reliera Buenos-Ayres à la côte du Pacifique, se prépare fiévreusement au rôle qui lui est réservé. Une compagnie française y construit un brise-lames et un bassin dont le coût dépassera 60 millions. Admirablement située d'ailleurs à la pointe de la baie de Concepcion, Talcahuano possède la plus belle baie, après celle de San-Francisco, qui existe sur toute la côte américaine du Pacifique. On n'évalue pas à moins de 1,500,000 hectolitres de blé la quantité que Concepcion exporte annuellement par les trois ports de sa baie : Talcahuano, Tomé et Penco. Outre les blés, on exporte aussi la laine, l'orge, l'avoine, le miel, la cire, les vins. Cinq compagnies de navigation desservent ce commerce maritime qui se concentre surtout à Talcahuano et à Concepcion.

Dans ces deux villes commencent à affluer aussi les produits de la région houillère du Chili. Cette région s'étend, de Tomé dans la baie de Concepcion, au nord, à Canete au sud, soit sur 150 kilomètres de longueur. Une voie ferrée, construite, comme la plupart des voies chiliennes, par des capitalistes anglais, part de Concepcion pour aboutir à Los Rios de Curanilahue. Lota est le cœur de cette région houillère; c'est à Lota que l'on découvrit les premiers gisements de charbon et qu'en 1855 on creusa les premiers puits d'extraction. Les débuts furent difficiles; la houille était de qualité médiocre, inférieure dé 20 0/0 au charbon anglais. On n'en réussit pas moins à l'utiliser et les mines de Lota produisent annuellement plus de 200,000 tonnes et occupent près de 2,000 ouvriers. Autour des puits de Lota, la société qui les exploite a créé des fonderies, des briqueteries, des verreries. Outre le charbon, Lota exporte environ 1,000 tonnes de cuivre, 1,200,000 bouteilles, 2 millions de briques. Dans la même région se trouvent aussi les mines de Coronal, de Lebu, d'Arauco; leur production totale, qui dépasse 400,000 tonnes, est insuffisante encore pour la consommation du Chili qui importe plus de 300,000 tonnes de charbon anglais.

Au sud de Concepcion s'étend, du 37° 50 au 39° 40 de latitude sud, la partie du territoire qu'occupent les Indiens Araucaniens, semi-indépendants, mais acceptant le protectorat de la République du Chili. Angol est la plus importante cité de cette région dans laquelle domine la culture du blé; elle est l'une des sept villes araucaniennes qu'éleva Pedro de Valdivia au xvie siècle pour maintenir dans l'obéissance les tribus hautaines et belliqueuses. La veille de Noël 1553, ces tribus se soulevaient, s'emparant simultanément des sept villes espagnoles, battant et tuant Valdivia près d'Arauco. Il fallut de longs combats pour les amener à demander la paix. Angol n'a plus aujourd'hui que quelques milliers d'habitants. Il en est de même de Traiguen, autre cité araucanienne, dans le sud-est, mais le pays se repeuple rapidement, depuis que la soumission complète des tribus araucaniennes a permis de substituer, dans toute cette région, le gouvernement civil au gouvernement militaire. Angol, comme Traiguen, Tolten, Valdivia, Paicavi, offrent l'aspect de villes de *squatters*, d'entrepôts de blé et de bois de construction, de dépôts d'immigrants et de centres de colons.

Une voie ferrée relie Concepcion et le port de Talcahuano à Traiguen, centre du mouvement commercial de cette région et appelé à prendre un grand développement. Le jour où le territoire productif du Chili sera peuplé, le Chili comptera près de 20 millions d'habitants. Il y a donc place encore pour une immigration considérable et c'est vers ces provinces méridionales qu'elle se dirige et que le gouvernement l'attire. Au sud de Valdivia s'étend la région forestière et poissonneuse, mais inclémente et froide; l'immigration scandinave, mieux que toute autre, saurait mettre en valeur les grandes ressources naturelles qu'elle offre. Plus bas, enfin, le territoire de Magellan se déroule entre le 47° degré de latitude et le cap Horn.

Le traité du 23 juillet 1881 entre la République Argentine et le Chili, a concédé à ce dernier le territoire de Magellan, d'une superficie d'environ 100,000 kilomètres carrés. Punta-Arenas, dans le détroit de Magellan, en est le chef-lieu, le centre administratif et militaire. A cette extrémité du continent américain, les dernières ramifications des Andes s'abaissent, soulevant, à de faibles hauteurs des massifs isolés,

des monts détachés : le Chalten 2,170 mètres, le Stokes 1,950, le Burney 1,700 et,
dans la Terre de Feu, le Sarmiento 2,073 et le Darwin 2,154. Au long de la côte,
rongée par les flots, déchiquetée et émiettée, se pressent des îles sans nombre, îlots
rocheux formant un gigantesque brise-lames derrière lequel se creusent des fiords profonds, s'allongent des canaux latéraux dont les eaux calmes offrent un étrange contraste
avec l'océan toujours houleux. Derrière les hautes falaises noires se dressent des collines
verdoyantes coupées de glaciers descendant jusqu'à la mer. Les canaux, reliés les
uns aux autres, forment des avenues maritimes qui sillonnent ce dédale de terres
éparses, détachées du continent ou n'y tenant que par de minces pédoncules rocheux.
Le détroit lui-même n'est qu'un fiord ouvert à ses deux extrémités et les fosses marines
qui séparent de la terre ferme l'île Wellington, l'archipel de la Madre de Dios, les îles
du Duc-d'York, de Hanovre, de Cambridge, de la Reine-Adélaïde sont si étroites que l'on
a souvent pris ces îles pour des promontoires ou cru voir des îles là où n'existaient
que des groupes d'îlots.

État agricole et minier, le Chili possède de grandes ressources naturelles ; cette
étroite et longue bande de terre est l'une des plus riches régions de l'Amérique du
Sud, l'une de celles où le commerce et l'industrie ont le plus d'activité, où la colonisation européenne s'implante et s'acclimate le mieux. L'agriculture occupe plus d'un
million et demi d'habitants ; la consommation locale laisse à l'exportation un surplus
qui se chiffre par 40 millions annuellement. Nous avons dit le rôle important de l'exploitation du nitrate. La production s'en accroît chaque année ; de 350,000 tonnes en 1885,
elle s'est élevée à plus de 800,000. L'exportation des produits des mines dépasse
300 millions dont 180 pour le nitrate et 50 pour le cuivre.

L'importation consiste principalement en : tissus 54 millions, bétail 25 millions,
sucre 30, charbon 15, fer 14. Au total, elle dépasse 330 millions. A l'importation,
Valparaiso figure au premier rang avec 225 millions, puis Iquique avec 30, Talcahuano 25,
Coquimbo 11. A l'exportation, il n'en est plus de même ; Iquique, centre du commerce
du nitrate, prend le premier rang avec 110 millions, Pisagua vient ensuite avec
77, Valparaiso ne figure plus qu'au troisième avec 48 millions.

Le principal commerce d'échanges du Chili est avec l'Europe et surtout avec
l'Angleterre ; viennent ensuite l'Allemagne, puis la France, les États-Unis, le Pérou et
la République Argentine. Ce commerce est desservi par un mouvement maritime
d'environ 22,000 navires à l'entrée et à la sortie, dont les 4/10 sont chiliens,
3/10 anglais, le reste de nationalités diverses. Le Chili possède près de 3,000 kilomètres de voies ferrées et d'importantes lignes de bateaux à vapeur le relient à l'Europe
d'une part, au Pérou et à Panama de l'autre.

De l'étude que nous achevons, un grand fait se dégage. Après n'avoir été longtemps
qu'une colonie de l'Europe, l'Amérique affranchie est entrée dans une ère de prospérité.
Sur un sol fertile, une race jeune, active, vigoureuse, est à l'œuvre et, en présence des
résultats obtenus, on se demande jusqu'où pourront aller des peuples qui débutent
ainsi.

L'avenir est à eux, et l'Europe, leur aînée, qui les a précédés et leur a montré la voie, qui, sur ces terres nouvelles, depuis des siècles, déverse le trop-plein de sa population; ces éléments disparates, danger pour des civilisations vieillies, recrues désirables pour des civilisations naissantes, ces impatients de vie libre et de grands espaces, peut être fière des résultats obtenus par ces enfants de l'Europe. Ce sont eux, Français et Anglais, Espagnols et Portugais, Irlandais et Italiens, hommes du Nord et hommes du Sud, qui ont créé ces républiques florissantes, colonisé et mis en valeur ces terres incultes, décuplé l'actif commun de l'humanité, ouvert aux besoins d'expansion et aux capitaux de l'ancien monde un champ sans limite.

Le branle est donné, le mouvement lancé. Nous assistons ici aux débuts d'une évolution économique et agricole, et non plus seulement financière. comme celle qui, il y a quarante années, attirait les aventuriers du monde entier sur les plages de la Californie. D'aucuns estiment que, dans quelques-uns de ces États, l'on va trop vite et trop loin, qu'on entreprend trop à la fois, que la fièvre de la spéculation a plus de part, dans les hausses formidables de terrains qu'ils enregistrent avec orgueil, que la prévoyance et le calcul; qu'on se ruine parfois à vouloir trop vite s'enrichir et, qu'à trop emprunter, on court risque d'employer en improductives dépenses des capitaux qu'il faut rémunérer de suite et rembourser plus tard. A quoi les optimistes de répondre : que la viande et le blé sont plus nécessaires que les métaux précieux; que l'on affirmait aussi, au début de l'exploitation des placers californiens et australiens, qu'à trop extraire de l'or on avilirait sa valeur; qu'à la hausse des terrains de San-Francisco succéderait une baisse formidable le jour où, le Pactole tari, une population, nomade par instinct, sédentaire par occasion, irait chercher ailleurs fortune; qu'il n'en a rien été et que le succès est resté à ceux qui eurent la foi robuste.

Et ils affirment qu'il en sera de même pour ceux qui, basant leurs calculs sur l'augmentation régulière de la population du globe, prévoyant qu'avant peu l'équilibre sera rompu entre la production et la consommation tant des céréales que de la viande, estiment que la dépense la plus rémunératrice, le placement le plus avantageux est d'ouvrir à l'activité humaine des terres riches et fertiles, d'améliorer les semences, de multiplier les engrais. Sur notre globe, actuellement peuplé d'environ 1,500,000,000 d'êtres humains, la population suit une marche ascendante de 7 1/2 pour 1,000 en moyenne, ce qui, dans dix siècles d'ici, porterait le chiffre de la population à 2,625,000,000.

Que des calculs à aussi lointaine échéance préoccupent peu des hommes avant tout soucieux de résultats immédiats, cela ne saurait faire doute. Mais ce qui frappe, c'est la nécessité de faire face à des besoins plus proches, c'est ce fait que l'Europe ne suffit pas à sa consommation avec ses 475 millions d'hectolitres, soit un hectolitre 45 par an et par tête; que la France, avec une production moyenne de 100 millions d'hectolitres à l'année, est obligée de recourir à l'importation étrangère; c'est que le reste du monde ne fournit encore qu'un appoint de 350 millions et que ces 825 millions d'hectolitres, au total, sont insuffisants; les États de l'Amérique sont appelés à combler le déficit, à figurer en première ligne dans la production des céréales et de la viande.

De là l'attention soutenue dont leur évolution est l'objet tant de la part des économistes que de tous ceux que préoccupe l'avenir de l'humanité. De là aussi les encouragements qu'on leur prodigue, leur croissance rapide, leurs développements surprenants. Nulle hésitation dans leur marche en avant, rien qui trahisse l'effort incertain du résultat. Si, devant les somptueux dehors de ces palais que l'Amérique du Sud édifiait, en 1889, sur les bords de la Seine, on s'arrêtait, ébloui de tant de faste et se demandant si l'on foulait le seuil de la demeure d'un parvenu subitement enrichi, un coup d'œil jeté dans l'intérieur rassurait. Ces amoncellements de matières premières n'étaient ni une fantasmagorie, ni un rêve. Une lueur apparaissait dans l'ouest et cette lueur n'était pas un mirage; le nouveau monde se révélait enfin et sa merveilleuse fécondité dissipait de légitimes appréhensions.

Que cette prospérité se heurte, comme dans la République Argentine, à des crises financières, comme au Chili à des guerres civiles, comme au Brésil à des révolutions militaires, que des temps d'arrêt en résultent, ralentissant un mouvement trop rapide, cela n'est ni pour mettre en question le présent, ni pour faire douter de l'avenir. Le monde marche et l'Amérique prend les devants; tout seconde son élan, auquel sourit la fortune, amie de la jeunesse et de l'audace.

Gare des chemins de fer de l'État.

TABLE DES MATIÈRES

L'AMÉRIQUE

III

AMÉRIQUE DU SUD

TABLE DES ILLUSTRATIONS

Sceaux. — Imprimerie Charaire et Cⁱᵉ.